平井ナタリア恵美
a.k.aパウラ

HIP HOP
EASTERN EUROPE

まえがき

　ポーランド、チェコ、スロヴァキア、ハンガリー。中欧または東欧と呼ばれるエリアに位置するヨーロッパ諸国だ。地理的に近いとはいえ、それぞれ独自の歴史や文化を形成してきたこの4ヶ国に共通する点の一つに、ヒップホップが人気だという興味深い事実がある。ニューヨークでアフリカ系アメリカ人のカルチャーとして生まれたヒップホップとヨーロッパの非英語圏とでは、イメージがほど遠いように感じられるかもしれない。しかし、これらの国では実際にヒップホップのアルバムが音楽売上チャートの上位にランクインし、クラブにいけばヒップホップで盛り上がり、ヒップホップ・フェスティバルに多くの観客が集まる。この4ヶ国では、アメリカと同様にヒップホップがマス・カルチャーの一部として定着しているのだ。

　ヒップホップは70年代後半から80年代前半にかけて、アメリカのニューヨークで生まれ、発展してきた。ラップ、グラフィティ、ブレイクダンス、DJという4大要素を持つカルチャーとして、ヒップホップはNYからアメリカ全土へ、そして世界へと広がった。日本やヨーロッパに入ってきたのは80年代半ばから後半だ。本書で扱う4ヶ国は80年代においてはまだ共産圏に属していたため、ヒップホップが入ってくるのは90年代前後と少し遅れをとっているが、90年代にアンダーグラウンドでシーンが活性化し、2000年前後にヒップホップ人気が一気にメジャーへ爆発した経緯は、日本も東欧4ヶ国も共通している。今やヒップホップは、中国、韓国、モンゴルから北欧や中東に至るまで世界中に浸透している。ヒップホップはどんな文化的背景、言語にも融合することができるカルチャーだと言っても差し支えないだろう。

　ヒップホップがグローバルな音楽となったとはいえ、自国もしくはアメリカ以外のヒップホップを好んで聴くという人はまだまだ少ないように思う。そこで、本書ではポーランド、チェコ、スロヴァキア、ハンガリーのヒップホップを専門的に紹介した。4ヶ国合わせて100組を超えるアーティストやプロデューサー、レーベルの紹介、17人のアーティストや文化人のインタビュー、各国のヒップホップ・カルチャーにまつわるコラム、歌詞対訳などを通じて、それぞれの国のヒップホップを身近に感じてもらえるようになれば幸いである。これらの国のヒップホップの魅力とは何かと問われたら、その異言語ラップの持つ響きとリズムではないかと筆者は思う。本4ヶ国はポーランド語、チェコ語、スロヴァキア語、ハンガリー語と独自の言語を持ち、それぞれ言葉の響きや発音、リズムが異なる。それがラップとして表現された時に、日本語や英語のラップとはまた一味違う魅力を放つのだ。またヒップホップがこれらの国に浸透してから20年以上経った今、サウンドプロダクションにおいては欧米に引けを取らないクオリティのビートが続々と生み出されている。良質のビートで多様な言語の響きを楽しむというのは、これからの時代どんどんポピュラーになっていくのではないかと筆者は考えている。

　もちろんラップにおいては、どんな内容のリリックを、どんな手法で語っているのかがとても重要である。ライミング（韻を踏むこと）や言葉遊びなども、ラップを楽しむ上で注目したいテクニックだ。つまりラップを本当の意味で楽しむためには、その言語を理解していることが重要になってくる。このため、ラップにおいては他の音楽ジャンルよりも言語の壁が大きいことは否めない。これまで、英米以外の国のヒップホップが世界的に広まっていないのにはこういった背景がある。しかし一方で、正直な話、英語のラップですら内容や言葉遊びなどを理解しながら聴いている人は少ないのではないだろうか。歌詞カードを読めば理解は深められるが、ストリーミングで音楽を聴く時代に移行しつつある今、歌詞カードが無いものの方が多い。しかしそれでもアメリカのラップ・ミュージックの人気はとどまる事を知らない。つまり完全に言語を理解しないままでも、ラップ・ミュージックを楽しむことは可能なのだと筆者は言いたいのだ。現代は、インターネットを通じて世界中どこにいてもありとあらゆる情報を得ることができるようになった。YouTubeなどの動画共有サイトを筆頭に、外国の音楽を知る手段は爆発的に増えている。新しい音楽に出会う機会が増えた今、言語が分からないから聴かないという選択をするのは実にもったいないのである。

　本書では、東欧4ヶ国のアーティストの簡単なプロフィールやディスコグラフィを紹介しながら、代表曲のレビューも記載し、東欧ヒップホップに馴染みのない方でも入りやすいように努力した。本書ではCDをアルバム単位で購入する機会が限られ、実際にはYouTubeで試し聴きすることのほうが圧倒的に多いと予想した事から、アルバム単位でのレビューは止め、特にそのアルバムの中でも突出してクオリティが高かったり、人気を勝ち得ていたり、お勧めの曲を紹介している。またコラムやインタビューからも、現地におけるヒップホップのあり方やその歴史などが分かるようになっている。正直なところ、どれだけの日本人が東欧ヒップホップを現在聴いているのかまったく分からないが、本書をきっかけに少しでも多くの人が彼の地のヒップホップに興味を持っていただければ幸いである。

まえがき	2
目次	3
東欧地図	6

ポーランド　7

ジャジー・ヒップホップを繰り出す天才ラッパー＆プロデューサー O.S.T.R.	8
アメリカ的なヒップホップをやらせたら右に出るものはいない SWAG な重鎮 Tede	10
ラッパーからの支持率とスキルはトップクラスのベテラン Ten Typ Mes	12
知的ユーモアで楽しませる！現役弁護士ラッパーが率いるデュオ Łona i Webber	13
中東風ビートにダミ声ラップを繰り出すポズナンのドン donGURALesko	14
フレッシュなビートと個性的なラップスキルが注目の新鋭デュオ PRO8L3M	16
Interview with DJ Steez83 (PRO8L3M)	17
日本人風の名前＆野太い声でパーソナルなリリックを繰り出す元郵便配達員 KęKę	21
Interview with KęKę	22
ポーランド・ヒップホップ黎明期に活躍した伝説的グループ Grammatik	26
カリスマラッパーの自殺により映画化までされた伝説の三人組 Paktofonika	28
ポーランドを代表する名門ヒップホップレーベル PROSTO 創設者によるユニット WWO	29
US の模倣と酷評されたヒップホップ第一号で現在は下院議員 Liroy	30
大きな尊敬を集めるポーランド・ヒップホップの先駆者 Molesta Ewenement	31
映画出演、米誌でも紹介されたウェッサイ系ギャングスタラップ Slums Attack	32
サイコラップでヒップホップ・シーンを開拓したパイオニア Kaliber 44	34
Interview with AbradAb(Kaliber 44)	36
声が魅力！ポーランド南部シロンスクを代表するラッパー Miuosh	40
リリース全てゴールドディスク認定！強面の遅咲きラッパー Sobota	41
トラップも得意！フランス・シーンから影響を受けたエレクトロ多用ストリートラッパー Paluch	42
海外経験豊富なラッパーらしくない新世代・新感覚のバイリンガル Taco Hemingway	43
名実ともに No.1 の呼び声高いストリート系ラッパー Pezet	44
フリースタイル・バトルで鍛えた若手世代を代表するカリスマ Quebonafide	46
ニーチェやコルタサルに影響を受けた言葉遊びに長けたストリートの詩人 Bisz	47
アンダーグラウンドで実力をつけた完璧主義のリリシスト Małpa	48
ソウルやオールドスクールなサウンドを愛する次世代ユニット Rasmentalism	49
客演で人気！高い声でスピットする法学部卒ストリート系ラッパー Pih	50
下積み時代に磨きあげたラップスキルがドープな実力派！ VNM	51
フォークメタル x スラヴ民族音楽 x ヒップホップ Donatan	52
三者三様で成熟したラップが人気の硬派ヒップホップ・ユニット Trzeci Wymiar	54
アンチ警察スラングを生み出したハードコア・ヒップホップの雄 Hemp Gru	55
窃盗、アル中、麻薬中毒で刑務所から逃亡しながらハードコアなラップ Chada	56
女性として最初にソロデビューしたポーランドのラップ・クイーン Wdowa	57
アルバニアとは無関係！おふざけイケイケ EDM ヒップホップ集団 Gang Albanii	58
我が道を進むビャウィストク発の硬派なストリート・ラッパー Lukasyno	59
Asfalt Records 主宰者 Tytus インタビュー	60
ヒップホップ・カルチャーを育んだ「団地」	64
映画に見るポーランドのヒップホップ・カルチャー	70

チェコ　73

随一のリリシストを擁するチェコ・ラップ最重要デュオ Prago Union	74
Interview with Kato (Prago Union)	76
ユーモアと洞察力に富んだフリースタイル・バトルの達人 Rest	80
独自のセンスと突飛なユーモアで繰り出すファンキー・ラップ MC Gey	81
カリスマな存在感を示す次世代の実力派ハードコア・ラッパー Ektor	82
トラップ＆最新トレンドに敏感！チェコラップをリードし続けるベテラン Hugo Toxxx	84
Interview with Hugo Toxxx	85
遅めのフロウが特徴的な哲学科卒のインテリ・ラッパー James Cole	90

詩的な表現を追求する売れっ子リリシスト **Paulie Garand**	91
歌詞から見る東欧ヒップホップ	92
各国のスラング例	101
ヒップホップ天国はチェコにあり!? ヨーロッパ随一のヒップホップ・フェス Hip Hop Kemp	102
US でも認知されるチェコ＆スロヴァキアの大御所プロデューサー **DJ Wich**	104
グラフィティからスタートしたチェコ・ラップ先駆者の一人 **LA4**	106
DJ Wich と黄金タッグを組んだチェコ・ラップ・シーンの立役者 **Indy**	107
レペゼン・ジプシー！ロマ音楽 x ヒップホップが特徴のユニット **Gipsy.cz**	108
3MC の個性的なフロウが楽しめるベテラン・ユニット **Pio Squad**	109
難民問題でも意見表明し、尊敬を集めるチェコラップのパイオニア **Peneři Strýčka Homeboye(PSH)**	110
彗星の如く現れ短命に終わったヒップホップ・バンド **Bow wave**	112
90 年代に盛り上げ、最もチェコで商業的に成功したユニット **Chaozz**	113
高いラップスキルを誇るロマ系チェコラップの新風 **Refew**	114
アクティヴィストとしても活動するロマ民族発のヒップホップ・ユニット **De La Negra**	115
ブーンバップ系ヒップホップで高い人気を誇るベテラン・デュオ **IF (IdeaFatte)**	116
Interview with Idea	118
チェコでキャリアを発展させた NY ブロンクス出身のラッパー **Nironic / Niro Baits**	120
伝説ユニット Disgrafix で下積み、現在はソロで活躍中 **El Nino**	121
サウンドもルックスも過激なハードコア・ストリートラップ **Fuerza Arma**	122
ハードコアなルックスで愛と平和を謳うサイエントロジスト **Revolta**	123
YouTube で人気に火がついたポップなベトナム系ラッパー **Raego**	124
有名ギタリストを父に持ち、ポップ・ロックのドラマーで元ムエタイ選手 **Marpo**	125
ヒップホップ創成期に活躍した伝説的オールドスクール・ユニット **Naše Věc**	126

スロヴァキア	**127**
ジプシーをルーツに持つスロヴァキアのヒップホップ・キング **Rytmus**	128
カリスマ性のあるソリッドなフロウをかます人気ラッパー **Separ**	130
メインストリームで人気を博すタトゥーだらけの漢 MC **Kali**	131
自伝も出版！スキルフル x ポジティヴなラップで人気のカリスマ・スター **Majk Spirit**	132
硬派なラップを聴かせるヒップホップ・シーンの中堅 **Moja Reč**	134
クラシック・サウンドが渋いオルタナ・ヒップホップ DUO **Modré hory**	135
Soulja Boy を手がけるプロデューサー擁する人気ヒップホップ軍団 **H16**	136
Interview with Abe(H16)	138
次世代の気鋭ラッパーがダミ声で繰り出すフロウがハイレベル！ **Pil C**	140
フリースタイル・バトルで培ったラップスキルが超ドープ！ **Strapo**	141
Interview with Strapo	142
格違いのカリスマ！スロヴァキア最重要ヒップホップ・ユニット **Kontrafakt**	148
ストリートのリアルをラップし続けるベテラン・ラッパー **Miky Mora**	150
低い声と落ち着いたフロウでエモにキメる！ **Plexo**	151
コンシャス・ヒップホップを掲げるスピリチュアル・ラッパー **Suvereno**	152
洗練されたフロウとイルなラップスキルは一聴の価値あり！ **Boy Wonder**	153
レゲエ、ジャズ、ファンクを飲み込むヒップホップ・バンド **A.M.O.**	154
ソリッドかつ緩急自在なフロウのスキンヘッド愛妻家ラッパー **Majself**	155
2 つの伝説的ユニットで存在感を示すハスキーヴォイスのベテラン **Čistychov**	156
Interview with Čistychov	158
スロヴァキアでもっともキャリアが長い伝説的ユニットの一つ **L. U. Z. A.**	162
クラシック・アルバムを残したスロヴァキア最初のラップ・デュオ **Trosky**	163
ハスキーヴォイスで重厚感のあるストリート系ラップ が特徴 **Momo**	164
ウィットの効いたパンチラインを繰り出すニュースクール系 MC **Tono.S**	165
Interview with ArtAttack(Josef)	166
2 つの国、1 つの音楽シーン　〜チェコとスロヴァキア〜	**169**
豊かな音楽文化を持つ東欧ならではの民俗音楽・クラシック使い	171

ハンガリー ... 177

- バンド活動も行うハンガリーで最初のギャングスタ・ラッパー **Ganxsta Zolee** ... 178
- ポップな才能もキラリ！　自在にフロウを操るラップのテクニシャン **Fluor Filigran** ... 180
- ユニット名は「英雄」！地元自治体から文化賞受賞したフロウで聴かせる DUO **HŐSÖK** ... 181
- ハンガリーで絶大な人気を誇るオルタナ・ヒップホップ・バンド **Punnany Massif** ... 182
- 2010年以降人気ラッパーの仲間入りを果たしたイケメン MC **Essemm** ... 184
- 文学的リリックが高く評価されるアングラ・ヒップホップの雄 **Akkezdet Phiai** ... 185
- Interview with Saiid from Akkezdet Phiai ... 186
- 遊び心あるラップで今も活躍！ハンガリー最初のラップ DUO **Animal Cannibals** ... 190
- Interview with Animal Cannibals ... 192
- 個性的なフロウやラップスキルから Eminem と比較される MC **Sub Bass Monster** ... 196
- 驚異的ペースでリリースするシーンへの影響力も大きな愛国主義者！ **FankaDeli** ... 197
- ハンガリーで唯一成功したジプシー産ヒップホップ・ユニット **Fekete Vonat** ... 198
- 3MC+2DJ 構成でハンガリー製ヒップホップを提起！ **Bëlga** ... 199
- ダミ声ラガ＆洗練されたフロウを繰り出す最強 MC デュオ **Barbárfivérek** ... 200
- Interview with Barbárfivérek ... 201
- 聴きやすいソリッドなフロウで一般音楽リスナーにもリーチ **DSP** ... 206
- メッセージ性の高いラップ x 語りかけるようなフロウが特徴 **Day** ... 207
- 歌フック X 硬派ラップで人気のヒップホップ・デュオ **BSW（Beerseewalk）** ... 208
- アングラで硬派なブーンバップが人気のベテラン・デュオ **NKS（Nem Közölt Sáv）** ... 209
- メタルやドラゴンボールを愛し Snowgoons がプロデュースしたドープなラップ DUO **Killakikitt** ... 210
- Interview with Killakikitt ... 212
- **親日国なポーランドとハンガリーではヒップホップにも日本が登場** ... 218
- Snoop の前座を務めた歯切れ良いアンダーグラウンド・シーンの大御所 **Bankos** ... 224
- 歯切れのいいフロウでアンダーグラウンドに徹するベテラン **Mc Gőz** ... 225
- ソリッドなライミングと安定感のあるフロウを持つベテラン **Siska Finuccsi** ... 226
- ゲットーから這い上がってきたギャンスタラップのゴッドファーザー **DopeMan** ... 227
- 個性的な声を持つリアリティー番組出身のメジャー・ラッパー **Majka** ... 228
- ストリートドリームを体現した元プロサッカー選手／ラッパー **Curtis** ... 230
- 歌い、ラップするハンガリー版 Drake **Mr. Missh** ... 231
- メインストリームを牛耳るタトゥーだらけのハードコア・ラッパー **Mr.Busta** ... 232
- 個性派な高速ラップで尊敬を集めるアングラ・シーンの重要人物 **Funktasztikus** ... 234
- Interview with Funktasztikus ... 235
- メインストリームで人気を博すイケメン兄弟によるラップ・デュオ **AK26** ... 239
- クラシックなサウンドと 4 人で繰り広げるマイクリレーがドープ **KÁVA** ... 240

- 東欧ヒップホップをもっと楽しむためのハンガリー語・スラヴ系言語レッスン ... 241
- 東欧ヒップホップの聴き方ガイド ... 245
- 東欧ヒップホップの主なプロデューサー ... 247
- Interview with Emeres ... 253
- 東欧ヒップホップの主なレーベル ... 255
- 著者（パウラ）＆編集者（ハマザキカク）対談 ... 261
- Muzyka Polska 〜ポーランドの音楽が好き♪〜 ... 274
- 参考文献・ウェブサイト ... 276
- あとがき ... 278

ポーランド／POLAND

国名：ポーランド共和国
首都：ワルシャワ
面積：32.2 万平方キロメートル
人口：約 3,848 万人
民族：ポーランド人（約 97%）
宗教：カトリック・キリスト教（人口の約 88%）
言語：ポーランド語
国歌：ドンブロフスキのマズルカ
紋章：白鷲
GDP：約 5,448 億ドル
一人当たり GDP：約 14,331 ドル
通貨：ズウォティ
独立記念日：11 月 11 日
有名人：ショパン、コペルニクス、
　キュリー夫人、ヨハネ・パウロ 2 世
音楽賞：フレデリック賞 (Fryderyk)
ゴールドディスク認定枚数：15,000 枚
プラチナムディスク認定枚数：30,000 枚

文化、政治、社会

　966 年にポーランド公国として建国され、14 世紀から 17 世紀にかけて大王国を形成。その後衰退し、18 世紀にはオーストリア、プロイセン、ロシアによって 3 度に渡って分割され、約 123 年間に渡って国土が消滅した。第一次世界大戦後の 1918 年に独立を果たすも、第二次世界大戦にはナチス・ドイツとソ連による侵略を受けて再び国土が分断される。戦後に国家が復活し、1952 年からポーランド人民共和国としてソ連率いる共産圏に組み込まれる。1989 年に民主化を果たし、2004 年には EU に加盟した。

　長きに渡る国土分割、第二次大戦中に起こったホロコーストや共産主義時代など受難の歴史が印象的だが、これに耐えたポーランド国民の忍耐力と、いざという時の団結力、行動力は目を見張るものがある。1980 年代は連帯をはじめ、社会主義体制に抵抗する自由化運動が盛んとなり、東欧諸国の民主化運動をリード。この時代に反骨精神を持ったパンクやロックが台頭したことが、90 年代のヒップホップの誕生につながっている。民主化したものの経済的、社会的に不安定な時期が続いた 90 年代、特に若者の間に蔓延していた社会に対する不満が、ポーランドにおけるヒップホップ・カルチャーのベースを作ることとなった。2000 年頃に良作のリリースが続いたことから、ヒップホップが爆発的人気となり、国中で認知されるようになった。2000 年以降は経済的にも安定し、社会的、文化的に豊かな発展を遂げ 2004 年には EU に加盟した。マス・カルチャーの仲間入りを果たしたヒップホップもラップの内容やサウンドが変化し、多様化してきている。特に 2010 年代以降に登場する若手ラッパーは、これまでのラッパーと違う価値観を持つ者が多く、新世代の到来を感じさせる。

O.S.T.R.
オー・エス・テー・エル

ジャジー・ヒップホップを繰り出す天才ラッパー&プロデューサー

- 1997〜
- ウッチ
- Asfalt Records
- https://www.facebook.com/AsfaltRecords/
- www.instagram.com/adam.ostr.ostrowski/

　ウッチ出身のラッパー、プロデューサー、マルチ・インストゥルメンタリスト。通称はオストゥレイ。ウッチ音楽大学のバイオリン学科を卒業している。LWC、Obóz TA などユニットでの活動を経て、2001 年にアルバム『Masz to jak w banku』でソロデビュー。翌年には全編フリースタイルで録音したアルバム『30 minut z życia』をリリース。あっという間に売り切れたが、再販は一切なく幻の作品となっている。フリースタイル力の高さや、社会的メッセージ性の強いラップで幅広いファンを獲得しており、ヒップホップ・シーンだけでなく音楽界全体からアーティストとして高く評価されている。

　かなりのワーカホリックで、2001 年以降、毎年 1 枚アルバムをリリースしている。5 枚がゴールドディスク、4 枚がプラチナディスクに認定されている他、数多くの賞を受賞している。4 作目の『Jazz W Wolnych Chwilach』以降、ジャズを基調としたヒップホップが特徴となる。2005 年にプロデューサー Emade とユニット POE を結成し、2 枚のアルバムも発表している。ポーランド国外からの評価も高く、イギリスやアメリカのラッパーの作品をプロデュースすることも。プロデューサーとしてオランダのミュージシャンと Killing Skillz というプロデューサー・ユニットを組んでいる。2012 年以降は Tabasko というユニットの元に『Ostatnia Szansa Tego Rapu』、ラッパー Hades とのコラボ作『Haos』、カナダのヒップホップ・プロデューサー Marco Polo とのコラボ作『Kartagina』を発表するなど、ソロ以外の活動も盛ん。

　歯に衣着せぬ政治家批判や社会問題を鋭い観察眼で描写したリリック、洗練されたビートメイキングが人気で、ネットでは「O.S.T.R. を大統領に！」という声も聞かれるほどだ。2015 年に肺がんを患い、手術、闘病生活を経て 2016 年にアルバム『Życie po śmierci』でシーンに復帰した。『Życie po śmierci』は 2016 年度年間アルバム売上チャートで堂々 No.1 となった。

Po drodze do Nieba
レトロなトラックに乗せて、O. S. T. R. が神に対する正直な気持ちをラップ。カトリック信仰の厚いポーランドという国において、神という存在の大きさが感じられるのが興味深い。また幼い子供と妻を養う男のリアリティーがリリックに散りばめられているところが、多くの人の共感を得た。MV には実の妻と息子が出演している。特にフックは存在しないものの、トラック全体がキャッチーで聴きやすい一曲。『O. C. B.(2009)』収録曲。

You Tube www.youtube.com/watch?v=YJt3DFHnIW4

Mówiłaś mi
O. S. T. R.節炸裂のジャジーなヒップホップ・トラック。2009 年にポーランドのグラミー賞にあたるフレデリック賞にノミネートされたアルバム『Ja tu tylko sprzątam（2008）』収録曲で、キーボード演奏もプロデュースも本人が担当している。現状に不満なガールフレンドに対して自分は変わらないと主張する男の視点で語られるラップが、ポーランドの社会状況をも秀逸に捉えているところが人気の秘密。ライムもビートも上物な一曲。

You Tube www.youtube.com/watch?v=jcnIgHgB0Xc

Kochana Polsko
O. S. T. R. の代表曲の一つであり、ポーランド・ラップのクラシックの一つ。2002 年にリリースされたこの曲では、2000 年頃のポーランドの政治的、社会的状況を、母国愛とそこから生まれるフラストレーションをもってラップで表現した。O. S. T. R. はこの政治批判とメッセージで、社会主義体制崩壊後に育った世代の声を代表するラッパーとなった。MV では、画面の左右が赤とモノクロの映像に分かれており、ポーランドの国旗を表している。

You Tube www.youtube.com/watch?v=auqVcKcU3Kw

Śpij spokojnie
2010 年リリースのコンセプチュアル・アルバム『Tylko Dla Doroslych』からのシングル。ダークな世界観のラップで、O. S. T. R. の初期の作品に雰囲気が近い。銃弾を受けてしまったコソ泥の目線でラップされており、緊迫感のある状況の描写がトラックとベストマッチ。一方 MV の方では、ライヴに出演しようとする O. S. T. R. が銃を持った暗殺者と出会うという展開が楽しめる。ラストシーンにハッとするので、お見逃しなく！

You Tube www.youtube.com/watch?v=WnarUJLbZwU

We krwi (Since I Saw You) (feat. Playground Zer0)
2015 年に肺がんを患い生死をさまよった O. S. T. R. が、自分を見つめ直して制作したというアルバム『Życie po śmierci（死後の人生）』のリードシングル。この曲は病院のベッドの上で、自分の人生をずっと傍らで支えてきた妻に対して、改めて感謝するというラップ。恥ずかしさをかなぐり捨てて、素直に妻への愛と感謝を表現する姿が印象的だ。MV に出演している女性は妻本人。コーラスの入ったトラックもキャッチーでいい。

You Tube www.youtube.com/watch?v=b80qhH5g_U8

ALBUM
Masz to jak w banku(2001)
30 minut z życia(2002)
Tabasko(2002)
Jazz w wolnych chwilach(2003)
Jazzurekcja(2004)
7(2006)
HollyŁódź(2007)
Ja tu tylko sprzątam(2008)
O.c.b(2009)
Tylko dla doroslych(2010)
Jazz, Dwa, Trzy(2011)
Podróż zwana życiem(2015)
Życie po śmierci(2016)

PROJECT ALBUM
Szum rodzi hałas (POE) (2005)
Złodzieje zapalniczek (POE) (2010)
Ostatnia Szansa Tego Rapu (Tabasko) (2012)
HAOS (O.S.T.R.&Hades) (2013)
Kartagina (O.S.T.R.&Marco Polo) (2014)
MTV Unplugged: Autentycznie (2017)

Tede
テデ

アメリカ的なヒップホップをやらせたら右に出るものはいない SWAG な重鎮

🦅 1994〜　📍ワルシャワ　⭕ R.R.X., Wielkie Joł
📘 www.facebook.com/TDFTEDE　📷 www.instagram.com/tedef/

　1976年ワルシャワ生まれのラッパー、プロデューサー、TVタレント。1994年からラッパーとして活動を始め、のちにWarszafski Deszczとなるグループ TrzyHa を結成し、1999年には今ではクラシックとして認知されているデビューアルバム『Nastukafszy...』をリリース。その他にも、Mop Skład などさまざまなユニットとして活動していたが、2001年よりソロ活動も開始し、アルバム『S.P.O.R.T.』でソロデビュー。数多くのアーティストと共演する一方、DJ Buhh としても活動を始めている。2002年には自身のレーベル Wielkie Joł を設立し、アパレルブランド PLNY のビジネスもスタートさせた。ラップにレコードレーベル、アパレルブランド、さらに TV タレントと幅広い活動で成功しているラッパーだ。

　ソロデビューから、コマーシャルな活動をしてきたラッパーで、「非商業的、アンダーグラウンドこそが真のヒップホップ」とされていた90年代〜00年代前半のポーランド・ヒップホップ・シーンでは異端とされていた。常に論議を巻き起こし、数々のディスの対象になったり、ビーフを勃発させたりしているが、本人は至ってゴーイングマイウェイ。

　これまでに14枚のソロアルバムのほか、Warszafski Deszcz としても4枚の高評価アルバムをリリースしている。プロデューサー Sir Mich と組んで2013年にリリースした『Elliminati』は自他共に認める最高傑作として高く評価を受け、新たなファン層を獲得した。以降は Sir Mich とタッグを組み、毎年1枚ペースでアルバムをリリースしている。ベテランだが、最新トレンドを積極的に取り入れた Swag なスタイルで、若い世代のファンも多い。

PAŻAŁSTA
Tedeが、なぜかロシアのプーチン大統領に向かって核爆弾発射のボタンを押さないように頼む曲。「ウラジミール・プーチンよ、頼むから/そのボタンを押さないでくれ/頼むよ、ウラジミール」という、ブラックジョーク的なフック、オートチューンを多用したミッドテンポのトラックが面白い。アメリカ的なヒップホップをやらせたら、ポーランドでTedeの右に出るものはいないだろう。MVはロビン・シックのヒット曲「ブラード・ライン」のパロディになっている。『vanillahajs (2015)』収録。

www.youtube.com/watch?v=q76EfgGXvIY

NIE BANGLASZ(feat. DJ TUNIZIANO)
TedeがプロデューサーSir Michuとタッグを組んだアルバム『Elliminati』からのシングルで、2人の持ち味が最大限に活きているトラック。アメリカ東海岸のヒップホップを思わせるようなダークなストリート感のあるループに、Tedeがかますフロウがベストマッチしていて、かっこいい。自分のスタイルを誇示するリリックに負けない、キャリア20年の貫禄を感じる。2013年のポーランド・ヒップホップを代表するヒット曲。

www.youtube.com/watch?v=GDbdt3rB3bQ

Szpanpan
13枚目のソロアルバム『KEPTN' (2016)』からヒットしたクラブバンガー。シャンパンを開けまくることをラップしたパーティソングだ。Sir Michuが手がけたダブステップのビートを取り入れたアグレッシブなトラックのあちこちで、シャンパンのボトルがポンッと開く音が鳴り響いてテンションが上がる。フックでは「手の中にモエ（シャンパンのブランド）を握ったピストルみたいに開けるぜ」とラップし、調子のいいフロウやトラックの変調に合わせたライミングがTedeらしさ全開の1曲。

www.youtube.com/watch?v=L2Sc9jJp_dA

Wyścig szczurów
Tedeのソロデビューアルバム『S. P. O. R. T. (2001)』のプロモシングルだったこの曲は、Ewa Bemの「Pomidory」をサンプリングした軽快なサマーチューン。爽やかさすら感じるトラックだが、リリック内でTedeは、社会主義崩壊後10年、資本主義が徐々に定着していたポーランドで人々が仕事第一、拝金主義な生き方へ傾倒していくなか、自分はラップで自由に生きていくと宣言している。変化していく時代の流れを捉えた象徴的な人生謳歌曲。

www.youtube.com/watch?v=BzJ0MibUmJU

WYJE WYJE BANE
盟友プロデューサーSir Michuと組み、トラップ・サウンドを取り入れた2015年のヒット曲。ラップ、ファッション、ビジネスすべてにおいて成功したTedeが、自分のライフスタイルを自信たっぷりにラップする。オートチューンがかかったTedeの歌うフック部分は少々耳につくが、きっちりたたみかけるライムはなかなかいい。Tedeのライヴの様子を収めたMVでは、Tedeの人気っぷりが伺える。12thアルバム『VANILLAHAJS(2015)』収録曲。

www.youtube.com/watch?v=XL8xaUYqhNA

ALBUM
S.P.O.R.T.(2001)
3h hajs hajs hajs(2003)
Notes(2004)
Esende Mylffon(2006)
Ścieżka dźwiękowa(2008)
Note2(2009)
FuckTede/Glam Rap(2010)
Notes 3D(2010)
Mefistotedes(2012)
Elliminati(2013)
#kurt_rolson(2014)
Vanillahajs(2015)
KEPTN'(2016)
Skrrrrt(2017)

PROJECT ALBUM
Ein Killa Hertz(1kHz)(1996)
WuWuA(Trzyha)(1997)
Nastukafszy...(Warszafski Deszcz)(1999)
Powrócifszy...(Warszafski Deszcz)(2009)
PraWFDepowiedziafszy(Warszafski Deszcz)(2011)

テン・ティプ・メス

ラッパーからの支持率とスキルはトップクラスのベテラン

Otwarcie
2011年のアルバム『Kandydaci na szaleńców』のオープニング・ナンバー。ロック調のトラックをBob Airがプロデュースし、Mesはビートに正確にライムを繰り出す。リリックでは、Mesの人生に影響を及ぼしてきた家族、友人、元恋人たちに向けたメッセージからMesの軌跡が読み取れるようになっていて、リリックもライムも秀逸な一曲。MVもMesの目線から見た人生の軌跡が描かれている。

YouTube https://www.youtube.com/watch?v=w42c2XWr-P0

ALBUM
Alkopoligamia: zapiski Typa(2005)
Zamach na przeciętność(2009)
Kandydaci na szaleńców(2011)
Ten Typ Mes i Lepsze Żbiki(2013)
Trzeba było zostać dresiarzem(2014)
Ala.(2016)

PROJECT ALBUM
Flexxip(Flexxip)(2002)
Ten Typ Mes i Emil Blef - Fach(Flexxip)(2003)
Funk – dla smaku(2Cztery7)(2005)
Spaleni innym słońcem(2Cztery7)(2008)

MIXTAPE
LOVEYOURSONGS(2015)

1982年ワルシャワ生まれ。2001年から活動しているラッパー、プロデューサーで、アパレルブランドおよびレコードレーベル、Alkopoligamia.comのオーナーでもある。2001年にユニットFlexxipと2Cztery7を結成し、ラッパーとして活動を開始。2003年にFlexxipの2ndアルバム『Fach』をリリースした後、ソロとして多くの客演をこなすようになる。2005年に2Cztery7の1stアルバム『Funk Dla Smaku』リリース後、初のソロアルバム『Alkopoligamia: zapiski Typa』をリリース。アメリカ西部海岸産ヒップホップやG-ファンクに影響を受けたスタイルと、ストーリーテリングを得意とするラップが高い評価を受けた。2009年にAlkopoligamia.comを設立し、2nd『Zamach na przeciętność』を発売。2011年リリースの3rd『Kandydaci na szaleńców』ではイギリスのクラブミュージックに影響を受けたスタイルを取り入れ、ファンからは賛否両論に支持が分かれたが、商業的には成功をおさめ、Mesにとって初のゴールドディスク獲得となった。2014年リリースの5thアルバム『Trzeba było zostać dresiarzem』はフレデリック賞にノミネートされた。また2008年に解散したFlexxipを2015年に再始動させた。2016年には、これまでのキャリアの中で最も多様なサウンドとスタイルを模索した実験的アルバム『Ala.』を発表した。

ラップのスキルや個性において、ポーランド国内では常に上位に入るラッパー。初期のG-ファンクからクラブ系サウンドまで、幅広いジャンルに対応できるスキルを誇り、常に新たなサウンドやラップ、声の可能性を模索している実験者的一面も持っている。

2001～　ワルシャワ　Alkopoligamia.com
www.facebook.com/mestentyp　www.instagram.com/mestentyp/

To Nic Nie Znaczy

『Cztery I Pół(2011)』から。ポーランド語は難しい言語だが、その発音や文法を含め、完全に正しくポーランド語を話すのは、時にポーランド人にとっても簡単ではない。ここではŁonaが、子供のおもちゃ、初老のドライバー、ニュースキャスターやセレブを槍玉に挙げ、いかに正しくないポーランド語が巷に氾濫しているか、皮肉とユーモアをこめてラップしている。MVも彼のストーリーテリングに沿った形で展開。Webberが繰り出すビートはDr. Dreを思わせる部分もあり、耳に残る。

You Tube　www.youtube.com/watch?v=_6HCOgTc5r4

ALBUM
Koniec żartów(2001)
Nic dziwnego(2004)
Absurd i nonsens(Łona&Webber)(2007)
Cztery i pół(Łona&Webber)(2011)
Łona, Webber & The Pimps w S-1(2013)
Nawiasem mówiąc(Łona&Webber)(2016)

EP
Insert EP(Łona&Webber)(2008)

知的ユーモアで楽しませる！現役弁護士ラッパーが率いるデュオ

　シュチェチン出身のラッパーŁonaとビートメイカー、プロデューサーのWebberによるユニット。最初はWiele C.T.というユニットで活動を開始したŁonaだが、すぐにソロに転向した。ŁonaとWebberとは90年代後半に出会い、1999年にWebberのプロデュースで『Owoce Miasta』というデモテープを作成している。2001年にはŁona名義で 1stソロアルバム『Koniec żartów』をリリース。2004年には2ndソロ『Nic Dziwnego』を発表するが、2枚ともWebberとの共同プロデュース作だった。3rd以降はŁona i Webber名義で活動し、EPも含めて6枚のオリジナルアルバムをリリースしている。2011年には共同でレコードレーベルDobrzewiesz Nagraniaを設立。同年リリースした『Cztery i pół』が高い評価を受けた。2016年には5thアルバム『Nawiasem mówiąc』をリリースしている。

　Łonaは法学部卒のインテリで、弁護士として働きながらアーティスト活動もするという二足のワラジを履くラッパー。その知的センスやユーモア、ウィットに富んだストーリーテリング、個性的なフロウが人気。一方のWebberは東海岸ヒップホップの影響を受けたスタイルで強い支持を得ている。『Cztery i pół』は名作として評価され、デュオにとって最大のヒット作となった。

donGURALesko
ドングラレスコ

🏛 1994～　📍ポズナン　　Blend Records, Wielkie Joł, 5 Element, Szpadyzor Records
　www.facebook.com/djdziadzior　　www.instagram.com/djdziadzior/

中東風ビートにダミ声ラップを繰り出すポズナンのドン

　ポズナン出身のラッパー。1994年にラッパーの Kaczor らと Killaz Group を結成して活動を開始。自主制作盤などをリリースしながら地道に活動を広げ、2002年には Killaz Group のデビュー作『Nokaut』とソロアルバム『Opowieści z betonowego lasu』をリリースし、デビューを果たす。以降、ソロとして精力的に活動しながら、Killaz Group や別ユニット K.A.S.T.A. Skład としても活動し、実力でトップ・ラッパーの仲間入りを果たした。ソロだけでも8枚のアルバム、4枚のミックステープをリリースしているほか、数多くの客演をこなしている。2枚のアルバムを発表した後、K.A.S.T.A. Skład は2006年に、Killaz Group は2008年に解散した。2009年に自主レーベル Szpadyzor Records を設立。2010年にリリースした『Totem leśnych ludzi』は総合チャートで初登場 No.1 を記録した。2015年のアルバム『Magnum Ignotum preludium』を最後に引退するという噂もあったが、2017年には新作「Dom Otwartych Drzwi」をリリースした。

　レベルの高いライムや個性的なフロウを繰り出す、名実ともにポーランドを代表するラッパーのひとり。ストリートラップから、国際関係、文化、宗教まで幅広いテーマについてラップしており、ビートにもかなりこだわっている。一時はエスニックなメロディーを取り入れることにハマっていた。サングラスをかけ強面なルックスだが、父は作家、母は造形美術家という芸術一家生まれで、インタビューや SNS での言動からは教養の高さが伺える。

O'Kruca (feat. The Returners)

2017年発売のソロ9作目『DOM OTWARTYCH DRZWI』からのリードシングル。タイトルの「O'Kruca」は山岳地方のスラングを意味するもの。ユニークで頭の中に回りそうなビートを手がけたのはプロデューサー・デュオ The Returners だ。相変わらず韻を踏みまくりの GURAL らしいフロウが聴けるが、リリックの内容はそんなに深い意味はない。MV は GURAL のアパレル El Polako の新作撮影時に一緒に撮影された。

www.youtube.com/watch?v=MZ0e2Hs_71E

El Polako

DonGURALEsko の代表曲の一つ。中東アジアっぽい音色とファットなビートがかっこいいダーティーサウス系なトラックは、DonGURALEsko と相性がいいプロデューサー Matheo が手がけたもの。2人は長年タッグを組んでいる。自分が住むエリアや国、仲間たちについて語るリリックの内容はたいしたことないが、キャッチーなフックと、独自のフロウ、ビートに合わせてライムを踏みまくるところが聴き心地良くてハマる一曲。『El Polako（2008）』収録。

www.youtube.com/watch?v=M2ApeEx_9e4

BETONOWE LASY MOKNĄ

『Totem Leśnych Ludzi(2010)』より。エスニックな旋律に乗せた DonGURALEsko のフロウがかっこいい一曲。普段の GURAL の特徴的なオラオラ系なラップと違い、内省的な内容や、詩的とも言えるリリックで高い評価を受けた。聖書の隠喩など、知性を感じさせる部分もあり、ラッパーとしての深みを見せている。「コンクリートの森は濡れる」というタイトル通り、雨音や歌詞にも登場するカモメの鳴き声をサンプリングしているところがユニーク。プロデューサーは GURAL の盟友 Matheo。

www.youtube.com/watch?v=FsKfqfUxSTU

Dzieci Kosmosu

Matheo が手がけた切迫した雰囲気のダークなループに乗せて DonGURALEsko がシリアスなフロウを聴かせる。GURAL は「宇宙の子供たち」というタイトルが示すとおり、終末が近づいた地球に宇宙からやってきた人々をテーマにラップ。冒頭はハト、ラストはサルの鳴き声がサンプリングされているが何やら意味深だ。綜合売上チャートで No.1 を記録した 4th ソロアルバム『Totem Leśnych Ludzi (2010)』収録曲。

www.youtube.com/watch?v=AvPmHFQsKQI

Pięć (feat. Sitek, Shellerini)

オールドスクールなヒップホップ感がたっぷり味わえる 8th アルバム『Projekt jeden z życia moment (2012)』からのリードシングル。グラフィティだらけになった廃墟の団地を舞台に、ゲスト参加している若手ラッパーたちと交互にラップをかます MV も、まさにザ・ヒップホップ・カルチャーといった感じ。「俺はプレイヤー」と繰り返し、自信たっぷりなライムをかます GURAL のテンポ良いラップがかっこいい。

www.youtube.com/watch?v=W79dvk2hZ0Y

ALBUM
Opowieści z betonowego lasu(2002)
Drewnianej małpy rock(2005)
El Polako(2008)
Totem leśnych ludzi(2010)
Zaklinacz deszczu(2011)
Projekt jeden z życia moment(2012)
Kroniki betonowego lasu(2014)
Magnum Ignotum preludium(2015)
Dom Otwartych Drzwi (2017)

MIXTAPE
Jointy, konserwy, muzyka bez przerwy(with DJ Kostek)(2006)
Manewry mixtape. Z cyklu janczarskie opowieści(with Matheo)
Inwazja porywaczy ciał(with Matheo)(2009)
NasGuralAz(with DJ Tuniziano)(2013)

PROJECT ALBUM
Kastaniety(K.A.S.T.A. Skład)(2002)
Nokaut(Killaz Group)(2002)
Kastanony(K.A.S.T.A. Skład)(2003)
Operacja kocia karma(Killaz Group)(2007)

プロブレム
PRO8L3M

2040
Iron Maiden「Wasted Years」をサンプリングした緊迫感のあるシックなビートがとにかくかっこいい。Oskarは高いテクノロジーを持った世界政府に支配されるディストピアを描きつつ、現代社会の問題を顧みない発展の仕方に疑問を投げかける。緻密に計算されたリリックで聴きごたえがある。『攻殻機動隊』『AKIRA』『カウボーイビバップ』などの日本アニメにオマージュを捧げたサイバーパンク・アニメになっているMVは必見！『PRO8L3M(2016)』収録。

YouTube　https://www.youtube.com/watch?v=DfDzSncWnSw

ALBUM
PRO8L3M(2016)

EP
C30-C39(2013)
Hack3d By GH05T 2.0(2017)

MIXTAPE
Art Brut Mixtape(2014)

👤 Oskar, Steez83　📅 2013 ～　📍 ワルシャワ　RHW Records
www.facebook.com/PRO8L3M/　www.instagram.com/pro8l3m/

フレッシュなビートと個性的な
ラップスキルが注目の新鋭デュオ

　2013年にワルシャワでラッパーOskarとDJ Steez83によって結成されたユニット。同年に1000枚限定のミニアルバム『C30-C39』をリリースし、耳ざといリスナーや批評家から注目を集めた。2014年には70s、80sのポーランドの娯楽音楽のみをサンプリングするというコンセプトで制作したミックステープ『Art Brut』をリリースし、再び高い評価を受ける。同年、ポーランド映画『Pocztówki z Republiki Absurdu』に楽曲を提供。PRO8L3MはAktivist誌のアーティスト・オブ・ザ・イヤーを受賞した。2016年に発表したデビューアルバム『PRO8L3M』はプラチナムディスクを獲得するヒットとなっている。

　シンセサイザーやアナログ機材を駆使しながら、サンプリングにも長けているSteez83のビートメイキングが実にフレッシュ。Steez83はHemp GruのDJを長年務めたほか、ラッパーSokółのマネージャーを務めた経験もあり、Sokółと親交が深い。またRap History Warszawaというプロジェクトにも参加するなど、アンダーグラウンドでその存在感を示してきた。一方のOskarも、独特な間の取り方やフロウ、独自のユーモアを散りばめたリリックが評価されるなど、高いラップスキルを誇っている。結成からまだ数年だが、2人の技術力の高さから今後の活躍が期待されるデュオである。

> ポーランドでは一時期フランスのヒップホップがとても人気だったんだ。

Interview with DJ Steez83 (PRO8L3M)

www.instagram.com/steez83/
www.facebook.com/Steez83/

ポーランドのラッパーと接触を試みる時は、他3国と違い、英語ではなくポーランド語でやり取りをしたのだが、これがよくなかったのか、インタビューを成立させるのに一番苦労した。最終的には知り合いのつてを使ってアプローチしてもらい、ようやく回答が返ってくるようになった。Pro8l3m（プロブレム）のプロデューサー DJ Steez83 も、その流れでインタビューが成立した最初のポーランド人アーティストである。2016年リリースのデビューアルバム『PRO8L3M』が話題を集め、ポーランドで存在感を増しつつある Pro8l3m。Steez83 は、ユニット結成の背景やこれまでの活動、PRO8L3M の音楽制作のスタイル日本への関心などについて丁寧に答えてくれた。

―― デビューアルバム『PRO8L3M』は2016年最も期待されていたアルバムの一つでしたね。反応はいかがでしたか？

俺たちの予想を超える反応だったよ。リリースからまだ5ヶ月なのに既に2度も増版していることが何よりの証拠だ。

―― PRO8L3M は2013年に結成されたばかりですが、どのように始まったんですか？

俺と Oskar、2人の案で始まった。十数年来の友人で、知り合ってからすぐ Dobry Towar という団地発の大ユニットのメンバーとして一緒に活動してきた。俺たちの情熱と長年の活動の自然な結果として PRO8L3M が誕生したんだ。

―― PRO8L3M のスタイルは、ポーランドのシーンにおいてとても新鮮です。他のアーティストと自分たちとの違いは何だと思いますか？

自分たちのために音楽をやっているということ。ポーランドのシーンに欠けているものを作りたくて PRO8L3M ができたんだ。第一に俺たちは、自国のラップ・シーンをあまり追わないようにしていて、違うところにインスピレーションを見つけるように気をつけている。俺は広い意味でのエレクトロニック・ミュージックに興味を持っていて、普段からそれを聴いているよ。それに加え、音楽製作にはいくつかのハードウェア、シンセサイザーを使っていて、それが独特なサウンドを加味してくれるんだ。

―― PRO8L3M の魅力の一つは Oskar のラッ

ブ・スタイルです。Oskarはどんなアーティストですか？

Oskarはとても変わったラップ・スタイルを持っている。俺にとっては技術面においてOskarと並ぶ奴はいない。オフビートでもセンスよく遊べるし、60から120までどんなBPMでもこなせるんだ。リリックに関しても、本物で、強烈であると同時に独特のユーモアが入り混じっている。

―― 一緒に音楽製作をしているそうですが、どのように製作をしていますか？

大抵俺たちのどちらかが作曲プロセスを始める。俺がビートを作るか、Oskarがリリックのアイデアやテーマ、ヴァースを出してくるかだね。その後は2人でコンセプトを磨きあげるのに長い時間をかける。Oskarが音楽についてアイデアを出してくることもあるし、俺がストーリーの雰囲気を提案することもあるけど、それぞれが自分の分野において責任を持つことになっているよ。

―― デビュー作『PRO8L3M』も前作のミックステープ『Art Brut』に続き、コンセプト・アルバムとなっています。どこから『PRO8L3M』のサイバーパンクっぽいインスピレーションを得たのでしょうか？

世界は狂った勢いで発展している。このテーマはアルバムの中で語る価値があると考えたんだ。サイバーパンクなインスピレーションは、多次元的ストーリーテリングへの入り口でしかない。Oskarは過去のストーリー（「Prequel」「VHS」「Art 258」）からスタートし、その後に完全に架空の物語へ続けるためのジャンプ台を作るように、現在へとストーリーを繋いでいる。最初の曲で語られた真実のストーリーが破壊した道を行かなければならなかったとしたらどうなるか、という風に問いかけているんだ。

―― ミックステープ『Art Brut』では多くのサンプリングをしています。きっと膨大なレコード・コレクションをお持ちなんだと思いますが、どのようにして音楽に興味を持つようになったんですか？

最初から音楽に夢中だった。おもちゃで遊んでいるような頃から、まるで自分がやっていることへのサウンドトラックみたいに、頭の中でメロディーを組み立てていたよ。『Art Brut』に関して言えば、俺たちが育った時代を象徴するような曲を選んだんだ。アメリカの黄金期のラップが70年代のファンクやソウルに基づいていたように、俺たちにとっては80年代のポーランドのシンセポップが自然なインスピレーションだった。Aya RL、Lomard、Urszula、Halina Frąckowiak、Marek Biliński……。こういったアーティストを家で、Unitra社製（*ポーランドのオーディオ製品会社）のターンテーブル「フレデリック」に乗せて聴いたものだよ。それに加えて、俺は小さい頃からレコードに触れていたんだ。両親が「バンビーノ」というターンテーブルを買ってくれて、子供向けの物語のレコードを夢中で聴いていた。だから、ごく小さい時からレコードは身近だったんだ。

―― ヒップホップにハマり始めた頃、好きだったアーティストは誰ですか？

その頃一番影響を受けたのはアメリカ東海岸のアーティストだね。AZ、Big Noyd、Raekwon、Methodman、Nas、Biggie、Fat Joe……。ニューヨークのシーンすべてに魅了されたよ。その後、かなり影響を受けたのはフランスのシーン。**ポーランドでは一時期フランスのヒップホップがとても人気だった**んだ。もしかしたらアメリカよりもフランスの方が本能的に近いからだったのかも？ 歌詞が分からないにも関わらずね。KDD、Fonky Family、NTM、113、Busta Flexaなどのグループを聴いていたよ。

―― あなたは以前ラッパーSokółのマネージャーをしたり、Hemp GruやJWPといったユニットのDJをしていたそうですね。長いキャリアの中で、自分のユニットを組むまでに時間がかかったのは何故でしょうか？

さっき書いたけれど、音楽キャリアは自分のユニットDobry Towarから始まった。少しラップもしていたけど、何よりますビートを作って

いた。何枚かインディーでリリースしたが、そこで止まってしまったんだ。その後に DJ やプロモーションの仕事に集中した時期があったんだけど、自分には表現の手段が欠けていると感じたよ。さまざまな経験をたくさん積んだ後でこのプロジェクトを作ることができて嬉しく思っている。今になって経験が実を結んでいるように感じるよ。

―― それらの経験を通じてどんな知識を得ましたか？
10 年以上もかけて得た体験を数行でまとめるなんてできないな。2006 年に Hemp Gru のライヴで DJ を始め、数年間でポーランド中、そして外国もツアーした。その時知り合った人や場所、その知識から今も恩恵を得ているよ。Sokół とのライヴに関して言えば、ブッキング・マネージャーもやっていた。間接的にその経験から、自分の事務所 Revolume（www.revolume.pl）の設立につながった。ブッキング・エージェンシーだけでなく、自分のプロジェクトすべての実現に必要な土台にもなっているよ。

―― Rap History Warsaw というプロジェクトのメンバーもやっていますよね。これはどんなプロジェクトですか？ 日本にはまだ無いけど、とても面白そうですね。
Rap History Warsaw とはチューリッヒで数年前に始まった音楽プロジェクトだ。これが大成功したため、勢いに乗ってベルリン、バーゼル、モナコなど多くのヨーロッパの街に広まった。俺たちはワルシャワでこのイベント企画をやろうと引き受けたんだ。「Rap History」の名のもとに開催するクラブ・イベントは、誕生してから 30 年以上も経つラップ・ミュージックに捧げられている。この 30 年の間、ヒップホップは長い道を歩んできた。ニューヨークのアフリカ系アメリカ人の間で生まれたニッチなストリート・カルチャーから、現代マス・カルチャーにおける最も重要な要素およびエンハンサーの一つとなった。「Rap History」というプロジェクトは（娯楽的な目的のほかに）、その起源から現代までラップ・ミュージックの歴史とルーツに関する知識を広げるという使命があるんだ。「Rap History」のパーティーが他のクラブ・イベントと違った点は、「Rap History」ではそれぞれのイベントがラップの各年を割り当てられていたことだ（Rap History 1989、Rap History 1990、Rap History 1991 など）。各パーティーでは、音楽リリース、大規模なプロモーションや宣伝動画、オープニングなどがあった。それぞれのパーティーでは、出演する DJ が特別に用意したテーマとなる年のラップだけを扱うミックステープを手にいれることができた。さらに、手作りで印をつけられた箱には、ポスターやその年にラップ・ミュージック界で起こった重要な出来事をまとめたオリジナルの記事や、その年にアメリカで出た楽曲すべてのリストが入ったスペシャル・マガジンが入っているんだ。スクリーンには、プレイしている曲のタイトルとアーティスト名を写したよ。俺はオーガナイザーでもあり、音楽ゲストとしても 30 年間の音楽の大半をそれぞれのイベントでプレイしたよ。

―― ポーランドのヒップホップ・シーンはこの 20 年間で大きく成長しました。今のシーンについてどう思いますか？
ポーランドのラップ・シーンはとても大きく、多様だ。我が国で最も人気のあるジャンルの一つで、その証拠に OLIS（公式売上チャート）のヒット曲チャートの上位にはラップ・アーティストが定期的にランクインしている。長い間、メディア（ラジオ、音楽 TV）には完全に無視されていたけど、そのおかげで YouTube のような独立型プラットホームに非常に早く普及することができたんだ。現在出てきている次世代ラッパーは、両親が最初の頃のポーランド・ヒップホップを聴きながら育てた世代で、今後も人気が衰える様子はまったくないよ。

―― チェコ、スロヴァキアやハンガリーなど近隣国のアーティストとは付き合いありますか？
いいや。でも近隣国のラッパーやプロデュー

サーと関係を深めているアーティストはいるよ。その一人が俺の友人で Prosto の設立者、「Straight Slavic Flavour」というキーワードを作り出した Wojtek Sokół だ。彼は自分のアルバムを作るときによくチェコやウクライナのプロデューサーに声をかけているよ。

——**日本アニメにオマージュを捧げた「2040」の MV は見応えがあって、日本人として嬉しかったです。子供時代にはたくさん日本アニメを見たのでしょうか？**

俺は SF の映画、漫画、文学が大好きなんだ。かなり若い頃からハマっていたよ。子供の頃からストルガツキー兄弟の作品やメビウスの漫画を読み、サイバーパンクなアニメを観ていた。アニメに関しては、『攻殻機動隊』『AKIRA』といった絶対的なクラシック作品以外にも、『カウボーイビバップ』が好きだったよ。うちの国ではいつもニッチな音楽や映画を手にいれるのが難しかった。『Doe or Die（AZ）』よりも『Enter The 36 Chambers』を手に入る方が簡単だったように、『バブルガムクライシス』より『攻殻機動隊』を入手する方が簡単だったんだ。

——**日本には来たことありますか？ 日本に対してどんなイメージを持っていますか？**

日本は行きたい国の上位に入っているよ。俺は、まだ訪れたことのない場所について想像したりせず、実際の旅でありのままを吸収したいんだ。もちろん日本料理や大衆文化については結構多くのことを知っているけど、俺が魅了されるのは日本の建築やアートなんだ。俺は禅思想の大ファンだ。西洋諸国が魅了される日本が、ヨーロッパやアメリカの文化に夢中になっているのも面白いテーマだとおもう。

——**日本のアーティストやヒップホップなど、日本の音楽を知っていますか？**

DJ Krush、DJ Honda や DJ Kentaro といった古い時代からの明白なイメージはあるけど、それ以外でも気鋭のプロデューサーやクラシック音楽の人を何人か知っているよ。ラップに関しては越えられない言語の壁がある。そうだ、それからもちろん、俺も含め世界中の子供たちの音楽的趣向の形成に多大な影響を及ぼしたチップチューンやゲーム音楽のシーン。**古代祐三や近藤浩治**の名前は、サンプリング用に任天堂や他のゲーム機の 8 ビット音楽を掘っていた時にやっと知ったんだ。最近 Red Bull Music Academy から、このジャンルの最も重要なアーティストをピックアップした最新シリーズが出たんだよね。

——**日本人に勧めるとしたら、どのポーランド・ラップ作品を選びますか？**

ニューヨークにとっての作品が『Enter The 36 Chambers（Wu-Tang Clan）』なら、俺たちにとってそれは 1998 年に出た Molesta の『Skandal』だった。ポーランド・ラップ・シーンの基礎だよ。今聴くと少し古い感じがするけど。このアルバムをお勧めするよ。ワイルドだった 90 年代終盤、ポーランドにラップが誕生した初期の時代を絶妙に反映しているのを感じられるから。俺たちの作品の背景も分かるだろうね。俺も Oskar もこのアルバムを聴いて育ったからね。

——**今後の予定は？**

まずはプロデューサー、音楽製作者として進化するつもりだ。音楽で生きていくことは、昔から俺の目標であり、夢だった。PRO8L3M という最高の名前で、やっと 100% 自分たちのプロジェクトをダチと実現することができた。絶対に新しいシンセサイザーをスタジオに 1、2 台入れて、音楽理論を洗練させるよ。それに加えて、最近はより頻繁にロサンゼルスに訪れていて、あそこで新たな活動をスタートする計画もある。アメリカでの音楽活動とポーランドでのツアーで、時間を分けなくちゃいけなくなるだろうね。

——**日本の読者にメッセージをお願いします。**

ポーランドは豊かなカルチャーと歴史がある、美しくて興味深い国だよ。まだ西側と比べたら比較的(物価も)安いし。それに**直行便**もある。もしかしたら今が東京からワルシャワまでの切符を買うベストタイミングなんじゃないかい？

Wyjebane（mocno）
プラチナム認定された 2nd アルバム『Nowe Rzeczy (2015)』からのヒット曲。1st アルバムの成功を受けて自信たっぷりにラップしていて、リードシングルとして最適なトラックだ。KęKę は Uraz がプロデュースしたファットなビートに乗せて、脂が乗った絶妙なライミングとフローを聴かせ、ラッパーとしての才覚を見せつけている。MV では黒い背景に溶け込みながら踊る KęKę の姿が印象的だが、KęKę のパートは 1 発撮りだったそうだ。

 YouTube https://www.youtube.com/watch?v=zwS9DxTn5Hs

ALBUM
Takie Rzeczy(2013)
Nowe Rzeczy(2015)
Trzecie Rzeczy(2016)

PROJECT ALBUM
Weź nas podrób(KęKę&Kotzi as KoKę)(2007)
BoaSnake's(KęKę&Kotzi as Boa's)(2009)
Basement Disco(KęKę&Hase)(2017)

photo by Oskar Zytkowski

2002～　ラドム　Prosto、Takie Rzeczy Label
www.facebook.com/RadomKeKe　www.instagram.com/piotrsiara/

日本人風の名前＆野太い声でパーソナルなリリックを繰り出す元郵便配達員

　2002 年より活動し、長い下積み時代を経て 2016 年に大ブレイクしたラッパー。ケンケンという名前が日本人にも親しみやすい。2007 年にラッパー／プロデューサー Kotzi とともに KoKę を結成し、ミニアルバム『Weź nas podrób』をインディーでリリース。2009 年には同じデュオで Boa's として『BoaSnake's』を発表している。数多くの客演とコンピレーション CD への参加によって、アンダーグラウンド・シーンでの存在感を強め、2013 年 Prosto との契約にこぎつけた。同年にリリースしたデビューアルバム『Takie Rzeczy』はロングランヒットとなり、2015 年にゴールドディスク認定された。2015 年には 2nd アルバム『Nowe Rzeczy』をリリースし、「Zmysły」「Młody Polak」などのヒット曲を生んだ。その後、自主レーベル Takie Rzeczy Label を設立し、2016 年に 3rd アルバム『Trzecie Rzeczy』を発表。ダブルプラチナム認定される大ヒットとなっている。

　活動初期は郵便配達員として働いていたという KęKę。喉がつぶれたような太い声と正直でストレートなリリックが特徴で、アンダーグラウンド時代から人気が高かった。トラップ的なフロウを取り入れることも。Prosto と契約してからはヒット曲を連発し、人気急上昇中のラッパーである。

Foto Jimmy

KęKę が日本語っぽく聞こえるなんて、ツイッターでたくさんのハッシュタグを見つけるまで知る由もなかったよ。

Interview with KęKę

KęKę はワルシャワから 100km ほど南にある都市ラドム出身で、2010 年以降、その人気が右肩上がりのラッパーだ。特に 2016 年にリリースした 3rd アルバム『Trzecie Rzeczy』からアルコール中毒をテーマにした自伝的シングル「Smutek」が大きな話題を呼び、リスナーからもアーティストからも高く評価された。KęKę の人気の秘密はその非常に個人的で、正直なリリックにある。子供時代のトラウマやアル中の治療などに苦しみ悩む男の等身大の告白に、多くの人が共感しているのだろう。そんなとてもパーソナルなリリックで 2016 年ポーランド・ヒップホップ・シーンの顔となった話題のラッパーにインタビューをした。

——日本の読者に向けて簡単に自己紹介をお願いします。

俺の名前はピョトゥル。1983 年にラドムで生まれた。KęKę（ケンケン）という名前でラップをやってる。

——最初はどのようにヒップホップ・カルチャーを知りましたか？

俺の最初の、そしておそらく唯一のラップの憧れは 2pac だった。2pac からラップを聴き始めて、ポーランド・ラップに触れたのはもっと後だった。15、6 歳くらいだったかな。

——その頃のラドムのシーンはどんな感じでしたか？

ラドムで最初にラッパーたちと接触したのは 2002 年頃かな。地元で誰かがラップをやってるなんて知りもしなかった。誰も知り合いがいなかったんだ。俺は、ネットで見つけたアメリカの曲のビートに乗せて、マイクを使ってインスタントメッセージに録音していたんだ。ラドムのラップ・シーンで最初に知り合ったのは 4 Korony の DJ Mono と Lesiu だったよ。

——ヒップホップにハマり始めた時と現在のお気に入りのラッパーはだれですか？
さっきも書いたけど、一番大きな影響を受けたのは 2pac。今は特にお気に入りのアーティストはいない。US ラップの黄金期を聴くのが好きだけど、最近の US やヨーロッパのサウンドもとても好きだよ。でもたぶん一番多く聴いてるのはポーランド・ラップだ。

——なぜ KęKę という名前にしたんですか？ ケンケンは日本語にも聞こえるんです。
KęKę が日本語っぽく聞こえるなんて、ツイッターでたくさんのハッシュタグを見つけるまで知る由もなかったよ。日本人はとても頻繁にこのフレーズを使うみたいだね。俺のあだ名は Kędzior（ケンジョル）という言葉からきたんだ。ポーランド語では「巻き毛」を意味するんだけど、俺は一度も巻き毛だったことがないから、本当に意味のないあだ名なんだ。レコーディングの時にある友達が俺のことをそう呼んで、俺がそれを KęKę に変えてそのままアーティスト名になった。そんな由来だよ。

——2002 年にデビューしてから成功を収めるまで長い時間がかかりましたよね。自分の夢を叶えるために助けになったのはどんなことでしたか？
2002 年にデビューして、自分のデビューアルバムをリリースしたのは 2013 年だった。数曲レコーディングしたらすぐそれをインターネットに上げる、というのが俺の製作スタイルだった。それを特別プロモーションするようなことはしてなかったんだ。年を追うごとに、より広い枠組みで広がるようになった。ターニングポイント っていうのは結構あったよ。Facebook の登場、Młode Wilki への参加、1 曲ずつのリリースが好評だったこと。間違いなくターニングポイントはいくつかあった。2013 年に 1st アルバム『Takie rzeczy』をリリースするまでは、「普通の」人生を送っていたんだ。郵便配達員などの仕事もしたし、出稼ぎにドイツに行ったりしてた。いろんなことをやっていたよ。

——どんなテーマについてラップしていますか？ 1st と 3rd アルバムでは内容も変わってきているんじゃないでしょうか？
主なインスピレーションの源は常に俺の人生にある。俺に直接かかわってくる物事だ。3 枚のアルバムはすべてかなり個人的な内容だよ。確かにテーマはかなり変化しているけど、それはデビューから数年間で俺の人生がそれだけ大きく変わったということに起因しているんだ。

——2016 年リリースの 3rd アルバム『Takie Rzeczy』では、メンタル面の問題や子供時代の思い出など個人的なことを多くラップしています。リスナーからの反応はどうでしたか？
とてもいいよ。アルバムはすぐゴールド認定されて、その後にはプラチナム、今ではダブルプラチナム認定となってる。ポーランドとポーランド人が多く住むヨーロッパ各地で、いつもたくさんのライヴをやっているんだ。商業的な面だけでなく、個人的な感想でもとてもポジティヴな反応をもらっているよ。

——Facebook でもう 1 年半シラフであると、過去のアルコール中毒について書いていましたね。なぜお酒を断とうと思ったのですか？ またその決断はどのような影響を及ぼしましたか？
今はもう 2 年になる。たくさんの要因が人生を変える決断に影響したよ。俺が入っていた施設、婚約者の支え、子供たちを育てたいという気持ち。挙げれば長くなるけど、この道を選ぶことができてとても嬉しいよ。

——ラップはあなたにとってセラピーの一種なのでしょうか？ ポーランドであなたの楽曲がとても人気だという事実は、多くの人があなたと同じような問題を抱えているということかもしれませんよね。
リリックにあることは既に俺の中で「処理」されたものなんだ。癒し的な要素は間違いなくあるけど、それ以前の段階にあるものだ。俺は専門家の元で治療している。俺の音楽作りは治療の中で役に立っているけど、主な「医者」ではないんだ。

——あなたのアルバムにはフィーチャリング・

——アーティストがいませんが、なぜですか？ 次作でもそうなりますか？ もし次ゲストを迎えるなら、誰と共演してみたいですか？

1stアルバムではなんとなくそうなったんだ。その頃の俺はとてもまとまりがなかったから。その後の2枚は、より野心的に取り組んだ。そしてとても個人的な3rdアルバムでは、あまりに俺自身に重点をおいたアルバムだったので、誰かを追加する気持ちになれなかったんだ。将来的には、誰かをゲストに迎えるつもりだよ。今はHaseとともにEPを製作中だし、次のソロアルバムでもフィーチャリングが入る予定なんだ。

——あなたのオフィシャルTシャツ「Tak Mocno」のシルエットは、「Wyjebane」のMVで踊るあなたのシルエットですか？ その背景のエピソードを聞かせてください。

そう、あれは俺だ。あのMVでの「踊り」は、俺が結婚パーティーとかその他いろんなタイプのパーティーでやる踊り方なんだ。ペアになって綺麗に踊れないから、ああいう動きをしているっていうのもあるんだけど。何年後かに役に立ったってわけだ。

——ポーランドでも有数のヒップホップレーベルProstoに所属していたにも関わらず、自分のレーベルTakie Rzeczyを立ち上げたのはなぜですか？

2ndアルバムの頃からもうアルバムのプロダクションに大きく関わっていたんだ。プロデューサーであり、アーティストだった。3rdアルバムの時に、もう自分のところでやろうと決めたんだ。十分な知識を習得してきたから、3rdアルバムでも成功を収めることができたよ。

——ポーランドのヒップホップ・シーンはこの20年で大きく成長してきました。今のポーランドのシーンについてどう思いますか？

俺は今のポーランド・ラップがとても好きだよ。その多様さも、オープンさもね。たくさんの全く異なるスタイルがあるから、誰もが安心して自分に合う何かを見つけることができるんだ。こんな時代にラップすることができて最高だよ。

——チェコ、スロヴァキア、ハンガリーなど、近隣国のアーティストと連絡を取ることはありますか？

個人的に誰かと知り合う機会はまだないんだ。チェコでは毎年大きなヒップホップ・フェスティバル、Hip Hop Kempが開催されていて、3回出演したけど、外国のアーティストとのコラボの話は出なかったよ。

——あなたにとって音楽製作における最大のモ

チベーションはなんですか？

難しいな。ある時は、何かしらの音楽を聴くと自然とリリックが出てくる。ある時は何かしらのフレーズが頭に浮かんで、どうしてもそれを発展させたくなり、そこから曲のアイデアが生まれる。そして時には強い感情が俺に「書け」と命令するんだ。それがすべて一度に起こると理想的だ。

——日本には来たことありますか？　日本に対してどんなイメージを持っていますか？

残念ながら行ったことないよ。日本は間違いなく美しい国で、とても異なるが興味深いカルチャーを持っている。いつか日本の山々や街、マウィシュが優勝したスキーのジャンプ台を見てみたいね。それから『**キャプテン翼**』や『**タイガーマスク**』なんかのアニメが大好きだったよ。

——日本のヒップホップ・アーティストや音楽は聴いたことありますか？

残念ながらないよ。日本の音楽のイメージは民族音楽しか浮かばない。

——自分のアルバム以外でポーランド・ラップを日本人に勧めるとしたらどれを勧めますか？理由も教えてください。

選ぶのは難しいな。まずは Kaliber 44 の 1st アルバムかな。あれは間違いなくポーランド・ラップにおいてカルト的作品だよ。テーマのチョイスもそうだし、彼らのラップのやり方は今でも特別だ。それから Molesta は聴く価値があると思う。カルト的と認知されているのは 1st アルバム『Skandal』だけど、個人的には 2nd アルバム『Ewenement』の方が好きだ。ワルシャワのシーンは長年、ポーランド・ラップ全体に強い影響を及ぼしていたんだよ。これは昔の作品からのチョイス。最近のはたくさんあるから、30 枚選ぶのだって難しいだろうね。

——今後の予定は？

仕事面では Hase と EP を製作中で、その後にソロアルバムを作るよ。プライベートでは、これまで通りやってきたことをやり続け、仕事と家族に専念したい。とっぴな夢はないんだ。ただ親しい人のそばで落ち着いた人生を送り、自分が愛してることをやっていきたい。

——日本の読者にメッセージをお願いします。

日本の読者みなさんに心から幸福を祈っているよ。

Foto Jimmy

グラマティク

- Eldo, Ash, Noon, Jotuze
- 1997〜2000、2004〜2008
- ワルシャワ
- T1-Teraz, Blend Records, EmbargoNagrania, My Music Group, Frontline Records

ポーランド・ヒップホップ黎明期に活躍した伝説的グループ

　1997年にワルシャワでラッパーのEldoとJotuzeによって結成されたユニット。1998年にDJ NOON、ラッパーのAshが加わり、デモテープ『EP』を制作。それがBlend Recordsの目に止まり、1999年アルバムに『EP+』でデビューを果たした。2000年にT1-Terazからリリースした2ndアルバム『Światła Miasta』が大ヒットを記録する。その後NOONとAshが脱退し、グループは活動停止状態に。この間にEldoはソロ活動をスタートさせた。2004年にEldoとJotuzeの2人で活動を再開し、ミニアルバム『Reaktywacja』と2枚のアルバム『3』『Podróże』をリリースするが、2008年に正式に解散した。

　ポーランドのヒップホップ黎明期に活躍した伝説的グループとして広く認知されているGrammatik。活動期間は短かったものの、2ndアルバム『Światła miasta』はポーランド・ヒップホップ史に残る名盤である。Noonが生み出したアブストラクト・ヒップホップ的なサウンドと、厳しい日々を生きる心の葛藤を内省的に、そしてリリカルに表現したリリックが、当時のストリート重視のポーランド・ラップの流れとは一線を画していた。ソロやユニットPariasなどで活躍するEldoや、エレクトロ、アブストラクト・ミュージックへと移行したプロデューサーのNoonは現在も高い人気と尊敬を集めている。

Friko
『Światła miasta (2000)』からのリードシングル。Jotuze と Eldo が夢を実現するため、生きていくために金銭を得ることの重要性を現実的にラップし、最後には「ポーランド産ヒップホップの CD を買ってくれよ」とリスナーに対して理解を求めた。一方で当時のラッパーの収入の少なさが分かる側面も。2000 年当時「ヒップホップは名声や金儲けのためにやるものではない」という姿勢が良しとされていたヒップホップ・シーンに一石を投じた名曲。

YouTube www.youtube.com/watch?v=zHu9JxKH8Rw

Każdy ma chwile (feat. Fenomen)
当時人気のあったワルシャワ発のヒップホップ・ユニット Fenomen をゲストに迎えて、神への信仰をテーマにラップした。6 人のラッパーがそれぞれ厳しい現実のなかで信仰が揺らぐ瞬間や辛さ、悲しみなどを繊細に表現。90 年代半ば、体制変換から経済混乱と高い失業率に見舞われたポーランドにおける若者の絶望感も感じさせる。トラックもリリックもとにかく暗いが、タフなイメージ像を押し出しがちなヒップホップ・シーンで際立って内省的な名曲である。『Światła miasta (2000)』収録。

YouTube www.youtube.com/watch?v=Fj4VuzzW5uE

Płaczę rymami
1998 年に制作されたデモテープ『EP』に収録された初期の作品「ライムで泣く」。DJ Shadow 的なビートメイキングに傾倒していた Noon がプロデュースを担当し、ダークな世界観を展開する。一方 Goodie Mob らアトランタ勢に影響を受けていたラッパーたちは、ストリート系またはギャングスタ系が主流だった当時のポーランド・ヒップホップ・シーンでは珍しく詩的で内省的なラップを繰り出し、シーンの中で異彩を放つ存在となった。

YouTube www.youtube.com/watch?v=c9N1MmAQbGY

Nie ma skróconych dróg
ジャズピアニスト、カーラ・ブレイの「Dining Away」をサンプリングしたセンチメンタルなビートに乗せて、信念を持って人生を歩むことの重要性、世界を変えられるのは自分だけだというメッセージをラップした曲。「近道はない」というタイトル通り、堅実さこそが身を結ぶのだということを巧みに表現した。フロウに関しては際立った個性はない Grammatik だが、この現実的なメッセージや臆せず心情を表現する誠実さが大きな支持を得ていた。『Światła miasta (2000)』収録。

YouTube www.youtube.com/watch?v=i7bdNUmue2w

Rozmowa
神に話しかける形式の祈りのラップ。詩的な表現で自らを内省する内容が、ピアノが奏でるメロディーと悲しげな歌声と相まってエモーショナルに響く。シンプルで悲しげなトーンが、まさに Grammatik 節全開といった感じ。トラックには、Tom Scott&The L.A. Express の「Sneakin' in the Back」と Breakout の「Modlitwa」がサンプリングされている。ラストアルバム『Podróże (2007)』収録曲。

YouTube www.youtube.com/watch?v=fF01AmfwMUc

ALBUM
EP+(1999)
Światła Miasta(2000)
3(2005)
Podróże(2007)

EP
EP(1998)
Reaktywacja(2004)

左から Magik、Rahim、Fokus（手前）
奥 DJ Bambus

Jestem Bogiem
「俺は神だ」と歌うポーランドのヒップホップ・クラシック。ポーランド・ヒップホップ史上もっとも重要で、もっとも人気の高い曲のひとつ。2000年にリリースされ、その時代の若者の声を象徴する曲となり、ジャンルの壁を越えて幅広い音楽リスナーにアピールした。元は Magik が持ち込んだアイデアで、「自分自身の価値に気づけ」というメッセージソングとなっている。Magik、Fokus、Rahim それぞれの個性的なフロウが楽しめる。『Kinematografia(2000)』収録。

YouTube www.youtube.com/watch?v=wkMBOAtboN8

ALBUM
Kinematgrafia(2000)
Archiwum kinematografii(2002)

Paktofonika
パクトフォニカ

Magik, Fokus, Rahim　1998〜2003　カトヴィツェ　Gigant Records
www.facebook.com/paktofonikaofficial

カリスマラッパーの自殺により映画化までされた伝説の三人組

1998年にカトヴィツェで結成されたユニット。それぞれ別のユニットで既に活動していた Fokus、Rahim、そして Kaliber 44 を脱退したばかりだった Magik の3名によって結成された。他にツアーメンバーとして DJ Bambus がいた。2000年にリリースしたデビューアルバム『Kinematografia』が大ヒットし、ヒップホップ文化をポーランド国内に広めることに大きく貢献。ヒップホップ・クラシック「Jestem Bogiem」をはじめヒット曲を多く生み出した。ところが、リリース直後、Magik が飛び降り自殺によって急逝。残った2人は Magik が残したデモ音源を含めた 2nd アルバム『Archiwum Kinematografii』を2002年に発表したが、2003年をもって解散した。同年に Fokus と Rahim は DJ Bambus を迎えて新たなユニット Pokahontaz を結成し、活動を続けている。

三者三様の独特なフロウと、ヒップホップ精神が人気の秘密だったが、特に Magik のカリスマ的存在感とフロウ、繊細なリリックで描く世界観が大きな支持を集めていた。彼の自殺によって解散を余儀なくされたが、グループおよび各メンバーは伝説的な存在として後世の音楽シーンに多大な影響を与えることとなった。解散後、低い声と知的なリリックが特徴の Fokus は2枚のソロアルバムを、堅実なフロウを持つ Rahim は7枚のソロおよびコラボアルバムをリリースしている。2012年には Paktofonika の軌跡を描いた映画『Jesteś Bogiem』が公開され、映画として高評価を得た。

W wyjatkowych okolicznościach

2002年に大ヒットしたWWOの代表曲のひとつ。社会主義体制が崩壊して10年後、貧富の差が広がったポーランドのリアルをラップし、大きな支持を得た。アメリカ東海岸の90sヒップホップを彷彿とさせるトラックは、プロデューサー Waco が手がけている。MV にポーランド版 Playboy のプレイメイト、Dorota Wysoczyńska が出演しているのも話題となった。むしろこの曲の YouTube 視聴回数が突出して多いのはそのせいかも。『We własnej osobie (2002)』収録。

YouTube　www.youtube.com/watch?v=7ox2Dn4MEI0

ALBUM
Masz i pomyśl(2000)
We własnej osobie(2002)
Witam was w rzeczywistości(2005)
Życie na kredycie(2005)

ヴーヴーオー

 Sokół, Jędker, DJ Deszczu Strugi　1996～2006　ワルシャワ　BMG Poland, Prosto

ポーランドを代表する名門ヒップホップレーベル PROSTO 創設者によるユニット

ワルシャワのユニット ZIP Skład で活動していた2人のラッパー、Sokół と Jędker によって1999年に結成されたユニット。2000年に BMG POLAND よりデビュー作『Masz i pomyśl』をリリース。アルバムはヒットしたが、BMG との間にトラブルが発生したため、同年 Sokół は新レーベル Prosto を設立し、移籍した。2002年メンバーに DJ Deszczu Strugi を迎えてリリースした2nd アルバム『We własnej osobie』から「W wyjątkowych okolicznościach」「Damy radę」が大ヒットし、全国的な人気を得るようになる。アルバムはポーランドの音楽賞、フレデリック賞のベスト・ヒップホップ・アルバム部門にノミネートされた。2人はそれぞれが異なるコンセプトで取り組んだ2枚組『Witam was w rzeczywistości』『Życie na kredycie』のアルバムを2005年に発表。

2006年 Jędker がエレクトロディスコ・ユニット Monopol で活動を開始したため、WWO は活動を停止。実質上の解散状態となった。一方 Sokół もソロ活動を開始し、ラッパー Pono と組んだ TPWC として3枚、シンガーの Marysia Starota とのコラボアルバムを2枚リリース。いずれも評価が高く、売上も大きく伸ばした。ヒップホップ・レジェンドとして評価される WWO だが、ラッパーとしてリスペクトを集めているのはもっぱら Sokół の方である。

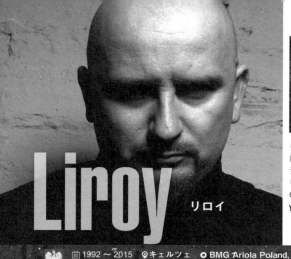

Liroy
リロイ

Scyzoryk（feat. Wzgórze Ya-Pa 3）

ポーランドで1995年爆発的ヒットとなり、ヒップホップを国中に広めた記念すべき最初の1曲。勢いのあるオールドスクール・ヒップホップで、フックはキャッチー。Liroyが80年代からあたためていたリリックで、出身地キェルツェの厳しい現実をラップした。YouTubeのMVは非常に低クオリティだが、当時のキェルツェが垣間見られる。ギターのリフを担当したのは、ロックバンドKombiiのギタリストGrzegorz Skawinski。『Alboom（1995）』収録。

YouTube www.youtube.com/watch?v=Y6XZTQXEUVM

🏛 1992～2015　📍キェルツェ　💿 BMG Ariola Poland, Def Entertainment
www.facebook.com/LiroyPolska

USの模倣と酷評されたヒップホップ第一号で現在は下院議員

ALBUM
East On Da Mic(1992)
Alboom(1995)
L(1997)
Dzień Szakala(Bafangoo Cz.2)(1999)
Bestseller(2001)
L Niño vol. 1(2006)

EP
Bafangoo Cz. 1(1996)

PROJECT ALBUM
10(2000)
Grandpaparapa(Powrót króla)(2007)

　Cypress Hillらに影響を受けて1980年代にDJやラップを始めた、ポーランドで最初のラッパー。1991年にフランスへ赴き、ユニットLeeroy & The Western Posseを結成してライヴを敢行。1992年に帰国後、PM Cool Leeとしてデモアルバムを作成する。根気よくライヴを続けたことで、1994年BMG Polandとの契約にこぎつけ、翌1995年にLiroyと改名してデビュー曲「Scyzoryk」をリリースした。
　「Scyzoryk」はポーランドで最初にリリースされ、また大ヒットを記録したヒップホップ曲である。また同年リリースされたデビューアルバム『Alboom』は、ポーランド音楽史上最も売れたヒップホップ・アルバムとなった。国中にポーランド産ラップの存在を知らしめたLiroyだが、他のヒップホップ・アーティストたちからの評判は芳しくなかった。サウンドがCypress HillやPublic Enemyの作品に酷似していたことや、Liroyがギャングスタ・ラッパーとして売り出されていたこと等が反感を買ったのだ。Slums Attackが「Anti-Liroy」というディス曲を発表したことも大きな話題となった。Liroyは2ndアルバム『Bafangoo! czesc 1』でディスに対するアンサー・ソングを送り出している。
　2006年までに5枚のソロアルバムをリリースし、いずれも大ヒットさせたLiroy。ラッパーたちの間の低い評価をよそに、Lionel RichieやIce-Tなどの海外アーティストとも共作し、アメリカをツアーするなど、ポーランドでもっとも商業的に成功したラッパーの一人となった。しかし、2010年代に入ると低迷し、レコーディングした2枚のアルバムがお蔵入り。2015年にはFacebookを通じて音楽キャリアの終了を告げた。同年に政治家として立候補し、現在はポーランド共和国下院の議員である。

Tak miało być(feat. Jamal)
レゲエ・シンガー Jamal を迎えた 2006 年のヒット曲。運命には逆らえないというテーマで、それぞれがライムを披露。Wilku はラッパーとして生きる誇り、Włodi は過去の大手レーベルとの問題についてラップする一方で、Pelson が自分の内面的な変化を、あるキャラクターの死を通じて表現しているのが印象的。プロデューサー・ユニット WhiteHouse の L.A. がプロデュースを担当している。MV の舞台は彼らの出身地であるワルシャワの団地地帯。『Nigdy Nie Mow Nigdy(2006) 』収録。

▶ http://www.youtube.com/watch?v=y6gta7eQIa8

ALBUM
Skandal(1998)
Ewenement(1999)
Taka płyta...(2000)
Nigdy nie mów nigdy(2006)
Molesta i kumple(2008)

モレスタ・エヴェネメント
Molesta Ewenement

Vienio、Włodi、Pelson、DJ B　1994～2016.　ワルシャワ　EMI Music Poland, Baza Lebel, B.E.A.T. Records, Step Records, Respekt Records　www.facebook.com/molestaofficial/

大きな尊敬を集めるポーランド・ヒップホップの先駆者

　1994 年に幼馴染みだったラッパー Vienio と Włodi により、Mistic Molesta として結成された。さらにラッパー Kacza が加入し、1998 年にアルバム『Skandal』でデビューすると、ワルシャワ発のストリートラップとして大きな人気を集めるようになる。同年に Kacza が脱退し、ユニット名を Molesta に改名。1999 年に 2nd『Ewenement』をリリースした後、結成当初からサブメンバーとして活動していたラッパー Wilku と Pelson が加入した。2000 年には DJ B をメンバーに迎え、3rd『Taka płyta...』をリリース。2nd と 3rd は当時のヒップホップ・シーンを代表するアルバムとなり、それぞれフレデリック賞にノミネートされるなど高く評価された。その後、各メンバーのソロや別プロジェクトの活動が増え、それぞれ数枚のアルバムを残している。2006 年にはユニット名を Molesta Ewenement として 4th『Nigdy nie mów nigdy』をリリース。また自主レーベル Respekt Records を立ち上げた。Wilku は別プロジェクト Hemp Gru の活動に専念するため、2007 年に脱退した。2008 年に多くのゲストアーティストを迎えた 5th『Molesta I Kumple』をリリースした後は、個々の別活動が目立っており、グループとしての活動はライヴアルバムを発表したのみ。2016 年に Vienio がインタビューを通じてグループの解散を告げた。

　ポーランド・ヒップホップの礎を築いたユニットとして今なお高い人気とリスペクトを誇っている。1st『Skandal』はヒップホップ・クラシックとして評価され、数多くのラッパーに影響を与えた。

Slums Attack
スラムス・アタック

👤 Peja　📅 1993〜2016?　📍ポズナン　🎤 PH Kopalnia, R.R.X., Camey Studio, T1-Teraz, Fonografika　🌐 www.facebook.com/PejaSlumsAttack　📷 www.instagram.com/pejaslumsattack/

映画出演、米誌でも紹介された ウェッサイ系ギャングスタラップ

　ポーランド西部の代表的な都市Poznańで1993年に結成されたギャングスタ系ユニット。結成メンバーは、ラッパーのPejaとDJ/プロデューサーのIceman。SLUとも呼ばれる。2枚のデモテープをリリースした後、1996年にアルバム『Slums Attack』でデビュー。2nd『Zwykła codzienność』リリース後にIcemanが脱退し、代わりにDJ Deksが加入。2001年にリリースした5thアルバム『Na legalu?』からシングル「Głucha noc」が大ヒットし、当時のポーランドにおけるヒップホップ・ブームに貢献。また団地地帯を舞台にヒップホップ文化を描いたドキュメンタリー映画『Blokersi』に出演したことでも、その名を広く知られるようになった。これまでに9枚以上のオリジナルアルバムを発表しており、Pejaはポーランドにおけるヒップホップ・シーンを引っ張ってきたラッパーの一人として根強い人気を誇る。2016年のはじめにDJ Decksが脱退し、Pejaのワンマンプロジェクトとなった。レコーディング中だった『Remisja』は同年12月にリリースされている。

　NYのラップグループOnyxや同じくNY出身のラッパーJeru The Damajaとのコラボ経験もあり、米誌The New York TimesやThe Sourceで紹介されたことも。母を早くに失い、貧困や厳しいストリート生活を生き抜いてきたPejaのラップは、ストリート発のハードコア・ラップ！ TedeやLiroyなど、同時期から活躍するラッパーたちと数多くビーフを繰り広げたことも有名だ。

Pietnastak

2008年にSlums Attackの結成15周年を記念してリリースされた「Pietnastak」は、ファンやこれまで自分たちを支えてくれた人々に捧げる曲になっている。ギターリフが入ったメロディアスなトラックに乗せ、Pejaがこれまでのキャリアを振り返りながら、いかに進化してきたかラップ。MVもツアーやレコーディング、プライベートを含め彼らの軌跡を総括した動画になっており、GuralやKaczorなどのラッパーも友情出演している。

www.youtube.com/watch?v=HkUL2-q0cZ8

Głucha Noc (feat. Medi Top & Mientha)

2002年にポーランド中で大ヒットを記録したヒップホップ・クラシック。キャッチーなフックを挟んで、Pejaと客演ラッパーMedi Top Glon、Mienthaがライムをスピット。ダミ声のMedi Topのフローが個性的だが、リリック的には、不良っぽいルックスのせいで警察に世話になる夜を描写したPejaにスキルあり。Stan Borysの「Chmurami zatańczy sen」を無断でサンプリングしたため、裁判にもなった。『Na legalu?(2001)』収録。

www.youtube.com/watch?v=huLIOIMZD5c

Oddałbym (feat. O.S.T.R. & Jeru the Damaja)

ブルックリン出身のラッパー、Jeru The DamajaとO.S.T.R.をゲストに迎え、ヒップホップ愛をラップ。バイオリンの音色が全編を彩るミドルテンポのトラックに乗せて、まずO.S.T.R.が、Big LやMagik、J Dillaなど逝去したヒップホップ界のカリスマに哀悼を捧げ、Pejaがそれに続いている。2人のライムのクオリティが高く、本場アメリカからのゲストに見合う形でかっこいいトラックに仕上がっている。『Reedukacja (2011)』収録。

www.youtube.com/watch?v=qTZiORJ1ST0

Jest Jedna Rzecz

フレデリック賞も受賞した大ヒット・アルバム『Na Legalu? (2001)』からのシングル。「ひとつ、その為に生きる価値があるもの(ヒップホップ)」というフックのコール&レスポンスからリリックの内容まで、ヒップホップ愛に満ちている。ヒップホップを愛し、自分の可能性を信じてアンダーグラウンドで活動してきたPejaは、この曲でブレイクし、TOPラッパーの座に躍り出た。今でもSlums Attackのライヴで盛り上がるクラシックのひとつ。

www.youtube.com/watch?v=F6L4lqkAPnl

Reprezentuję biedę

「俺は貧困をレペゼンしている」というタイトルの6thアルバム『Najlepszą obroną jest atak(2012)』収録曲。恵まれない環境で生まれ育ち、ラップでのし上がってきた筋金入りストリート・ラッパーPejaにしかラップできない内容がリアル。また「貧困といえばPeja」とPejaを馬鹿にするヘイターたちに向けたアンサーソングにもなっている。イントロ部分に客演しているのはワルシャワ発のベテラン・ラッパーSokół。

www.youtube.com/watch?v=VxcMZITercg

ALBUM
Slums Attack(1996)
Zwykła codzienność (1997)
Całkiem nowe oblicze(1998)
I nie zmienia się nic(2000)
Na legalu? (2001)
Najlepszą obroną jest atak(2005)
Szacunek ludzi ulicy(2006)
Reedukacja(2011)
CNO2(2012)
Remisja(2016)

Kaliber 44
カリベル44
サイコラップでヒップホップ・シーンを開拓したパイオニア

AbradAb, Joka　1994〜2003, 2013〜　カトヴィツェ　S.P. Records
www.facebook.com/sprecords.kaliber44/

　1994年カトヴィツェでJokaとAbradAb兄弟が結成したグループ。そこへMagikが加わり、3人組として活動を開始した。1996年にサイコ・ラップを全面に打ち出したデビューアルバム『Księga Tajemnicza. Prolog』をリリースし、高く評価された。1998年発売の2ndアルバム『W 63 minuty dookoła świata』ではブーンバップへ方向性を転換したが、それも好評を集める。アルバムからは「Film」が総合チャートに入るヒットとなった。同年に方向性の違いからMagikが脱退し、DJ Feel-Xが加入。2000年に発表した『3:44』も成功を収めるが、同年Jokaがアメリカに移住してしまい、公式な発表はないまま2003年に解散した。以降、AbradAbはソロとして活動し、5枚のソロアルバムをリリースするなかで、レゲエや生演奏にこだわった独自のスタイルを模索していく。

　2013年アメリカからJokaが帰国。Kaliber 44を再結成してライヴ活動を再開した。2016年にDabとJokaの2人編成で16年ぶりの新作『Ułamek tarcia』を発表し、ヒップホップ・ファンを沸かせた。

　自分たちのスタイルをハードコア・サイコ・ラップと称して、90年代後半のポーランドにヒップホップ人気を広げることに大きく貢献。それぞれが独特な声とフロウを持っており、その個性派なスタイルがジャンルを越えて大衆にヒップホップの魅力をアピールした。初期のラップの内容はマリファナ賛歌が多い。2016年の再結成以降は、トレンドを追随したり過去の自分たちのスタイルを維持したりするのではなく、クラシックなヒップホップ・サウンドを追求。リリック、サウンドともに成熟を感じさせるが、DabとJokaの個性は健在だ。

Normalnie O Tej Porze
AbradAb と Joka 兄弟の個性的なラップが楽しめる 3rd アルバム『3:44（2000）』収録曲。バーからバーへ車で移動しながら過ごす一晩の様子が、リアルに語られるラップが多くの共感を呼んだ。「そうさ、多ければ多いほどいい」というフレーズが合い言葉のように若者の間に広まったほど。ポーランド人作曲家ショパンのポロネーズ第 14 番嬰ト短調からピアノの旋律がサンプリングされている。終盤で聴ける DJ-Feel-X によるスクラッチも Kaliber の特徴。

www.youtube.com/watch?v=9nJt9TIYVUY

Plus i Minus
Kaliber のデビュー作『Księga tajemnicza. Prolog(1996)』からヒットしたカルト的名曲で Magik のソロ曲。彼の実体験から生まれたリリックでは、HIV 検査を受け、その結果を知るまでの心情を表現している。90 年代半ば世界的な懸念事項であった HIV を取り上げ、赤裸々に胸の内をラップしてみせた Magik の表現力に注目。サイコ・ラップと称し、荒削りながらも殺鬼迫るフロウは、一度聴いたら忘れられない。トラックのクオリティはイマイチだが、Wu-Tang Clan の影響も垣間見える。

www.youtube.com/watch?v=7iiANZvz8Tg

Nieodwracalne Zmiany
Kaliber にとって 16 年ぶりの新曲。Kaliber 解散後もソロ活動を通じて切磋琢磨してきた AbradAb がプロデュースしたトラックは、昔の Kaliber らしい個性を踏襲しつつ、古臭さを感じさせない。解散中は音楽から遠ざかっていた Joka の声やフロウに進化はないものの、懐かしい友人に再会したような嬉しさがある。リリックの中やアウトロ、スクラッチの合間に、過去の Kaliber の名曲からの引用がチラホラあるのもファンには嬉しいところ。『Ułamek tarcia（2016）』収録。

www.youtube.com/watch?v=hbE4Wv4T0No

Film
Kaliber を代表するヒット曲であり、ヒップホップ・クラシックの一つ。ダークなピアノの旋律がループするトラックに、3 人の個性的なフロウが繰り広げられる。リリックは言葉遊びが中心でライム踏みまくり。マリファナをキメた状態で見える光景をラップしていて、そのヴァイブもかなりゆるい。Magik のヴァースはポーランドのノーベル賞作家チェスワフ・ミウォシュが講義に使用したことでも有名。 Magik がこの後脱退したため、MV には彼のヴァースが無い。『W 63 minuty dookoła świata(1998)』収録。

www.youtube.com/watch?v=DdtVnxNvzHs

Gruby Czarny Kot
「黒いデブ猫」という題のこの曲は、昔話を読み上げるように始まり、迷信のバカバカしさについてユーモアたっぷりにラップ。音数少なめだがコミカルなトラックと、「黒いデブ猫が目の前を通り過ぎ / それが 13 日の金曜日だろうがどうでもいい」と綴る遊び心あふれたフックが、Kaliber らしくて楽しい。3 人それぞれ面白いヴァースを展開するが、内容的に冒頭の Magik が一番テクニカル。アルバム『W 63 minuty dookoła świata(1998)』収録曲。

www.youtube.com/watch?v=SHjWiugKTpM

ALBUM
Księga Tajemnicza. Prolog(1996)
W 63 minuty dookoła świata(1998)
3:44(2000)
Ułamek tarcia(2016)

Interview with AbradAb(Kaliber 44)

ポーランド、カトヴィツェ発のヒップホップ・ユニット Kaliber 44 はヒップホップ・シーンの礎を築いたヒップホップ・アクトの一つだ。90 年代から 2000 年代初期に活躍し、音楽リスナーにもアーティストにも大きな影響を与えたレジェンド的存在と言っていい。ここでは Kaliber 44 を構成する Marten 兄弟の片割れ AbradAb にインタビューをした。Kaliber 44 の活動停止後もソロで精力的に活動を続け、レゲエ・シーンにもアプローチするなどしてシーンにおいてもユニークな存在感を放ってきた AbradAb。2016 年に Kaliber 44 が再始動し、16 年ぶりのアルバム『Ułamek Tarcia』をリリースした現在の気持ち、これまでのキャリア、Kaliber の元メンバー・故 Magik のことなど、さまざまな質問に答えてくれた。

——あなたはポーランドにヒップホップ・シーンを築いた最初のラッパーたちの一人です。音楽をやりはじめたとき、ヒップホップがポーランドで現在のようなメインストリームになることを想像しましたか？

それを想像するのは難しかったよ、今とは違う時代だったからね。誰もラップを真剣に受け止めようとしてなかったし、ポーランド市場に生き残るなんて想像もしてなかった。ラップを広めることが俺たちの目的であり、夢だった。そして 2000 年頃ポーランドでラップがすごく人気になった時に、その夢は叶ったんだ。今俺たちは次の時代、環境にいる。今じゃヒップホップが廃れるなんて考えられないけど、昔はそんなこと想像もできなかったよ。

——なぜヒップホップがポーランドでこれほど深く受け入れられたんだと思いますか？

ヒップホップは音楽の中でもっとも正直で、リアルで、個人的な表現形式だ。そのおかげで、聴くにしろ作るにしろ、実質的に誰もがヒップホップに手を伸ばすことができた。それにヒップホップは最高の要素を持っている。ラッパーはポップシンガーと同じ存在じゃない。それ以上の何かを持っているんだ。

——最初はどんなラッパーに影響を受けましたか？ それともヒップホップ音楽自体にインスパイアされたんでしょうか？ 聴き始めた当時、US ラッパーが何をラップしているか理解していましたか？

どこで聴いたものであっても、ラップそのものにインスパイアされたね。MC Hammer や Vanilla Ice といった変わったアーティストから始まり、De La Soul、Run DMC、L.L.Cool J、Public Enemy、NWA、Cypress Hill、A Tribe Called Quest などを聴くようになったよ。早くから英語を勉強していたので、少しは理解できたけど、確実にさまざまな背景をわかっていなかった。アメリカの日常はポーランドに部分的にしか入ってこなかったから。時間が経つにつれより多くの情報が入ってきて、俺の音楽の好みにも影響を及ぼしたよ。

——多くの人が Kaliber 44 を聴いていましたし、今も新たな世代が Kaliber を聴き、評価しています。自分のこれまでのキャリアについてどう感じていますか？

人生のうちの 20 年間についてのことだから、答えるのが難しいな。Kaliber のアルバムの他にもソロアルバムを 5 枚リリースしているし、なだらかなキャリアではなかった。子供も生まれたし、時代の流れや市場における世代の変化も数回あったと感じている。でも何があっても、ヒップホップを通じた表現に対する情熱や必要性が衰えることはなかったよ。それにこれまでの成功はいつも俺を奮い立たせてくれた。

——ポーランド・ヒップホップにおける伝説的な存在であることを、時に疎ましく感じることはありますか？

いいや。

——以前は Kaliber 44 としてマリファナに関するラップを多くしていました。家族ができてから、ラップのテーマは変わっていったのでしょうか？

外国でのライヴは、その国に住んでいるポーランド人たちのために開催されているもの

それに関してはあまり変わっていないよ。俺の周りにある世界が俺にどう影響するか、そして俺がその世界にどう影響を与えられるか、俺はよく分かっている。これは自覚的、責任のある選択の問題なんだ。個人的にはそれらの禁止には反対で、マリファナの合法化に賛成する。適切な取り扱いや寛容さがあれば、人間に対して大きな影響を与える可能性がある。それに、自分の体と人生に関してどんなことができるか、そしてどんな風に扱うべきかについては、子供たち（そして大人とも）オープンに話し合うべきだよ。

——Kaliber44のメンバーだったMagikは今ポーランドで特別な存在となりました。そのことについてどう感じていますか？ Magikとの活動はどんな感じでしたか？

Magikはいつも特別な存在だった。俺たちの多くと同様にね。昔から知っていたし、何年もの間毎日会っていたし、ともにヒップホップを生き抜いた。これをいくつかの文章でまとめるなんてできないよ。

——2016年にKaliber 44を再始動させましたよね。長年のブランクがあったにも関わらず、新しい音楽の中にこれこそKaliber44の2016年バージョンだというのを感じ取ることができて素晴らしかったです。約16年ぶりのニューアルバムをレコーディングしている時、どんなことに一番注意していましたか？

長く、かなり困難な時間だった。これだけの年月が経って再び一緒にやっていくのは簡単じゃないよ、2人ともこんなに長い間自分の道を歩んでいたんだからね。アルバムがリアルな響きを持つことに注意していた。無理に何か新しいもの（だってそんなものまだ存在するのか？）を作り出そうとしたくなかったんだ。音楽的レイヤーにたくさんのエネルギーと努力を費やしたよ。こんなにたくさんのビートメイカーがいるから、ビートに関しては足りないなんてこと

はなかったな。

——どうやってJokaをKaliber再結成に合意させたんですか？　Jokaはいつか戻ってくると信じていましたか？

Jokaを納得させる必要はなかったよ。実は俺の方がもっと不安だったんだ。共通の土台を作れるか心配だったし、一緒に仕事できないんじゃないかって不安があった。残念ながら不安の一部は現実となってしまったけど。

——アメリカなどの外国でライヴした時、観客の反応はどうでしたか？　言語の壁などは感じませんでしたか？

外国でのライヴは、その国に住んでいるポーランド人たちのために開催されているものだから、言語の壁問題はないんだ。雰囲気はいつも最高だよ。ポーランドから遠ければ遠いほど、みんなポーランドを恋しがっているんだ。

——どこかのインタビューで読んだのですが、90年代にすでにカトヴィツェでいい音楽スタ

ジオを借りることができていたそうですね。まだヒップホップがアンダーグラウンドだった時代に、それは難しいことではなかったんですか？

最初のアルバムをリリースしたレコード会社が料金を払ってくれたから、俺たちにとっては問題なかったよ。もし自分たちでそれを払わなきゃいけなかったとしたら、まったくもって不可能だったね。

——ソロ活動を始めてからは、より実験的に音楽製作をするようになりましたよね。どこからアイデアを得ていたんでしょうか？

何よりまずレゲエを聴いていたこと、そして何か違うことをやりたいという欲求からだね。そのあとは、一緒に仕事をしたミュージシャンたちのおかげだ。昔から決まった型に沿って動くのは好きじゃなかったし、トライしたところでいい結果になるわけでもなかった。リスナーの中には「これこそがヒップホップで、あっちは違う」という狭い考えを持つ者がとても多いけど、自分のやり方に徹して、人々の目と耳を開けてやるべきだと考えてやっているよ。

——ポーランド国内外さまざまなアーティストと共演していますよね。一番いい体験ができたのは、どのアーティストですか？

一人を挙げるのは難しいよ。いつもダチのGutekと仕事するのは最高だし、MarikaやNumer Razは素晴らしいリリックを独特なテンポで出してくれたし、O.S.T.R.との仕事もまた素晴らしい体験だった。とてもあたたかい気持ちで思い出すのは最初のMęskie Granie（メンスキェ

・グラニェ）。あの時、ポーランドや外国の音楽シーンの最高峰のアーティストたちと共演できたのは最高だった。

——次はどんなプロデューサーと共演してみたいですか？

今はそういう願いはないよ。しばらくは自分のチームと仕事をしてる。

——日本には来たことありますか？　日本に対してどんなイメージを持っていますか？

日本の音楽は、
残念ながら俺にとっては
完全に理解しがたいな

まだ行ったことはないんだ。日本に関する印象は、これまでに読んだ本（80年代の記録だけど、例えばマルチン・ブルチュコフスキの「Bezsenność w Tokio（眠らない東京）」）やポーランドで報道される要素に基づいているよ。第一に、ものすごく異なるカルチャーや、洗練されたテクノロジーを持っていて、人口過多な印象だな。

——日本のアーティストや音楽は聴いたことありますか？

何枚かmp3でアルバムを持っていたよ。興味本位でもらったんだけど、アーティストの名前を挙げることすらできないな。広く知られているのはDJ Hondaだけど、彼のアルバムに参加しているラッパーは英語でラップしているよね。
概して俺が知っている日本の音楽は、残念ながら俺にとっては完全に理解しがたいな。歌詞に関して（当然だけど）もそうだし、ヴィジュアルに関してもね（アニメの格好をしたポップシンガーのイメージ）。

——日本のリスナーに自分の曲を聴いてもらうとしたらどの曲を選びますか？

彼らには理解できないと思うよ。

——アーティストとして達成したい目標などはありますか？

満足感を得ること、しかるべき家族を標準的に養っていくこと。

——日本の読者にメッセージをお願いします。

自分に正直でいろよ！　ポーランドからこんにちは！

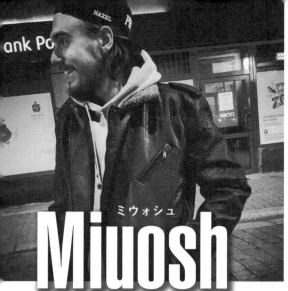

Miuosh
ミウォシュ

声が魅力！ポーランド南部シロンスクを代表するラッパー

Nie mamy skrzydeł

ストリングスやピアノ、女性バックコーラスを使用したエモーショナルなトラックに乗せて、Miuoshが誠実に生きていくことの大切さをラップする人気曲。Miuoshの繊細さを表現したライムに迫力を感じる。ポーランドのジャズミュージシャン、Jerzy Milianの「Astrobolid」をサンプリング。名MV監督、Piotr Smoleńskiが製作したMVは、霧が立ち込める林の中でラップするMiuoshと謎の美女が意味深に描かれている。『Prosto przed siebie(2012)』収録。

YouTube　www.youtube.com/watch?v=1OHYf28gjEs

ALBUM
Projekcje(2007)
Pogrzeb(2009)
Piąta strona świata(2011)
Prosto przed siebie(2012)
Pan z Katowic(2014)
2015(2015)
Ulice bogów(2015)
POP.(2017)

PROJECT ALBUM
Miraż(Projektor)(2006)
Zakuad(Projektr)(2007)
Fandango Gang(Miuosh&Bas Tajpan)(2009)
Remiraż(Projektor)(2011)
Dziewiętnaście stopni w cieniu (19SWC)(2012)
Nowe światło(Miuosh&Onar)(2013)
Historie(Smolik,Miuosh&Natalia Grosiak)(2016)
CZARNE BALLADY / WUJEK.81(2016)

　カトヴィツェ出身のラッパー、プロデューサー。2001年にユニットProjektorを結成し、ラッパーとしての活動を開始。2006年にアルバム『Miraż』を発表し、2011年の解散までに計3枚のアルバムをリリースした。2006年にPaktofonikaのRahimと共同でレーベルMaxFloRecを設立。さまざまな活動と並行してソロ活動も行い、2007年に『Projekcje』でソロデビュー。同年MaxFloRecから辞職して、自主レーベルFandango Recordsを立ち上げた。ソロアルバムのほかにBas TajpanやOnarといったラッパーとのコラボアルバムをリリースしたり、数多くの客演をこなしたりと精力的に活動している。2010年には19SWCというユニットを新たに結成し、2012年にアルバム『Dziewiętnaście stopni w cieniu』やミックステープをリリース。また2015年には指揮者、作曲家のJimekとともに、オーケストラでヒップホップを演奏するというライヴ・プロジェクトを立ち上げ、大きな注目を集めた。このプロジェクトは『2015』というライヴアルバムとして作品化している。2016年には演劇「WUJEK.81」のために音楽を制作し、アルバムとして『CZARNE BALLADY / WUJEK.81』をリリース。さまざまな新プロジェクトに挑戦し、ヒップホップにとどまらない活躍を見せている。

　ソロデビュー当時は特に注目されることはなかったが、3rd『Piąta strona świata（2011）』、4th『Prosto przed siebie（2012）』で大きな進歩を見せ、アルバムも大ヒットを記録。人気ラッパーの仲間入りを果たした後も、新たな挑戦を続けている。声が魅力のラッパーである。

2001〜　カトヴィツェ　MaxFloRec, Step Records, Fandango Records
www.facebook.com/Miuosh　www.instagram.com/miuosh/

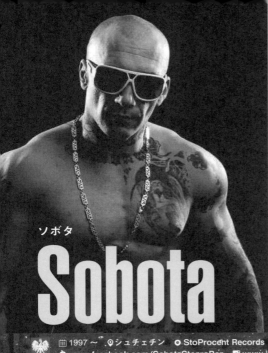

ソボタ

Sobota

🦅 1997～ ・ 🔘 シュチェチン ・ ◉ StoProcent Records
ｆ www.facebook.com/SobotaStoproRap ◎ www.instagram.com/sobotastoprocent/

Przepraszam

恋人にあてたメッセージという形で、Sobota が過去に多く過ちを犯してきたこと、死後に恋人と天国で再会できないだろうことを内省するメロウなトラック。ここでの Sobota のフロウは、まさに 2Pac の影響が強いことが感じられる。ライムは単純だが、Sobota の歌うようなラップスタイルとは相性抜群。MV では過去を振り返る老夫婦に焦点が当てられる。4th アルバム『Sobota(2015)』からのリードシングル。

▶ YouTube　www.youtube.com/watch?v=mLSyOuT4SGc

ALBUM
Sobotaż(2009)
Gorączka sobotniej nocy(2011)
Dziesięć przykazań(2013)
Sobota(2015)

PROJECT ALBUM
Trzech Króli(Sobota, Popek, Matheo)(2017)

MIXTAPE
Urodzony by przegrać, żyje by wygrać(2009)
Czekając na Sobotę(Sobota&Matheo)(2015)

リリース全てゴールドディスク認定！強面の遅咲きラッパー

　貧しい家庭で生まれ育った Sobota は 17 歳でラップを始めた。ラップグループ Uquad-Squad に加入した翌 1999 年、当時人気だったユニット Snuz に加入。2000 年に Snuz の 2nd アルバム『Towar to sprawdzony maksymalnie czysty』がリリースされるが、ユニットは同年に解散した。その後、しばらく音楽シーンから遠ざかり、生活のためにさまざまな仕事を経験する。2005 年に Projektanci のアルバムにゲスト参加するが、本格的な活動の再開は 2007 年に入ってから。数多くの客演をこなす傍ら、ソロアルバム製作に取り組むようになり、2009 年にミックステープ『Urodzony by przegrać, Żyje by wygrać』に続いて 1st ソロアルバム『Sobotaż』をリリース。32 歳の遅咲きデビューとなったが、高い評価を受け、人気ラッパーの仲間入りを果たした。プロデューサー Matheo と頻繁にタッグを組み、2015 年までにソロアルバム 4 作、ミックステープ 2 作を送り出している。2015 年リリースの 4th アルバム『Sobota』はプラチナム認定のヒットとなった。2016 年には国境を越えたアーティストが参加するプロジェクト Empire Music Studio の一環として、ラッパー Popek とともに US プロデューサー Timbaland とコラボした曲「Świat u stóp」を発表している。また Popek、Matheo と組み、2017 年にアルバム『Trzech Króli』をリリースした。

　タトゥーだらけで強面だが、歌うようなラップや、2Pac からの影響を感じさせるフロウが人気。リリースしたアルバムはすべてゴールドディスクを獲得している。

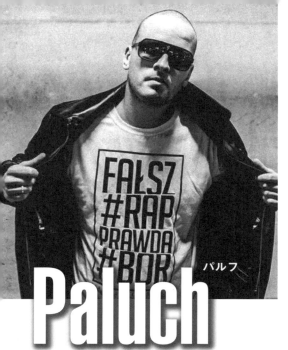

Paluch

パルフ

Bez Strachu

Paluch が、タフな現実をめげずに生き抜くメンタリティーについてラップする名曲。無駄にポジティヴではない、メッセージ性のリアルさが大きな支持を得た。ここでの Paluch のラップはちょっとモノトーン気味だが、確かなライムでメッセージを刻んでいる。耳につくシンセ音のメロディーは一度聴いたら忘れられない。MV は、ガールフレンドが妊娠してイラついている男が主人公。ラストでは現実を受け入れ、前向きに 2 人の人生を歩もうとする姿が印象的だ。『Lepszego zycia diler(2013)』収録。

YouTube　www.youtube.com/watch?v=4pu-IKgm-dg

ALBUM
Biuro ochrony rapu(2007)
Pewniak(2009)
Bezgranicznie oddany(2010)
Syntetyczna mafia(2011)
Niebo(2012)
Lepszego życia diler(2013)
10/29(2016)
Ostatni Krzyk Osiedla(2016)
Złota Owca (2017)

PROJECT ALBUM
Milion dróg do śmierci(Paluch&Kali)(2013)
Made in Heaven(Paluch&Chris Carson)(2014)

 2003 ～　ポズナン　Druga Strefa Rekords, Fonografika, B.O.R. Records
www.facebook.com/PaluchOfficial　www.instagram.com/paluchofficial/

トラップも得意！フランス・シーンから影響を受けたエレクトロ多用ストリートラッパー

　2003 年に活動をはじめ、アンダーグラウンドで自主制作アルバム『Życie jest piękne』をリリース。その後、ポズナンで活動していたラップグループ、Aifam に加入して 2005 年に発売されたアルバム『Nasza rewolucja』に参加。以降、ポズナンを中心に多くのラッパーとコラボしながら、精力的に活動を続け、2007 年に発表したインディーにおけるソロ 2 作目『Biuro ochrony rapu』で高評価を受けた。メジャーデビュー作は 2009 年の『Pewniak』。キャリアの転機となった 2010 年には自身のレーベル、B.O.R. レコーズを設立したほか、Aifam としてのアルバム『Ponad Tym』、3 枚目となるソロアルバム『Bezgranicznie oddany』をリリー

スしている。2011 年には Aifam を脱退し、ソロ活動に専念。もっとも評価の高いアルバムは 2013 年リリースの『Lepszego Życia dilera』で、ポーランド総合チャートの No. 2 となるヒットとなった。2016 年には『10/29』『Ostatni krzyk osiedla』の 2 枚のアルバムをリリースし、トラップなど最新トレンドも取り入れている。

　強いボーカルの持ち主で歌うフロウも得意なラッパー。ポーランドのシーンで、ヒップホップにエレクトロ・サウンドを持ち込んだ第一人者と自負している。またフランスのヒップホップ・シーンに影響を受けている。2012 年には Fokus とビーフを繰り広げた。

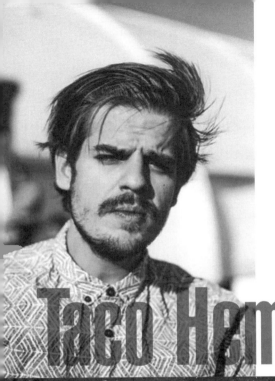

6 zer
90sヒップホップを彷彿とさせるシンプルなトラックの上で、Taco Hemingwayがモノトーンなラップを繰り広げる。最初は退屈に聴こえるのにじわじわとハマっていく曲。6つのゼロという意味のタイトルは、つまり100万ズロチという金額を表している。そこそこな生活をしながらももっとお金があったらなぁという願う都会の若者たちの本音をうまく捉えた。ストリート的というより文学的な表現も特徴的。MVの作りもローファイでシンプル。『Umowa o Dzieło（2015）』収録。

YouTube https://www.youtube.com/watch?v=TKO8zmF98nI

ALBUM
Marmur(2016)

EP
Young Hems(2013)
Trójkąt warszawski(2014)
Umowa o dzieło(2015)
Wosk(2016)
Szprycer(2017)

タコ・ヘミングウェイ

Taco Hemingway

2013〜 ワルシャワ Asfalt Records
www.facebook.com/tacohemingway
www.instagram.com/tacohemingway/

海外経験豊富なラッパーらしくない新世代・新感覚のバイリンガル

　1990年エジプト、カイロ生まれワルシャワ育ちのラッパー。イギリスや中国などに住んだこともあるバイリンガルで、ワルシャワ大学文化科学部を卒業している。2013年にBandcampにて1stミニアルバム『Young Hems』をセルフリリース。2014年には2nd EP『Trójkąt warszawski』、2015年には3rd EP『Umowa o dzieło』をそれぞれフリーダウンロードでデジタル・リリースすると、耳ざといヒップホップ・ファンから注目を集めるようになる。それが名ヒップホップ・レーベル、Asfalt Recordsの目に止まり、同レーベルと契約。2ndと3rd EPがAsfalt Recordsから再発され、アルバム売上チャートのNo. 2、No. 3に食い込むヒットとなった。2016年にはEP『Wosk』、初のフルアルバム『Marmur』をリリースしている。

「自分はラッパーだとあまり思っていない」と発言するなど、どこかいわゆる「ラッパー」らしくない佇まいや、最初から無料で楽曲を公開するなど、新世代を感じさせるTaco Hemingway。モノトーンなラップスタイルだが、鋭い観察眼で語られる世界観がヒップホップの枠を越えて音楽ファンを魅了している。

Pezet
ペゼット

1998～　ワルシャワ　EmbargoNagrania, Asfalt Records, T1-Teraz, Future Mind, Koka Beats
www.facebook.com/pezet81　www.instagram.com/pezetofficial/

名実ともに No.1 の呼び声高い
ストリート系ラッパー

　ポーランドを代表するラッパーの一人。1998年よりラッパーOnarとともにPłomień 81として活動を開始し、1999年のデビュー以降2008年の解散までに3枚のアルバムを残している。またそれと並行してソロ活動も行い、2002年には元GrammatikのプロデューサーNoonとのコラボアルバム『Muzyka Klasyczna』をリリース。2004年に発表した『Muzyka poważna』とともに名盤として今なお高い評価を得ている。完全なソロデビュー作は2007年の『Muzyka Rozrywkowa』。他に弟でラッパーのMałolatとも共作『Dziś w moim mieście』をリリースしている。2010年には自身のレーベル、Koka Beatsおよびアパレルブランド Koka を設立した。グライムやダブステップを取り入れた3rdソロアルバム『Radio Pezet.』を2012年にリリースした後、病気を理由に活動を停止。3年の闘病生活を経て、2016年にシーンに復帰した。3月に映画『KAMPER』の主題歌としてCzarny HIFIとコラボした新曲を公開し、夏にはツアーも敢行。新作を製作中だが、本人は次回作が最後のアルバムになる可能性も示唆している。2017年には新曲「Nie zobaczysz łez」を発表した。

　ポーランドのヒップホップ黎明期から活躍するラッパー。そのリリシストぶりや精度の高いライムから名実ともにポーランドNo.1との呼び声も高い。FacebookページへのいいねNe数は、近年 Sobota に抜かれるまで、ポーランドのラッパーの中で最多だった。

Co mam powiedzieć

さまざまなジャンルで活躍するプロデューサー、Sidney Polak がプロデュースを手がけたヒット曲。アルペジオで奏でられるギターの音色をベースしたポップなトラックに、ロンドンのベースミュージックの要素をプラスしたサウンドが、幅広い層にアピールした。ガールフレンドの両親に現実的な問題を問い詰められる一人の男の1日を追った作りになっている。『Radio Pezet（2012）』収録曲。

You Tube www.youtube.com/watch?v=Ze7H_MEQVb8

Spadam

ピアノの音色とエコーするドラムが印象的なこの曲で、Pezet は別れた最愛の恋人に向けて未練タラタラの告白をラップ。ライムがどうのというより、驚くほど感情的にただ想いを綴りまくっているという感じ。この曲が収録されているアルバムのタイトルが『Muzyka Emocjonalna（感情的な音楽）（2009）』だということも納得なほど。トラックが特別かっこいいわけでもなく、ひたすら惨めな男の告白が続くラップだが、YouTube での視聴回数は1000万越え。

You Tube www.youtube.com/watch?v=k9AKgvEWqd4

Pragniesz (Pezet & Małola

Pezet と Małolat 兄弟が2017年にリリースした2010年のアルバム『Dziś w moim mieście』再発盤に収録したボーナストラック。Auer が手がけた疾走感のあるビートに2人のラップが冴え渡る。本当に大切なものの価値に気づくのはそれを失ってからでは遅い、というメッセージを乗せていて、Pezet が 1st、Małolat が 2d ヴァースを担当。ワルシャワの団地地区ウルシヌフで撮影された MV も夏らしい開放感に溢れていていい感じ。

You Tube www.youtube.com/watch?v=keh0aDPvUZs

Refleksje

実質的には Pezet のソロデビュー作とも言えるアルバム『Muzyka Klasyczna(2002)』のリードシングル。DJ Shadow の影響を強く感じるプロデューサー Noon のビートメイキングがかっこいい。リリックはタイトル通り（「内省」）、人間関係についてラップした内省的なもので、力み過ぎない自然体な Pezet のフロウやライムが人気。2002年ごろのポーランドのヒップホップ・シーンを象徴するトラックの一つ。

You Tube www.youtube.com/watch?v=r8jnaZ940d8

Szósty zmysł

Pezet が名プロデューサー Noon と再タッグを組んだ名アルバム『Muzyka poważna（2004）』からのシングル。センチメンタルな雰囲気のトラックに乗せて、Pezet がポーランドの伝統文化ともいえる「酒飲み」についてラップしている。ポーランド人はヨーロッパでも有数の酒豪民族だが、社会主義から民主主義へ時代が変わっても、お酒への国民的愛は変わらないという内容のリリックで、2004年を代表するヒップホップ・クラシックとして愛されている。

You Tube www.youtube.com/watch?v=EwJ-PrWbfK4

ALBUM
Muzyka Rozrywkowa(2007)
Muzyka Emocjonalna(2009)
Radio Pezet. (2012)

PROJECT ALBUM
Na zawsze będzie płonął (Płomień 81)(1999)
Nasze dni (Płomień 81)(2000)
Muzyka Klasyczna(Pezet&Noon)(2002)
Muzyka poważna(Pezet&Noon)(2004)
Historie z sąsiedztwa(Płomień 81)(2005)
Dziś w moim mieście(Pezet&Małolat) (2010)
Live In 1500m2(Pezet&Małolat) (2012)

クエボナフィデ

Half Dead (feat. ReTo)

ファンのためにリリースされた EP『Dla fanów Eklektyki(2017)』収録曲。Era の「Ameno」をサンプリングした中毒性のあるトラックは、新鋭プロデューサー High Tower が手がけた。1st ヴァースで字余り気味にまくしたてる Quebofide の高速フロウが迫力満点。キャッチーな歌サビを挟んで続くゲストの若手ラッパー ReTo も勢いのあるラップを聴かせる。MV で紫色の髪色をしているのが Quebo。

You Tube https://www.youtube.com/watch?v=NGr_496TmCg

ALBUM
Ezoteryka(2015)
Egzotyka(2017)

EP
Demówka(Quebonafie&Białas) (2015)
Dla Fanów Eklektyki(2017)
Dla Fanek Euforii(2017)
No To Bajka(Quebonafide&Matheo)(2017)

MIXTAPE
Eklektyka(2013)
Erotyka(2015)
Elektryka (Quebonafide&2sty)(2016)

PROJECT ALBUM
Płyta Roku(Eripe, Quebonafide)(2013)

 2008 ~ チェハヌフ QueQuality
www.facebook.com/Quebonafide
www.instagram.com/quebahombre/

フリースタイル・バトルで鍛えた
若手世代を代表するカリスマ

　2008 年頃から活動をスタートしたラッパー。ラッパー Fuso とともにユニット Yochimu を結成し、2012 年までにインディーで『Pierwsze cięcie』『Drugie cięcie』『Flow』をリリースしている。2013 年にソロでも活動を始め、ミックステープ『Eklektyka』を発表。同年にラッパー Eripe と組んでアルバム『Płyta roku』をリリースし、一躍注目ラッパーの仲間入りを果たした。2015 年には Step Records 傘下に設立した自主レーベル QueQuality から、ソロとしてのデビュー作『Ezoteryka』およびミックステープ『Erotyka』をリリースし、高い評価を受ける。同年さらにラッパー Białas とのコラボ EP『Demówka EP』をリリースしている。2016 年には QueQuality 所属アーティストによるコンピレーション・アルバム『Hip-Hop 2.0』、ラッパー 2sty と組んだミックステープ『Elektryka(Blendtape)』を発表した。2017 年にもアルバム 1 枚、EP 3 枚をリリース。日本をテーマにした「Między słowami」はぜひ MV も合わせて見てほしい。

　アンダーグラウンド時代からフリースタイル・バトル大会で鍛え上げた勢いのある自在なフロウが特徴的。最新トレンドも上手に取り入れる 90 年代生まれの若手世代を代表するカリスマラッパーだ。

Bisz
ビシ

Banicja
印象的なピアノの旋律を乗せた疾走感のあるトラックの上で、Bisz が字余り気味に早口ラップを聴かせる。辛いことの多い人生の中で何に正直になって生きるか、という内容で、ストリートの詩人らしく作り込まれたリリックがドラマチックなトラックと相まって感動的に聴こえる。MV では、野原でピアノを弾く男性と、人気のない夜の街でラップする Bisz が対照的に描かれる。燃え出したピアノから去った男性が最後に戻ってくるあたり、曲との関係がちょっと謎。『Wilk Chodnikowy(2012)』収録。

YouTube www.youtube.com/watch?v=6fqaArH3ulw

ALBUM
Wilk Chodnikowy(2012)

EP
Zimy(2007)
Idąc na żywioł(2009)

PROJECT ALBUM
Ballady, hymny, hity(B.O.K.)(2008)
Raport z walki o wartość(B.O.K.)(2010)
Burza i napór(Bisz&Pekro)(2010)
W stronę zmiany(B.O.K)(2011)
Labirynt Babel(B.O.K.)(2014)
Wilczy Humor(Bisz/Radex)(2016)

1999〜　フィドゴシュチュ　Fandango Records, Pchamytensyf
www.facebook.com/BiszBOK
www.instagram.com/pchamytensyfpl/

ニーチェやコルタサルに影響を受けた
言葉遊びに長けたストリートの詩人

　ブィドゴシュチュ出身のラッパー、詩人、プロデューサー。Onyx に衝撃を受け、1999 年からラッパーとして活動を開始した。ラッパーの Oer、Kay とともにヒップホップ・ユニット、B.O.K. を結成し、これまでに 4 枚のアルバム（うち 2 枚は自主制作）をリリースしている。ユニットの活動と同時にソロプロジェクトとして、プロデューサーの Kosa と 2007 年に『Zimy』、2009 年『Idąc na Żywioł』と 2 枚の EP をリリース。また 2010 年には Pekro と『Burza i napór』を発表している。本格ソロデビューは、2012 年に Fandango Records から発表した『Wilk Chodnikowy』で、ゴールドディスクを獲得するヒットとなった。2016 年にはロックバンド Pustki のプロデューサー Radex とタッグを組んだアルバム『Wilczy Humor』をリリース。多様なサウンドとコミカルさで新境地を開拓した。

　自分のアルバムに詩集をつけてリリースしたこともあるほど、言葉の表現、言葉遊びに長けているラッパー。時にビートを無視するかのような大胆かつ独特なフロウを持っており、ポエトリーリーディングを彷彿とさせることもある。ニーチェやアルゼンチン人作家フリオ・コルタサルなど作家に大きく影響を受けており、歌詞の中で哲学的思想を展開することも。考え抜かれたリリックが人気で、熱心なファン層が存在する。コルタサル著『石蹴り遊び』における皮肉をテーマに修士号を取得している。

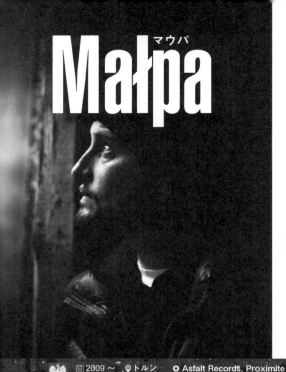

Małpa マウパ

Skała
ヒップホップ・プロデューサー、Donatan とタッグを組んだ 2013 年のヒット曲。ヘヴィーなビートの上に乗せられたキャッチーなフックがかっこいい。ソリッドなライミングで、リリシストとしての高いスキルを見せつける Malpa。リリックでは Malpa の硬派な人生哲学とメッセージが繰り広げられている。Malpa の新曲に期待が高まっていたことから、MV はポーランドとしては異例の 1 週間以内という短期間で 100 万回の視聴数を獲得した。

YouTube www.youtube.com/watch?v=f_6UKzZqb5w

ALBUM
Kilka numerów o czymś(2009)
Mówi(2016)

🏛 2009 〜 📍トルン ● Asfalt Records, Proximite
f www.facebook.com/lukaszmalpamalkiewicz 📷 www.instagram.com/malpa_proximite/

アンダーグラウンドで実力を つけた完璧主義のリリシスト

　リリックを書き始めたのは 13 歳というトルン出身のラッパー。ラッパーの Jinx と Proximite というユニットを結成し、2003 年に何曲かインディーでデモをリリースするが、アルバム制作には至らなかった。その後さまざまなラッパーと客演をこなし、徐々に力をつけていく。2009 年に自主制作でリリースした初のソロアルバム『Kilka numerów o czymś』が批評家からもリスナーからも高い評価を受けて売り上げを伸ばし、インディーリリースのヒップホップ作品として初めてゴールドディスク認定を受けた。後に Asfalt Records から再リリースされている。2016 年 2 月に発売した 2nd アルバム『Mówi』は、Jinx と立ち上げたレーベル、Proximite より発表した。

　高めの声と感情のこもったリリックが特徴的。リリックを書くのに全力を捧げ、気に入らないとすぐボツにしてしまうという完璧主義であるため、創作のペースは遅いが、ラップには安定感があり、興味深いリリックが多い。1st アルバム『Kilka numerów o czymś』も本人としては不満があるようだが、ヒップホップ史に残る名作として、ヒップホップ・ファンからの支持は厚い。ブーンバップを軸とした 1st アルバムと比べ、2nd アルバム『Mówi』ではさまざまなビートに挑戦し、新たな一面をのぞかせている。

Rasmentalism

ラスメンタリスム

Wyjdziesz na dwór?
シンセ使いが印象的なミディアムテンポのトラック。Ras とゲストラッパー Quebonafide の早口ラップが冴え渡る。ポーランドの多くの若者に共通するリアルとして、団地出身で団地エリアにあるベンチを中心にたむろするという現実がある。この曲では団地エリアを舞台にしたフォークロアというテーマで、大人になりたくない若者の気持ちをラップした。フックで歌われる「ベンチ、太陽、ボール、ラップ」という 4 つのアイテムが、彼らの日常を絶妙に捉えている。『Wyszli Coś Zjeść (2015)』収録。

www.youtube.com/watch?v=lj_kpIMTqcc

ALBUM
Dobra muzyka, ładne życie(2008)
Hotel trzygwiazdkowy(2011)
Za młodzi na Heroda(2013)
Wyszli coś zjeść(2015)
1985(2016)

EP
EP(2011)
Niebomby / STU(2013)

PROJECT ALBUM
Duże Rzeczy(with W.E.N.A)(2009)

Ras, Ment XXL　2006～　ルブリン　Asfalt Records, JuNoMi Records
www.facebook.com/rsmntlsm　www.instagram.com/rasmentalism/

ソウルやオールドスクールな
サウンドを愛する次世代ユニット

　2006 年にポーランド東部の都市ルブリンで結成されたラッパーの Ras とプロデューサーの Ment XXL によるユニット。2008 年に『Dobra muzyka, ładne Życie』をリリースすると耳ざといリスナーから注目を集めるようになる。2011 年に EP『Hotel trzygwiazdkowy』を自主制作で発表しているほか、2009 年にラッパーの W.E.N.A との共作でアルバム『Duże Rzeczy』をリリースしている。アンダーグラウンドでの活動で力をつけた後、Asfalt Records よりリリースされた 2013 年のメジャーデビュー作『Za młodzi na Heroda』は、数々の音楽メディアにおいて 2013 年度ベストアルバムの上位に入るほど高い評価を受けた。2015 年に 2nd アルバム『Wyszli coś zjeść』を、2016 年に 3rd アルバム『1985』をリリースしている。

　ソウルやオールドスクール・ヒップホップをこよなく愛し、あたたかみを感じさせるソウルフルなトラックやサンプリングをベースにした曲が多い Rasmentalism。12 歳頃に 2pac を聴いてヒップホップに目覚めたという Ras のラッパーとしての評価も高い。プロデューサーの Ment は、エレクトロ系のプロデューサー・デュオ、Flirtini としても活動し、こちらでも人気を集めている。

Biegnij, nie oglądaj się

Pawbeats が担当した、ピアノストリングスが紡ぎ出す哀愁漂うトラックに、メッセージ性の強い Pih のラップが載ったエモーショナルな一曲。Pih は正直でストレートな物言いが特徴的なラッパーだが、その本領が余すことなく発揮されていて、そのリアルさがファンに支持されている。3部作となっているアルバム『Dowód rzeczowy(2011)』シリーズの2作目収録曲。MV は先行予約でアルバムを購買したファンに捧げられた。

YouTube www.youtube.com/watch?v=OR8HjDqKRJA

ALBUM
Boisz się alarmów...(Peiha solo album cz. I)(2002)
Krew, pot i łzy(2004)
Kwiaty zła(2008)
Dowód rzeczowy nr 1(2010)
Dowód rzeczowy nr 2(2011)
Dowód rzeczowy nr 3(2013)
Kino Nocne(2014)

EP
Nie ma miejsca jak dom(2002)

PROJECT ALBUM
O nas dla was(Pih&Chada)(2003)
Zła Krew(Pih&Kaczor)(2017)

2000〜　ビャウィストク　R.R.X., Promil, Camey Studio, Step Records, Pihszou Records
www.facebook.com/pihszou/　www.instagram.com/pihszou/

客演で人気！ 高い声でスピットする法学部卒ストリート系ラッパー

　ビャウィストク出身のラッパー。1990年代後半にラップを始め、ラッパー Tymi とともにユニット JedenSiedem を組んで活動。ユニットが 2001 年に解散すると、ソロ活動に本腰を入れ、2002 年にミニアルバム『Nie Ma Miejsca Jak Dom』と 1st ソロアルバム『Boisz się alarmów...』をリリースした。2003 年にはラッパー Chada と、2006 年にはラッパー Pyskaty と組んだユニット Skazani Na Sukcezz としてコラボアルバムを発表。Paktofonika から Onar、Pezet まで数多くのアーティストと客演することでその存在感を示しながら、これまでに 7 枚以上のソロアルバムをリリースしている。2005 年にはヒップホップのタレント発掘 TV 番組の審査員に選出されたが、TV 局の都合でオンエアされることはなかった。2006 年に Step Records へ移籍。2008 年にリリースしたソロ 3rd『Kwiaty zła』で初めて商業的な成功を収めた Pih は、その後に発表した『Dowód rzeczowy』三部作もヒットに恵まれ、トップ・ラッパーの仲間入りを果たした。2014 年に Step Records を離れて自主レーベル Pihszou Records を設立し、アルバム『Kino Nocne』をリリースした。

　ビャウィストク大学の法学科を卒業していながらも、ラッパーとして生きることを選んだ Pih。高い声で繰り出す、隠喩を巧みに取り入れたストリート系ラップが特徴だ。普段はソウル・ミュージックを聴くのが好き。

VNM
ヴェノム

下積み時代に磨き あげたラップスキル がドープな実力派！

Obiecaj Mi（feat. Tomson）
2ndアルバム『Etenszyn: Drimz Kamyn Tru』の成功以降、初めてライターズ・ブロックを経験したというVNMが、その時に体験した苦悩や成功後の燃え尽きをラップで表現した曲。心の揺れを浮き彫りにしたリリックの誠実さ、エモーショナルなフローが、SoDrumaticがプロデュースした哀愁系トラックにベストマッチ。サビ部分は人気ミクスチャーバンドAfromentalのTomsonが担当している。『ProPejn(2013)』収録。

 www.youtube.com/watch?v=PgQay62biFs

ALBUM
De Nekst Best(2011)
Etenszyn: Drimz Kamyn Tru(2012)
ProPejn(2013)
Klaud N9JN(2015)
Halflajf(2016)

PROJECT ALBUM
Pewnego dnia będę żył wiecznie (K2F)(2000)
Taki jak ty (K2F)(2001)
Nie zatrzymasz nas (K2F)(2002)
To co nas różni (834)(2003)
Chcę to mieć (834)(2005)
Where have u been (834)(2005)
Kolumny płoną (834)(2006)
Elbląg Bejbi (834)(2012)

MIXTAPE
Niuskul Mixtape 2009(2009)

2000年頃から活動しているエルブロング出身のラッパー。あごに特徴的な手術痕がある。K2Fというユニットとしてアンダーグラウンドで活動を始め、2000年から2002年までの間に3枚のアルバムを発表。その後、新たにユニット834として活動を始めた。2005年に834がシュチェチンのラジオ番組が企画したコンテストで優勝し、次第に注目を集めるようになる。数多くの客演をこなし、コンピCDにも多く参加。2009年に出したミックステープ『Niuskul Mixtape 2009』がワルシャワのベテラン・ラッパー Sokółの目に止まり、VNMはSokółのレーベルProstoと契約した。2011年にアルバム『De Nekst Best』でソロデビューを果たして以来、2016年までに5枚のソロアルバムを発表。

2013年リリースの『Etenszyn: Drimz Kamyn Tru』が高い評価を受け、ゴールドディスクを獲得するヒットとなった。2012年には活動休止状態だった834を再始動させ、グループでも活動中。2016年にProstoを離れて設立した自主レーベルDe Nekst Best Recordsより5thアルバム『Halflajf』を発表した。

　下積み時代にはチャンスを得るためにワルシャワに拠点を移し、資金を稼ぐために度々イギリスへ出稼ぎに行きながら精力的に活動していた。その間に磨きあげたラップスキルは、間違いなくポーランドでもトップクラス。ビートはUSラップのニュースクールを軸にしている。ちなみにポーランド代表のサッカー選手ロベルト・レヴァンドフスキはいとこ。

2000～　エルブロング　Prosto, De Nekst Best
www.facebook.com/vnm.official　www.instagram.com/fau_enem/

ドナタン
Donatan

🏛 2002〜 📍クラクフ ⊙ Universal Music Polska, Urban Rec,.Don Produkcj
ⓕ www.facebook.com/DonDonatan ⓘ www.instagram.com/donatanofficial/

フォークメタル x
スラヴ民族音楽 x ヒップホップ

　1984年生まれクラクフ出身のヒップホップ・プロデューサー。2002年より音楽活動を開始し、DonGURALesko、Ten Typ Mes など数多くのヒップホップ・アーティストをプロデュースしてきた。2012年にリリースしたデビュー作『Równonoc. Słowiańska dusza』では、ポーランドのトップ・ラッパー30名をゲストに迎え、スラヴ民俗音楽とヒップホップを掛け合わせたスタイルを打ち出して、大ヒットを収めた。ポーランド音楽史上5枚目、ヒップホップ作品としては初めてのダイヤモンドディスク認定されたアルバムとなった。スラヴ的な伝統文化をプッシュしたMVも数多く制作し、欧米ヒップホップにはないオリジナリティーを演出している。2014年にはR＆Bシンガー、Cleo とタッグを組んでアルバム『Hiper/Chimera』をリリース。こちらもスラヴ民俗音楽とポップをクロスオーバーさせた大ヒット・シングル「My Słowianie」を引っさげ、2014年にはユーロビジョンにも出場した。

　ロシアとポーランドにルーツを持ち、ロシアに住んでいたこともある Donatan。スラヴ文化を賛美し、カトリック教会に対してしばし否定的であるため、ポーランド国内でたびたび物議を醸しており、保守的な層から悪魔崇拝的だと批判されることもある。2014年のCleoとのコラボ以降はポップシーンに進出しており、ヒップホップ作品は少なくなっている。

Nie Lubimy Robić
スラヴ民謡×ヒップホップの独創的な組み合わせが面白いアルバム『Równonoc. Słowiańska dusza（2012）』からのシングル。フォークメタル・バンド、Percivalがスラヴ音楽を担当し、Donatanが繰り出すヒップホップのビートにキェルツェ出身のラッパー、BorixonとKajmanがラップを乗せている。前代未聞の組み合わせで2012年ポーランドに大旋風を巻き起こし、大ヒットを記録。ポーランドの田舎風に撮影されたMVも面白い。

www.youtube.com/watch?v=WvKzyuL7ubQ

My Słowianie（Donatan &Cleao）
DonatanがR＆Bシンガーの Cleoと組んだポップソング。Donatanが打ち出したヒップホップ×民族音楽のサウンドをベースに、Cleoの力強い歌声が映え、大ヒットを記録。スラヴ系女性が世界一美しい（それは本当かも）と歌う内容だが、肌の露出が多く、セクシーさを前面に押し出したMVが伴ったため、国内では非難する声も大きかった。また2014年度ユーロビジョンのポーランド代表曲ともなった。結果は14位。『Hiper/Chimera（2014）』収録

www.youtube.com/watch?v=rr1DSgjhRqE

Budź Się（feat. Pezet, GURAL, Pih）
PezetとDonGURALEskoというポーランドのトップラッパー、そしてPihをゲストに迎えた曲。「目覚めよ」というタイトルで、自分の中に眠るスラヴ人の魂をテーマにそれぞれライムをかましているが、内容的には最後にラップするPihのリリックが一番テーマに沿っている。トラックを演奏するバンドPercivalの女性ボーカリストたちの妖しげなコーラスが、スラヴ感あふれていい感じ。MVもところどころスラヴ的要素が散りばめられていて楽しめる。

www.youtube.com/watch?v=irkLhvHCrc8

Z Dziada-pradziada（feat. Trzeci Wymiar）
Donatanの『Równonoc』は、スラヴ文化的要素とヒップホップが入り混じったMVシリーズが本当に秀逸なのだが、この曲のMVでは鎧に身を包んだ男たちが戦闘に挑む様子が描かれる。トラックも戦いへ鼓舞するようなリズムで、フックも勢いがあり、血が沸き立つ。ラップを担当する3MCを擁するTrzeci Wymiar。幾度に渡る侵略に不屈の精神で立ち向かったポーランドへの誇りをラップしたNulloの1st ヴァースが最高。

www.youtube.com/watch?v=5jnTMEfMWKQ

Z Samym Sobą（feat. Sokół）
ベテラン・ラッパーSokółが1人で1曲担当。リリックの内容はスラヴ文化とはあまり関係ないが、国民が思考停止するようにコントロールされている現実のなか自分自身で真実を見極めろ、というメッセージを巧みにラップし、高く評価されている。全編を彩るアコーディオンとフルートの音色、女性ボーカルが魔術的な雰囲気を醸し出すトラックも印象的。MVでは、人を盲目にさせては鍵を奪う妖しげな老婆（風）と従僕が描かれている。

www.youtube.com/watch?v=8m071sBOG5s

Noc Kupały (feat. Tede)
「夏至」と題されたこの曲はワルシャワのラッパーTedeが担当。最も夜が短くなる夏至はキリスト教が広まる以前からスラヴ民族によって夏至祭が行われていた。Tedeはそのスラヴの伝統をテーマにラップ。焚き火の周りで踊ったり、女子は花輪を頭に飾ったりして行う夏の祝祭を描写しながらも、その伝統を知らない人に向けて「ググってみろ」と煽るリリックが面白い。伝統的な歌唱や楽器と重低音がミニマルに融合したDonatanによるトラックメイキングも最高。

www.youtube.com/watch?v=cuHpYLxvwKY

PROJECT ALBUM
Równonoc. Słowiańska dusza(2012)
Hiper/Chimera(Donatan&Cleo)(2014)

Murmurando

哀愁ただようトランペットや口笛の音色が全編を彩るトラックはDJ Ceronがプロデュース。全身全霊で人生を生きろ、という漢気あふれる硬派なメッセージを、ラテン的な異国情緒漂うサウンドに乗せてラップ。3人のフロウはちょっと似ている感があるかも。MVはTrzeci Wymiarが遠征ライヴを行ったマケドニアで撮影されている。5thアルバム『Odmienny Stan Świadomości（2015）』の3rdシングル。

YouTube https://www.youtube.com/watch?v=xXtTuCpBv8g

ALBUM
Cztery pory rapu(2003)
Inni niż wszyscy(2006)
Złodzieje czasu(2009)
Dolina klaunoow(2012)
Odmienny stan świadomości(2015)

チェチ・ヴィミャル

Trzeci Wymiar

Nullo, Pork, DJ Creon　1998～　ヴァウブジフ　Camey Studio, Labirynt Records
https://www.facebook.com/trzeci.wymiar

三者三様で成熟したラップが人気の硬派ヒップホップ・ユニット

1998年にポーランド南西部にある工業都市ヴァウブジフで、ラッパーのSzadとNulloが出会い、ユニットPoetikanonimを結成。そこへラッパーのPorkとDJ Sphが加入して4人編成で活動するようになり、グループ名をTrzeci Wymiarと改めてCamey Studioと契約した。2003年にアルバム『Cztery pory rapu』でデビューすると、その中から「Dla mnie masz stajla」「Skamieniali」などのヒットを飛ばし、注目を浴びる。以降、2015年まで3年おきにアルバムをリリースしており、2ndアルバム以外はすべてゴールドディスクを獲得している。2ndアルバムリリース後、脱退したDJ Sphの代わりにDJ Ceronが加入。また3rdアルバムからは、ヴァウブジフに設立した自主レーベルLabirynt Recordsでリリースしている。2011年にはSzadとNulloがソロアルバムをリリース、Porkも2013年にソロ作品を発表するなど、ソロ活動も盛ん。2016年に不仲が原因でSzadが突如脱退した。

緻密に作り上げたリリックとライムを得意とするSzad、勢いのあるダミ声が個性的なNullo、語尾を伸ばすようなフロウが特徴的なPork。DJ Ceronが作り出すサウンドは硬派なビートが中心で、三者三様のラップとともにヒップホップ好きの間で高い人気を誇っている。

ヘンプ・グル

Hemp Gru

Droga
2nd アルバム『Droga(2009)』からのタイトルトラックは、シンプルなビートに乗せたメッセージ性の強い曲。辛いことがあっても、くじけずに前を向いて進もうという内容で、Wilku も Bilon も隠喩などは使用せずストレートなライムを聴かせている。2 人のフロウは特に個性があるわけではないが、一度聴けばすぐ分かる声とスタイル。この曲の Wilku のラップには、流れるようなスムースさも感じられる。MV は Hemp Gru のライヴや活動を写したもの。

YouTube www.youtube.com/watch?v=oqzTignky58

ALBUM
Klucz(2004)
Droga(2009)

EP
Jedność(2011)
Lojalność(2011)
Braterstwo(2012)

Wilku, Bilon, DJ Steez　1998〜2012　ワルシャワ　Prosto, DIIL Records
www.facebook.com/hempgruofficial　www.instagram.com/hempgru_official/

アンチ警察スラングを生み出したハードコア・ヒップホップの雄

　1998 年にワルシャワで結成されたユニット。Molesta Ewenement のメンバーでもあったラッパー Wilku がラッパー Bilon と組み、DJ Steez を迎えて活動を開始した。2004 年にアルバム『Klucz』でデビュー。その後、ファッションにも手を広げ、Hemp Shop というブランドを立ち上げてショップもオープンした。2006 年には契約していた Prosto を離れ、自主レーベル DIIL Records を設立するなど幅広く活動しつつ、精力的にライヴも行っている。Wilku は Hemp Gru の活動に専念するため、2006 年に Molesta を脱退した。また Hemp Gru は欧州委員会によって、国境を越えて音楽活動を広げたグループとして 2008 年に「European Border Breakers Awards を受賞している。2nd アルバム『Droga（2009）』を含め、以降リリースしたミニアルバム 3 部作すべてゴールドディスクを獲得。2011 年リリースの EP『Jedność』は、発売 2 日後という速さでゴールドディスク獲得となるほどの人気を見せた。2012 年にそれぞれソロ活動に専念するために解散。

　警察に対する嫌悪や、マリファナ愛などをテーマにしたラップが有名なハードコア・ヒップホップ・ユニット。ポーランドで合言葉のように広まっているアンチ警察スラング「HWDP」は、Wilku が言い出しっぺ。後半には、アルテルモンディアリスム（注：新自由主義的なものとは異なった政治面・経済面・社会体制面などにおける人権、民主主義、平和、社会的公正の構築などのグローバル化を模索・推進する諸運動の総称）など社会問題などに関してもラップするようになり、世代を代表するグループとして人気を博していた。

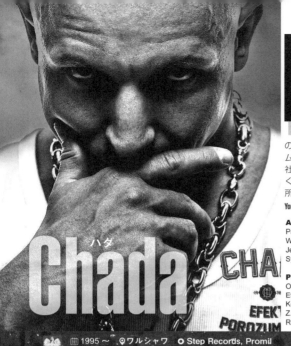

Chada ハダ

Na tych osiedlach II

ヘヴィーなビートに軽快なメロディーが50セントを彷彿とさせるダークなストリート系トラック。1度目の刑務所生活を経たChadaが繰り出すリリックが、リアルなハードコアさ。タイトルの通り、ポーランド人の多くが住む団地地帯の現実をラップするChadaのライムが、重厚感のあるトラックにマッチしてかっこいい。社会主義時代に建てられた団地には治安が悪い地区も多く、そこに住む若者たちがChadaのリリックに共感する所以となっている。『WGW（2011）』収録。

YouTube www.youtube.com/watch?v=zNev4yAuibc

ALBUM
Proceder(2009)
WGW(2011)
Jeden z Was(2012)
Syn Bogdana(2014)

PROJECT ALBUM
O nas dla was(Chada&Pih)(2003)
Efekt porozumienia(Chada&RX)(2014)
Kontrabanda: brat bratu bratem(Chada, Bezczel & Z.B.U.K.U)(2015)
Recydywista(Chada&RX)(2017)

1995〜　ワルシャワ　Step Records, Promil
www.facebook.com/tomasz.chada　www.instagram.com/tomaszchada/

窃盗、アル中、麻薬中毒で刑務所から逃亡しながらハードコアなラップ

10代からラップを始めたというワルシャワ出身のストリート系ラッパー。1995年には17歳でデビュー曲を発表している他、ワルシャワ出身のヒップホップ・ユニットMolesta Ewenementのデビューアルバム『Skandal（1998）』や、人気ヒップホップDJ 600Vのコンピ CDシリーズなどに客演し、そのハードコアなラップで存在感を知らしめた。ラッパーKaczyと組んだユニットPrecederとしても活動したが、デビュー作を制作する前に失速。2003年にラッパーPiHとコラボアルバム『O nas dla was』をリリースするが、プロモーション不足で話題にならなかった。2005年の離婚をきっかけに酒やコカインに溺れ、シーンから数年間姿を消す。そのスランプを乗り越えて、2009年に待望のソロデビューアルバム『Preceder』でカムバックし、ヒップホップ・ファンや批評家から絶賛された。しかし、リリース直前に窃盗などで有罪となり収監されてしまう。2010年には出所するが、2011年のアルバム『WGW』リリース時も刑務所で過ごすことに。2012年には暴行罪などの罪に問われ、刑務所に出戻った。その間も一時帰宅が許可された時期を利用して、次々とアルバムをリリースしているが、最後の一時帰宅の際に刑務所に戻ることを拒否して逃亡生活に入り、お尋ね者に。半年以上経って、飲酒運転をしているところを捕まり御用となった。2017年8月に出所し12月にアルバムをリリース。

破天荒なストリートライフを送る筋金入りの札付きラッパーだが、収監されるようになっても、ファンは増加する一方。ハードコアを地でいくリアルなラップが人気だ。

Jeśli Wiesz

ポーランドの女性ロック・アイコン、Katarzyna Nosowska の「Jeśli wiesz, co chcę powiedzieć」をサンプリングしたトラックに、Wdowa のライムがクリーンヒット。確執があった人々に向けたリリックから、離脱したレーベル Alkopoligamia.com に向けたものと考えられる。ポーランドの女性ラッパーたちが友情出演しているほか、スタイリッシュな Wdowa の姿が見られる MV は要チェック。『Listopad(2013)』収録。

▶ https://www.youtube.com/watch?v=uphgVMVhh10

ALBUM
Braggacadabra(2005)
Superextra(2010)

EP
Listopad EP(2013)

Wdowa
ヴドヴァ

2000～ ワルシャワ Syndykat Dźwięku, Alkopoligamia.com
www.facebook.com/wdowunia www.instagram.com/wdowa022/

女性として最初にソロデビューした ポーランドのラップ・クイーン

　2000年頃からワルシャワでラッパーとして活動を始め、2003年には初のデモテープを作成。また同年からヒップホップ・カルチャーで活躍する女性のために制作されたインターネット TV 番組「W-Raps」の司会を務めている。2005年にアルバム『Braggacadabra』でデビューを果たす。2007年にヒップホップ集団 Szybki Szmal に加入。また同時期に大学で法学科を卒業した。2009年にはラッパー Ten Typ Mes が主宰するレーベル、Alkopoligamia.com と契約し、2010年に 2nd アルバム『Superexstra』、2013年に EP『Listopad』をリリースしている。2014年に方向性の違いから Alkopoligamia.com を離脱した。離脱時に確執が起きたため、YouTube に上がっていた大多数の Wdowa の楽曲 MV が削除されている。2017年にシングル「To By Było Coś」をリリース。

　男性ラッパーが圧倒的優位を誇るポーランドのヒップホップ・シーンにおいて女性ラッパーを代表する存在である Wdowa。普段は法律関係の仕事をしていて、ラップで生計を立てていないため、寡作である。

Gang Albanii

ガング・アルバニイ

Albański raj

アッパーなエレクトロ・サウンドが特徴的なパーティ系ヒップホップ。Borixon と Popek がアルバニアの天国というテーマでラップしているが、リリックの内容はとにかくナンセンスの連続。フック部分も音遊びを楽しんでいる感じで、まったく意味を成さないおふざけ感が人気を集めている。Gang Albanii は後に曲名と同じ Albański Raj という名前のオリジナル・エナジードリンクを発売した。カフェイン量は Red Bull の 1.5 倍だとか。『Królowie życia Ltd.(2015)』収録。

▶ www.youtube.com/watch?v=fWs8HwDtddQ

ALBUM
Królowie życia(2015)
Ciężki gnój(2016)

◉ Rozbójnik Alibaba, Popel, Borixon　📅 2014 〜　📍 ポーランド南部　◉ Step Records
　www.facebook.com/gangalbaniiciezkignoj　www.instagram.com/gangalbaniiciezkignoj/

アルバニアとは無関係！おふざけイケイケ EDM ヒップホップ集団

　それぞれキャリアを積んできたレグニツァ出身のラッパー / 総合格闘家 Popek、クラクフ出身のプロデューサー Rozbójnik Alibaba と元 Wzgórze Ya-Pa 3 のラッパー Borixon によって、2015 年に結成されたスーパーグループ。2015 年にリリースしたデビューアルバム『Królowie Życia』が爆発的に売れ、トリプルプラチナムに認定されている。2016 年 4 月に 2nd アルバム『Ciężki gnój』を発売。

　元々クラブミュージックのプロデューサー / DJ としても活動してきた Rozbójnik Alibaba が作るサウンドは、エレクトロ・サウンドを多用したパーティ系ヒップホップ。90 年代半ばから活躍するベテラン Borixon と、目玉にタトゥーを入れたり、7 年間の刑務所生活を経験したりと物議を醸しがちなハードコア・ラッパー Popek の相性も良く、若い世代を中心に人気を集めている。Popek はポーランドで窃盗罪に問われたことから 2007 年にロンドンに移住しており、主にインターネットを通じて活動していた。2016 年になって逮捕状が取り下げられたため、帰国している。ちなみにグループ名は「アルバニアのギャング」という意味で、アルバニアがタイトルに入った曲も多く見られるが、アルバニアとの関係は不明。共産圏時代、独裁政権だったアルバニアはポーランドより酷い国としてポーランド国内で「最悪なもの」を意味する代名詞だったことから、今でもかなりバカにされている印象だ

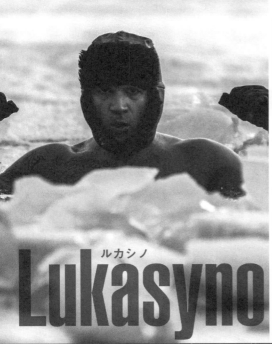

Lukasyno
ルカシノ

Słowa jak sól (NON Koneksja feat. Bosski Roman)

Lukasyno 率いるユニット NON Koneksja のデビュー作『Eksplozja』収録曲。ダイナミックで重めなビートは Kriso が手がけた。クラクフ発のストリートラップ・ユニット Firma から Bosski Roman をゲストに迎え、「俺たちの言葉は塩（のように辛い）」というタイトルで、厳しい現実を生きる人々をラップで支える、というメッセージを送っている。Lukasyno はざらついた特徴的な声で 1st ヴァースを担当。

You Tube https://www.youtube.com/watch?v=GebAokc0PdA

ALBUM
Na ostrzu noża(2006)
Bard(2014)
Antybanger(2015)

PROJECT ALBUM
Dowód odpowiedzialności(WNB)(2003)
Eksplozja(NON Koneksja)(2009)
Persona NON Grata(NON Koneksja)(2010)
Czas vendetty(Lukasyno&Kriso) (2012)
Tylko dla prawdziwych(NON Koneksja)(2013)

1997 〜　ビャウィストク　Waco Records, Fonografika, Persona NON Grata
www.facebook.com/Lukasyno.official/　www.instagram.com/lukasynoofficial/

我が道を進むビャウィストク発の硬派なストリート・ラッパー

　ポーランド北東部の街ビャウィストクを代表するラッパーの一人。1997 年にラップを始め、ビャウィストク最初のラップグループ Proffesory を結成。2000 年にはラッパー Olsen とともに WNB を結成し、コンピレーション CD や他アーティストの客演などに参加するようになる。2003 年に WNB のデビューアルバム『Dowód Odpowiedzialności』がリリースされ、高く評価された。WNB が解散した後、Lukasyno は 2006 年にアルバム『Na ostrzu noża』でソロデビューを果たす。アルバムはレゲトンの影響を受けたストリートラップというスタイルだった。翌 2006 年にはプロデューサーで弟の Kriso、ラッパーの Egon とともに NON Koneksja を結成して、ユニットとしての活動もスタートし、2009 年にデビューアルバム『Eksplozja』をリリースした。以降アルバムごとに進化を遂げながら NON Koneksja とソロ活動を両立している。2014 年リリースのソロ 3rd アルバム『Bard』では民族音楽の要素を取り入れたほか、2015 年の『Antybanger』ではまた硬派なストリートラップを聴かせている。

　トレンドを追うよりも自分のスタイルで突き進む姿勢で活動する硬派なストリート・ラッパー。少しかすれたような声質で繰り出す、抑揚の少ない安定したフロウが特徴的だ。建築家の資格を持っている。

Asfalt Records 主宰者 Tytus インタビュー

www.instagram.com/asfaltrecords/
official site: http://www.asfalt.pl/
shop: http://asfaltshop.pl/

ポーランドの Asfalt Records といえば、洗練されたオルタナティヴなヒップホップが特徴のレーベルで、看板アーティストは揺るがぬ実力と人気を誇るラッパー＆プロデューサー O.S.T.R. だ。その O.S.T.R を発掘し、深い絆でともにポーランドのヒップホップ・シーンを築いてきたレーベルの主宰者 Marcin「Tytus」Grabski にインタビューをした。

——Asfalt Records はもう 18 年続いています。最初はどのようにレーベルがスタートしたのか教えてください。

最初はポーランドや外国のヒップホップのリスナーで、ウェブライターだった。まだポーランドでインターネットがよちよち歩きし始めた頃のね。その他に月刊誌 Klan や Machina でも仕事をしていた。音楽関係の知り合いが俺にレコードレーベルをやるように説得してきて、俺もすぐ乗り気になったんだ。既に、メディアとしてだけでなく手助けしたいと思うようなヒップホップ・アーティストと友達付き合いをするようになっていたからね（Klan はヒップホップ雑誌。Machina は音楽誌）。

——Asfalt Records 設立前はどんな音楽を聴いていたんですか？ ヒップホップ・オンリーでしたか？

子どもの頃は 80 年代のポーランド・ロックを聴いていたよ 。そのあと高校時代は主にパンクロック、ポストロック、それから B-52's などポーランドでは当時あまり知られていなかった、オリジナルなアーティストを聴いていた。ヒップホップは知っていたけど、選択的にしか聴いていなかった。Eric B&Rakim や Beastie Boys のアルバム各 1 枚とか。大学で法律を学んでいたんだが、その終わり頃にもっとたくさんヒップホップが入ってくるようになった。俺にとって転機となったのは、Bogna Świątkowska のラジオ番組と、当時既にすごいパワーで活動していた DJ Volt（DJ 600V）と知り合ったことだね。

——O.S.T.R.、Łona、Fisz など、今日のポーランドの音楽シーンで重要な存在となったアーティストを発掘しましたよね。その時のことは覚えていますか？

Fisz は Bogna の番組を聴いていて知った。彼らはデモを配っていて、レーベルとのコンタクトを探していたんだ。すぐに打ち解けたよ。Łona &Webber は、インターネットを通じて個人的に知り合った。彼らの住んでいる場所からは数百キロ離れているからね。O.S.T.R. との出会いはよく知られているストーリーだ。最初は俺の親友で共通の友人である Bartek Raczew を通じて知り合った。当時 Bartek は、今はなき Atomic TV でヒップホップ番組を運営していたんだ。その後 Adam（O.S.T.R.）がウッチであった Fisz のライヴに出演したのを見て、あまりにも衝撃を受けたんで、もう彼を手放さなかったのさ。

——Asfalt Records と、Prosto や Alkopoligamia.com など他のヒップホップ・レーベルとの違いは何でしょう？

他のレーベルと比較するのは居心地悪いな。お互いに邪魔したり、危害を与えたりしたくないから特にね。ポーランドのヒップホップ・シーンはとても透明性があるから、リスナーもアーティストも、我々レーベルがそれぞれ特定の専門性を持っていることが分かると思う。俺は Asfalt のことについてだけ話せる。俺たちは Asfalt という少し別の惑星で活動しているように感じているよ。決断するのには時間をかけるが、その後は堅実にそれを守る。あらゆる点において品質を重視する。安っぽい効果や陳腐な音楽を避ける。それだけだ。

——Asfalt Records では何人が働いていて、どんな部署がありますか？

Asfaltのメインの部署は、10年の歴史を持つAsfalt Shopだ。最初はオンラインのみだったが、1年以上前に実店舗も構えたよ。ワルシャワの中心地、Miłośćというクラブの上に素敵な空間を作ることができたんだ。ショップでは、ポーランド・ヒップホップだけでなく、とても広い意味でのアーバン・ミュージックのさまざまなインポート・レコードも置いているよ。ショップを運営してくれているのは、俺の友人 Piotrek Pytkowski。あだ名はPytekといって、それ以前には一人で2店のレコードショップを運営していた男だ。Pytekの他に、Emanuela Chełmońskaというとても重要な同僚がいる。彼女はO.S.T.R.絡みの仕事、特にコンサート関連を手伝ってくれているんだ。その他に店長や俺のアシスタントを雇っているよ。時々、パートタイマーも雇う。昔は全部一人でやっていた時期もあるよ。アルバムジャケット、簿記、CDを店舗に配布することまでね。もちろんだいぶ昔の話だ。

—— ワルシャワに登場した実店舗の魅力を教えてください。

魅力なのは実際にお店に入り、数千もある最高のレコードの中から1枚をすぐに選ぶことができるという事実だ。インターネット上で販売しているアルバムすべて、それだけでも結構あるんだが、うちの店で手に取って買うことができる。うちで提供するレコードの豊富さには、気をつけ過ぎるほど気を配っているよ。時々、外国人のお客さんから自分たちの国にはこんなお店がないっていう話も聞くよ。確かに世界を見ると、多くのレコードショップが消えてしまったよね。俺たちはこれから盛り上げていくところだ。

—— 今、Asfalt Recordsに契約したいアーティストはいますか？

オープンには言えないけど、ポーランドのラッパーで2人、喜んでアルバムをリリースしたい奴らがいるよ。条件は、自分の才能を無駄にするのをやめて、大人向けのマジな、きちんと準備されたアルバムをレコーディングすることに合意することだ。

—— Asfalt Recordsは最近、Taco Hemingway や Otsochodzi、Meek Oh Why といった若いラッパーを輩出していますよね。次世代ラッパーたちの特徴は何でしょうか？

第一にオープンな考えを持っていて、長い間同じことばかり繰り返してきた、というポーランド・ラップの欠点に新しい息吹を吹き込んだことだ。この欠点のせいでシーンは行き詰っていた。幸いなことに、これまでの進化が生んだものは廃れつつある。

—— 今ポーランドではTaco Hemingwayが話題ですよね。彼がなぜ特別なのか、あなたの意見を聞かせてください。

Tacoはヒップホップな環境で育っていないからだ。だから誰のことも真似しない。また、とても客観的に見ることのできる男で、ゴールを

高く設定することができる。そこに至ったのには、Asfaltの手助けや運もあった。そして成功は約束されたってわけだ。

―― あなたはポーランドのヒップホップ・シーンの発展を目の当たりにしてきました。その期間、国自体も大きな変化を体験しましたよね。ヒップホップ・シーンはどのように変わりましたか？　20年を通して成長しましたか？

もちろんだ。第一に、多くのいいラッパー、―― すべてが抜群とは言わないが ―― が登場した。リスナーはちょっと悪化している。現在は、シーンのトップに立つには才能だけじゃ足りないんだ。2部リーグには競争者がごまんといるし、いつか上に立てるかすら分からない。それから、若いリスナーの多くは自分の好きなアーティストに対してお金を払う代わりに、MVを観たり、いいねしたりするだけなんだ。これはアーティストにとっては、非常に良くない傾向で、彼らは遅かれ早かれヒップホップ以外の仕事を見つけなきゃいけなくなるだろう。

―― ポーランドのヒップホップ・シーンにおける忘れられない出来事を3つ教えてください。

間違いなく、一番感情やいわゆる情熱を揺さぶったのは、ポーランド、特にワルシャワのヒップホップ・シーンが始まった頃の初めてのコンサートや、出会い、出来事だね。いつもDJ Voltとつるんでいた頃のことを懐かしく思い出すよ。ほとんど毎日会っていたし、話題といったらヒップホップのことばかりだった。ラジオ番組も懐かしいね。出演していたのは知り合いばかりだったし。

―― ポーランド・ラップのクラシック・アルバムを数枚あげて、そのアルバムが大事な理由も教えてください。

大事なのはそれがアーティストにとって非常にうまくいったアルバムだから、という理由で、Molesta『Skandal』、Trzyha/Warszafski Deszcz『Nastukafszy』、O.S.T.R.『Życie po śmierci』。最初の2枚は、ポーランド・ヒップホップのパイオニア的時期のものだ。長いサンプル、簡単なアレンジ、くたびれていない声……、あの頃はすべてが初めてで新鮮だった。それはしばし良い効果をもたらすもので、この2枚のアルバムがまさにそうだったということだ。逆にO.S.T.R.のアルバムは後の時代のもので、昨年（2016年）にリリースされている。これは優秀なラッパーがパワフルなストーリーを込めた仕事の賜物で、音楽的には第一線で活躍する外国のプロデューサーとともに作り上げたアルバムだ。この3枚がポーランド・ラップの歴史を集約している。

―― Asfalt Recordsから出たアルバムで、あなたにとって特別な3枚を教えてください。

もちろん先述のO.S.T.R.『Życie po śmierci』を抜いても、O.S.T.R.の別のアルバムをピックアップしなきゃいけない。2004年にレコーディングされたO.S.T.R.のアルバム『Jazzurekcja』は、俺がポーランド・ヒップホップの中に探し求めていたもの、つまりNative Tongue的なスタイルを完璧に表現している。このアルバムはとてもソフトであると同時にザラついていて、O.S.T.R.の鋼のような規律のラップの元で1曲目からラストまでなめらかな流れを持っているんだ。同年に出たFiszのアルバム『Wielki Ciężki Słoń』も良かったな。アルバムのデモを聴いた時、こんなアルバムを出せるのを誇りに思ったことを覚えているよ。残念ながらポーランドでは大きな反響はなかったんだ。今は再版していない。

―― ポーランドでヒップホップはどのように受け入れられていますか？　マスカルチャーの

一つと言ってよいでしょうか？
マスカルチャーだよ。一番多くアルバムを売り上げているし、最も熱心なファンを持っている。ディスコポロみたいなひどい音楽だって、ポーランド・ヒップホップほどの市場価値を持っていない。ポーランド・ヒップホップはしばし非常に意欲的なメッセージを持っているし、音楽的にもレベルは高いよ。有名ブランドやそのマーケティング予算がそれに気づいてくれるのを待っているんだが、ゆっくり変わってきているね。ポーランドで（メディアとして）一番の座にあるテレビがインターネットにその座を譲れば、もっと良くなるだろう。今テレビは流行の主流を作り出して稼いでいるが、ポーランドのリスナーの支持はまったく得てないんだ。

—— **O.S.T.R. とは最初から今日まで強い結びつきですよね。彼とはどんな関係を築いていますか？ 友人、それともボスとしてでしょうか？ 昨年の彼の健康問題（肺がんだった）については、辛い時期をともに過ごされたのではと思います。**

同じ街に住んでいないから、学校やストリートの友達みたいにつるんだことは一度もないが、俺たちを結びつけるものは多いよ。おそらく1000時間は語り倒しているんじゃないかな。テーマはさまざまだけど、主には音楽のことだ。彼はどんなテーマでも俺の意見を積極的に聞いてくれるし、俺もアーティストの意見を無視してレーベルを運営したりしない。2015年のはじめは確かに、俺たちみんなにとって辛い時期だった。恐ろしい結末よりもね（誰も実は信じていなかったけど）。医者が Adam にライヴを禁止しないか怖かったよ。それこそ奴にとってはマジで死を意味しただろうから。ありがたいことにハッピーエンドになった。こうなるべきだったんだ！

—— **これからポーランド・ヒップホップを聴き始める人にどのアルバムを勧めますか？**

O.S.T.R. のアルバム（特に一番最近の）と、Taco Hemingway のアルバムすべて。Taco のアルバムは、ヒップホップ以外のリスナーにも非常に受け入れられているんだ。

—— **Asfalt Records の今後のプランを教えてください。**

2017 年は O.S.T.R. 絡みのプランが多くあるよ。『MTV Unplugged: Autentycznie』のリリースを発表したばかりだけど、それ以外にもまだアツい知らせが出てくるはずだ。さらに、長年 Asfalt の流通会社だった Warner Music Poland と契約を終了したんだ。まもなく、この後どのように運営していくか発表する予定だよ。俺の周りには素晴らしい同僚やアーティストがいるから、やることはいっぱいさ。

—— **20 年後の Asfalt Records をどのように見ていますか？**

ポーランドの音楽市場で価値のあるブランドでいたいね。もしその時も存在しているなら、まだ仕事しているか分からないけど……。レコードはまだ売れるんだろうか？ でも ATARI はもうだいぶ前からコンピューターを販売していないけど、今でも価値のあるブランドだよな。

—— **日本から来た人がいい感じのヒップホップ・パーティを探していたら、何を勧めますか？**

他の街はどうか分からないけど、ワルシャワには定期的にラップのライヴをやっているような、いいヒップホップ・クラブがないんだ。日本から来た人の運がよければ、Asfalt Records のアーティストのライヴに行けるかもね。

—— **日本の読者にメッセージをお願いいたします。**

日本には妻と 2 週間旅をしたことがあって、日本の真ん中あたりや南の方を電車で移動したんだ。旅から戻ったときには、日本の文化、神道、社会の規律、料理、風景にすっかり魅了されていたよ。映画やアニメで見ていたのとは違って、誰かが誰かに対して怒鳴っているところを一度も見なかった。東京の HMV も気に入ったよ。あそこにはニューヨークやロサンゼルスのどのレコードショップよりも充実したソウル・コーナーがあったからね。

ヒップホップ・カルチャーを育んだ「団地」

　ポーランド、チェコ、スロヴァキア、ハンガリーはみな旧共産圏であることが最大の共通点である。そしてまたヒップホップが人気であること、団地が数多く存在することも共通点だ。これらは密接な関わり合いを持っていて、この4ヶ国においては団地という住環境がヒップホップ・カルチャーを育んだと言っても過言ではない。まずはその背景を解説しつつ、ラップのリリックや MV などから感じられる団地とヒップホップ・カルチャーの関係を見ていきたいと思う。

　東欧諸国に行くと、どこでも大量の団地群をあちこちで目にすることがあるが、東欧に無数の住宅団地が建ち始めたのは 1960 年代以降のことだ。第二次大戦後の住宅不足を補う目的で建てられた団地群は、今見ると灰色で無機質なデザインに感じられるが、当時の共産圏としては最先端を象徴するものだった。1960 年代に入ると戦後の人口の移動や増加、都市化計画を受けて、各地で団地が建設されるようになった。団地は街の中心地から少し離れた郊外に建設され、多くの住民の家となった。また特徴的なのはその外観と家の中。社会主義国では平等性が重視されていたので、家の中の構図などはどこも同じで、数多く建ち並ぶ団地の外観同様、没個性的だったのである。

　ポーランド、チェコ、スロヴァキア、ハンガリーで最初にヒップホップを始めた世代は 70 年代後半から 80 年代前半生まれ。その大半が団地で生まれ育ったと言えるだろう。また社会主義時代を子供の目線で記憶している世代でもある。彼らは概して 10 代になるとラッパーまたは DJ を目指して切磋琢磨するようになった。そしてヒップホップを愛する者たちが出会い、ともに語り合う場所となったのは団地内にある公園や歩道沿いのベンチだったのだ。これは特にポーランドにおいて顕著で、リリックにもそのような描写が頻出する。それでは各国の団地にまつわる楽曲を見てみよう。

 POLAND／ポーランド

　ポーランド・ラップのリリックには団地にまつわるストーリーや描写が無数に見られる。ポーランド語で団地は「Blok（ブロク）」と呼ばれ、そこに住む若者を描いた『Blokeri』というヒップホップ・ドキュメンタリー映画まで出ている。以下にいくつかリリックの例を挙げた。

「ラップ、ラップ、何年も前からの情熱
団地、ストリート、団地のみんなの賛歌
限界はない、限界はない、限界はない」
——「Rap Zajawka」Z.I.P. Squad

「卑しい世界に閉じ込められて　大人になれと命令する
やなこった　ピーターパンみたいにポーランドの上を飛んでくさ
ベンチ、太陽、ボール、ラップ　団地のフォルクローレ」
——「Wyjdziesz na dwór?」Rasmentalism

「ラップがポップより意味を持つこの団地で
ときにお金が何よりも意味を持つ場所で」
── 「Na Tym Osiedlu」Pezet

　これらのリリックからラップと団地の密接な関係が浮かび上がってくる。ラップは「団地の賛歌」であり、団地では「ポップよりも意味を持つ」音楽なのだ。また団地でつるむ者たちは団地の中庭などにあるベンチにたむろすることから、ベンチという単語も暗に団地の存在を感じさせるワードである。
　こういった直接的な表現の他にも、団地での生活が見えてくるようなリリックもある。O.S.T.R.は「Blok」の中で各階の住人を描写しているので、世界観が見えてきて興味深い。

「11階　男はアル中で女はヤク中
やつらの生活は頻繁なけんか
ヒビの入った鏡、割れたグラスでできてる
女は大学を出てる、息子は警察だ
彼女たちの主な議論は脅迫
10階　ジョイントを吸いながら団地を撮影する男の子
優秀な若者の花
世界は安っぽい泥棒
9階　ジョイントの巻紙買いによく行ってた
でも世界はいつも残酷だろ
もうあそこには行ってない
実際のところあの男のこと全然知らなかったし
単純だろ」
── 「Blok」O.S.T.R.

　団地にまつわるリリックの内容は、最近では少し状況が変化してきている。ヒップホップが育まれた社会主義体制崩壊後の90年代から20年以上の時が経過した団地の今は、過去にリリックで描写されたような活気あるものではなくなっているようだ。社会の変化の波をここにも感じ取ることができる。

「あの中庭ではもう誰も遊んでない
キレイな壁には誰かが跡を残した
活力がない景色　どこも似ている
ここでは誰も誰かに挨拶しない
あの中庭ではもう誰も遊んでない
キレイな壁には誰かが跡を残した
もし俺たちと同様、団地で育ったのなら
俺のメッセージ伝わっただろ」
── 「Nowe Bloki」Hades&Vienio

「フロブレゴ、街の端にある俺の団地
中心街までは遠征だった
俺の全世界は運動場と中庭だった
今では違う　キッズはガラスパイプを持って飛び回る
主に住人によって団地は雰囲気を失ってる
今じゃまるで知らぬ場所　昔は家族のようだったのに」
── 「SIĘ ZMIENILO」Paluch

　　　Paluch は 2016 年にリリースしたアルバムのタイトルを『Ostatni Krzyk Osiedla（団地の最後の叫び）』と命名。変わりゆく団地の以前の姿を覚えている最後の世代を自負して、団地にまつわるトラックを多く発表している。

CZECH／チェコ

　　　チェコとスロヴァキアでは団地は「Panelák（パネラーク）」と呼ばれていて、こちらも多くのリリックや MV に登場する。チェコにある最大の住宅団地は プラハの Jižní Město（イジュニー・ミェスト）で、約 200 棟が立ち並び、およそ 10 万人 が住んでいる。もちろんプラハだけでなく各都市に団地は存在する。たとえば、ズリーン出身の IdeaFatte は「Panelák（パネラーク）」というタイトルの曲で団地の生活を描写しながら団地への愛をラップしている。

「俺はそこに住んでた　それはいつもそこにある
まるで炎が燃えているように見える
子供の頃から不良だった
俺の団地を愛してるぜ」
── 「Panelák」IdeaFatte feat. Paulie Garand

　　　PSH「Společný Zájmy 」のリリックにはプラハのイジュニー・ミェストとブラティスラヴァのペトルジャルカが対になって登場している。PSH は他にも「Jižní Město（イジュニー・ミェスト）」やイジュニー・ミェストの略称「Jižák」という曲を出していて、自らの出身地にリスペクトを捧げている。

「やぁプラハ　何があったんだ？
俺たちは PSH、Dano もいるぜ
ペトルジャルカのように
イジュニー・ミェストも同じものだ」
── 「Společný Zájmy 」PSH

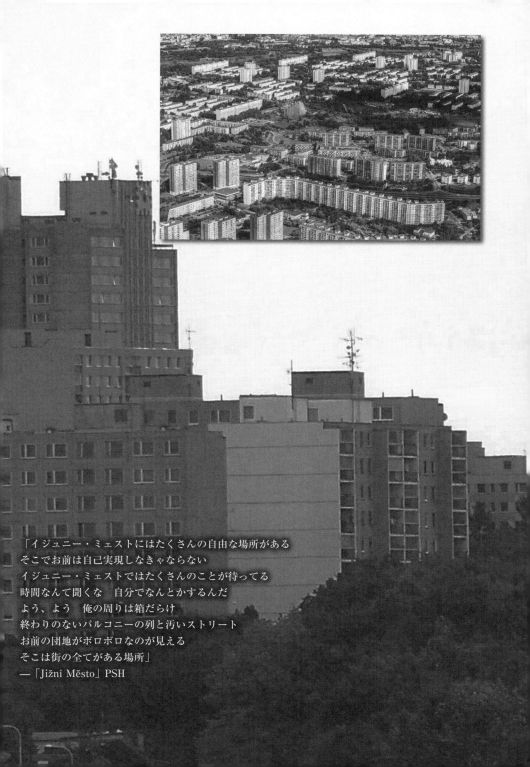

「イジュニー・ミェストにはたくさんの自由な場所がある
そこでお前は自己実現しなきゃならない
イジュニー・ミェストではたくさんのことが待ってる
時間なんて聞くな　自分でなんとかするんだ
よう、よう　俺の周りは箱だらけ
終わりのないバルコニーの列と汚いストリート
お前の団地がボロボロなのが見える
そこは街の全てがある場所」
──「Jižní Město」PSH

SLOVAKIA／スロヴァキア

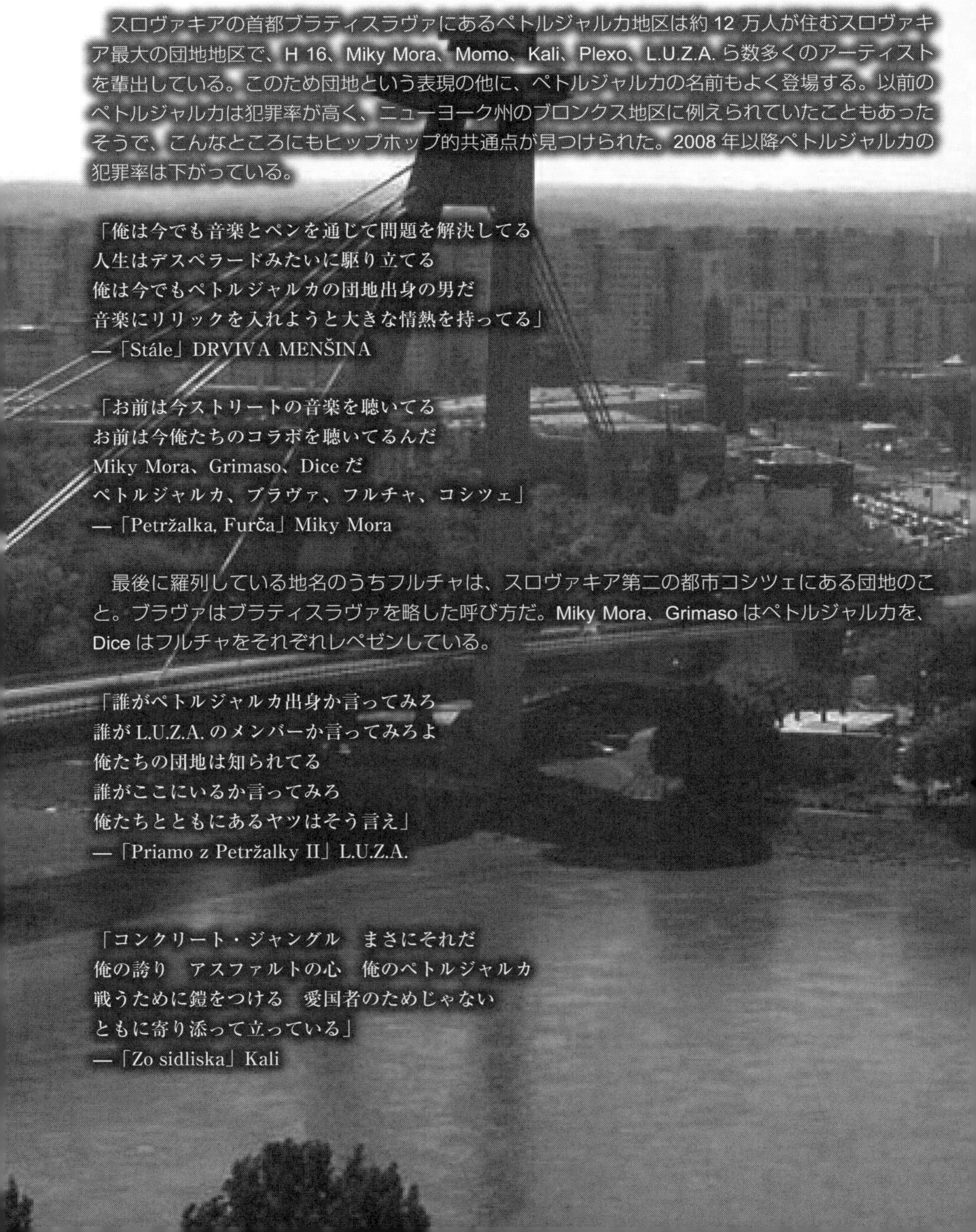

　スロヴァキアの首都ブラティスラヴァにあるペトルジャルカ地区は約 12 万人が住むスロヴァキア最大の団地地区で、H 16、Miky Mora、Momo、Kali、Plexo、L.U.Z.A. ら数多くのアーティストを輩出している。このため団地という表現の他に、ペトルジャルカの名前もよく登場する。以前のペトルジャルカは犯罪率が高く、ニューヨーク州のブロンクス地区に例えられていたこともあったそうで、こんなところにもヒップホップ的共通点が見つけられた。2008 年以降ペトルジャルカの犯罪率は下がっている。

「俺は今でも音楽とペンを通じて問題を解決してる
人生はデスペラードみたいに駆り立てる
俺は今でもペトルジャルカの団地出身の男だ
音楽にリリックを入れようと大きな情熱を持ってる」
——「Stále」DRVIVA MENŠINA

「お前は今ストリートの音楽を聴いてる
お前は今俺たちのコラボを聴いてるんだ
Miky Mora、Grimaso、Dice だ
ペトルジャルカ、ブラヴァ、フルチャ、コシツェ」
——「Petržalka, Furča」Miky Mora

　最後に羅列している地名のうちフルチャは、スロヴァキア第二の都市コシツェにある団地のこと。ブラヴァはブラティスラヴァを略した呼び方だ。Miky Mora、Grimaso はペトルジャルカを、Dice はフルチャをそれぞれレペゼンしている。

「誰がペトルジャルカ出身か言ってみろ
誰が L.U.Z.A. のメンバーか言ってみろよ
俺たちの団地は知られてる
誰がここにいるか言ってみろ
俺たちとともにあるヤツはそう言え」
——「Priamo z Petržalky II」L.U.Z.A.

「コンクリート・ジャングル　まさにそれだ
俺の誇り　アスファルトの心　俺のペトルジャルカ
戦うために鎧をつける　愛国者のためじゃない
ともに寄り添って立っている」
——「Zo sidliska」Kali

ペトルジャルカを謳うリリックばかり挙げたが、こうして見るとラッパーたちがいかに自分の出身地に愛着と誇りを持っているかが伝わってくるかと思う。

HUNGARY／ハンガリー

　ハンガリー語の団地の主な呼び名は「lakótelep(ラコーテレプ)」または「Panelház（パネルハーズ）」。EU統計局によると2014年の時点でハンガリー国民の31.6%が団地に住んでいたということだから、かなりの確率だと言えるだろう。最大の団地はブダペスト第4地区ウーイペストにあり、他にも第3地区、ペーチやタタバーニャ、ミシュコルツなどに大規模な団地がある。ハンガリー・ヒップホップにおいても Siska Finuccsi「Jön a Tré」、DSP「Egyszer fent, egyszer lent」、Hősök「Soha」などMVの背景に団地が登場することが多く、ヒップホップが馴染む風景になっているのが分かる。団地が登場するリリックもいくつかピックアップした。

「人生はどこへ行っても変わらない　でもここでは違う
俺もお前らと同じ生活をしている　でも住んでいる場所は違う
ストリートでは俺達の話をしている　広場は俺達に語る
でも団地について語るのは俺達だけ」
——「Lakótelep」DSP feat. Phat, Siska Finuccsi

「ペスト (*1) のベランダで豚殺する (*2)
団地、ベランダ、小さい風呂
春にはコストラーニ (*3)
迫害主義者が咲き乱れる」
——「Budepesmód」Akkezdet Phiai

(*1)（ブダペストのペスト側）
(*2)（豚を解体するハンガリーの伝統行事）
(*3) ハンガリーの小説家

「俺の見たもの、感じたものは全て本物だった
ストリートは俺をあざ笑う、道端は泣きながら言葉を発する
灰色の朝は大量の鉄筋コンクリート
俺たちが育ったのは団地」
——「Lakótelepek」Deniz

映画に見るポーランドの　　　ヒップホップ・カルチャー

　ポーランドが映画大国であることは、ご存知の人も多いだろう。アンジェイ・ワイダ、ロマン・ポランスキー、クシシュトフ・キェシロフスキなど巨匠と呼ばれる映画監督を輩出し、戦後から今日に至るまでさまざまな国際映画祭で大賞を受賞するなど独創的な作風が世界的に評価されている。本コラムでは、そんな映画が重要なカルチャーとして根付いているポーランドで、ヒップホップ・カルチャーを捉えてきた映画について振り返ってみたい。

　2001年に登場したドキュメンタリー映画『Blokersi（ブロケルシ）』は、ヒップホップ世代を描いた最初のポーランド映画だ。2001年というとヒップホップ人気が爆発した2000年の翌年なので、比較的早い段階で出た映画である。タイトルの『Blokersi』は直訳すると「団地者」。つまりは団地に住む者という意味だが、まずは映画の舞台となった団地について少し説明しよう。

団地とヒップホップ

　旧共産圏では、戦後の住宅不足を解消するために団地が大量に建設され、今も多くの人が団地に住んでいる。同じような建物の棟がいくつも並ぶ没個性的な空間が独特な団地文化を育み、キェシロフスキの名作『デカローグ』をはじめ数々の映画でも舞台となってきた。そして90年代の終わり頃、団地に住む無職かつ学生でもない若者のことを指して「Blokersi」という言葉が使われ始めた。団地地帯内の公園などにあるベンチにたむろし、酒を飲んだり、マリファナを吸ったりする不良のようなイメージで、ネガティヴな意味合いで使用されるフレーズだ。もっとも、経済的に不安定だった90年代ポーランドの失業率は約14％にも上っていたため、学校を卒業しても仕事がないという状態が日常的にあったことを考えると、たむろ

していた彼ら「Blokersi」も決してそうしたくてしていたわけではなかっただろう。そうした彼らのフラストレーションのはけ口がラップへ向かうこととなり、結果的に多くのラッパーが団地から生まれたのである。監督を務めた Sylwester Latkowski は映画『Blokersi』で、2000 年頃に大ブームを巻き起こしたヒップホップ・カルチャーの立役者となったラッパーたちに焦点を当てつつ、彼らを生んだ団地および社会背景を描いて、大きな注目を集めた。映画には Peja、Eldo を中心に当時の人気ラッパーが数多く出演しており、彼らのリアルな日常や本音を垣間見ることができる。これは貴重な記録映画だと言えるだろう。

2000 年代初頭の YouTube で見られるヒップホップ黎明期のドキュメンタリー

ヒップホップの初期を捉えたドキュメンタリーとしては『Polski Hip-Hop Dokument 2003 / 2004』という作品もある。詳細な製作者情報などは不明だが、YouTube などネット上で閲覧でき、2000 年初頭のラッパーたちのインタビューで構成されている。ほとんどのポーランド人がまだヒップホップを知らなかった 90 年代、インターネットも満足な資金も無いなか、どのように活動を始めたのか、カセットテープによって音楽が広まっていったことなど、当事者の口から語られるヒップホップが生まれた頃の状況がリアルで興味深い。また映画ではないが、MTV ポーランドも 2000 年、2001 年にヒップホップ・カルチャーを捉えた番組を放映している。

伝説的ヒップホップユニット Paktofonika を追った映画

2012 年にはドキュメンタリーではなく、1 つの伝説的ヒップホップ・ユニットの軌跡を描いた映画『Jesteś Bogiem（お前は神だ）』が公開され、高い評価を得た。主人公となったのはラッパーの Rahim、Fokus、Magik。今

Tomasz Schuchardt（Fokus 役）の演技が素晴らしかったことは特筆に値する。

サウンドトラックとしてのヒップホップ

　このほかにヒップホップがサウンドトラックとして使用された例がいくつかある。『Blokersi』の監督 Sylwester Latkowski は、自身の他のドキュメンタリー映画でも何度かヒップホップをサウンドトラックに使用している。サポーターから一転ラグビー・チームを結成し、ポーランドの頂点に立った若者たちを描いた『To my, rugbiści』や、フーリガンの世界を映し出した『Klatka』などである。これらの作品のサウンドトラックは『Blokersi』同様、ヒップホップのコンピレーション・アルバムのようになっていて、当時の人気アーティストをチェックしやすい。

　この他に 2009 年に公開された映画『Galerianki』では O.S.T.R. がサウンドトラックを担当し、6 曲を提供した。『Galerianki』はポーランドで社会現象となったショッピングモールにおけるティーンエイジャーの売春を描いた問題作だ。ショッピングモールにたむろし、お金持ちそうな男性を誘惑してはセックスと引き換えに好きなものを買ってもらう少女たちの姿は、日本でも 90 年代に流行って問題となった援助交際する女子高生と共通するものがある。いずれにせよ、若者を描く映画の背景音楽としてヒップホップが重要な要素に選ばれていることに注目したい。これらの作品では、どちらかというと問題を抱えた若者像に合わせてヒップホップが選出されている感も否めないのが、少し残念である。ヒップホップが『Blokersi』で描かれているような不良の音楽だというイメージは、現在ではだいぶ払拭されつつあるが、それでもまだ一般的な若者の音楽という受け入れ方はされていないのかもしれない。いつかより普遍的なテーマの作品のサウンドトラックにヒップホップが使用されるようになれば、ヒップホップがより深くポーランド社会に浸透したと言えるのだろう。

なおカルト的な支持を得ている Paktofonika のメンバーだ。彼らは 2000 年にデビューアルバム『Kinematografia』をリリースし、「Jestem Bogiem（俺は神だ）」を大ヒットさせた。ポーランドにおけるヒップホップ人気の拡大に大きく貢献したユニットだが、アルバムリリース直後に Magik が飛び降り自殺をするという悲劇に見舞われ、2003 年に解散した。もとは Kaliber44 のメンバーとして活動を始め、個性的なフローや繊細さを見せるリリックで人気を博した Magik だったが、遺書などは残っていないため自殺の理由は定かではない。だが、このセンセーショナルな事件も手伝って、今でもポーランドではカリスマ的な人気を誇っている。Paktofonika のデビュー前夜を描いた本作は、映画として高く評価され、ポーランド国内の映画祭で数々の賞を受賞した。特にラッパーたちを演じた俳優 3 人 Marcin Kowalczyk（Magik 役）、Dawid Ogrodnik（Rahim 役）、

チェコ／CZECH

国名：チェコ共和国
首都：プラハ
面積：78,866 平方キロメートル
人口：1,055 万人
民族：チェコ人（約 95.5%）
言語：チェコ語
GDP：1,819 億ドル
一人当たり GDP：17,257 ドル
通貨：コルナ
宗教：無宗教（人口の約 34.2%）、
　　　カトリック・キリスト教（人口の約 10.3%）
国歌：我が家何処や
独立記念日：1993 年 1 月 1 日
有名人：ドボルザーク、カフカ、ミュシャ、
　　　　カレル・チャペック
音楽賞：アンジェル賞（Anděl Awards）
ゴールドディスク認定枚数：5,000 枚
プラチナムディスク認定枚数：10,000 枚

文化、政治、社会

　9 世紀にスラヴ民族によって建設された大モラヴィア王国がチェコ、スロヴァキアの元となる。西部にはボヘミア王国が建設されるが、10 世紀後半には大モラヴィア王国が崩壊し、スロヴァキア側の領土はハンガリーの支配下に入った。以降、ドイツ人による植民が行われるなど、ドイツの支配下に置かれたほか、ハンガリー王国、ポーランド王国による統治を経て 16 世紀にはハプスブルク家の支配下に入ることになる。第一次世界大戦後にチェコスロヴァキア共和国として独立するが、チェコ人優位の支配であったためスロヴァキア人と対立。強まるナチス・ドイツの影響のもと、1938 年のミュンヘン会議によってズデーテン地方がドイツに割譲された。翌年には残りの国土もドイツの保護領とされ、国が消滅した。第二次大戦後に国家が復活し、ソ連率いる共産主義圏に組み込まれる。1989 年にビロード革命によって民主化を果たした後、1993 年にはチェコとスロヴァキアが平和的に分離された。2004 年に EU に加盟。

　最初のヒップホップ・カルチャーとしては 1980 年代に入ってきたグラフィティが人気となった。グラフィティ・アーティスト出身のラッパーが多くいるのがチェコの特徴とも言える。90 年代半ばに登場した PSH や Chaozz が大ヒットを記録した影響か、初期からメジャー・レーベルと契約するアーティストも多い。また 2002 年にスタートし、国際的なヒップホップ文化交流において重要な役割を果たしているヒップホップ・フェスティバル Hip Hop Kemp の開催地でもある。チェコの経済が比較的に安定しているためか、ラッパーとなるのは中流階層出身が多く、リリックにも社会や抑圧に対する反抗的な意味合いはあまり見られない。

Prago Union
プラゴ・ウニオン

Kato, DJ Maro｜2002〜｜プラハ｜Strojovna,EMI
www.facebook.com/pragounion
www.instagram.com/pragounion/

随一のリリシストを擁する
チェコ・ラップ最重要デュオ

　チェコを代表するヒップホップ・アクト。2002年のChaozz解散後にメンバーのDephがKatoとMC名を変え、DJ Skuplaと結成した。2005年にデビューアルバム『HDP』をリリース。『HDP』はアメリカからプロデューサーのKutmasta KurtやMasta Ace、Planet Asiaらラッパーをゲストに迎えた豪華な作品で、デビュー時から大きな注目を集めるユニットだった。2008年にDJ Skuplaが脱退し、DJ Maroが加入。2010年にリリースされた2ndアルバム『Dezorient Express』は各音楽メディアで絶賛され、チェコのグラミー賞にあたるアンジェル賞を受賞。その後のツアーでは別に製作したアルバム『Metronom』を無料配布した。2011年には色をテーマにしたコンセプトアルバム『V Barvách』を発表。再びアンジェル賞を受賞している。2013年には4th『Vážná hudba』をリリースし、それに伴い別に製作したアルバム『Odložené chlebíčky』を無料配布している。2016年に5th『Smrt Žije』を発表。

　Katoはチェコ・ヒップホップ・シーン黎明期から活躍する重要人物の一人。個性的で深みのあるリリックを書くため、チェコ・ラップ随一のリリシストとの呼び声も高く、メインストリームからアンダーグラウンドまで幅広くリスペクトされている。2010年以降ライヴではPrago Union+Champion Soundとして出演し、バンド演奏をバックにパフォーマンスしている。ヒップホップ・クラシックとされている『HDP』のほか、どのアルバムもアーティスト性の高く、洗練された内容で人気を集めている。

Zvířátka

デビュー作『HDP（2005）』収録曲。男女が出会い愛し合うことをテーマにラップし、それを例えて「動物」というタイトルをつけている。ソウルフルなフックが耳に残るミッドテンポなトラックで、落ち着いたトーンの Kato のフロウがとても聴きやすい。言葉遊びに長けた Kato のライミングが高く評価されている曲だ。またレコーディングでベースを弾いたのは Kato 本人だそう。MV では箱を人に例えたようなユニークな表現をしている。

▶ www.youtube.com/watch?v=BAouLMPc3UI

Verbální Atentát

こちらもデビュー作『HDP（2005）』からの人気曲で Prago Union のアンセムの一つ。Kato の抑揚をつけたフロウがファンキーなトラックの上でコミカルに響く。印象的なホーンは、チェコのファンクジャズ・バンド Laura a její tygři の「Já a Bůh」をサンプリングしている。こちらの動画では 2012 年に生バンド演奏でパフォーマンスしたライヴ動画が 3:20 あたりから見られるので是非チェックしてほしい。

▶ www.youtube.com/watch?v=HQGs0F87IvI

Zakázaný ovoce

ストリングスとピアノの旋律が哀愁的なトラック。友人の子供を妊娠した女性に恋をした時の真摯な気持ちをラップした、Kato の実体験から生まれたリリックで、結局恋は実らなかったそうだ。MV は無いが、ラジオ1局で TOP 3 に入るヒットとなり、ファンの間でも人気が高い曲だ。名盤『Dezorient Express（2010）』からはカットされてしまったが、同年に無料配布されたライヴアルバム『Metronom（2010）』に収録された。

▶ www.youtube.com/watch?v=fsS-RPV7XjI

Bezedná noc

「底なしの夜」と題されたこの曲はベースラインが特徴的なダークなトラック。MV でもダークな悪夢の中のような世界を背景に、Kato が淡々とライムを畳みかけていく。プラハの中心地で 3 ヶ月も放置されていた遺体が見つかったという実際の事件にインスパイアされた Kato が、殺人事件風のリリックを書き上げ、都市に生きる人々の無関心さなどをラップしている。全体的にダークな作風となった名盤『Dezorient Express（2010）』収録曲。

▶ www.youtube.com/watch?v=W9hHOirFxdo

Varování

トレンドを追うより我が道を突き進むという姿勢がしっくりくる Prago Union。5th アルバム『Smrt žije（2016）』からのリードシングルであるこの曲でもそれが顕著だ。プロデュースを手がけたのはオーストリアの人気ヒップホップ・ユニット Texta の MC/ プロデューサーである Flip。ゆるめのファンクネスとキャッチーなメロディーがあたたかみを感じさせる。Kato がバーテンダーに扮した MV はプラハのクラブ Futurum で撮影された。

▶ www.youtube.com/watch?v=zykjQzBflvQ

ALBUM
HDP(2005)
Dezorient Express(2010)
Metronom(2010)
V Barvách(2011)
Vážná hudba(2013)
Odložené chlebíčky(2013)
Smrt žije(2016)
MTRNM IV(2016)

75

Interview with Kato

https://www.instagram.com/pragounion/

本書のためのインタビューでは、それぞれインタビューしたい相手から返信をもらうのに非常に苦労したのだが、そんな中で依頼メールを送ってからインタビュー完了までが一番早かったのが Prago Union の Kato だった。Prago Union といえば、ファンクやジャズを取り込んだ洗練されているサウンドが人気で、チェコで最も評価されてヒップホップ・デュオ。その MC である Kato はスマートなリリックを書くことで一目置かれている存在だ。そんなチェコのトップ・ラッパーが、期限にも正確に、かつ真摯な回答を返してくれた時には、やはり一流のアーティストはやるべきことをきちんとやれるものなのだ、と感動してしまった。それぞれの質問に対して真面目に、かつ詳細に答えてくれたほか、曲の解釈について別途質問した際も丁寧に回答してくれた。そんな人格も素晴らしい Kato のインタビューをどうぞ。

——日本の読者に向けて簡単に自己紹介をお願いします。

今は Kato とよばれているけど、以前は Def と呼ばれていた。37 歳で子供が一人いる。MC、プロデューサーであり、時々 DJ もするよ。EU 圏のチェコ共和国、プラハ出身で、2002 年から（マイメン DJ Maro とともに）Prago Union として活動しているけど、俺はそれ以前のプロジェクト Chaozz、Rigor Mortiz、3-D としても知られている。ヒップホップに挑戦してから数年後、俺は 1996 年に初めてのレコードをリリースした。それから自分のプロジェクトとしてはさらに 15 枚出している。客演やプロデュースなど、その他数多くのサイドプロジェクトを除いてね。最近では 7 月 15 日（2016 年）にリリースした Prago Union の 5th アルバム『Smrt Zije』が、チェコの音楽チャートで初登場 NO. 1 となった。これはチェコ・ヒップホップのアルバムとしては初めてのことだ。現在 5 週連続でトップにいるよ。その他、過去の作品でもチェコ、スロヴァキアにおいてプラチナ認定されたレコードが 1 枚、ゴールドディスクが 3 枚ある（プラチナ認定された唯一のチェコ・ラップ・アルバムだ）。さらに、チェコ版グラミー賞（ゴールデン・アンジェル）を 3 回受賞し、チェコ・ヒップホップにおける特別功労賞としてクリスタル・マイクを受賞しているよ。でも俺にとって一番大切なことは、20 年以上経っても昔と変わらずヒップホップを愛していること、今でもまだ出会ったことのない、新しい音楽の深みを見つけて、体験できることがたくさんあるって感じられることだよ。大好きなことをやってそれをファンがサポートしてくれるなんて恵まれているよ。

——最初にヒップホップにハマったきっかけは？

昔誰もがそうだったように、最初にヒップホップに出会ったのは、Technotronic、Vanilla Ice、MC Hammer や Slap! といったヒップホップと言うには曖昧なアーティストを通じてだった。これらメインストリームの音楽が、最初にチェコに入ってきたものだったんだ。それでも、俺の興味を引くには十分だった。次にきたのは Kris Kross で、それからやっと本物のヒップホップ、Public Enemy や N.W.A. が入ってきた。具体的に言うと、俺にとっては Boogie Down Productions の『Ghetto Music:The

Blueprint Of Hip Hop』だったよ。俺は、この新しい音楽のヴァイブにハマって、虜になってしまったのさ。自分で挑戦してみるのは自然なことに感じたよ。日々ヒップホップについて新たな発見をするのは最高のアドベンチャーでもあった。ヒップホップは、自分が誰だろうと、どこ出身だろうと関係なく、自分の言いたいことを言える初めてのタイプの音楽だった。社会を刺激したことも最高だったね。

——あなたは才能あるリリシストとして知られていますよね。若いころに影響を受けたアーティスト、本、アートなどはありますか？

僕のヒーローは間違いなく KRS-One だ。彼の音楽には影響を受けたし、彼が語るストーリーは概して俺の人生における大きなインスピレーションだよ。

——どんなことをラップしていますか？

伝えるのは難しいな。その価値があることなら何でもだ。でも基本的に真新しいことについてではないよ。それより、違いを生むことを俺がどうやるかってことかな。俺は、一度にいくつもの意味を持つような賢い言葉遊びをするのが好きなんだ。言語の新たな可能性や、多くの人が共感できることについて独自の視点を発見するのが好きだよ。結果はしばしば皮肉たっぷりのユーモアだったりするけど、いつも現実的だよ。

——リリックを書くとき、どんなことにインスパイアされますか？

インスパイアされるというより、インスピレーションの方が俺を見つけるという感じ。いつでも、どこでも、俺が逃げたいと思っても逃げ場も隠れ家も無い……まぁそんなこと思わないけど。大事なのは 24 時間ずっとペンとライム・ブックを手放さないことだね。

——あなたは Prago Union や Chaozz の活動を通じて、とても尊敬されていますよね。それらのグループがどのように始まったか教えてください。

ヒップホップを聴いている奴らが皆自分でもやってみようとしていたチェコ・ラップの黎明期に Chaozz は登場した。Chaozz は結成したばかりの 2 つのグループを融合して生まれたんだ。一方はいいビートを持っていて、もう一方はいいライムを持っていたからね。あの頃、それぞれの MC が自分のリリックを書くもんだって俺たちは知らなかったから、俺が 4 人分のリリックを書くことになった。でも楽しかったから、それでも良かったんだ。楽しみのためにデモを作ったら、そんな自家製の汚れみたいなものがメジャー・レーベルを惹きつけて、4 枚のアルバム・リリースを含む頭のおかしい契約をしたいって言ってきたからびっくりしたよ。それでも俺たちはいいだろうと思った。またアルバムを作ったら家に帰って普通の生活に戻るだけだって思ったからね。その後起こることを誰も予想していなかった。このアルバムこそが **50,000 枚を売って、チェコ・ヒップホップ唯一のプラチナム・ディスク**となったんだよ。その後の何年かは大体楽しかった。さらに 3 枚のアルバムと 1 枚のコンピレーション CD を作ったけど、ほとんどのメンバーはその中で情熱を失ってしまい、俺も嫌だったわけじゃないけど、他のメンバーのためにリリックを書くのが居心地悪くなってきたんだ。それに、レーベルがスタジオ代とかを全部払ってくれているわけだから、もしレーベルが契約解除したら、俺はどうやってビートを作ったらいいかも分からないことに気づいた。そんなこんなで 2001 年頃、Chaozz は解散することになり、俺は自分のレガシーを築くために一からやり直すことにした。夢からできているものじゃなくて、誰も奪うことのできない確かな技術を土台にしてね。自分自身のスタジオを作り、マスタリングまですべて音楽製作において完全に独立することを学ぶという計画だった。そしてそれを実現した。他人のプロジェクトの仕事をしつつ、ライミングについてもまったく新しいアプローチを定義しようと模索していた。その必要性を感じていたし、自分の思い描いていることが現実となった時、自分自身や特にリスナーに対してどう聴こえるべきかというビジョンがあったんだ。その時、自分がどうす

べきか分かり、2002 年に Prago Union が生まれたというわけさ。

——新しいアルバム『Smrt žije』がリリースされましたが、どんなコンセプトで製作したのでしょうか？

第一にこれはニューアルバムだから、いつも通り、前作が出てからこれまでの時間を反映している。でも俺は、2012 年に完全なコンセプト・アルバムとして製作したアルバム『V Barvach』での経験を活かしたかった。それぞれの曲を独立させながら、軽い主題を付け加えたんだ。それが、自分が前途有望な夢から起きると、病院で昏睡状態になっていたことに気づくというストーリーだ。そこへ死神が俺に会いにやってくる。死神が「やぁ」という前に、俺が「よう、ここに来いよ」って言う。しかし死神は、自分がどれだけ生活が苦しいかって文句を言い始める。そこで俺たちは、自分たちの役割を 1 日交換してみることに合意するんだ。そんなストーリーがアルバムの背景に あって、曲の中にランダムに表れるようになっているよ。アルバムの最初と最後の曲はストーリーを定義するものになっているんだ。ちなみに、死神は後で俺を起こしてくれるよ。

——Prago Union のアルバムを聴くとヒップホップだけでなく、ファンクやジャズの要素も入っているのが分かります。これは DJ Maro のスタイルですか？ 音楽製作は一緒に行っているのでしょうか？

マイメン Maro はまず Prago Union のサウンドに完璧なスクラッチをやってくれている。だが、ビートメイキングは彼にとっては散発的なんだ。**俺がほとんどのビートを一人で作っているよ。**

——ラップにおいてはリリックで表現する内容がとても重要です。ローカルなヒップホップがその言葉を理解できない国の人々を魅了すると思いますか？

もちろん無いね。もしかしたら何かの機会にやる 1 回だけのライヴだったら違うのかもしれないけれど。ビートを間違いなく世界共通のものだが……。俺も以前、ライヴ中にプロジェクターに翻訳した歌詞を映し出すことを考えたことがあるよ。技術は簡単だけど、翻訳をやる人を見つけるのが大変だ。間違いなく大変な仕事になるだろうね、ハハハ。

——あなたにとってのヒップホップとはなんですか？

ヒップホップは、地球上での生活を充実な時間にしてくれるもの。

——最近出たチェコ・ラップのアルバムで興味深いと思ったものはありますか？

MC Gey のニューアルバムを入手したばかりだよ。まだ聴いてないけど、とても楽しいものだろうって期待している。それから Pio Squad の新作も楽しみにしているよ。でも君の質問に正しく答えるなら、最近一番楽しんだのは IF の最新アルバム『Rap』だね。リリースから少し時間はかかったけど、今やっと聴いているよ。

——Prago Union 以外でコラボするのが好きなアーティストはいますか？

俺は、自分の作品だろうが他の人のだろうが、いい音楽で仕事するのが好きだよ。それが仕事なら、いつでも大歓迎さ。

——2011 年頃からライヴバンドとともにパフォーマンスするようになりましたね。どうしてそうしようと思ったのでしょうか？

Prago Union による最初の 2 枚のアルバムが、ラップを聴かない層の音楽ファンから大きく注目を集めたという事実がある。それは素晴らしいことだったし、俺たちが行くべき道を進んでいることを示すものでもあった。だって、ここじゃ誰もアメリカのラッパーみたいな生活をしちゃいないんだ。**チェコのラッパーの生活でさえ、一般の人々と大して変わらない**だろう。ラップが現実の生活を反映したものであるべきだという点に同意するなら、ラップはリスナーに開かれていると人々が感じられるべきだ。悲しいことに、多くの MC が自分の凄さを主張できる小さな世界を作ってしまっていて、それがラップを聴かない人にとっては必要ないし、おかしく聴こえてしまうんだよね。

これこそが欠けているポイントなんだ。ジャンルを超えてファンを獲得した俺たちだったが、これらの人々が俺たちの曲を好きだとしても、伝統的なヒップホップの MC と DJ のライヴにあまり見るものがないと感じているような気がした。それに俺たちは昔から、本物のヒップホップ・サウンドをライヴバンドで再構築してみたいと思っていたから、より生演奏が好きなファンに向けて変化したんだ。

——これからチェコのヒップホップを聴き始める人たちに、どのヒップホップ・アルバムを勧めますか？

たくさんあると思うけど、これなら間違いないと一番最初に頭に浮かぶものは、PSH『Repertoar』、Oliver Lowe & Friends『Penize Nebo Život』、Rest&DJ Fatte『Střepy』、IF『Rap』、Rytmus『Bengoroo』、Trosky のデビューアルバム。より新しいサウンドが好きな人には Ektor の 2nd アルバム。そして Prago Union の『HDP』だね。

——現在のチェコ・ヒップホップ・シーンについてどう感じていますか？

現在そこまで統合されているわけではないけど、俺はすべて音楽としてみているよ。人々も昔ほどジャンルにこだわって音楽を聴いていないから、今はそんなにジャンル分けに意味はない。でもいい音楽はスタイルに関わらずいい音楽だし、それによってより広い層から認識される。ヒップホップ・シーンは強いけど、ヒップホップ・シーンの外でも注目されるような具体的なプロジェクトに取り組んだりはしていない。それが悪いと言うつもりはないけど、ただ現状はそうなっている。変化を起こしたいというなら大歓迎だよ。

——Prago Union のアルバムはどれもアートワークがとても芸術的でかっこいいですね。これはすべて同じアーティストが手がけたのですか？

そうなんだ。Premek Ponahly が手がけているよ。俺はグラフィックに関する誠実さを信じているし、何より彼のスタイルが大好きなんだ。

最高にかっこいいと思う。

——ラッパーとして達成したい夢は何ですか？

ラップに対して真摯であること、人生に関わること、自分に対して進歩的であること。俺、またはリスナーが費やす時間の価値がある、いい音楽を作り続けること。ヒップホップが俺の人生に高品質の音楽を与えてくれる限りね。

——日本には来たことありますか？ 日本に対してどんなイメージを持っていますか？

いいや、残念ながらまだないよ。でも近いうちに行きたいと思う。俺は、アートに限らず日本文化のさまざまな要素にシンパシーを感じるんだ。その生活から生まれる精神を体験してみたい。

——日本のアーティストや音楽は聴いたことありますか？

専門家になれるほどじゃないけど、聴いたことあるよ。どこから聴けばいいのか教えてもらったことはないから、ちょっと限られたものではあるけど。もちろん DJ Krush、DJ Honda、Vinyl Reanimators、Dan The Automator、Giant Panda の一部……。うーん。何かオススメがあれば、ありがたいな。

——日本のヒップホップのアーティストとコラボレーションしてみたいですか？

いい音楽について話せれば、断る理由はないよ。ぜひやってみたいね。

——次のプランは何ですか？

Prago Union の新作に関連した仕事がまだたくさんあるんだ。まずチェコとスロヴァキアをとことんツアーするよ。今は計画があるほど大きなプランはないよ。俺は次作のためにもう素材集めをしているけど、まだだいぶ時間がかかるだろうね。それから俺には 5 ヶ月になる娘がいるんで、たくさん一緒にいたい。そんなプランってところだ。

——日本の読者にメッセージをお願いします。

いい音楽を掘りまくれ。価値のない寄せ集めがいっぱいあるのは音楽のせいじゃないさ、ははは。でもいい音楽が君に見つけられるのを待っているのは間違いない。それは君次第だよ。

ČAS HULIT

2016年にリリースした単発シングル。スロヴァキアのプロデューサー Grizzly と組み、新境地を開拓した。Grizzly が繰り出すビートに絶妙に絡む Rest のなめらかなフロウがかっこいい。フックもキャッチーでリピートしたくなること間違いなし。マリファナの煙がモクモクしまくる（チェコではマリファナは合法）MV が示すとおり、マリファナを楽しむことをラップしている。MV のラストでインドの仙人のようになっているのは Rest 本人。

YouTube https://www.youtube.com/watch?v=2FX9nEKuJAA

ALBUM
Premiera(with DJ Fatte)(2010)
Střepy (with DJ Fatte)(2013)

レスト
Rest

🏳 2003〜　📍トレンチーン　●Ty Nikdy Label
www.facebook.com/Restovski　www.instagram.com/restovski/

ユーモアと洞察力に富んだ
フリースタイル・バトルの達人

スロヴァキアのトレンチーンに生まれた Rest は、後にチェコに移住してラッパーとしての活動を開始した。フリースタイルを得意とし、2003 年よりユニット Divnej Postoy を結成。2006 年にチェコのヒップホップ・レーベル Ty Nikdy と契約する。2008 年にはスロヴァキアで行われたフリースタイル・バトル大会 ArtAttack で優勝。2010 年にレーベルのボスでもある DJ Fatte とタッグを組んでリリースされたデビューアルバム『Premiéra』では、

Rest のユーモアや洞察力たっぷりのリリックやブーンバップ・スタイルが高く評価され、商業的にも成功を収めた。2013 年リリースの 2nd アルバム『Střepy』も DJ Fatte プロデュース。2016 年には Grizzly がプロデュースしたリードシングル「ČAS HULIT」がヒットした。

数々のラップ・バトルで鍛えられたフリースタイル能力の高さに注目。声の使い方やライムが上手いラッパーで、歌うようなラップを聴かせることもある。

MC ゲイ

Zloděj
2011 年に DJ Fatte と組んでリリースした 2nd アルバム『Imaginarium naprosto běžných podivností』収録曲で、タイトルは「泥棒」。DJ Fatte が繰り出すビートに乗せた MC Gey のコミカルなフロウが印象的。MV は 2 種類あり、1 つ目はウディ・アレン監督の映画『泥棒野郎』をコラージュしたもの。2 つ目はスタジオでの MC Gey のレコーディング風景を収めたものになっている。

YouTube https://www.youtube.com/watch?v=JPNTCBNcDXo

ALBUM
Turbulence negativních dobrot(2010)
RΛP-LIFE(2016)

PROJECT ALBUM
Imaginarium naprosto běžných podivností(MC Gey&DJ Fatte)(2011)
Opičí Král vrací úder (MC Gey&DJ Fatte)(2014)

1999〜　パルドゥビツェ　Ty Nikdy Label
https://www.facebook.com/mcgeyofficial/　https://www.instagram.com/mcgey/

MC Gey

独自のセンスと突飛なユーモアで繰り出すファンキー・ラップ

　パルドゥビツェ出身のラッパー、イラストレーター、グラフィックデザイナー。ブルノ工科大学芸術学部卒業。1996 年よりヒップホップを聴き始め、1999 年に初めてラッパーとしてデモテープを製作する。元々はラッパーになるつもりはなかったが、チェコのラップ・シーンは真面目すぎると感じ、おふざけを基調とした曲製作をするようになる。その自作曲があるコンテストで優勝したことがきっかけで、ラッパーとして 2010 年にアルバム『Turbulence negativních dobrot』でデビューすることとなった。突飛なユーモアにあふれたラップが注目を集めた MC Gey は、チェコのトップ・プロデューサーの一人 DJ Fatte と意気投合。翌年には DJ Fatte とともに 2nd アルバム『Imaginarium naprosto běžných podivností』をリリースした。2014 年に再び同タッグでアルバム『Opičí Král vrací úder』を発表している。2016 年リリースの 4th アルバム『RΛp-Life』ではプロデューサー Krudanze とタッグを組んでいる。

　「ジョークを言った時に自分以外の人は笑っていない、みたいな状況が好き」と語る MC Gey は、ぶっ飛んだセンスで冗談を飛ばしまくるリリックが特徴的。スラングは少なめだが、「クソ」という単語は頻出する。内容も恋愛だったり、愛する犬や幽霊のことだったりと、一般のヒップホップとは一線を画している。アルバムリリース・パーティではシャンパンの代わりに、チェコの伝統料理グラーシュを振る舞ったという逸話も。チェコのヒップホップ・シーンでもっともユニークな存在である。

エクトル
Ektor

📅 2008～ 📍 ドブジホヴィツェ ⦿ Mej Dej Records, Golden Touch Records
 www.facebook.com/Ektorpage/　 www.instagram.com/realektor/

カリスマな存在感を示す次世代の
実力派ハードコア・ラッパー

　2008年に彗星のようにヒップホップ・シーンに登場したラッパー。母親はギリシャにルーツを持つシンガーのTena Elefteriadu。デビューアルバム『AIRON MEIDEN（2008）』が高い評価を受け、注目を集めるようになる。2011年に発表された2ndアルバム『Topství』ではラッパーとしての高い評価を確固たるものとした。2012年にはチェコ・ヒップホップ界の重鎮DJ Wichとコラボした3rdアルバム『Tetris』を発表。2012年もっとも優れたチェコ・ヒップホップ作品と評された。ヘビーでダークなストリート系ラップを得意とし、キレのいいラップが特徴。パワフルなライヴパフォーマンスにも定評があり、短期間で人気ラッパーの一人となった。

　2014年にプラハのクラブで女性に暴力をふるったかどで逮捕され、その女性蔑視的発言が話題を集めた。この直後にリリースされた4thアルバム『Detektor』からのシングル「Jak Jinak」の内容も女性に対する見解だったことから注目を集めて、YouTubeでの再生回数は自身として最多となり、皮肉にも最大のプロモーション効果をもたらした。2016年に続編『Detektor II』をリリースしている。

Loket z vokna
チェコ随一のベテランDJ Wichと組んだアルバム『Tetris（2012）』からのヒット曲。ホーンが高揚感を煽り、クラブで盛り上がりそうなトラックに合わせ、Ektorがキレのいいフロウを聴かせる。ライミングも聴き取りやすく、ラップスキルの高さを感じさせる。MVではDJ Wichとともにプラハのモダンな建築物を背景にパフォーマンス。Ektorは経験豊かなDJ Wichとコラボしたこの作品でトップ・ラッパーの仲間入りを果たした。

▶ www.youtube.com/watch?v=J0RtmH9cI9I

Jak jinak
全編を彩るホイッスル・サウンドが印象的なビートは、スロヴァキアのプロデューサー Special Beatz が手がけたもの。ミニマルでありながらフックはキャッチーでかっこいいトラックだ。プラハのクラブで女性に暴力をふるって逮捕されるという衝撃的な事件の直後にリリースされ、大きな注目を集めた。しかもリリックが、クラブなどでハメを外しすぎて「誰かが飲み物に何か入れたみたい」と言い訳する女性についてラップする内容だったため、物議を醸した一曲。『Detektor（2015）』収録。

▶ www.youtube.com/watch?v=nl_OXY13msk

XXL
2017年リリースの6thアルバム『Alfa』からのプロモシングルとなった「XXL」は、キャッチーなフックが耳に残るライトなクラブバンガー。スロヴァキアのユニットH16のプロデューサー Abeが手がけたビートに、Ektorが余裕のあるフロウを乗せている。リリックでは、計画もスタイルもとにかくXXLサイズばりにビッグであることをアピール。赤いライトが印象的なMVでは終盤で小人症のファイターによるボクシングの試合が映し出される。

▶ www.youtube.com/watch?v=5YnDg8Bh6Qo

Prázdnej sex
スロヴァキアのプロデューサー Special Beatz が製作したビートが非常にかっこいいトラップ系ヒップホップ。メロディアスなフックは中毒性があり、ゆっくりめにラップするEktorのフロウもスタイリッシュだ。「中身のないセックス」というタイトル通り、真剣な付き合いを求めていない女性をテーマにラップしている。赤と青の照明が印象的なMVではEktorと美女との絡みが描かれる。2016年リリースのアルバム『Detektor II』収録曲。

▶ www.youtube.com/watch?v=3KmOZFsGDY4

Vidim to jako včera(Ektor&Enemy)
プロデューサー Enemyと組んで製作したアルバム『AIRON MAIDEN（2008）』からのリードシングル。デビュー時からEktorのラップはエネルギッシュでスキルが高く、フロウにもカリスマ性がある。ライムを書くことへの情熱を表現した内容のリリックで、MVでもEktorは壁一面にリリックが書かれた空間でラップしている。シンセ音をメインに使用したトラックはトランシーで、クラブミュージックが人気のヨーロッパらしいサウンドだ。

▶ www.youtube.com/watch?v=gpjHVltI40U

ALBUM
AIRON MAIDEN(2008)
Topství(2011)
Detektor(2015)
Detektor II(2016)
Alfa(2017)

PROJECT ALBUM
Tetris(Ektor&DJ Wich)(2013)

Hugo Toxxx
フゴ・トックス

Spouštěč
スロヴァキアのユニット H16 のプロデューサー Grimaso が手がけたビートに Hugo Toxxx がタイトなフロウを聴かせる 2017 年のトラック。タイトルは「引き金」で、Hugo は「俺はラップの神からのメッセージを媒介するミディアムだ」と自信たっぷりなリリックを展開。ミニマルなトラックもとてもかっこいい。MV では夜の林を背景に、Hypno808 のクルーを率いる Hugo がジョイントをモクモクしながらラップしている。

▶ www.youtube.com/watch?v=YHbq3e8_1RU

ALBUM
Rok psa(2008)
Legální drogy(2011)

PROJECT ALBUM
Toxic Funk(Supercrooo)(2004)
České Kuře:Neurofolk(Supercrooo)(2005)
Dixxx(Dixxx)(2005)
Dva Nosáči Tankujou Super(Supercrooo)(2007)

MIXTAPE
Ilegální kecy(2011)
Bauch Money(2012)
Tra$h Rap(2014)

1998〜　プラハ　Rapsport, Bigg Boss, Hypno808
www.facebook.com/hugo.fanpage　www.instagram.com/bauch808/

トラップ&最新トレンドに敏感!
チェコラップをリードし続けるベテラン

　1998 年にラッパー James Cole とともにユニット K.O. Kru を結成し、活動をスタート。活動開始当初は Hack という名前で活動していた。2001 年にリリースしたシングル「Nádech / Náš cíl」で注目を集める。その後ユニット名を Supercrooo と改名し、2004 年にアルバム『Toxic Funk』をデビューした。翌 2005 年に 2nd アルバム『České Kuře:Neurofolk』をリリース。また同年に James Cole、Risto、Lucas Skunkwalker とともにヒップホップ x エレクトロのサウンドを模索するユニット Dixxx を結成し、アルバム『Dixxx』を発表している。Hugo のソロデビュー作は、2008 年に Bigg Boss よりリリースしたアルバム『Rok Psa』。2011 年には自主レーベル Hypno 808 を設立し、2 枚のソロアルバム、ミックステープを発表している。2012 年発売のミックステープ『Bauch Money Mixtape』でチェコのグラミー賞に当たるアンジェル賞を受賞した。

　チェコ・ヒップホップ界のベテラン・ラッパーで、伝説的グループとされる K.O. Kru、Supercrooo の創設者として尊敬を集めている。落ち着いたトーンのラップはどんなビートにも馴染む。早くから US 南部ヒップホップに影響を受けていた Hugo は、近年トラップなどの最新トレンドも取り入れており、常にアーティストとして進化し続けている。

リリックの意味は分かってる？

Interview with Hugo Toxxx

チェコ・ヒップホップ界のベテラン Hugo Toxxx は、Facebook からコンタクトしたところすぐに返信があり、メッセンジャーでのチャットインタビューに応じてくれた。90 年代後半から活躍し、トラップなど最新のトレンドも取り入れながら常に進化を続ける Hugo は、かなり気さくな性格らしく、積極的にインタビューに取り組んでくれた。またこちらがチェコのシーンについて個人的に質問しても親切に説明してくれたので、とてもありがたい存在だった。

——こんにちは！ 東欧のヒップホップについて本を書いているんだけど、ちょっと質問していいですか？
やぁ。喜んで答えるよ。どうやって俺を見つけたんだい？ リリックの意味は分かってる？
——YouTube で見つけてリサーチしたんです。チェコ語のネイティヴではないですが、あなたのラップはかっこいいですね。
どうもありがとう。Rap.genius.com というサイトに、ファンが投稿したリリックがいくつかあるよ。Google 翻訳は使えないけど。どうぞ質問してくれ。
——ありがとう！ 助かります。最新曲「Nemůžeš koupit」の MV を見ましたが、いいですね。今流行りの #mannequinChallenge（マネキンチャレンジ）を取り入れていましたね。あなたは 1998 年にラップを始めたそうですが、最初はどうやってヒップホップにハマったんですか？
そうなんだ、楽しかったよ。俺のインスタグラム（@bauch808）をチェックしてくれれば、クラブのバックステージで友達とやった最新のマネキンチャレンジを見られるぜ。

そうだな、ラップはもう少し早く始めていたけど、最初にライブしたのはその頃だったよ。ラップとかヒップホップに分類されるもの全てを吸収して、ファンとしてその魅力を凝縮して感じていた。当時注目を集めたクソみたいなラッパーがいたんで、自分でもPCで製作を始めてみたんだ。グラフィティをやっていた頃に出会ったジャングル・プロデューサーがくれた、すごく変わったソフトウェアを使ってね。俺が1996年にDJ Krush（Ninja Tunes）のビートに乗せてカセットデッキで録音した、おかしなトラックがネットで聴けるぜ。まだ13、14歳だったな。

——面白そうですね。探してみます！　ずいぶん若い時に始めたんですね。チェコは90年代前半からグラフィティがすごく人気だったそうですが、あなたもグラフィティをやっていたんですね。

そうなんだ。90年代はめちゃくちゃワイルドだった。最高だったぜ。あの頃感じた自由は、最近はなくなってしまったよ。俺たち（俺とJames Cole）はSupercroooとしてラップ・シーンに強い衝撃を与えたんだ。アルバム『Toxic Funk（2004）』『Dixxx（2005）』『Neuro Folk（2005）』をチェックしてくれ。俺たちがシーンを作った。チェコのラッパーはみんな俺の息子さ。Gucci Mane みたいにたくさんの子供がいるんだ。

——そうなんですね！　共産体制が崩壊した後の90年代にあった自由な空気は特別なものだったでしょうね。その頃お気に入りだったアーティストを覚えていますか？　誰にインスパイアされてラップを始めたんですか？

2 live crew、Snoop Dogg、Ice T、Public Enemy、Easy-E、Cypress Hill、Wu tang Clan、Kool Keith……。他にもたくさん。あとJames Brown、George Clinton、Prince、MJだね。

——なるほど。では最初はJames ColeとSupercroooとして活躍していたんですね。他にもDixxxというユニットを組んでいましたよね？　どんなサウンドを追求していたんですか？

最初はK.o.Kruだった。1998〜2000年の頃だな。俺はHack、ColeはPhatとして1999年に初めてライヴをやった。4曲入りの12インチ・レコードをリリースし、コンピレーション・アルバムにも何曲か提供したよ。2003年にユニット名をSupercroooに変更して、アルバム『Toxic Funk』の製作を始めたんだ。その翌年メジャー・レーベルから次のSupercrooo のアルバム制作費をもらえたんだが、俺たちはその金で2枚のアルバムを同時にレコーディングした。Dixxxがそのうちのもう1枚だ。Dixxxは、俺とCole、Lucas Skunkwalker、サウンド・エンジニアのRistoとで一度限りのプロジェクトとして結成したんだ。俺たちは2005年にSupercroooの『Neurofolk』リリースの時に一度だけライヴした。それから今年Ristoの50歳の誕生日パーティの時にも一度ライヴしたよ。どんなサウンドかって？（とYouTubeのリンクをいくつか送ってくる）

俺たちはサウンドに関して異なる考えを持っていた。これがそれを合わせた結果だ。君はどう表現する？

——なるほど！　エレクトロ強めで、近未来的でありながら少しレトロな感じもする、面白いサウンドですね。ということは、Dixxx は解散はしていなくて、時々プレイしているんですね。1st アルバム『Rok Psa』を 2008 年にリリースして以来、あなたも James Cole もソロ活動が続いていますが、Supercrooo は解散したんですか？

どちらのプロジェクトも再結成を待っているところだよ。例外的に Supercrooo のライヴをやったりもするが、もう何年も新曲は作っていない。俺と Cole はもう（音楽的に）同じ星にいるとは思えないけど、いつかまた新たに Supercrooo のアルバムを作りたいと思うよ。Supercrooo も Dixxx も解散したとは一度も言っていないんだ。

——それは将来の再結成が楽しみですね。話は変わりますが、あなたはどんなことをラップしていますか？　どんな時にインスピレーションを受けるのでしょうか？

返事が遅くなってすまない。スリランカに休暇にやってきたんだ。

何をラップしているのか説明するのは難しいな。リリックのほとんどはフリースタイルみたいなもので、俺の曲も多くはパンチラインのシャワーみたいなものだ。でもそうだな、マリファナ、金、ばくち、女、セルアウトしないこと、他にももっと抽象的なテーマや、お楽しみのためのディスも多い。描きたいことがあったら、それを行間に込めようとしているよ。

俺は大体他のラッパーからインスピレーションを受けるね。前にも言ったが、俺は大の音楽好きなんだ。毎日新しいアーティストをディグっているよ。進化しているものは最高だ。若い奴らがゲームを支配しているが、同時に 20 枚以上もアルバムを出しているベテラン（Kool Keith、E-40、Too Short）も存在している。それにとても刺激を受けるんだ。リリックの翻訳

が必要なら友達に頼めるぜ。

——ありがとうございます！　そうしてもらえると助かります。フリースタイルでリリックを書くのはすごいですね。音楽スタイルに関して言えば、1st アルバムから最新の『Tra$h Rap Mixtape』までスタイルが進化し続けていますよね。新曲の「Nemůžeš koupit」でも最新トレンドを取り入れていました。やはり進化していくものが好きという姿勢からなのでしょうか？　ヒップホップにおける最新のトレンド、トラップやトラップステップなどについてはどう感じていますか？

トラップだろうが何だろうが、新しいものに進化するのはいつだって同じエネルギーだと思う。俺は何年も前から（最近流行している）**US 南部のサウンドにインスパイアされていたんだ**。有名になる前からあそこのアーティストたち（Nicki Minaj、Young

Thug、2Chainz）を聴いていたんだぜ。ゲームをよく分かっていれば、どんな発明がそこにあるかすぐに分かるさ。君が言う通り、俺は進化が好きだ。俺の場合、自分自身を満足させるためにベストを尽くすこと、広い視野を持ったファン層を築くこと。そうやって周りで起こっていることを常にキャッチしている。だが、進化のためにファンを失うのを恐れたことは一度もない。俺はいつも未来を見ている。もっと音楽を作り、ライヴをやりたいし、音楽を聴いてライヴに来てくれるのはいつも若い奴らだからな。

——あなたが 2008 年に参加したチェコのヒップホップ映画『Česká RAPublika』について教えてください。

あれは俺の期待をはるかに越えるものだったよ。監督の Pavel（Abrahám）は元々 B ボーイでグラフィティ・ライターでもあったんだ。俺は、電車にグラフィティを描いたり、地下鉄の駅で踊ったりしている奴として Pavel のことを知っていたんだよ。あの映画は、ストリートのモンスターを賛美するラップ・ドキュメンタリーというより、穏やかで理知的なコメディだよ。俺は好きだったね。言語学者が俺のエロいリリックを瞬きもせずに読み上げるシーンでは、いつも爆笑しちまうぜ。あの映画は俺たちが望んでいたより多くを見せているとも思う。

——面白そうですね。DVD に英語の字幕が付いているといいんですけど！

次は 2011 年に自ら設立したヒップホップ・レーベル Hypno808 について聞かせてください。

『Rok Psa』をリリースした後、自分がやってきたことに対して十分なサポートが得られていないと感じたから、**俺自身が自分のボスになることに決めたんだ**。それと同時に、自分の地位と経験を利用して、俺が契約した Marat や White Russian、プロデューサーたちといった若いアーティストに光を当てることができる。またウェブショップを始めた。このウェブショップは、ファンと直接会えるストリート・ミーティング以外で俺たちの音楽やグッズを買える唯一の場所なんだ。昔のアメリカみたいに、車のトランクに CD を積んでファンに直接売るという俺のアイデアが、トレンドになったことに誇りを感じているよ。Hypno は、強烈な 808 ドラム（Roland tr-808 ドラムマシン）に乗せたヒプノティックなメロディーをベースにした独特のサウンドを持つ独立したスタイルなんだ。他とかぶらないのが好きなんでね。俺たちが上からクソしているっていう事実を表すためにロゴには鳩を選んだ。**俺たちはレーベルのアーティスト以外との音楽的コラボはほとんどしない。なぜなら、その価値がある奴はあまりいないからだ**。

——今後の予定は？

今アルバムを作っているよ。

——どんなサウンドになりそうですか？

マジなトラップだな。ハハハ　分からないけど。Hugo Toxxx 3017。フロウ・ポルノ。

——他のチェコやスロヴァキアのラップも聴き

進化のためにファンを失うのを恐れたことは一度もない

ますか？ チェコ・ヒップホップをこれから聴き始める人に対してどのアーティストまたはアルバムを勧めますか？
実は聴かないんだ。インスパイアされたくないから。でも Logic、Yeezuz2020、Sensey Syfu、Boy Wonder、Rytmus、Pil C、Haha Crew かな……。

——そうなんですね。若いアーティストの名前が多いですね。
Rytmus はチェコ（注：チェコ、スロヴァキア両国で人気はあるがスロヴァキアのラッパーである）で最も古くからいるラッパーの一人だ。数字で見るなら、奴がゲームを支配した。Rytmus は最も多くレコードを売り、最も多くライヴをこなし、最も多く稼ぎながら、今でもラップ・モンスターだと考えられている。今でも奴のフロウはずば抜けているし、固有のメッセージがある。Boy Wonder はあまり活動的ではないが、フロウやリリックの書き方は注目に値する。Logic はいくつかミスをして成功するまで時間がかかったけど、今では若い世代に最も受け入れられている活動的なラッパーの一人だよ。その他は若いアーティストたちだね。

——日本には来たことありますか？ 日本に対してどんなイメージを持っていますか？
日本には行ったことはないが、是非行ってみたいよ。最初に頭に浮かんだのは、一般的に知られているような日本社会の成熟性だな。寿司、マンガ、独特なポルノ、格闘技、自制心、日本刀、天然砥石（自分の剃刀用に一つ持っている）、秩序、几帳面さ……。

——確かに日本ってそういうイメージですよね。日本のアーティストや音楽は聴いたことありますか？
もう一つ！ 俺の知る限り日本人は、世界中の希少でオリジナルのアートに対して興味を持っていて、非常にオープンな人々だ。一部のアーティストは自分の国より日本での方が認知されていて、高く評価されているらしい。
日本人ラッパーを何人か聴いたことがある。あと日本はパンク・シーンが強いってことを知っ

言語学者が俺のエロいリリックを瞬きもせずに読み上げるシーンでは、いつも爆笑しちまう

ているけど、日本語が分からないから、それ以上は知らない。

——日本の読者にメッセージをお願いします。
日本の観衆と接触できる機会を楽しんでいるよ。この機会をくれてありがとう。俺の音楽を好きになってくれよな！ ハハハ ツイッターとインスタグラムのアカウントは @bauch808 だ。

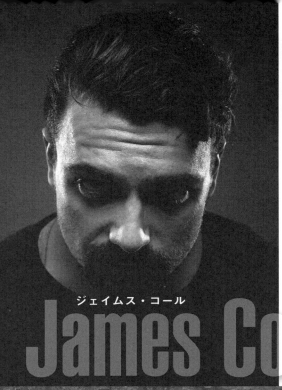

ジェイムス・コール

Peperi
2013年リリースのアルバム『Moby Dick』収録曲。コショウを意味するタイトルの「Peperi」が不思議なトーンで連呼されるのが耳に残るトラックで、遅めのビートがかっこいい。自分の敵に向かってラップする内容となっている。間を上手に取るJames Coleのフロウや声も個性的で、聴いていて楽しいトラックだ。MVではチェコのお城を舞台に貴族の衣装に身を包んだJamesたちが欲に溺れる様子などが描かれていて、その世界観も面白い。

YouTube https://www.youtube.com/watch?v=FQsLJZ0GqJY

ALBUM
Frekvence P.H.A.T.(2002)
Halucinace Ze Třetího Patra(2010)
Moby Dick(2013)
Orfeus(2016)
STANLEY KUFFENHEIM(2017)

PROJECT ALBUM
Toxic Funk(Supercrooo)(2004)
České Kuře:Neurofolk(Supercrooo)(2005)
Dixxx(Dixxx)(2005)
Dva Nosáči Tankujou Super(Supercrooo)(2007)
Orikoule(James Cole&Orion)(2008)
Jed Na Krysy(James Cole&DJ Scarface)(2011)

MIXTAPE
James Cole je Kapitán Láska(2009)

📅 1998～　📍プラハ　⊙ Bigg Boss,
📘 www.facebook.com/James.Cole.Official.Fan.Page/　📷 www.instagram.com/james_cole_official/

遅めのフロウが特徴的な
哲学科卒のインテリ・ラッパー

　プラハ・カレル大学哲学部を卒業しているベテラン・ラッパー。初期はPhatという名前で活動していた。1998年にラッパーHugo Toxxxとともにユニット K.O. Kruを結成。2002年にはPhat名義で1stソロアルバム『Frekvence P.H.A.T.』をリリースしている。その後ユニット名をSupercroooと改名して2004年にアルバム『Toxic Funk』でデビューした。メインストリームで人気を得たSupercroooは、2007年までに2枚のオリジナルアルバムを残している。また2005年にはHugo Toxxx、Risto、Lucas Skunkwalkerとともに、ヒップホップ×エレクトロ・ユニットDixxxを結成し、アルバム『Dixxx』を発表した。2008年以降はソロ活動が中心になり、Bigg Bossと契約。ラッパーOrionやプロデューサーDJ Scarfaceらとのコラボアルバムをリリースするかたわら、4枚のソロアルバムも発表している。Orionとは2008年のチェコ・ヒップホップをテーマにした映画『RAPublika』でも共演している。

　遅めのフロウと高くて特徴的な声を持つラッパー。哲学科卒だけあって知的かつ詩的なリリックを書くことでも知られている。ラッパー名James Coleの由来は映画『12モンキーズ』の主人公。

ポーリー・ガランド

Paulie Garand

La Familia（Paulie Garand&Kenny Rough）
「家族」というタイトルから分かるとおり、自分にとっての家族やファミリーと呼べるほどの絆を築き上げた仲間への愛と感謝をラップしたトラック。子供たちの合唱団がフックを歌い、ホーン・サウンドが高揚感を煽るポジティヴなヴァイブにあふれた曲だ。Paulie 自ら脚本・監督・編集を手がけた MV には、自分のクルーや恋人、愛犬が出演している。Kenny Rough と組んで 2014 年にリリースしたアルバム『Molo』からヒットした代表曲の一つ。

You Tube https://www.youtube.com/watch?v=co3oL2EobDE

ALBUM
Mozoly(2006)
Harant(2010)
V Hlavní Roli(2012)
Nirvana(2017)

PROJECT ALBUM
Slova(BPM)(2007)
Horizonty(BPM)(2009)
Molo(Paulie Garand & Kenny Rough)(2014)
Boomerang(Paulie Garand & Kenny Rough)(2015)

⌖ リベレツ　● Ty Nikdy Label
www.facebook.com/pauliegarandofficial　www.instagram.com/pauliegarand/

詩的な表現を追求する売れっ子リリシスト

　ラッパー、詩人、プロデューサー。2006 年に同郷リベレツのラッパー Lipo、プロデューサー Kenny Rough ともに Básníci Před Mikrofonem（BPM）を結成し、ラッパーとして活動を開始。グループ名は「マイクの前の詩人」という意味。Paulie Garand は 2006 年にアルバム『Mozoly』でソロデビューしたが、その後は 2010 年まで BPM の活動を精力的に行う。BPM としてはアルバム『Slova (2007)』『Horizonty (2009)』を発表し、『Slova』がアンジェル賞を受賞した。その後、BPM として正式な解散はないものの、Paulie と Lipo はそれぞれソロ活動に専念するようになり、Paulie は Ty Nikdy と契約。2010 年に 2nd ソロアルバム『Harrant』を発表した。

　詩的な表現を追求するラップスタイルが人気の Paulie。BPM のプロデューサー Kenny Rough と相性がよく、商業的な成功を収めたソロ作品『Molo (2014)』『Boomerang (2015)』では共同名義でアルバムを発表している。また 2012 年にリリースした『V Hlavní Roli』からは、既に解体されてしまった、チェコの著名な建築家カレル・フバーチェクがデザインしたショッピングセンターをテーマにしたプロテストソング「Pavučina lží」が話題となった。社会的メッセージから地元リベレツ賛歌まで、多様なテーマを扱うラッパーである。

歌詞から見る東欧ヒップホップ

東欧ヒップホップを外国語の音の響きとビートで楽しむということについて、前書きで少し書いたが、もちろん歌詞を理解できた方が楽曲をより深く味わえることは言うまでもない。というわけで本コラムでは、各4ヶ国から1曲ずつ歌詞を訳して紹介してみたい。故郷愛、ヒップホップ愛を謳うものから、パーティー系、実力を誇示するタイプ、ストーリーテリングなど、ヒップホップのリリックにはさまざまな種類がある。各国1曲ではそれらを網羅することは到底不可能だが、ラップのリリックを通して、日本とは民族も歴史も文化もまったく異なるこれらの国のことをより実態を持って感じられるのではないだろうか。

POLAND／ポーランド

ポーランドから紹介するのは、第二次世界大戦下のポーランドで起きた悲劇、ワルシャワ蜂起をテーマにした Hemp Gru の「63 Dni Chwaly／誇りの63日間」のリリックだ。まずは歴史的背景から紐解いていこう。1944年ナチス・ドイツの支配下に置かれたワルシャワで、ソ連側に蜂起を呼びかけられたポーランドのレジスタンス、国内軍による武装蜂起が起こった。ポーランド側には十分な武器もなく、約5万人の兵力のなかには多くの女性や若者が含まれるなど、圧倒的に不利な状況のなか、ワルシャワに向かって進軍していたソ連赤軍による支援を頼りにして決起された蜂起だったが、赤軍の支援を得られずに失敗に終わり、約20万人のワルシャワ市民が命を落としたのだ。蜂起は8月1日に開始し、10月2日ドイツ軍に完全鎮圧されるまで63日間続いた。この曲のタイトルにもある通りである。この多くの若者が犠牲となった痛ましい悲劇はポーランド人の心に強く刻まれていて、祖国の自由のために戦ったワルシャワ蜂起のレジスタンスは英雄と称えられている。ワルシャワ市民である Hemp Gru にとっても例外ではなく、Bilon、Wilku、ゲスト参加のラッパー Juras それぞれのヴァースで蜂起軍に敬意を捧げている。

冒頭部分の「17時5分　死が情け容赦なく命を集める」からは、蜂起の開始時間であった17時からすぐに犠牲者が出始めたことがうかがえる。Bilon は戦いの中で死んでいった者たちが自分たちと何ら変わりない普通の若者であったことを語り、続く Juras は蜂起の様子を生々しく描写。このなかで「ヴィスワ川の反対側には赤軍／俺たちの街が死んでいくのを落ち着いて眺めてる」とある通り、蜂起を煽った赤軍はヴィスワ川の反対側まで進軍していながらも傍観を決め込み、蜂起軍を見殺しにした。この史実もまたポーランド人の心の中にあるロシアに対する不信感や嫌悪感を助長するものである。3つ目のヴァースで Wilku は、自由と尊厳のために戦った先人のおかげで自分たちがあることに感謝し、その精神をワルシャワは忘れないと締めくくっている。最後に挿入されているのはワルシャワ蜂起のために作曲された「Warszawskie Dzieci／ワルシャワの子供たち」のサビの部分だ。「63 Dni Chwaly」はリリックを通じてワルシャワ蜂起がどんなものだったかよく伝わってくる秀逸な一曲と言えよう。

この曲は2009年リリースの2ndアルバム『Droga』収録曲であったが、2013年にポーランドで公開されたワルシャワ蜂起を描いた映画『Sierpniowe niebo. 63 dni chwaly』の挿入歌となった。MV では実際の蜂起の映像や映画のワンシーンなどが使用されているので、ぜひ併せて見てもらいたい。

63 Dni Chwały ／誇りの63日間
by Hemp Gru feat. Juras, Ras Luta

YouTube　www.youtube.com/watch?v=jdLPT8mt6VI

あの日は普通の日じゃなかった
一見いつもと変わらなく見えたけど
不安になるほど穏やかで
俺たちとなんら変わらない若者たちは
生きたいと願ってた
蒸し蒸しと暑い8月の午後
17時5分

死が情け容赦なく命を集める
あっさりと

Bilon
いつも記念碑を通り過ぎるたびに思い出す
日常の衝撃の中で
より良い人生を得るための戦いの中で
ロウソクが燃える場所にある血痕
苗字はX　記念碑の十字架に
俺たちのグループ
もし時間を戻したとしたら
ポーランド国内軍のように
自分たちの血が降っただろう
罪の世界のために　最後の一息まで
英雄たちのうめき声
俺たちの安らかな夢を見て
HG師団　一体感　Juras、WSP (*1)
記憶の名の下に
それらの人々のために敬意を
彼らを誇りに　遺体が多く転がり
最後の叫びは　ヒトラーに死を
それがどんな状況だったか

想像力が足りないけど
彼らの苦しみを葬り　この言葉を音に合わせて
彼らの困難と飢えに全身全霊の敬意を
心から　民衆の敵の張り紙

フック
自由の味の代償は死だった
長い時間が流れたが　覚えとけよ兄弟
代償は死だった　先人は命を差し出した
誇りの63日間　犠牲を数えずに

Juras
ストリートの戦いの現実　蜂起
腕には赤と白の腕章
門に隠れた反乱者
ガソリン入りの瓶を戦車に向かって投げる
クソ野郎たちに捧げて
この2ヶ月、爆弾の爆発音が轟いている
火事から上がる黒い煙が太陽を遮った
ヴィスワ川の反対側には赤軍
俺たちの街が死んでいくのを
落ち着いて眺めてる
あの時の避けられなかった蜂起の敗北
今この曲で敬意を捧げる
そして誇りの63日間を忘れない
ワルシャワの子供
Jurasが感謝を込めて述べるぜ

Wilku
WWA（*2）、俺はこの街で生まれた
ある人たちのおかげで今でも

ポーランド語を話している
ポーランドは未だ滅びず
我らが生きるかぎり　(*3)
この土地は1cm毎に血で濡れている
不滅の英雄たちの道を行こう
今も続く痕跡を残してくれた
目的地にたどり着ける
こんなにも多くの若者が命を差し出した
ストリートの子供たち　それは死の犠牲者
ある時はストリートを守るために立っていた
自分を信じ、自分たちしか頼れなかった
9週間　兄弟たちは血まみれ
街はガレキと化した
腕を組み　4人組で天国へ向かった
手榴弾の集中放火　銃弾の雨　不公平な戦い
独立バリケードには旗
その自由、尊厳、栄誉は何にも変えられない
蜂起した者たちに誇りを
ワルシャワは永遠に忘れない

フック

（*4）
ワルシャワの子供たち　戦いに行こう
お前の持つ石の一つひとつを首都に
血を差しだそう！
ワルシャワの子供たち　戦いに行こう
お前の命令が下ったなら
敵は報いを受けるだろう！

(*1)　信念、尊敬、友情を意味するスラング
(*2)　ワルシャワのこと
(*3)　ポーランド国歌の最初のフレーズ
(*4)　1944年に詩人スタニワフ・ドンブロフ
　　　スキの詩に合わせて作曲されたワルシャ
　　　ワ蜂起の歌

CZECH／チェコ

チェコからはベテラン・ユニット PIO Squad による 2008 年のヒット曲「Chtěl bych」のリリックを紹介しよう。自ら最高の出来と自負する 3rd アルバム『Interview』の収録曲だ。「Chtěl bych／俺の願い」と題されたこの曲では、メンバーそれぞれが自分のしたいことや欲しいものをテーマにラップしている。リリックを通じて 20 代後半〜 30 代前半のチェコ人男性が望む、等身大の願いが浮かび上がってくるのが興味深い。トップバッターの De Puta Madre のリリックからは、それなりに年を重ね、望む物を手に入れつつも現実に不満を抱く男性像が見えてくる。そこで望むのは、映画『マトリックス』のように仮想現実に騙されているように見える人々の目を覚ますことや、問題を忘れてビールを飲みに行きたいこと。望みが壮大だったり身近だったりする様は、心の中の振れ幅を描いていてなんとなく親近感が沸く。2番手の Eurodel は、タバコを止めたいこと、家族を守りたい、など、誰もが感じるようなさらに身近な願いを表現。名声がもたらす優越感に触れたあとで、不安定な心の内から神への愛まで発展するあたりは、チェコにおけるキリスト教文化の身近さを垣間見ることができる。ラストの Efko は、もし自分が大統領だったら何をするか、という仮定の上で、社会において変えたいことをラップしている。母親支援やハードドラッグの禁止、医療費の無料化など、なかなか政治家らしい願いが続くが、終盤にきて「女の子たちが薄着で出かけられるように」「ビールがタダになってストリートに降り注ぐように」など一般の男性らしい願望が漏れ出すあたり愛嬌を感じられて面白い。ビートもコミカルなこの曲の MV は一発撮りで撮影されていて、内容もリリックに沿っているシーンがチラホラ出てくるので是非併せて見ていただきたい。

Chtěl bych ／俺の願い　PIO Squad

www.youtube.com/watch?v=1eFQ6Uk2g74

De Puta Madre
俺はここだ　ここに住んでいる
自分が望むものを持っている
年を数える　先は以前ほど長くはない
バカげたガキっぽい夢はとうの昔に消えた
現実はちょっとしたビッチだから
手懐けなくちゃ
そいつを手懐けて　マトリックスを暴きたい
子どもたちの目をすべて開けさせたい
過去に戻る方法を知りたい
一瞬でも戻ってすべての障害を直すために
これがすべて悪い映画であってほしい
返却して、休みをとることができるように
俺のすべての問題を手放したい
仕事を終えてビールを飲みに行けるように
俺が欲しいものは無数にあるんだ、ちくしょう
まとめるために長いリストを作ってるぜ
今、とりあえず最初の項目を実行するぜ
Efko、Eurodel につなぐために

フック
俺の人生に足りない　少しのものが欲しい
小さなことさ　それで俺は幸せになれる
俺の人生に足りない　少しのものが欲しい
小さなことさ　それで俺は幸せになれる

Eurodel
俺は強くなりたい　タバコを止められるように

飲んでて泥酔しないように
念のため　もっとマシな人間になりたいんだ
神様、憐れみをくれるなら今度は力もくれよ
こんな環境、悪徳の世界
世界は嫉妬、悪銭と嘘だらけ
俺は光になり、穏やかで静かでいたい
家族を守り、導くことができるように
俺を凹ませるものはたくさんある
下から見つめる美しい女たち
俺たちのアルバムに寄せられるリスペクト
注目の的にいるっていい気分だぜ
俺はゴミとくずから立ち上がりたい
俺はいい匂いがするし、
ブランドものの服を着てるけど
心の中はバラバラ
魂の中には２人のボスがいる
招かれていない方を追い出してくれって
イエスに懇願したよ
神様、俺はあなたを褒め称えたい
あなたに語りかける以上のことを教えてくれ
神の愛や、神の偉業について
そしたら俺たちは東から北まで
それを伝えてまわるぜ

フック

Efko
俺が大統領になったら　選出されるのは月曜日
火曜日、人々は俺を応援するだろう
そして水曜日、人々は俺を撃ち殺すだろう
俺はそれまでにたくさんのことを
変えてやるけどな
これが俺の内緒の望みのリストだ
俺の母さんが金持ちになってほしい
母さんがしてきた辛い仕事すべてに
ふさわしい金だ
すべての母たちが金を
たくさん持てるようにしたい
彼女たちが仕事をして腰を
折らなくていいように
年寄りには楽しんでほしい、言葉だけで

彼らがしてきたすべての経験は
大きなベッドで安らかに眠らせて
檻の中の囚人みたいに
死を待つようにさせたくない
俺ならドラッグや何かをすべて禁止にする
若者がその純粋な魂を
めちゃめちゃにしないように
無価値な奴隷のように跪かなくてすむように
病院で金を払わなくて済むように
地獄には地球の心配を止めてほしい
落ち着いてもらって、
悪魔には出て行ってほしい
雨が止んで、いつも晴れていてほしい
女の子たちが薄着で出かけられるように
ビールがタダになって
ストリートに降り注ぐように
俺はそこに飛び込んで、留まるぜ
俺が変えたいことは山ほどある
でもきっと俺はそれを変えられなくて
きっと皆を守りに行くんだろう

SLOVAKIA／スロヴァキア

スロヴァキアからはヒップホップ・シーンを代表するラップ王者 Rytmus の曲を取り上げてみたい。紹介するのは、2011年リリースのソロ3rd アルバム『Fenomen』に収録されたセンチメンタルなトラック「Sàm」。Rytmus はチェコ、スロヴァキアにおいて最も商業的に成功しているヒップホップ・アーティストであり、ヨーロッパ No.1 のラッパーを自負している。普段はハードなビートに乗せた実力誇示系やパーティー系、成り上がり系のリリックが多いのだが、この曲では一転して繊細なピアノの旋律に合わせて成功者ゆえの孤独を表現している。まずリリックから見えてくるのは、貧しい家庭で育った Rytmus の子供〜青年時代だ。Rytmus はジプシーの父親とスロヴァキア人の母親の間に生まれたが、生まれてすぐ父親が出て行き、母親とその後一緒になった養父の元に育った。ロマであるがゆえに差別を受けたことや貧しさなど、決していいことばかりでなかった子供時代の経験が、彼を野心的にさせたのかもしれない。貧しさを乗り越えるようにラップを通じて音楽シーンの頂点に上り詰めたが、そこで得た成功や名声と引き替えに失ったものが多くある、という告白から孤独を感じている Rytmus の姿が浮かび上がる。しかしそんな中でも「なんでもない物事が神からの贈り物なんだ」と繰り返し、何気ない物事に対して謙虚に感謝できる心を持ち続けていることが伝わってくる。セレブになっても謙虚さや感謝の念、自分を育んだストリートを忘れないことが、彼を真のスーパースターたらしめているのかもしれない。そんなことを考えさせられる内省的なリリックである。

Sàm／ひとり　Rytmus
www.youtube.com/watch?v=M2AMxaIdc8E

俺はお前と同じ
金のない小さな町出身だ
団地地帯で育った
幼稚園、支払い金を待って

俺は、闇の8年
海に初めて行ったのは22歳のときだった
でも俺はすごく嬉しかった
こういう、なんでもない物事が
神からの贈り物なんだ

俺はリッチな家庭の出じゃない
トレーナーは借り物だし、時計はパチモン
俺は貧しかった
俺はずっと間違ってばかり
俺はその権利がある

俺はストリートに育てられた
今は別の場所に住んでいるが
ストリートはいつも俺とともにある
俺はとても嬉しい
こういう、なんでもない物事が
神からの贈り物なんだ

よく家出をした
自分の両親、父と母を大事にしろ
俺は100% 音楽なんだ
ステージ、観客と俺の情熱

俺は迷子の天使
戻る道を見つけるのが俺の望みだ
でも俺は一人でいるよ
俺がこれまで失ってきたものすべては
お前たちのためだ

俺は世界の頂点にたった一人で座ってる
俺が住んでいた場所を悲しく見つめてる
俺がこれまで失ってきたものすべては
お前たちのためだった
俺は一人になった

お前たちのためにこの道を選んだ
普通の男の子の人生ではなくなった
大好きだったものを取り戻したい
俺は一人になった

ストリートから俺を奪うことはできても
俺からストリートを奪うことは決してできない
誰にも俺の夢を奪わせない
俺は先へ進み、杯を空ける

普通の世界が懐かしい
パット（*）vs リトムス　もう比べられない
でも俺は本当に嬉しいんだ

俺が経験してきたことすべては神からの贈り物

名声は俺の人生に付きもの
愛、憎しみ、プライバシーがないこと
最高を目指せ　俺は分かってる
誰かにとっては気に入らないかもしれないが
俺をうちのめすことはできない

毎日鏡をのぞきこむ
知らぬ間に俺は有名になった
でも俺は本当に嬉しいんだ
俺が経験してきたことすべては神からの贈り物

自分の影を越えようと頑張ったりはしないが
自分をもっとよく知ろうと努力はする
誰にも文句は言いたくない
でも時々分からなくなるんだ
誰のために喋っているのか

人々のために動くのがいつも俺の夢だった
俺の世界にお前を招待することが
できるのが誇りだ
一人だけど俺は本当に嬉しい
俺の計画を、何をすべきかを神は知ってる

（*）パットは Rytmus の本名パトリックの愛称。

HUNGARY ／ハンガリー

ハンガリーからはメインストリーム・ラッパー Majka と Curtis による愛国心を感じさせるリリックをピックアップした。2014 年にリリースされたトラックでタイトルもストレートに「Magyar vagyok／俺はハンガリー人」だ。Majka と Curtis がリリックを通じて訴えるのは、どんな肌の色でも関係ない、同じ国に住む人々は皆平等にハンガリー人であることを受け入れようというメッセージ。憎しみに満ちた差別主義者に対して、一つの国の住民としてお互いを受け入れることの大切さを語っている。ハンガリーに馴染みのない人からすれば「ハンガリー人に肌の色の違いがあるの？」など疑問が出てくると思うので、このメッセージをより深く理解するために、ハンガリー人の民族構成について簡単に掘り下げてみたい。ハンガリーの国土はハンガリー平原と呼ばれる広大な平原が中心となっていて、古くからさまざまな民族が侵入し、定着してきた。その後ウラル山脈からこの地に移住してきたマジャル人が中心となり、混血を繰り返しながらハンガリー人という民族が形成されてきた。このため、ハンガリー人＝マジャル人として認識されている。ハンガリーという国名もハンガリー語ではマジャロルサーグとなるのだ。現在ハンガリーに住む国民の 95% 以上がマジャル人とされているが、マジャル人の遺伝子をたどるとウラル系、スラヴ系、ユダヤ系、ドイツ系、ラテン系、テュルク系諸族、イラン系など多様な民族が複雑に混じっている。一口にハンガリー人といってもさまざまな民族が混血していることが分かり、肌の色に象徴されるように少しずつ異なることが理解できる。この他、少数民族としてルテニア人や、長い歴史のなかで差別対象となってきたロマ人も多く住んでいる。こういった背景から、お互いを平等に受け入れようというメッセージが生まれたようだ。また「過去を肩に乗せている」「罪深い世紀を超えて」などのリリックからは、ハンガリーが過去 2 度の大戦で敗戦国となったことに負い目を感じている、ハンガリー人の歴史認識も垣間見られる。この曲の MV には Ganxsta Zolee、BLR など多くのアーティストが出演し、Majka と Curtis のメッセージをサポートした。ぜひ、多様なルックスのハンガリー人が出演している点も注目しながら MV を見てもらいたい。

Magyar vagyok／俺はハンガリー人
Majka feat. Curtis
YouTube　www.youtube.com/watch?v=Dk_Y2VC5_pI

俺はハンガリー人
俺は生まれながらのハンガリー人だ
ハンガリーの土地に住むハンガリー人になった
過去を肩に乗せているが、俺はハンガリー人だから受け止める
ハンガリー人の男と女、北へ、
山の中で、南へ、海岸で
罪深い世紀を超えて
でも俺はハンガリー人だ
これが俺の支えだ

賢く立ち回るヤツらが俺を毎日傷つける
そしてその間に、自分たちで金を分けちまう
ヤツらは俺たちをバカみたいに見せて、
毎日俺たちをからかう
敵を探してるんだ　それを楽しんでる
お前が俺を見ているとき

原因の分からない破壊衝動を感じるんだ
お前はすべての罪を俺のせいにする
差別は今じゃいいビジネスだからな
子供時代のことを覚えてるよ
母親の言うことなんて
100回言われても聞かなかった頃
なぜなら友達関係は神聖だから
俺たちは肌の色なんて気にしなかった
誰かに傷つけられたら　皆で立ち向かった
俺たちはそれぞれ違っていたけど
それを受け入れていたんだ
今じゃみんなお互いのことで不安になるばかり
俺たちは見知らぬ人ではなく
一つの国なのに
隠蔽、泣き叫び、殺人、拷問
爆撃、禁止、破壊、殺人行為
痛み、死、病気、狂気
電車での強制送還、拘束
これがお前たちの望むことなのか?
そうさ、これがお前たちの運命
生き延びた人たちは理解してた
彼らには兵隊が飛行機に乗っているのが
見えたんだ
それは想像を超えるほどの痛みをもたらす

フック

このみじめな日々も生きやすくなる
もし自分の運命を誰かのせいにできたなら
俺自身の問題の責任を負わせる
罪人を見つけることができたなら
俺は悪いことをする法的権利を持っている
複雑な問題、簡易化された解決策
騙された子供たち　おかしなナチス志望者
目には目を　こんなの盲目さを生み出すだけだ
勇敢な心があるなら反抗するだろ
ヤツらはお前たちに脳みそを
使ってほしくないんだ
ヤツらがお前らに望むことは、
列に並び、命令を聞き、
ヤツらが流す音楽で踊ること

そして扱われ方について文句を言わないこと
俺は考えるから　問題人物ってわけだ
俺を押しのけることはできないぜ
断言するよ
俺の喉元にナイフを当ててもいい
俺はすでに人生の修士号を
マスターしてるからな
お前が唯一する議論は憎しみだけ
俺のせいでお前はイライラしてる
俺はお前が罪を隠すための小技を
もう知ってるんだ
でも俺はハンガリー人だ
自由な魂を持つ人間だ
そして暴力は俺たちのものじゃないと思う
俺の故郷はパンノニア地域
でも俺は他の地域についても誇りに思っている

各国のスラング例

 ポーランド

Bakać
バカチ
マリファナを吸う。

Kurwa
クルヴァ
何かを強調したいときなどに使う。本来の意味は娼婦だが、現在は主に「クソッ」といった感じで使われる頻出単語。チェコ、スロヴァキア、ハンガリーでも同じ「Kurva」というスラングがある。

(C)HWDP
ハヴデペ
警察に対して憎しみを表現するスローガン。

Sztos
シトス
最高。

Pierdolę
ピェルドレン
英語の「Fuck You」と同義語。

 チェコ

Sakra
サクラ
クソッ。

Polib mi prdel
ポリブ・ミ・プルデル
クソ喰らえ。消え失せろ。

Zkurvysyn
スクルヴィスィン
クソ野郎。

Debil
デビル
クソ野郎。

スロヴァキア

Keše
ケシェ
カネ。

Makak
マカク
マリファナ。

Do Piče
ド・ピチェ
クソッ。

Chumaj
フマイ
ばか。

čo ti jebe?
チョ・ティ・イェベ？
マジで？

ハンガリー

Bazmeg
バズメグ
英語の「Fuck You」と同義語。

Mizu?
ミズ？
調子はどう？英語の「What's Up?」に当たる。

Lófasz
ローファス
「クソッ」または何かを強調したいときなどに使う。英語の「Bullshit」に当たる。

Kajakra
カヤクラ
マジで。

Geci
ゲチ
クズ野郎。

ヒップホップ天国はチェコにあり!?
ヨーロッパ随一のヒップホップ・フェス Hip Hop Kemp

　チェコのヒップホップ・シーンといえば、グラフィティから人気が出たこともあり、レベルの高いグラフィティ・シーンを誇るが、チェコが世界に自慢できるのはグラフィティだけではない。2002年からチェコで開催されている世界有数のヒップホップ・フェスティバル Hip Hop Kemp は、ヒップホップ・ファンなら誰もが一度は訪れてみたくなる優良フェスなのだ。

　最大の魅力は、本場アメリカで活躍する旬なアーティストやヒップホップ・レジェンド、ヨーロッパ諸国の多種多様なアーティストが一度に見られること。USからはこれまでに KRS ONE、Onyx、Redman、Ghostface Killa、M.O.P.、The Roots から Kendrick Lamar、Joey Badass、Anderson. Paak まで、新旧数多くののビッグネームが出演している。ライヴはもちろん、ブレイクダンス・ステージあり、グラフィティのライヴペインティングあり、スケートパークあり、フリースタイル・バトルあり！　まさにヒップホップを多角的に楽しめる祭典なのである。毎年20,000人以上のヒップホップ・ヘッズが世界中から集まり、CNN が選ぶ世界のベスト夏フェス50選にも選出されている。

　Hip Hop Kemp の創設案を出したのは、チェコのシーンを初期から支えてきたヒップホップ専門誌 BBaRáK だ。当初はアンダーグラウンドの有力ラッパーを多く招待し、有名なスターを1人招致するという案だった。2002年の初開催はパルドゥビツェ市のプール施設で行われ、イギリス、アメリカ、チェコ、ポーランド、スロヴァキア、デンマーク、トルコなど多様な国からアーティストが参加。約3000人の観客を集めた。2004年からは開催地をフラデツ・クラーロヴェー市にあ

る元空港の敷地に作られたフェスティバル・パークに移して、規模も拡入。ステージ数は8、ラップ、グラフィティなど含めて総勢500人近いアーティストが参加するという大規模なフェスに成長した。現在では3日間のキャンプ型ヒップホップ・フェスティバルとして毎年8月半ばに開催され、世界中からその認知度を高めつつある。

　Hip Hop Kemp が成功した背景には、チェコ及び周辺国のヒップホップに対する強い渇望があったと言えるだろう。特に旧共産圏では民主化されるまで、西側のアーティストの来訪は限られたものであった。90年代に入ると徐々に本場アメリカのラッパーのライヴが実現するようになるが、その数はまだまだ少ないものだった。例えばその時代にポーランドでライヴを行ったアーティストは、1995年の Beastie Boys が最初だ。US でリアルにヒップホップ・カルチャーを築き上げてきたラッパーのパフォーマンスを自国で見て、触発されてヒップホップをやろうと心に決めた現地のラッパーは少なくないだろう。またヒップホップ認知度の低い社会のなかで Hip Hop Kemp が、ヒップホップ好きが集い、共にそのカルチャーを楽しむことができる共有の場となれたことも、要因の一つと言えそうだ。

　ヒップホップ愛に満ちた雰囲気が素晴らしいと評判の HHK。チケットも日本の感覚からすると格安で、通常の3日通し券が 1,300 コロナ（約 5,700 円）、VIP チケットでも 2,500 コロナ（約 10,700 円）！　にわかに信じられないほどのリーズナブルさだ。これに美味しいチェコビールはもちろん、美女が多いと評判の東欧ガールズにも会えるとなれば、これはもうヒップホップ好きでなくとも行くしかないのではないだろうか。

http://hiphopkemp.cz

DJ Wich
DJ ウィッチ

📅 1993〜　📍プラハ　Golden Touch Records, Maddrum
www.facebook.com/djwich.goldentouch　www.instagram.com/djwich/

US でも認知されるチェコ＆スロヴァキアの大御所プロデューサー

　1990年代前半にグラフィティを通じてヒップホップ文化に触れる。1993年に出会ったグラフィティ・アーティスト Indy と La4 とともにグラフィティを始め、徐々に音楽活動へと表現方法を移行。1998年に DJ を始めた。ラッパーとして活動を始めた Indy とともに Indy&DJ Wich として活動を始め、2002年に共同で設立したレコードレーベル Mad Drum Records よりデビューアルバム『My 3』をリリースした。2004年には 1st ソロアルバム『Time Is Now』を発表。この作品はチェコで初めてリリースされたプロデューサー・アルバムである。2008年にリリースした 2nd ソロアルバム『The Golden Touch』は、本家アメリカから Lil Wayne、Talib Kweli、M.O.P ら豪華ゲストを迎えて製作され、国内外で認知される存在となった。Indy の他にも、プラハで活動していた NY 出身のラッパー Nironic や LA4、Rasco、Ektor などのラッパーとコラボアルバムを発表しているほか、スロヴァキアやポーランドのラッパーも手がけている。ソロアルバムのほか、ミックステープやコンピ CD なども多くリリース。2016年にはソロ3作目となるアルバム『Veni, Vidi, Wich』を発表した。

　チェコとスロヴァキアにヒップホップ文化を広めるのに大きく貢献した DJ Wich。初期では特に Indy&DJ Wich としての活動が人気を集め、2nd アルバム『Hádej Kdo……』は名盤として評価されている。チェコのグラミー賞にあたるアンジェル賞をはじめ、数々のアワードを受賞しており、音楽ファンから広くリスペクトされるプロデューサーだ。

Twerk (feat. Ben Cristovao)
中毒性のあるトラックがかっこいい「Twerk」は2016年にリリースしたアルバム『Veni, Vidi, Wich』収録曲。ゲスト参加しているBen Cristovaoはアンゴラ人の父とチェコ人の母を持つシンガー / ラッパーで、スムースなラップを聴かせている。ヒップを激しく振るトワークダンスのために作られたような曲で、MVもトワークダンサーのオーディション風になっている。最新トレンドを取り入れ進化し続けるDJ Wichの手腕に乾杯！

You Tube www.youtube.com/watch?v=RKiHnb4C01Q

Number 1（Ektor&DJ Wich）
2012年もっとも優れたチェコ・ヒップホップ・アルバムと称されたEktorの3rdアルバム『Tetris』からのヒット曲。気鋭のラッパーEktorとコラボし、クラブヒットとなった。ウェッサイ系の重めの低音でゆっくり刻むビートがかっこいい。早回しで挿入される「Number 1」がDJ Wichらしい。MVでは素行の悪い女子を矯正する寄宿学校（ちなみにEktorが校長役）が舞台になっており、物議を醸した。ラストはまさかのオチが待っている。

You Tube www.youtube.com/watch?v=_4vHnYWuvM4

Ženy Treba Ľúbiť（Majk Spirit）
DJ Wichがスロヴァキアのスター・ラッパーMajk Spiritとコラボした2012年のヒット曲。ループする早回しのヴォーカルをバックにMajkが女性を大切にすることをテーマにラップしている。MVではクラブで遊ぶMajkが女性に誘惑されながらも愛する女性の元に帰っていく様子を描いていて、DJ Wichも冒頭にバーテンダーとして出演している。Majk Spiritのソロアルバム『Nový Človek(2012)』収録曲。

You Tube www.youtube.com/watch?v=oeW4Brh7nds

Můj rap, můj svět（PSH）
ベテラン・ユニットPSHとのコラボ曲。センチメンタルなトラックが、ヒップホップ・シーンが始まった頃を回顧するOrionとVladimir518のリリックの内容にマッチしている。DJ Wichはプロデュースだけでなく、MVの監督、撮影なども務めた。MVにはPSHの他LA4やJames Coleなどのベテラン・アーティストがゲスト出演している。PSHの3rdアルバム『Epilog(2010)』よりシングルカットされた。

You Tube www.youtube.com/watch?v=Ib22L5g23zU

Z tvojí čtvrti(Indy&DJ Wich feat. Vec,LA4,Rytmus)
チェコ・ヒップホップの黄金コンビDJ WichとMCのIndyによるクラシック・アルバム『Hadej Kdo（2006）』収録曲。スロヴァキアのラッパーRytmus、盟友LA4、TroskyのVecがゲスト参加して、Indyとマイクリレーをつなぐ。ストリート感のあるトラックの上で繰り広げられるシャープなラップが聴きどころ。グラフィティ・シーンを描いた2007年公開のチェコ映画『Gmpl』で挿入歌として使用された。

You Tube www.youtube.com/watch?v=6xynm8R7I6k

ALBUM
Time Is Now(2004)
Golden Touch(2008)
Veni, Vidi, Wich(2016)

MIXTAPE
Work Affair (2004)
The Yearbook (2008)
The Yearbook 2013(2013)

PROJECT ALBUM
My 3(Indy&DJ Wich)(2002)
Hádej kdo...(Indy&DJ Wich)(2006)
The Chronicles of Nomad - DJ Wich presents Nironic(2007)
Human Writes(Hi-Def & DJ Wich)(2009)
Al Capone's Vault(Rasco & DJ Wich)(2010)
Nomad 2(The Long Way Home) (DJ Wich & Nironic) (2011)
Tetris(DJ Wich&Ektor)(2012)
Panorama(LA4(DJ Wich)(2014)

Denně（feat. Separ, Martin Svátek）
LA4 が盟友 DJ Wich と組んでリリースした 3rd アルバム『Panorama（2014）』からのリードシングル。テーマは「毎日」で、DJ Wich によるダークなビートがクールなトラックだ。LA4 が低い声でスピットするフロウに、フックで盲目のシンガー Martin Svátek の歌声が絡むところが聴きどころ。LA4 のラップもかっこいいが、客演の Separ もなかなか存在感のあるラップを披露している。MV では 4 人がプラハの街を背景にパフォーマンス。

YouTube www.youtube.com/watch?v=IsxeIXDUDC8

ALBUM
Panoptikum(2007)
Gyzmo(2010)

PROJECT ALBUM
Nadzemí(LA4&James Cole&DJ Mike Trafik)(2012)
Panorama(LA4&DJ Wich)(2014)

LA4 ラフォ

📅 2000 〜　📍プラハ　🔗 Bigg Boss, Gold Touch
www.facebook.com/lavor/

グラフィティからスタートした
チェコ・ラップ先駆者の一人

　1990 年代半ばにグラフィティからヒップホップ・カルチャーに魅了されたラッパー。別名 LaFour、Gizmo。後にブレイクダンスを経て、ラップをするようになり、同時期に頭角を現したラッパー Indy や DJ Wich、PSH らと活動を共にする。2001 年にリリースされた PSH によるヒップホップ・クラシック曲「Praha」にゲスト参加したことで注目を浴びる存在となった。3 人組としてクレジットはされていないが、Indy&Wich の『My 3（2002）』『Hádej kdo...（2006）』の製作にも参加している。2007 年にリリースした初のソロアルバム『Panoptikum』が高く評価され、チェコのグラミー賞に当たるアンジェル賞を受賞。2010 年に 2nd アルバム『Gyzmo』をリリースした後、ラッパーの James Cole、DJ Mike Trafik とコラボして EP『Nadzemí』も発表している。2014 年には DJ Wich とタッグを組んで 3rd アルバム『Panorama』をリリースした。

　PSH の Vladimír 518 が設立したレーベル Bigg Boss に所属している、チェコ・ラップ先駆者の一人。ラッパーのほかにグラフィティ・アーティストとしても活躍している。近年ではあごひげがトレードマーク。

Budu tam（feat. LA4）

盟友ラッパー LA4 をゲストに迎え、Indy と Rae がプロデュースを担当した 2011 年のヒット曲。シンセ使いを主としたトラックで疾走感があるため、Indy、LA4 のフロウがよく映える。LA4 のヴァースもかっこいいが、貫禄を感じるのは Indy の方。MV ではライヴ映像を挟みつつ、ストリートでラップする Indy が映し出される。後半に登場するのが LA4 だ。Rae と組んでリリースしたアルバム『KMBL（2010）』からのシングル。

▶YouTube https://www.youtube.com/watch?v=8rVX9P08kD8

PROJECT ALBUM
My 3(Indy&DJ Wich)(2002)
Hádej kdo...(Indy&DJ Wich)(2006)
KMBL(2010)

Indy インディ

1993〜 ● プラハ ● PVP Label/Mad Drum
www.facebook.com/IndyFanPage

DJ Wich と黄金タッグを組んだ
チェコ・ラップ・シーンの立役者

　チェコにヒップホップ文化を広めたラッパーの一人。1990 年代前半のプラハで、グラフィティを通じてヒップホップ文化に触れる。1993 年に同じくグラフィティ・アーティストだった DJ Wich や LA4 と知り合い、共に活動をスタート。本格的に音楽活動を始めたのは、それから数年経ってから。1998 年には初めてのライヴを行った。2002 年に Indy と DJ Wich が設立したレコードレーベル Mad Drum Records より、Indy&DJ Wich 名義のデビューアルバム『My 3』をリリース。タイトルにも 3 とあるように実際は La4 も含め 3 人で製作したアルバムだった。この作品はチェコ・ヒップホップの人気をメインストリームに押し広げる先駆的アルバムとなった。2006 年には Indy&DJ Wich の 2nd アルバム『Hádej kdo...』を大手レーベル EMI から発表。こちらも高い評価を受け、『My 3』に続いてアンジェル賞のヒップホップ部門にノミネートされている。La4 や Rytmus らとコラボした収録曲「Z tvojí 1/4」は、グラフィティをテーマにしたチェコ発コメディ映画『Gympl』に使用された。そのほか Indy は 2010 年にロックバンド Clou のドラマー Rae とコラボしたアルバム『KMBL』を発表している。

　チェコ・ヒップホップ・シーンの立役者として高い支持を誇る Indy。特に DJ Wich とのコンビが愛されている。近年はレコーディングから遠ざかっていたが、2016 年は DJ Wich とともにツアーに出ており、頻繁にライヴ活動を行っている。

Romano Hip Hop

2007年にチェコのグラミーに当たるアンジェル賞を受賞したデビューアルバムからのタイトルトラック。軽快なロマ民族音楽特有のリズムとメロディーに乗るGipsyのラップが絶妙な相性を見せている。明るいダンサブルなメロディーでパーティでかけたら盛り上がりそう。印刷工場を舞台にメンバーたちとダンサーたちが踊りまくるMVなのだが、そのダンスもストリートダンスにロマの踊り子たちが入り混じっていてミクスチャー感が面白い。

YouTube https://www.youtube.com/watch?v=tseT9oOd4pY

ALBUM
Romano Hip Hop(2006)
Reprezent(2008)
Desperado(2011)
Upgrade(2013)

Gipsy.cz

ジプシー.cz

Radoslav Banga aka Gipsy, Vojta Lavička, Petr Surmaj, Jan Surmaj　2006〜　プラハ
Indies Records, Bangatone Records, Supraphon　www.facebook.com/gipsy.cz/

レペゼン・ジプシー！ロマ音楽 x ヒップホップが特徴のユニット

　チェコに住むロマ民族であるラッパー、ミュージシャンのRadoslav "Gipsy" Bangaが中心となり、2006年に結成されたロマ音楽 x ヒップホップのユニット。同年にデビューアルバム『Romano Hip Hop』をリリースすると大きな注目を集め、その年のアンジェル賞で新人賞を受賞。アルバムはゴールドディスクを獲得した。2007年にはチェコのアーティストとして初めてイギリスの音楽フェス、グラストンベリーに出演したほか、ベルギー、オランダ、ハンガリーなどヨーロッパの各国をツアーしている。2008年に2ndアルバム『Reprezent』をリリース。2009年にはユーロビジョン・ソング・コンテストのチェコ代表に選ばれ、モスクワで開催された大会に出場した。ただヒップホップ色が強かったのは2ndまでで、2011年、2013年とそれぞれ発表したアルバム『Desperado』『Upgrade』では、ポップやワールドミュージック寄りのサウンドになっている。Gipsyは13歳からパフォーマンスしているというアーティスト。メンバー全員がロマ民族で、Vojta Lavičkaはバイオリンと歌を担当し、PetrとJanのŠurmaj兄弟がギター、アコーディオン、ベースを奏でる。ロマ音楽特有のメロディーやリズムとヒップホップを合わせた異文化交流なサウンドが斬新。観察眼とユーモアに満ちたラップの内容も人気で、ライヴパフォーマンスも高く評価されている。

Chtěl Bych

DTonate がプロデュースしたコミカルなビートと、キャッチーなメロディーでかけ合いを聴かせるフックが耳に残る人気曲。スキルフルな De Puta Madre、気だるそうな Eurodel、落ち着いたトーンの Efko と三者三様のフローが楽しめるのが Pio Squad の聴きどころだ。一発撮りで撮影されたと思われる MV も遊び心があふれていて楽しい構成になっている。自ら最高の出来と自負する 2008 年の 3rd アルバム『Interview』収録曲。

▶ https://www.youtube.com/watch?v=1eFQ6Uk2g74

ALBUM
Three Stars(Jižní Pionýři)(2003)
Punk is Dead(2006)
Interview(2008)
STROMY V BOUŘI(2016)

Pio Squad
ピオ・スクワッド

Eurodel, Efko, De Puta Madre, DJ J-Kid　1998〜　イフラヴァ　Avantgarda Muzik
https://www.facebook.com/piosquad/
https://www.instagram.com/piosquad/

3MC の個性的なフロウが楽しめるベテラン・ユニット

　1998 年にイフラヴァで、ラッパーの Eurodel、Efko と DJ J-Kid によって結成されたヒップホップ・ユニット。最初は Jižní Pionýři という名前で活動していた。地元シーンを中心に精力的に活動し、コンピ CD などに楽曲を提供するようになる。2003 年に Jižní Pionýři 名義でデビューアルバム『Three Stars』をリリース。2004 年には自主レーベル Avantgarda Muzik を設立した。90 年代後半に Eurodel や Efko とよくフリースタイルでラップしていたラッパーの De Puta Madre が、移住していたスペインから 2005 年に帰国してユニットに加入。ユニット名を PIO Squad と改める。2006 年に発表した 2nd アルバム『Punk is Dead』ではよりパーティ系ヒップホップを打ち出して、大ヒットとなった。2008 年に 3rd『Interview』をリリースし、翌 2009 年にチェコの著名なフォーク・シンガー Jaromír Nohavica とコラボライヴを敢行。ライヴはのちに DVD として発売された。以降はほぼ活動休止状態だったが、2014 年よりライヴ活動を再開。2015 年に 7 年ぶりの新曲「Čalantika」をリリースした。この曲は、国際 NGO の ADRA の協力のもとに実現した、バングラディシュの貧困問題に関する認識を高めるための義援ソングだった。2016 年に約 8 年ぶりのアルバム『STROMY V BOUŘI』をリリースしてシーンに完全復帰した。

　力が抜けた感じのラップをし、時に歌も担当する Eurodel、低い声の Efko、モノトーンなフロウが特徴の De Puta Madre、3 人それぞれ個性の違うフロウが楽しめる。個々に客演はするがユニットでの活動が中心で、ソロアルバムはリリースしていない。

難民問題でも意見表明し、尊敬を集めるチェコラップのパイオニア

ペネジ・ストリーチュカ・ホームボーイェ（ペーエズハー）

Peneři Strýčka Homeboye(PSH)

- Orion, Vladimir 518, DJ Mike Trafik　1993〜　プラハ　Terorist?, Bigg Boss
- www.facebook.com/pshmusic/

1993年のプラハでラッパーのOrionがDJ Shitnessと結成したユニット。2人組編成で1993年と1994年にそれぞれデモテープ『Penerina těžká dřina』『Párátka Adventní Expresní Lyrici』を作成している。1998年にShitnessが脱退し、ラッパーのVladimir 518とDJ Richardが加入。2001年にアルバム『Repertoár』でデビューして以来、チェコ・ヒップホップ・シーンの先駆者として人気を集めるようになった。2003年にはDJ Richardが脱退して代わりにDJ Mike Trafikが加入した。また同年にOrionが『Territorium 1』でソロデビューし、2005年には続編『Territorium 2』を発表。2006年のPSHによる2ndアルバム『Rap 'n' Roll』がリリース後、Vladimir518がヒップホップ・レーベルBigg Bossを設立する

る。その後メンバーそれぞれがソロ活動を盛んに行うようになり、Orionのソロ活動に続いてVladmir 518が2枚のソロアルバム『Gorila vs. Architekt（2008）』『Idiot（2013）』『Ultra! Ultra!(2017)』を発表しているほか、DJ Mike Trafikも3枚のアルバム『H.P.T.N.（2009）』『H.P.T.N. vol.2: Mr.Mustage（2010）』『Slaptape!（2015）』をリリースしている。2010年にはPSHの3rdアルバム『Epilog』を発表。2016年に入り、約6年ぶりの新曲「Vice」「Fuck Off」がリリースされた。

ユニットとしては寡作だが、これまで発表した3枚のアルバムはどれも名盤と評価が高い。またメンバーそれぞれが活発なソロ活動を通じて、ヒップホップ・シーンの発展に大きく貢献。ヒップホップ・ファンから尊敬を集める存在だ。

Praha(feat. LA4)
PSH のデビューアルバム『Repertoár（2001）』から人気を集めているチェコのヒップホップ・クラシック。タイトル通りプラハの街へ捧げた頌歌になっている。「プラー」と言っているように聴こえるフックは「プラハ」のこと。MV では美女に囲まれた Orion のヴァースに始まり、ゲスト参加の LA4、低音の声で淡々とラップする Vladimir 518 へとつながれていく。プラハの街並みを背景にしたダークな作りだ。

www.youtube.com/watch?v=72bGVWG55zY

Já to říkal
PSH が 2014 年に約 4 年ぶりにリリースした曲。メンバーの Mike Trafik がプロデュースを担当し、エネルギッシュな曲に仕上がっている。地元プラハの街や PSH に対する自信や誇りをテーマにラップしていて、ダイナミックなビートがかっこいい。Mike Trafik によるミックステープ『Boss Sounds（2014）』に収録されている。MV はプラハの街を Bigg Boss のクルーと練り歩く PSH が貫禄たっぷりに映し出されている。

www.youtube.com/watch?v=4c37mtreI5E

Vim já?(feat. James Cole)
Snoop Dogg を彷彿とさせるようなトリッピーさで中毒性があるトラックは、Mike Trafik がプロデュースしたもの。耳に残るフックや、客演の James Cole と Orion、Vladimir 518 のコミカルなマイクリレーが楽しい。チェコで 1997 年から放送されているクイズ番組「AZ Kvíz」をパロディにした MV も、メンバーたちが変装するなどおふざけ感たっぷりで笑える。2010 年リリースのアルバム『Epilog』収録曲。

www.youtube.com/watch?v=_tmS_KLHIc8

Smichov - Ujezd
2008 年リリースの Vladimir 518 のソロ『Gorila vs. Architekt』からのヒット曲。ソロとはいえ、プロデュースは PSH メンバーの Mike Trafik でゲストには Hugo Toxxx や他メンバーの Orion も参加している。プラハ市内の地区である Smichov と Ujezd を舞台に、プラハのダークサイドについてラップしている。メタル系のギターと重いキックがハードなサウンドを生み出していて、かっこいいトラック。

www.youtube.com/watch?v=GNdnQvszOdk

Fuck Off
2015 年ヨーロッパを揺ぶった難民問題。難民の受け入れを渋っていたチェコは最終的に少人数を受け入れたものの、その対応に国民の一部から非難が集まっていた。この曲では、PSH がレーベル Big Boss を代表して、外国人差別や政府による非協力的な難民問題への対応に NO を突きつける内容となっていて、チェコのゼマン大統領やネオナチ系ロックバンド、Ortel などを名指しで非難している。スロヴァキアのラッパー Elpe が客演した 2016 年の注目曲。

www.youtube.com/watch?v=HsSqLjQnjCY

Ticho
2017 年夏に PSH が所属する Bigg Boss と Hugo Toxxx の間にビーフが勃発。Hugo が発表したディス曲「Nikdys nebyl」に対するディス返しとなったのが「Ticho」だ。オールドスクール調のビートに乗せて、かつての友に対するディスが展開される。Hugo の盟友 James Cole もコラボして Bigg Boss へのディス曲「Arnold Leopard-Navrátil」をリリースしているので併せて聴いてみて欲しい。

www.youtube.com/watch?v=7qNqyipIDQQ

ALBUM
Repertoár(2001)
Rap 'n' roll(2006)
Epilog(2010)

Bow wave
ボウ・ウェイヴ

彗星の如く現れ短命に終わったヒップホップ・バンド

👤 Kotvička, Jéna, Chochi, Psik, DJ Boule, Emsa, Blážin　📅 1997 〜 2008　📍 カルロヴィ・ヴァリ　🔗 BBaRáK, Escape　📘 www.facebook.com/Bow-Wave-140643189352851/

カルロヴィ・ヴァリ出身のヒップホップ・バンド。メンバーはドラムの Kotvička、キーボードの Jéna、ベースの Chochi、ギターの Psik、DJ Boule、MC の Emsa と Blážin という 7 人編成。1997 年にバンドとして結成され、2001 年に MC と DJ が加わった。2002 年にデモ制作した CD『Sami Z Dat』がヒップホップ雑誌『Bbarak』の付録として発売された。正式なデビュー作は、2004 年のアルバム『EMIgrant』。Bow Wave が生バンドで演奏するヒップホップは、ジャンルを超えてリスナーにアピールした。2007 年にリリースした 2nd アルバム『Spotřebič』からは「Boreček」がメガヒットを記録。正式な解散の発表はなかったが、2008 年頃から活動の記録はない。

ライヴにバックバンドを取り入れるラッパーはいても、バンドという形態でヒップホップを演奏するアーティストはいなかったため、希少な存在だった。ファンク、ポップも取り入れた

Boreček
2007 年に大ヒットし、チェコ中のラジオでかかりまくった Bow Wave の代表曲。オーガニックなキーボードの音色がループする親しみやすいトラックで「ボレチェック」と連呼するフックがとにかくキャッチー！ MC の Emsa と Blážin のかけ合いもいい。MV は残念ながら YouTube に上がっておらず、ファンが UP した画質の悪いスケーター動画に曲を合わせたものが人気なようだ。2nd アルバム『Spotřebič』に収録されている。

▶ https://www.youtube.com/watch?v=mSB2a17WsDU

ALBUM
EMIgrant(2004)
Spotřebič(2007)

EP
Sami Z Dat(2002)

オーガニック・ヒップホップ・サウンドや、2MC によるラップも聴きやすく、ヒップホップのファン層を超えて人気を博した。

Vodopady

Chaozzによるチェコのヒップホップ・クラシック。タイトル「滝」や曲の出だし、MVの冒頭に並ぶ3人の女性の姿からも分かるとおり、TLCの大ヒット曲「Waterfalls」のカバー曲となっている。歌詞の内容もまた元曲とほぼ同様の内容になっている。オリジナルから7年後の2001年リリースだが、MVは90年代感が満載である。のちにPrago Unionを結成するDeph aka Katoが個性のあるラップで存在感を示しているのが印象的。

https://www.youtube.com/watch?v=91SBOJ4GNNM

ALBUM
...A Nastal Chaos(1996)
Zprdeleklika(1997)
P.E.S.(1999)
Sakum Prdum(2001)
Inventura(2002)

ハオズ

Chaozz

👤 Deph, Bass, Rusty, Fugaz, DJ Skupla, 📅 1995〜2002 📍プラハ 💿 Polygram / Universal Music
🌐 www.facebook.com/chaozzcz

90年代に盛り上げ、最もチェコで商業的に成功したユニット

　1993年にプラハでラッパーのBass、Rusty、Dědekおよび DJ Skuplaにより、Chaozzの前身となるユニットUNITが結成。しかし翌年に解散し、Bass、RustyとDJ Smogだけで新たにChaozzを結成した。同じ頃、すでにソロ活動をしていたラッパーDephがMC FugazとともにFlavamaticを立ち上げた。FlavamaticとChaozzは、何度かライヴを共にした後に合体することに決め、Chaozzは4MC1DJという編成に落ち着いた。後に脱退したDJ Smogの代わりにDJ Skuplaが復帰している。Chaozzは大手レーベルPolygramと契約し、1996年にアルバム『...A Nastal Chaos』でデビュー。Chaozzの1stアルバムはチェコでプラチナム、スロヴァキアでゴールドディスクに認定されるなど大きなヒット作となった。続いてリリースされた2ndアルバム『Zprdeleklika（1997）』も両国でゴールドディスクに認定。スロヴァキアのグループ、No Gravityとコラボした作品「Chaozz Věci」も話題を呼び、人気を博した。さらに2枚のアルバムをリリースした後、2002年に解散。メンバーのDeph（別名Kato）はDJ SkuplaとともにPrago Unionを結成した。

　チェコ・ヒップホップ創成期を盛り上げ、メインストリームでも成功したパイオニア。Chaozzはチェコでもっとも商業的に成功したヒップホップ・ユニットとして認知されている。

Refew
レフュー

高いラップスキルを誇るロマ系チェコラップの新風

Nechci víc
チェコ No. 1 プロデューサーの DJ Wich がプロデュースした歌ものトラック。Refew の緩急つけたフロウと魅力的な声が聴き心地いい。さりげなく、きっちりライムを合わせてくる Refew のスキルにもグッとくる。また、盲目の R & B シンガー Martin Svátek が聴かせる甘い歌声も相まってセンチメンタルな気持ちにさせる名トラック。ミックステープ『Z Místa』収録曲。MV では Refew のイケメンぶりも拝める。

https://www.youtube.com/watch?v=TkElHuE4GkM

ALBUM
Na kredit(2015)
O Tři Bloky Dál(2017)

EP
Blackkock EP(2013)
Blakkkak(2017)

MIXTAPE
Z Místa (2014)
Ofiko (2016)

📅 2005 〜　📍 プラハ　🎵 Bigg Boss, Blakkwood Records
www.facebook.com/Refew.Blackcock/　www.instagram.com/refewblackcock/

ロマの血を引くプラハ出身のラッパー。2005 年頃にラップを始めた。2013 年にリリースした EP『Blackcock』で注目を集め、2014 年にヒップホップ・レーベル Bigg Boss と契約。同年のミックステープ『Z Místa』リリースを経て、2015 年に 1st アルバム『Na Kredit』を発表した。ヒップホップ・レーベル Bigg Boss にとって 2006 年の設立以来、初めての契約ラッパーとして大きな注目を集め、その高いラップスキルが評価された。2016 年には Blackkwood にレーベルを移籍し、ミックステープ『Ofiko』をリリースした。2017 年に 2nd アルバム『O Tři Bloky Dál』をリリースした。

ハイレベルなライムスキル、魅力的な声、独自のフロウを持つ若きテクニシャン・ラッパー。これまでに PSH の Vladimir 518 や DJ Wich、Orion など多くのチェコ大御所アーティストとコラボしている。

De La Negra
デ・ラ・ネグラ

- Makaveli, Fedy, Bryan
- 2013〜
- クルプカ
- Delanegra Records
- www.facebook.com/raperizkrupky

アクティヴィストとしても活動する
ロマ民族発のヒップホップ・ユニット

ロマ民族出身の6人組ヒップホップ・ユニット。ヨーロッパの長い歴史のなかで差別されてきたロマ民族（いわゆるジプシー）の人権保護活動にも熱心なアクティヴィストでもあり、ドイツやフランス、オーストリアなどヨーロッパ各国で開催される人権保護イベントに出演経験あり。2014年にチェコのロマ民族が製作したロマに関するドキュメンタリー映画『Because There Is Hope』にも出演している。情報が少ないため、アルバム、メンバー構成、ユニット経歴は不明だが、YouTubeでは何曲かオリジナル曲を聴くことができる。

ロマに対する根強い差別が残るチェコにおいて、人種差別や貧困、ドラッグ問題など、ロマ民族が抱える社会問題をメッセージにしてラップしている。アメリカでヒップホップが生まれた際、アフリカ系アメリカ人にとって多くの場合、ヒップホップが社会に対する反発を表現す

Já jsem ten
2016年初頭に公開されたこの曲は、歌うようなフックが耳に残るトラック。チェコ語とロマ語を交えたラップで、Makaveli、Fedy、Bryanの3人がマイクリレーを聴かせる。冒頭にダミ声で個性的なフロウを聴かせるのがMakaveliで、続くFedyとBryanよりも才能が際立っているように感じる。彼らの出身地クルプカで撮影されたMVには仲間のロマや子供たちが多く出演していて、チェコ人ラッパーたちとはまた違う雰囲気を見ることができる。

YouTube www.youtube.com/watch?v=to8fJLM1MH0

るものであったことを考えると、チェコのヒップホップ・シーンにおいて最も原始的ヒップホップ・アティテュードに近いと言える。

イフ（イデアファッテ）
IF (IdeaFatte)

- Idea, DJ Fatte 📅 2005〜 📍ズリーン ⭕ Ty Nikdy Label
- www.facebook.com/ideafatte
- www.instagram.com/tynikdylabel/

ブーンバップ系ヒップホップで高い人気を誇るベテラン・デュオ

　チェコ東部の街ズリーンで、ラッパーのIdeaとビートメイカーのDJ Fatteによって2005年に結成されたヒップホップ・デュオ。IF（IdeaFatte）として活動を始めた2人は2006年にインディーレーベルTy Nikdyを設立。2008年にデビューアルバム『365』をリリース。以降、IFとして2017年までに5枚以上のアルバムを発表しているほか、ソロ活動も盛んだ。DJ FatteはMC GeyやRest、Nironicらのアルバムもプロデュースしている。Ideaは2013年にスロヴァキアのラッパーBoy Wonderとのデュオ BoyBandを結成し、注目を集めた。IFとしては2015年に4年ぶりのアルバム『Rap』をリリースし、高い評価を受けた。2016年には6thアルバム『Stop Play』を発表している。

　ブーンバップ系ヒップホップ・ユニットとして人気の高いIF。IdeaはIF結成前にDilemaというユニットで2000年にデモテープをリリースしている。一方のDJ Fatteは90年代後半からDeFuckToのメンバーとして活動し、2枚のアルバムを残したが2006年に解散した。ちなみにDeFuckToは2010年に再結成したが、方向性などの違いからDJ Fatteは不参加。Ideaの緩急自在なフロウと、DJ Fatteが繰り出すソウルフルなビートはかなりハイクオリティで聴きやすい。2人が設立したTy Nikdyはチェコを代表するヒップホップ・レーベルの一つである。

Vítr v zádech
2011年リリースの4thアルバム『Dočasně nedostupní』からのシングル。「もしラップがなかったら自分の人生はどうなっていたのか」とラップし、逆説的に自分にとってのラップの大切さを表現している。DJ Fatteが作る90sが香るブーンバップもクラシック感があってクール。MVは広大な麦畑のなかでIdeaがラップするシンプルなもので「自由」や「(ヒップホップに対する)純粋な気持ち」を表している。

www.youtube.com/watch?v=AVmeKlzy3NM

Bylo nás 4 (feat. Paulie Garand, Rest, Ryes)
2010年リリースのミックステープ『+』に収録されている人気曲。ストリングス・アレンジが心地よいトラックで、DJ Fatteが聴かせる冒頭のスクラッチがかっこいい。Ty Nikdy所属アーティストであるPaulie Garand、Rest、Ryes(現在は所属していない)が参加していて、Ideaとともにマイクリレーを展開。内容はIFが設立したTy Nikdyへの賛歌になっている。MVでは団地の屋上で参加アーティストたちがパフォーマンス。

www.youtube.com/watch?v=RpBO1Simzt4

Doma
「家」を意味するタイトルが示すように、地元ズリーンの街で育つというのはどういう状態だったかラップする内容になっている。2010年リリースのアルバム『Doma』のタイトルトラックで、イーストコーストっぽいダークさがかっこいい。力強くスピットしながらも、時に印象的な間の取り方をするIdeaのラップがハイクオリティ。MVもズリーンのストリートで撮影されていて、IFとPaulie Garandが監督を務めた。

www.youtube.com/watch?v=KgCHZFJ1I3w

Máme Vás RMX (feat. Moja Reč, Strapo)
スロヴァキアのラップ・ユニットMoja RečからSupaとDelik、フリースタイルの達人Strapoをフィーチャリングしたリミックス版。声質もフローも異なる4人のヴァースがそれぞれ楽しめる。Delik、Supa、Strapoの順で最後に高速ラップを聴かせるのがIdea。MVでは2006年にフリースタイル・バトル大会ArtAttackで優勝したStrapoがトロフィーを掲げる場面も。デビューアルバム『365(2007)』収録曲。

www.youtube.com/watch?v=kZe29Pnwi6g

Pohyby Hlavou (feat. MC Gey)
2015年に約4年ぶりにリリースしたアルバム『Rap』からのシングル。低音強め&遅めのビートに合わせてIdeaが抑揚豊かなフロウをかます。ベテランの貫禄を感じるラップだ。Ty Nikdyレーベルメイトで DJ Fatteとのコラボも多いラッパーMC Geyが客演していて、個性的なフロウを聴かせている。Ty Nikdyのミーティングで撮影されたというMVにはレーベル所属のアーティストたちが出演していて、ゆるい雰囲気が楽しめる。

www.youtube.com/watch?v=biHg5EX_yY0

ALBUM
365(2007)
Mezitím(2008)
Doma(2010)
Dočasně Nedostupní(2011)
RAP(2015)
Stop Play(2016)

EP
Rep(2016)

MIXTAPE
Mixtape +(2010)

Interview with Idea

——日本の読者に向けて簡単に自己紹介をお願いします。

やあ。俺の名前は Josef。ステージネームは Idea だ。今、30 歳で、もう 10 年間くらいラップしている。これが俺の人生だ。

——最初にヒップホップにハマったきっかけは？

3 歳上の兄貴がきっかけだよ。俺が 19 歳になるまで 2 人で同じ部屋を使っていたから、いつも兄貴が聴いている音楽を聴いていたんだ。兄貴はラップしか聴かなかった（それと **Offspring や Rage Against The Machine** とかね）から、俺にはその選択肢しかなかったんだ。

——チェコ語でラップするのは難しいですか？

何語であってもラップは難しいと思う。 それに俺たちの言語には、英語やドイツ語と比べて難しい言葉がたくさんあるんだ。でもある程度のレベルまで達していれば、ラップは美しくなるし、絶えず言葉遊びをすることができるよ。

——子供の頃お気に入りのラッパーは誰でしたか？

Chuck D と Public Enemy。彼らと Cypress Hill が、俺が最初に聴いたヒップホップ・グループだった。KRS-ONE が最高だね。その後 MF Doom を知って、すべてが変わったよ。

——どのようにして DJ Fatte と IF を始めることになったのですか？

俺たちは同じ町で育ったんだ。俺の兄貴はあいつと同じ学校に通っていた。Fatte はヒップホップ・グループのメンバーだったんだ。俺は町から町へフリースタイルしながら渡り歩いていて Fatte に出会い、一緒に最初のシングルを作った。すごく簡単だったよ。ハハハ。

——あなたは Fatte と一緒に、**Ty Nikdy** というチェコで最も重要なヒップホップ・レーベルの一つを設立しました。レーベルの運営と活発なアーティスト活動を同時に行うのは大変ではないですか？

重要な、と言ってくれてありがとう。人と関わる仕事はなんでも大変だよ。俺はレーベルに所属するラッパーや友人と仕事をしている。それって最高だけど、俺のポジションは良くないよ。俺も彼らと同じように MC だけど、それと同時に彼らのボスだからな。でも俺は満足しているよ。

——レーベルに契約したいと思うのはどんなラッパー？

新しいアーティストを契約したいという衝動を常に持っているわけではないな。チェコとスロヴァキアはそんなに大きい国ではないから。毎日 Facebook を見ながら新しいサウンドを聴いて、気に入った奴がいたら連絡する。それだけだ。

——チェコで次にビッグになるラッパーは誰だと思いますか？

悪いけど、分からないよ。

——あなたは 2000 年から活動していますが、その頃からシーンは大きく変わったのではないでしょうか。チェコのヒップホップ・シーンの成長と変化について教えてください。

いい奴らが一部辞めていき、上手い奴らが何人かシーンに入ってきた。世界そのものと一緒だよ。いい音楽と悪い音楽がある。いいマネージャーがいて悪いマネージャーがいる。いいクラブとダメなクラブがある。大金が入るようになったから、MC はラップ・ミュージックで食っ

ていけるようになった。これが俺たちの音楽のいいところだ。

——チェコ・ラップのクラシックだと思う曲は？

伝説的グループ PSH の「Penerský Dezert」。あれは最高だ！

——IF の曲で気に入っているのは？

最近のアルバム『RAP』に入っている「To nejsem já」だね。

——どんなことを主にラップしていますか？

人生。俺の意見。俺が観察したこと。家族。音楽業界。その一方で、いつも笑えるパンチラインをラップしている。

——リリックを書くとき、どこからインスピレーションを受けますか？

主に悪い奴らや、人生における苦痛からだね。俺は深いところにインスピレーションを見つけて、それを楽観的に変えるんだ。

——スロヴァキアのラッパー Boy Wonder と BoyBand というユニットを組んで活動していますよね。どうやって実現したんですか？ Boy Wonder についても少し教えてください。

俺たちはレーベルメイトになって数年経つんだ。Boy Wonder はチェコとスロヴァキアにおける最高のラッパーだと俺は思っている。だからあいつと一緒に活動できて、とても嬉しかったよ。楽しい時間だった。

——チェコとスロヴァキアのアーティストは関係が近そうですが、ポーランドやハンガリー、その他の国のアーティストはどうですか？

昔、ポーランドのラップを聴いていたよ。主に WWO ！ Sokół は最高だね。奴は伝説的だよ。Sokół は俺のヒーローなんだ。ハンガリーのラップは申し訳ないけど、聴いたことがないよ。

——これまでに IF として 5 枚アルバムを出しています。どのアルバムが一番売れましたか？またどのアルバムが自分にとって特別でしたか？

アルバム『RAP』は音楽としても、またビジネス（売上、ツアー、グッズ）としても最高の出来だった。そして自分にとって特別でもあったよ。音楽のスタイルが好きだったから。俺たちはあれをフューチャー・ブーンバップって呼んでいるんだ。ハハハ

——あなたのソロアルバム『Daleko Blíž』のコンセプトは何だったんでしょうか？

多くのビートメイカーとともに、コンセプト・アルバムを作りたかったんだ。簡単なビートと素晴らしいサンプリングとで。スロヴァキアのシンガーで友達の Zdenka Predná に参加してもらった。彼女は最高だよ。『Daleko Blíž』は人生と死,感情のみを表している。とてもスムースでパワフルなサウンドだよ。今でも気に入っているよ。

——ラッパーとしてトップに居続けるためにしていることは？

素晴らしい恋人、家族、レーベルメイトと人生を持つこと。それだけさ。

——日本には来たことありますか？ 日本に対してどんなイメージを持っていますか？

行ったことはないけど、是非行きたいね。俺の彼女は素晴らしい写真家なんだ。彼女も一緒に連れていって、ゆっくりしたり、新しいものを発見したり、ライヴを観に行ったりしたい。アメリカの多くのレーベルが日本でライヴをやっているらしいし、日本人はいい人だし、素晴らしい音楽を聴きたがっているんだ。俺はちょっとナイーブかな。

——日本のアーティストや音楽は聴いたことありますか？

まだないよ。

——次はどんなことを計画していますか？

数ヶ月ほど休みを取りたいけど、明日 IF のニューアルバム『Stop Play』をリリースして、大きなツアーに出るよ。だからたくさん遊んで楽しむつもり。

——日本の読者にメッセージをお願いします。

やあ！**愛しているぜ、君たちのことは知らないけど！** いつか近いうちに会えることを願っているよ！

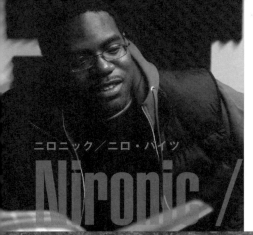

Nironic / Niro Baits
ニロニック／ニロ・ハイツ

Dreaming

DJ Wich とのコラボアルバム『Nomad 2(The Long Way Home)』(2011)』収録曲。冒頭には故キング牧師のスピーチがサンプリングされ、オルガンの音色があたたかみを感じさせるトラックだ。Nironic のラップは英語なので聴いているとアメリカ産ヒップホップと変わらない耳触りが楽しめる。DJ Wich が寝落ちして夢を見ている風の MV には、川辺でラップする Nironic のほか Vladimir 518 が友情出演している。

YouTube www.youtube.com/watch?v=QafbZue2x1s

♂ Eric Cherryhill 🗓 2003～ ◎ ニューヨーク ○ P.A.Trick Records,Skoop Entertainment,Iron Man Music Group,PVP Label,Spirit Music, ❶ www.facebook.com/Nironic/ ◎ www.instagram.com/nirobaits/

チェコでキャリアを発展させた
NY ブロンクス出身のラッパー

　ニューヨーク州サウス・ブロンクスで生まれ育った Nironic こと Eric Cherryhill。10 代からギターやドラムの演奏をはじめ、学校ではジャズドラマーとして学んだ。ドラム技術者としてファンク・バンド Living Colour のツアーに同行した際に訪れたヨーロッパで、人々の反応に感激したことがきっかけでチェコに移住。プラハで出会ったピアニスト Loren Cobel とともにオーガニックなヒップホップを奏でるユニット Cherry Hill を結成し、音楽活動を開始する。2005 年にアルバム『For the Love of the Art』をリリースしたほか、イギリス人 MC の Emdee とともにラップ・デュオ The Regime としても活動し、EP『Change The Channel』を発表した。それがきっかけで DJ Wich と出会い、2007 年に DJ Wich とタッグを組んだコラボアルバム『The Chronicles of a Nomad』をリリース。アルバムは大きな成功を収め、Nironic はチェコのヒップホップ・シーンで幅広く認知される存在となった。2008 年、2009 年とソロ EP やアルバムをリリースしたほか、2010 年代には再び DJ Wich とコラボし、IF の

ALBUM
Let's GO(2008)
I Am Music(2009)
The Machine(2012)

PROJECT ALBUM
For the Love of the Art(Cherry Hill)(2005)
The Chronicles of Nomad - DJ Wich presents Nironic(2007)
Nomad 2(The Long Way Home) (DJ Wich & Nironic)(2011)
High And Mighty(DJ Fatte&Nironic)(2012)

DJ Fatte ともコラボアルバムをリリースするなど、精力的に活動。2012 年にはスロヴァキアのヒップホップ・レーベル Spirit Music からソロ 3 作目となる『The Machine』をリリースした。2017 年までにはアメリカに帰国しており、アーティスト名を Niro Baits と改名し、アメリカで音楽キャリアをスタートさせている。

　ヒップホップ生誕の地 NY 出身ながらチェコでラッパーとしての活動をスタートさせた異色キャリアの持ち主。ラップはもちろん英語で、太い声、安定感のあるフロウが特徴だ。失読症である。

El Nino

Při mně stůj(feat. Eliška Bučková)
学校を舞台にした復讐劇を描くチェコ発のクライム映画『Bastardi 3 (2012)』の主題歌としてヒットを記録した。人種差別的な内容のリリックだったため「物議を醸す」としてレコーディング2日前に歌う予定のシンガーが降板。代打としてポップシンガー Eliška Bučková のがフックを歌うことになった。Eliška の澄んだ歌声と甘美なメロディーが美しいトラックで、EL Nino もハードさを潜めたラップを披露している。

▶ www.youtube.com/watch?v=J4jcKYbnFgE

ALBUM
Anticrist(2009)
NIKDY ZPĚT DOLU(2016)

PROJECT ALBUM
Zakázané Ovoce(Disgrafix)(2007)

🏳 1997〜　📍 ミクロフ　🎧 Mafia Records,　📘 www.facebook.com/ElNinoofficial/
📷 www.instagram.com/elninoworld/

伝説ユニット Disgrafix で下積み、現在はソロで活躍中

　伝説的ヒップホップ・ユニット Disgrafix の創設メンバーで、現在はソロで活躍するラッパー。1997年に DJ Chocolatic とともに Disgrafix を結成し、1999年には MC Alezzio が加入。2002年にヒップホップ雑誌『BBaRáK』が発売したコンピCD『Lyrik Derby 2』に、Disgrafix の曲「Štvanci」が収録され、注目を集める。2007年に Disgrafix の1stアルバム『Zakázané Ovoce』がリリースされたが、以降グループとしての活動は失速。El Nino はソロとして活動を開始する。Mafia Records と契約し、2009年にアルバム『Anticrist』でソロデビュー。2012年に POP シンガー Eliška Bučková とコラボした映画『Bastardi 3』の主題歌「Při mně stůj」が大ヒットした。以降も頻繁に POP シンガーとコラボしているほか、数多くのラッパーに客演し、メインストリームで成功を収めている。2013年にはリアリティー番組「VyVolení」に出演した。2016年にソロ2作目となる『NIKDY ZPĚT DOLU』をリリース。

　落ち着いたトーンの声と淀みないフロウが特徴的なラッパー。チェコ・ヒップホップの黎明期から活動するベテラン・ラッパーとして幅広く人気を集めている。タトゥーだらけの強面だが、Facebook ページでは良きパパのプライベート写真が多く見られる。

サウンドもルックスも過激な
ハードコア・ストリートラップ

フエルザ・アルマ
Fuerza Arma

- Clip, Pretorian, Logic, T.Z.
- 2010〜
- オストラヴァ
- Mafia Records,
- www.facebook.com/fuerzaarma61/
- www.instagram.com/fuerzaarma/

ラッパーの Clip、Logic、Pretorian とプロデューサー T. Z. によって結成されたユニット。2010 年に Clip と Logic によるミックステープ『Z Ostravy do Varů』、デモ EP『Tohle je válka』を Mafia Records からリリースして、シーンに登場した。政治的で過激な内容の多いリリックを乗せたハードコア系ストリートラップが、ネオナチズムや暴力、人種差別を助長しているとして、物議を醸した。2011 年には Logic が 3 枚のミックステープ『Hráč roku mixtape』シリーズを、2012 年には Pretorian がミックステープ『Proti všem』をリリースした。2014 年にはプラハでライヴを行う予定だった Fuerza Arma だが、メディアが彼らをネオナチ礼賛ラップであるとネガティヴ・キャンペーンを行ったとして、ライヴをキャンセルするという事件が起こっている。2016 年にニューアルバム『61』のリリースを発表したものの、まだ発売されていない。

Víra dělá zázraky(2013)
「信念は奇跡を作り出す」というタイトルのストリートラップ。冒頭から Pretorian がアグレッシブなラップで聴く者を圧倒する。「これは狼のためのラップ」「トレーニングで泣き、戦いで笑え」というリリックがハードコアさ満載。この人たちに地下道で出会ったら命はないかも、と思わせるほど大量の強面なスキンヘッズが登場する MV は、ストリートウエア・ブランド Sanctrium とのコラボで製作されている。異様な怖さを感じるのは筆者だけではないはず。
YouTube www.youtube.com/watch?v=cNqvzyBh2XY

EP
Z Ostravy do Varů(2010)
Tohle je válka(2010)

闘争心を煽るようなダークなトラックや、スキンヘッドの強面なメンズが大量に出演する MV が印象的なユニット。アグレッシブなラップが特徴だ。

Revolta
レヴォルタ

Dej do toho všechno
ハードロック調のトラックに合わせて Revolta がエネルギッシュにラップするこの曲は、2nd アルバム『Motivace k činům（2014）』からのシングルで、日々のたゆまぬ努力こそが夢を叶えるのだ、という内容。Revolta が主催する Seberevolta キャンプの様子が MV になっているが、大勢のマッチョな若者たちがストイックな筋力トレーニングにいそしんでいてかなりインパクト大だ。「お前はパーティ好き／俺は腕立て好き」というリリックが新鮮。

YouTube https://www.youtube.com/watch?v=p2IrFyb50-c

ALBUM
Evoluce Vědomí (2012)
Motivace K Činům (2014)
Snílek (2016)

🏁 2006 〜　📍クルノフ　⭐ Mafia Records, Revolta Records
📘 www.facebook.com/RevoltaOfficial/　📷 www.instagram.com/marcusrevolta/

ハードコアなルックスで愛と平和を謳うサイエントロジスト

　2006 年にラッパーとして活動をスタート。はじめは Marass という名前で活動しており、2007 年から 2010 年までにアルバム『Sám za sebe』など 2 枚のアルバムをリリースしている。しかし、それまでのパーティ、女、カネなどをテーマにしたヒップホップに疑問を感じ、スタイルを変更。Revolta と改名し、社会問題や愛と平和などポジティヴなメッセージを込めたコンシャス・ヒップホップを掲げるようになる。2012 年に Revolta としての 1st アルバム『Evoluce Vědomí』をリリース。2013 年には Seberevolta と呼ばれる肉体と精神を鍛えるコミュニティ・プロジェクトおよびストリートウェア・ブランドを立ち上げた。2014 年には 2nd アルバム『Motivace K Činům』を発表。また過去には否定していたが、サイエントロジストであることを告白している。2016 年に 3rd アルバム『Snílek』をリリース。2016 年の時点で Seberevolta はチェコとスロヴァキアに支部を抱えるまでに広がっている。見た目はハードコアだが、ポジティヴかつスピリチュアルなラップをする異色のラッパー。トラックもピアノで自作しており、ロックやポップなアレンジをしているものも多い。モットーは「Stop Ego Rap」。いわゆるパーティ系やストリート系ヒップホップなど、エゴ丸出しのヒップホップを良しとせず、メッセージ性のあるラップを大事にしている。

TY A JÁ（feat. Christina Delaney）
 Raego がブレイクするきっかけとなったこの曲は、2011 年のチェコ音楽チャートで No. 1 となり、YouTube でも 1000 万回以上視聴されているモンスターヒット曲だ。Christina Delaney が歌う切なげなフックと、Raego が作曲も手がけたビートがキャッチーで、大衆ウケしたのもうなずける。プロダクションや MV のクオリティは低いが、この曲のヒット以降、他の曲・MV のクオリティは格段に上がっている。

 www.youtube.com/watch?v=hHBB4d1cx5M

ラエゴ
Raego

2004～　クラドノ
www.facebook.com/RAEGOTV　www.instagram.com/raegothespeaker/

YouTube で人気に火がついた
ポップなベトナム系ラッパー

　ベトナム系チェコ人のラッパー、シンガー、パーソナリティー。ベトナムとチェコのハーフという出自、また過去に太めの体型だったために厳しい子供時代を過ごす。2004 年、16 歳の頃音楽に目覚め、Jungle Bunny というユニットで活動を開始する。短期間でユニットを離れると、ソロとして制作活動を行うようになる。2010 年に YouTube チャンネルを立ち上げ、オリジナル曲や動画を投稿し始めた。2011 年にシンガーの Christina Delaney とコラボした「TY A JÁ」が大ヒットを記録。YouTube では 1000 万回以上の視聴数を誇っている。以降も、Christina Delaney や Viktorie Krásná などさまざまなシンガーとコラボし、高い視聴数を得ている。作詞作曲をこなす Raego はレーベルには所属せず、YouTube に楽曲を投稿するスタイルが中心の SNS 世代なアーティスト。ライヴなどは行うが、これまでにアルバムをリリースしていない。その他の活動として、ラジオ番組でパーソナリテイを務めている。若い世代に人気だが、ヒップホップというよりラップを取り入れたポップスといった印象である。

Marpo
マルポ

Jsi Nebezpečná
2012年リリースのアルバム『Melancholie XOXO』からのヒット曲。ラップだけでなくフックを歌うことに挑戦し、評価された。スローでキャッチーなフックが大衆ウケしそう。女性はエネルギーの源でもあるが男性にとって危険な存在にもなりうる、と女性への気持ちを表現した内容のリリックで、繊細な一面を見せている。MVの前半はMarpoがバーでラップしているだけで少し退屈だけれど、後半に美女が登場してセクシーな展開になるのが見どころだ。

https://www.youtube.com/watch?v=npM0tXsiNrU

ALBUM
Původ Umění (2005)
Marpokalypsa(2006)
Rapstar(2007)
Knockout(2010)
Melancholie XOXO(2012)
R!OT(2013)
Lone Survivor(2016)
Dead Man Walking(2018)

PROJECT ALBUM
Trouble Gang(TroubleGang)(2015)

MIXTAPE
BANG!(2007)

EP
352(Marpo x Wohnout)(2012)

1999〜　プラハ　Universal, PVP Label, MafiaRecords
www.facebook.com/mcmarpo　www.instagram.com/mcmarpo/

有名ギタリストを父に持ち、ポップ・ロックのドラマーで元ムエタイ選手

プラハ出身のラッパー兼ポップロック・バンドChinaskiのドラマー。父親はチェコの著名なギタリストOta Petřina。13歳の頃、2 Pacに影響を受けてラップを始める。2005年にアルバム『Původ Umění』でデビュー。プロデュースはラッパー/プロデューサーのGipsyが担当した。翌2006年には再びGipsyプロデュースで2ndアルバム『Marpolalypsa』をリリースする。この作品にはチェコ、スロヴァキアの他にアメリカからもHard TargetやOuthereなどのラッパーが参加した。2007年Marpoはuniversal Musicと契約し、その傘下にサブレーベルMusicloversを立ち上げる。同年、そこから3rdアルバム『Rapstar』を発表した。2008年にポップロック・バンドChinaskiにドラマーとして加入し、以降ラッパーとドラマー、二足のわらじを履いて活動するようになる。Chinaskiとしては2017年までに3枚のアルバムに参加している。2010年に4th『Knockout』をリリースした後、PVP Labelへ移籍し、2013年に5th『R!OT』を発表。ゴールドディスクを獲得するヒットとなった。2015年にはラッパーIronKap、MC WohnoutとともにTroubleGangを結成し、アルバムをリリース。その後Mafia Recordsへ移籍して2016年に6th『Lone Survivor』をリリースしている。

少し高めの個性的な声でスピットする勢いのあるフロウが特徴。フリースタイル・バトルで活躍したこともある実力者である。ムエタイの元選手でスポーツ好き。14歳の時から付き合っていた女性と結婚している。

Jméno writera

2003年リリースの2ndアルバム『Hořký Menu』からのヒップホップ・クラシック。ブルノの街でグラフィティを描くことに情熱を捧げるクルーのことをラップしたグラフィティ賛歌ともいえる内容だ。「いつまでも決して忘れない／何をくれたか、どんな風に生きたのか／いつまでも決して忘れない／起きたとき何を考えていたのか」と繰り返されるフックが印象的。MVでも当時のブルノにおけるグラフィティ・シーンがリアルに捉えられている。

YouTube https://www.youtube.com/watch?v=TMLcGtmHdCc

ALBUM
Blázni jsou ti...(2001)
Hořký Menu(2003)

ナシェ・ヴィェツ

Naše Věc

- Dup X, Apoka, Drone, Scissal, 2Jay, DJ Opia 1997〜2006 ブルノ Zee Prime,XProduction
- www.facebook.com/NaseVec

ヒップホップ創成期に活躍した伝説的オールドスクール・ユニット

チェコ第2の都市ブルノ発のヒップホップ・ユニット。1997年にMCのDup X、Scissal、Plgál、Číňanがフリースタイルでラップを始め、Naše Věcとしてデモテープを製作するようになる。Plgál、Číňanが脱退した後、2000年にラッパーのPsicho、2Jay、Apoka、Drone、DJ Opiaが加入。6MC1DJで2001年に1stアルバム『Blázni jsou ti……』を発表した。2003年にリリースされた2ndアルバム『Hořký menu』がヒットとなり、ヒップホッ

プ・ファンからも大きな支持を得た。チェコのヒップホップ・フェスティバルHip Hop Kempにも出演済み。ユニットは2006年に解散した。解散後、メンバーはそれぞれソロまたは別ユニットを結成して活動を続けている。

チェコのヒップホップ黎明期に活躍し、現在では伝説的オールドスクール・ユニットとしてリスペクトされているNaše Věc。サウンド的には、90s半ばのNYヒップホップ・シーンに大きく影響を受けている。

スロヴァキア／SLOVAKIA

国名：スロヴァキア共和国
首都：ブラティスラヴァ
面積：49,037 平方キロメートル
人口：542.6 万人
民族：スロヴァキア人（約 80.7%）
言語：スロヴァキア語
GDP：866 億ドル
一人当たり GDP：15,992 ドル
通貨：ユーロ
宗教：カトリック・キリスト教（62%）、
　　　プロテスタント（ルター派）6%
国歌：稲妻がタトラの上を走り去り
独立記念日：1993 年 1 月 1 日
有名人：ペーター・サガン、アドリアナ・カランブー、
　　　　ダニエラ・ハンチュコバ
音楽賞：ZAI Awards
ゴールドディスク認定枚数：2,000 枚
プラチナムディスク認定枚数：4,000 枚

文化、政治、社会

　9 世紀にスラヴ民族によって大モラヴィア王国が建設されるが、10 世紀後半には大モラヴィア王国が崩壊し、スロヴァキア側の領土はハンガリー王国の支配下に入った。以降、約 1000 年に渡ってハンガリー王国の支配下に置かれた。第一次世界大戦後にチェコスロヴァキア共和国として独立するが、チェコ人優位の支配であったために対立し、親ドイツ派となる。強まるナチス・ドイツに支援によって 1939 年にチェコスロヴァキアから独立し、ドイツの保護国となった。枢軸国として参戦した第二次大戦終了後にチェコスロヴァキア共和国として復活し、ソ連率いる共産主義圏に組み込まれた。1989 年にビロード革命によって民主化を果たした後、1993 年にはチェコとスロヴァキアが平和的に分離された。2004 年に EU と NATO に加盟。

　1980 年代にヒップホップ・カルチャーが徐々に入ってくるようになり、90 年代になってブレイクダンスやグラフィティが人気となった。最初のラップ・アルバムのリリースは 1993 年。90 年代からアンダーグラウンドでラップ文化が形成されていき、この頃から第一線で活躍し続けるラッパーも多い。ターニングポイントは 2003 年の Kontrafakt「Dáva Mi」の大ヒット。以降、ヒップホップはマス・カルチャーの一部として高い人気を誇る。小国ながらラッパー人口が多く、メジャーで活躍するアーティストも多いため、レベルの高いヒップホップ・シーンを形成している。

Rytmus
リトムス

ジプシーをルーツに持つスロヴァキアのヒップホップ・キング

- 🛡 📅 1991～　📍クロメルジーシュ　💿 Tvoj Tatko Records
- 📘 www.facebook.com/Rytmusjepan/　📷 www.instagram.com/rytmusking/

スロヴァキアを代表するラッパーで、ロマ民族をルーツに持つ。1991年にブレイクダンスのグループX-BOYSとして活動をスタート。ダンサー名はMetamorfolordで、ダンサーとしての才能も注目されていた。その後ラップを中心に音楽活動を始める。1997年に発売されたコンピレーションCD『Zvuk ulice』にはMetamorfolord名義で参加している。2001年にラッパーEgoとDJ Anysに出会い、ユニットKontrafaktを結成。2003年にシングル「Dávami」でデビューし、チェコ、スロヴァキア両国で大ヒットとなった。また同年Rytmusはオーストリアのビートボックス大会で2位に入賞。KontrafaktはSony Musicと契約を果たし、2004年に1stアルバム『E.R.A.』をリリース。その人気を確固たるものとする。Rytmusは2006年に自主レーベルTvoj tatko recordsを設立し、ソロ1stアルバム『Bengoro』を発表した。以降Kontrafaktとしてさらに2枚、ソロとしても合計4枚のアルバムをリリースしている。ソロアルバムはすべてプラチナム認定を受けており、3rdアルバム『Fenomen』に至ってはトリプルプラチナム認定。

チェコとスロヴァキアにおいてもっとも商業的に成功したラッパーである。ラッパーとして魅力的な声とカリスマ性のあるフロウを持ち、ラップスキルも高い。2011年、2012年とタレント発掘番組「Česko Slovenská Superstar」「Hlas Česko Slovenska」などの審査員を務めたことでも、さらに幅広い層に人気を広げた。これまでにチェコ、ポーランドやアメリカのアーティストとコラボし、ヨーロッパをツアーするなど、国際的に活躍。2015年にはRytmusの半生を追ったドキュメンタリー映画『Rytmus, a dream from the block』が公開されている。女優兼シンガーのDara Rolinsと2012年から2014年まで結婚していた。

Deti Stratenej Generácie(feat. Ego)

Kontrafaktのメンバー Egoをフィーチャリングに迎えた2011年の大ヒット曲。「失われた世代の子供たち」と題されたこの曲は社会批判的な内容のリリックで、どんな環境でも負けない精神の強さをラップしている。Rytmus と Ego の貫禄のあるラップとメロディアスなフックが魅力だ。Rytmus はフック部分で歌にも挑戦している。MV の冒頭でヘリに乗って登場するあたりお金のかけ方がさすが。3rd アルバム『Fenomen(2011)』収録曲。

You Tube www.youtube.com/watch?v=s6aBseA09LE

Monopol

レス・マッキャンの「Benjamin」をサンプリングしたシンプルでかっこいいトラックは、H 16 のプロデューサー Grimaso が手がけたもの。ささやくように Rytmus が歌うフックも雰囲気があっていい。これが自分のスタイルだと宣言するようなリリックで、優しい感じでもスラングは多め。団地を舞台に仲間たちと Rytmus が映し出される MV はどこかノスタルジックだ。2010年にリリースされたソロシングルで2015年発売のベスト盤に収録された。

You Tube www.youtube.com/watch?v=H-P3_H9Yalg

AKM

3rd アルバム『Fenomen』から EDMx ヒップホップなアゲアゲ・サウンドで大ヒットしたシングル。中毒性のあるクラブでウケそうなトラックだ。リリックは内容よりはフローや音遊びを重視している感じ。MV ではロマの楽団と一緒に移動したりパフォーマンスしたりする作りになっていて、自身のルーツでもあるロマたちが多く出演する。「ヨーロッパ No. 1 のラッパーです」のアナウンスが入るあたり、Rytmus の大胆不敵さと自信がうかがえる。

You Tube www.youtube.com/watch?v=R9f0O1ohXtM

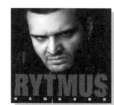

Cigánsky Sen

1st ソロアルバム『Bengoro (2006)』からヒットした代表曲の一つ。「ジプシーの夢」と題されたこの曲で Rytmus は、底辺から TOP までのし上がっていくことを夢見るロマとしてのメンタリティーをラップしている。フックの「ロマじゃない奴らが俺のことをどう思おうと関係ない／……敬意を受けず自分の目的を達成するぜ／俺は自分のジプシーの夢を築き上げる」というリリックが印象的。プロデュースは DJ Wich。MV はニューヨークで撮影されている。

You Tube www.youtube.com/watch?v=8BXzkRIMalw

POVOLANIE SYN

2016年リリースの4thアルバム『KRSTNÝ OTEC』からのヒット曲。Maiky Beatz が手がけたビートはシンプルながらシビれるかっこよさを味わえる。リリックでは親の金で贅沢するような若者に対する軽蔑を表現。貧しい生活からのし上がってきた Rytmus らしいメッセージだと言えるだろう。ラップにも迫力があって曲に引き込まれる。MV も内容に合わせたストーリーが展開されるが、時々見られる Rytmus の元ダンサーらしい動きにも注目。

You Tube www.youtube.com/watch?v=d5CValPZFDQ

ALBUM
Bengoro(2006)
Kral(2009)
Fenomen(2011)
Krstný Otec(2016)

PROJECT ALBUM
E.R.A.(Kontrafakt)(2004)
Bozk na rozlúčku(Kontrafakt)(2007)
Navždy(Kontrafakt)(2013)

Separ

Viem

2014年に好評だった 2nd アルバム『Pirát』をリリースした後、新たに飛ばしたヒットシングル。ラッパーとして成功を収め、プライベートでも恋人（シンガーのTina）と結婚するなど、公私ともに絶好調の Separ にとって、人生における優先順位が変わったことなどをラップしている。バックに聴こえる女性の歌声は Tina のもの。Special Beatz プロデュースのダイナミックなトラックに、Separ の高いラップスキルと力強いフロウが映える。

YouTube https://www.youtube.com/watch?v=8c0regvKgqg

ALBUM
Buldozér(2012)
Pirát(2014)
Pancier(2017)

PROJECT ALBUM
Teraz Už Naozaj(DMS)(2008)
Čo Sa Stalo?!(DMS)(2011)
MMXV(DMS)(2015)

2001～　プラティスラヴァ　DMS Records
www.facebook.com/separ.dms/　www.instagram.com/separ.vybornyclovek/

カリスマ性のあるソリッドな　フロウをかます人気ラッパー

　2001年頃にグラフィティ・アーティストとしてスタートしたラッパー。またの名を Monsignor Separ。のちにラップを始め、2kusy、DWS などのユニットを結成してアンダーグラウンド・シーンで活動を開始した。DWS が解散したとき、メンバーだったラッパーの Dame とともに、プロデューサーの Smart を迎えて新たに DMS を結成。2009年にヒップホップ・レーベル Gramo Rokkaz と契約し、2011年に DMS のデビューアルバム『Čo sa stalo?!』をリリースした。翌2012年にはソロアルバム『Buldozér』を発表。ストレートな物言いのラップで成り上がり系スタイルをアピールした。しかし 1st アルバム発表後、Separ はスタンダードなヒップホップを離れてトラップに傾倒。これが原因で Gramo Rokkaz と不仲になり、契約を解除している。Separ は DMS として自主レーベル DMS Records を立ち上げる。2014年にソロ 2nd アルバム『Pirát』を発表。スロヴァキアからだけでなく、チェコの Vladimir 518 やアメリカの Rakka Iriscience （Dilated People）らゲストが参加し、大ヒットを記録した。2015年には DMS の 2nd アルバム『MMXV』をリリースしている。

　カリスマ性のあるソリッドなフロウを聴かせるスロヴァキアの人気ラッパーの一人。スロヴァキアで最も乱暴な言葉遣いで辛口なラッパーだと自負している。スロヴァキア人シンガーの Tina と結婚している。

Kali
カリ

Koniec je nový začiatok

プロデューサーの Peter Pann と組んでリリースした同名アルバム『Koniec je nový začiatok（2012）』からのヒット曲。「どんなことにも終わりがあり、終わりは新たな始まりとなる」というメロディアスなフックが耳に残る。Kali はラップし、歌い、声の表現力を駆使している。曲の終盤にドラムンベースへ変調し、高速ラップでしめくくる部分がテンションを上げてくれる。MV は数々のライヴ会場で撮影された動画のコラージュになっている。

You Tube https://www.youtube.com/watch?v=15clQyRDNMk

ALBUM
Pod Maskou Je Pravda(2010)
Kto To Povedal?(2012)
Zlý Príklad (2016)
Dezert(2017)

PROJECT ALBUM
Konec Je Nový Začiatok(Kali&Peter Pann)(2012)
Užívam Si To(Kali&Peter Pann)(2013)
N!kto(Kali&Peter Pann)(2015)

2007〜　ブラティスラヴァヴァ　KALI RECORDS
www.facebook.com/KALI.OFFICIAL.PAGE/　www.instagram.com/dezertkalimusic/

メインストリームで人気を博す
タトゥーだらけの漢気 MC

　ブラティスラヴァのペトルジャルカ地区出身。高校生の頃からライムを書き始めたという Kali は、2007 年に本格的にラッパーとしての活動をスタート。2008 年にラッパーの Mates、のちに Peter Pann として知られるプロデューサーの DJ Mako とともにユニット 85101 を結成して、EP『Nová Krv』をリリースした。また並行してソロでも活動し、「SOM HRDY」というソロ曲で最初の MV を公開している。2010 年にアルバム『Pod Maskou Je Pravda』でソロデビュー。以降、ソロ名義、またはプロデューサー Peter Pann との共同名義で計 7 枚のアルバムを発表しているほか、チェコ、スロヴァキアの数々の大物アーティストたちともコラボしている。2016 年リリースの 7th ソロアルバム『Zlý Príklad』はすでにプラチナム認定される大ヒットを記録中。

　YouTube に上がっている MV は軒並み数百万視聴数を超えている人気ラッパー。トラックはエモ系、EDM 系などポップなサウンドを取り入れたものからストリート系までさまざま。Kali は少しかすれ感のある声質を持ち、なめらかなフロウを聴かせる。身体はタトゥーだらけで、左目の上に母親の名前のタトゥーを入れている。

マイク・スピリット

Majk Spirit

自伝も出版！スキルフル X ポジティヴなラップで人気のカリスマ・スター

🛡 📅 2000〜　📍ブラティスラヴァ　◉ BeatBan, Spirit Music
f www.facebook.com/MajkSpirit/　📷 www.instagram.com/majkspirit/

　2000年頃、16歳のときにライムを書き始めた。2001年にはラッパーSuverenoとコラボした最初の曲「Poézia ulice」を発表し、注目を集める。2003年にラッパーOtecko、DJ Yanko Král、AbeらとともにユニットH 16を結成。2004年に1stEP『Jednašeska ftvojom klube』をリリースし、スロヴァキア中でライヴを行う。2006年にH 16のデビューアルバム『Kvalitný materiál』がリリースされ、大ヒットを記録した。同年からMajk Spiritはソロでも活動を始める。2010年に発表したミックステープ『Mladý rebel』では2005年から2010年までのソロ未発表曲を収録。2011年にアルバム『Nový Človek』でソロデビューするとプラチナム認定となるヒットを記録し、高く評価された。2012年にはMTVヨーロッパ・ミュージック・アワードで最優秀チェコ＆スロヴァキア・アクト賞を受賞している。また同年自主レーベルSpirit Musicを設立した。2013年にH 16の3rdアルバム『Rýmy, hudba a boh』を発表。2014年にはチェコ＆スロヴァキア版「The Voice」の審査員を務める。同年、スロヴァキア人アーティストとして初めてFacebookのフォロワー数が50万人を超えた。2015年にはソロ2作目となる2枚組アルバム『"Y" Black/White』をリリースし、再び大きなヒットを記録した。

　194cmの長身で、スロヴァキアではセクシーなラッパーと評されることも。フロウにもキレがあり、カリスマ性のあるラップを聴かせる。シアトル市立大学ブラティスラヴァ校経済学部を卒業しており、読書家としても有名。スラングはあまり使わず、人生や愛、信仰など精神性の高い内容のラップが特徴だ。好きなラッパーはEminem。2016年には自伝本『Chalan, ktorý vynašiel Spirita aby inšpiroval』を発売している。

Prime Time (feat. Maxo)

2015年夏に大ヒットしたアルバム『Y White』の1stシングル。プロデュースはLittlebeat。Maxoが歌ったコーラスが早回しでフックとなっていてアンセム感たっぷり。心地よく聴けるこのフロウ、リズム感、ポジティヴなリリックこそがMajkをスターたらしめていることがよく分かる曲だ。MVではMajkがブラティスラヴァの街を歩きながら、ファンや子供たちにアルバムをプレゼントして回る様子が美しい映像で映し出される。

www.youtube.com/watch?v=rruOu2nIPHc

Hip Hop

Millie Jacksonの「I Don't Want To Be Right」をサンプリングした『Nový Človek (2011)』からの人気曲。タイトル通りリアルなヒップホップ・サウンドを追求したトラックで、プロデュースはH16のBilly Hollywoodが担当した。ヒップホップ愛を表現するリリックとなっていて、MVもグラフィティやブレイクダンス、レコード屋などヒップホップ要素が詰まったものになっている。

www.youtube.com/watch?v=LNH_uJyXIn0

dobYjeme svet

2015年リリースのアルバム『Y White』からの2ndシングル。H16のAbeがプロデュースを担当したブーンバップ調のビートが、少しレトロさもあってかっこいい。リリックの内容は「いつか世界を従えるぜ」というポジティヴなもの。Majkのカリスマ性のあるフロウが冴えているし、聴きやすい声質であるのもあって、ラップもビートも楽しめる。黒と白をテーマにしたアルバムに合わせてモノクロ映像や黒いファッションを取り入れたMVもスタイリッシュだ。

www.youtube.com/watch?v=p79jf4E9Kso

Som aký som

2011年の1stアルバム『Nový človek』からH16のBilly Hollywoodがプロデュースした回顧的なトラック。「俺は俺」というタイトルで、1984年に生まれてからこれまでの自分の人生を振り返り、空手やサッカーに夢中になりながらも最終的に音楽にたどり着いた道筋を顧みるリリックとなっていて、最後のヴァースではまだ見ぬ将来についてもラップしている。真摯なリリックとセンチメンタルなギターの音色が魅力の曲だ。

www.youtube.com/watch?v=UfGEIT20akA

Feel Alright

Majkが自分に対して嫉妬する人やヘイターたちに向けてメッセージを送るトラック。自分は成功を収めているので、まったくお前らのことは気にしちゃいない、という内容だ。スローテンポでユニークなビートはPokerbeatsが手がけたもの。アムステルダムで撮影されたMVでは、マリファナを吸う（スロヴァキアでは違法）Majkと、多くのダンサーたちが登場する。2014年にリリースされ、後にアルバム『Y Black (2015)』に収録された。

www.youtube.com/watch?v=KcrxRmggwAY

ALBUM
Nový človek(2011)
""Y"" Black/White(2015)

PROJECT ALBUM
Kvalitný materiál (H16)(2006)
Čísla nepustia(H16)(2008)
Rýmy, Hudba a Boh(H16)(2013)

Moja Reč
モヤ・レチ

Asi To Tak Musí Byť
2006年リリースのミックステープ『Dobrí chlapci mixtape vol. 1』収録のストリートラップ。ストリングスが効いているビートの冒頭でSupaのウェットなフロウが絡む。シリアスさのあるヴァースとラテン調のメロディーで軽く歌われるフックとのバランスがいい。後半でラップするDelikもところどころ抑揚をつけてフロウの幅を広くしていて、スキルの高さを感じさせる。残念ながらMVはないようだ。

You Tube ▶ https://www.youtube.com/watch?v=WxHKzeDtLTs

ALBUM
S/M Show(2006)
Dual Shock(2008)
Dobrí Chlapci 3(2011)
Offline(2016)

MIXTAPE
Dobrí Chlapci Mixtape Vol. 1(2006)
Dobrí Chlapci Mixtape Vol. 2(2007)

👥 Supa、Delik、Jozef Engerer 📅 2004～ 📍 ハンドロウァ 💿 EMI, Good Fellaz Production, Moja Reč Records
📘 www.facebook.com/moja.rec/ 📷 www.instagram.com/mojarecordsdigital/

硬派なラップを聴かせる
　　ヒップホップ・シーンの中堅

　2004年にラッパーのSupaとDelikによって結成されたユニット。同年、バンドKomplotと協力して自主製作した初めてのデモ『Demo』が、アンダーグラウンドで注目を集める。プロデューサーは、メンバーとなったJozef Engerer。2006年にミックステープ『Dobrí Chlapci Mixtape Vol. 1』、1stアルバム『S/M Show』を続けてドロップ。2007年のミックステープ Vol.2のリリースを挟んで、2008年には32曲入り2枚組の2ndアルバム『Dual Shock』を発表した。2012年にはアパレルブランドMR Wearを立ち上げたほか、自主レーベルも設立している。2016年に約5年ぶりとなるアルバム『Offline』を発表。予約の時点から注文が殺到する注目の高さを見せ、評価も好評だった。

　派手さはないが、Supa、Delikの安定した硬派なラップスキルが魅力のスロヴァキア・ヒップホップ・シーンの中堅どころ。それぞれソロでも盛んに活動しており、Delikはコラボも含めて3枚、Supaは1枚のソロアルバムをリリースしている。

Country 2008

再結成して製作したアルバム『Big Beat（2013）』からの1stシングル。レイドバックなビート、あたたかみのあるメロディーはPekoがプロデュースを手がけた。BeneとLyrikのフロウにもリラックス感があり、「レモネード」と繰り返すフックも雰囲気があっていい。世界遺産の街バンスカ・シュチャヴニツァで撮影されたMVでは、LyrikとBeneがある男が探すストーリーが展開される。モノクロのMVで曲と合った雰囲気が楽しめる。『Big Beat（2013）』収録。

YouTube https://www.youtube.com/watch?v=4f12k81limo

ALBUM
Modré hory(2008)
Dobré slohy 2(2009)
Big Beat(2013)

MIXTAPE
Dobré slohy(2008)

EP
Posledný Román Pre Mužov(2008)
Byť Generation(2017)

モドレー・ホリ
Modré hory

🛡 👤 Lyrik、Bene 📅 2007～2009、2013～ 📍 ガランタ、プリエヴィドザ 💿 SInko Records,
📘 https://www.facebook.com/modrehory/

クラシック・サウンドが渋い
オルタナ・ヒップホップ DUO

　ラッパーのLyrik、Beneから成る2人組ユニット。それぞれソロや別プロジェクトで活動していたLyrikとBeneが2007年に結成し、MySpaceページを立ち上げて活動を開始する。2008年に1stEP『Posledný román pre mužov』をリリースした後、アルバム『Modré hory』でSInko Recordsよりデビューを果たした。2009年にはミックステープなどをリリースしたが、不和により解散し、再び個別の活動に専念。2013年には2ndアルバム『Big Beat』でカムバックした。『Big Beat』は90年代ヒップホップ的なサウンドを中心とした名盤である。

　メンバーのBeneは2001年から活動しているラッパーで、Modré horyの他にもKaraoke Tundromと活動するPeťo Tázok a Karaoke Tundraというプロジェクトを持っているほか、Delikら他のラッパーとのコラボアルバムもリリースしている。一方のLyrikは1991年から活動しているラッパーで、スロヴァキアで最初に活動を始めたヒップホップ・ユニットのひとつJSSのメンバーだった。JSSが2004年に解散してからは主にソロ活動をしている。洗練された知的なリリックが特徴的。

ハ 16

H16

▲ Majk Spirit、Otecko、Cígo、Grimaso、Abe、Billy Hollywood、Yanco Kral　📅 2003 〜　📍 ブラティスラヴァ
🌐 Hip-Hop.sk、EMI、Spirit Music　📘 www.facebook.com/H16.sk/　📷 www.instagram.com/h16crew/

Soulja Boy を手がけるプロデューサー擁する人気ヒップホップ軍団

　2003 年に首都ブラティスラヴァのペトルジャルカ地区で結成されたヒップホップ・ユニット。メンバーには Majk Spirit、Otecko、Cigo のラッパー 3 人と、DJ/ プロデューサーの Grimaso、Abe、Billy Holliwood、DJ Yanco Kral がいる。Billy Holliwood は 2013 年に加入した新メンバーである。2004 年にはデモ EP 『Jednašeska ftvojom klube』 を発表。2006 年のデビューアルバム『Kvalitný materiál』はヒップホップ・ファンの心をつかみ、「Nech ti nejebe」などのヒットが生まれた。アルバムもプラチナム認定されている。2008 年には 2nd アルバム『Čísla Nepustia』を発表。以降はメンバーのソロ活動が盛んになり、ソロでも成功をおさめるようになる。2013 年には Majk Spirit が設立したレーベル Spirit Music より 3rd アルバム『Rýmy, hudba a boh』をリリースし、再びプラチナム認定のヒットとなった。2016 年に 4th 『Sila』を発表した。

　声やフロウの異なる 3 人のラッパーそれぞれの個性がたっているのが魅力。またレベルの高い洗練されたビートを持つのも特徴的だ。プロデューサーが複数いることで、ニュースクールからエレクトロ系までバラエティに富んだスタイルのビートが楽しめる。Abe は Soulja Boy ら US ラッパーのプロデュースも手がけるようになっており、ビートのかっこよさはお墨付き。

Staré časy

2nd アルバム『Čísla Nepustia (2008)』からのヒット曲。「過ぎ去った日々」と題されたとおり、ノスタルジックな雰囲気のあるトラックだ。リリックも「あの頃のことを昨日のことのように覚えている」とヒップホップが始まった頃のことなどを懐古する内容になっている。筋トレ、ウォッカから DJ、TV ゲームにギャンブルまで、家に仲間が集まった時のお決まりの展開がワンテイクで撮影された MV も面白い。舞台となったのはペトルジャルカ地区の団地。

www.youtube.com/watch?v=4cJPvIa2EdY

Počítaj s name

2016 年リリースの 4th アルバム『Sila』からのヒット曲。メンバーの Abe が手がけた中毒性のあるダークなビートがかっこいいトラックだ。「コンサートもビジネスもパーティーも俺たちに任せとけ」と貫禄たっぷりにラップする内容で、Majk Spirit、Otecko、Cigo の順にテンポよくヴァースが回されていく。シーンのトップに立つ H16 ならではの説得力だ。倉庫エリアで H16 がヘリをバックにパフォーマンスする MV もクール。

www.youtube.com/watch?v=0RzWUc6hsuc

CELÚ NOC Vonku

3rd アルバム『Rýmy, Hudba A Boh (2013)』からヒットした繰り返すフックが印象的なヒップホップ・トラック。タイトル「一晩中」の通り、パーティ騒ぎをすることをラップした内容で、プロデュースは Grimaso。ミニマルな作りのビートに、Majk、Otecko、Cigo それぞれのフローが楽しめる。美女、高級車、大勢のクルーが揃ったヒップホップらしい MV だ。リミックス版にはチェコの Ektor や Orion が参加しているのも要チェック。

www.youtube.com/watch?v=MS0Du5ng_io

NA DNE (feat. MOJA REČ)

我らが日本の Nujabes の「Mistline」をサンプリングしたちょっとセンチメンタルなトラック。スロヴァキアの硬派ラップ・ユニット Moja Reč をフィーチャリングしている。プロデュースは Grimaso。人生にはいい時も悪い時もあることをテーマにラップしている。トラックに合わせて Otecko、Majk、Supa、Delik が落ち着いたフローを聴かせる。 3rd アルバム『Rýmy, Hudba A Boh (2013)』収録曲。MV は無い。

www.youtube.com/watch?v=5yuDWZLRN9A

Zarábaj Keš

「金を稼げ」というテーマでラップする疾走感のあるトラック。ストリングスの旋律が主となっているビートは Grimaso が手がけたもの。Cigo、Otecko、Majk の順にマイクを回し、「金を稼げ」と連呼しまくり、ハングリー精神を煽るフックが印象的だ。モノクロの MV では、メンバーがピザの配達員やホットドッグ屋、整備工などに扮して金稼ぎをしているところをアピールしている。デビューアルバム『Kvalitný Materiál』収録曲。

www.youtube.com/watch?v=hkWenMjS7Yg

ALBUM
Kvalitný Materiál(2006)
Čísla Nepustia(2008)
Rýmy, Hudba A Boh(2013)
Sila(2016)

MIXTAPE
Antivirus (2009)

日本のトラップを
聴いたことがあるよ。
悪くなかった

Interview with Abe(H16)

https://www.instagram.com/abegothits/

H16は、Kontrafaktと並び、スロヴァキアのメジャー・シーンで活躍する二大ヒップホップ・ユニットの一つである。3人のMCと4人のDJ／プロデューサーを擁する大所帯ユニットH16において、結成当初からプロデュースを手がけるAbeとのインタビューを敢行した。Abeは近年、Soulja BoyやChief KeefらUSラッパーも頻繁にプロデュースしていて、トレンドの先端をいくビート作りがアメリカのシーンからも注目され始めている。質問文をまとめて送ると、比較的早く、簡潔な回答が返ってきた。USサイドと仕事をしているだけあって、外国とのやり取りに慣れていたようだ。

——日本の読者に向けて簡単に自己紹介をお願いします。
俺の名前はMichalでAbeBeatsとよばれている。15年ほど前、俺のクルーH16とともにビートを作り始めた。俺たちはすごく若くてお金もなかったけど、有名になったんだ。初めての曲はすごく良くて、人々も気に入ってくれた。今、俺は成長して、アメリカのメジャー・アーティストたちとも仕事をしているよ。

——最初にヒップホップにハマったきっかけは？
18歳の頃だ。GangstarrやGroupHomeが好きだった。

——お気に入りのラッパーは誰でしたか？
Gangstarr、Dilated People、J Dilla、Rasco、Planet Asia、他にもたくさん。

——今年アメリカのアトランティック・レコードと契約しましたよね。どうやって実現したんでしょうか？ 東欧ヒップホップ・シーンからアメリカのレーベルと契約を果たしたのは、あなたが初めてですよね。
実はアトランティック・レコードと契約してないんだけど、一緒に仕事をしている。いい友達が向こうにいて、俺がビートをメールで送って、やりとりしているんだ。トレードみたいにね。

——アトランティックと仕事を始めて人生変わ

りましたか？
もちろんだよ。モチベーションが上がりまくっている。

――US ラッパーなら誰をプロデュースしてみたいですか？
Future、Wiz Khalifa、Travis Scott。他にもいるね。

――キャリアを積むためにアメリカに引っ越すことはありますか？
もしかしたらいつかな。でも今じゃない。俺は自分の国が好きだし。

――どんな音楽や経験にインスパイアされて、プロデューサーになろうと思ったのですか？
ヒップホップ。

――あなたが作るビートはかっこいいし、世界のトレンドにも合っています。どこからビートのインスピレーションを得ていますか？
人生すべてだ。太陽が昇っていい天気ならね。でも大抵は、何か新しいものが出てきたときだね。Travis Scott が最近出したアルバムは最高だね。

――ビート製作に使っている楽器やソフトウエアは？
FlStudio12 と MPC Akai タッチ。

――どのようにして H16 を結成することになったのですか？
H16 の 1st シングルを俺がプロデュースしたことから。そこからすべてが始まった。

――私が間違っていなければ、H16 は 3 人プロデューサーがいますよね。H16 の中ではどうなっているのでしょうか？
Grimaso、俺、Billy Hollywood だね。Grimaso はグループの DJ で、俺はプロデューサー。Billy は今気功を習っているよ。Billy はプロデューサーではないけど、いい奴だよ。

――今までやってきた仕事の中で一番印象的だった作品の話を教えてください。
たぶん US ラッパー Chief Keef とやった最初の仕事かな。Chief にビートを送ったら、次の日には最高なものができたよ。Chief は俺のビートの曲で MV も作ったんだ。(*) それからアメリカでの活動が始まって、向こうでも「ワオ、Abe って誰だ？」ってなっているわけさ。

(*) Chief Keef「Ain't Done Turnin Up」のこと。

――あなたにとってヒップホップのクラシック・アルバム 3 枚を挙げてください。
今のクラシックは Gucci Mane、Rick Ross、Waka Flocka。でも古い方のクラシックなら、Nas、Busta Rhymes、Mobb Deep だね。

――今のスロヴァキアのヒップホップ・シーンをどう思いますか？
大きな進歩だ。

――これまで Cassius Cake や Logic など若い世代も含めて、さまざまなアーティストとコラボしていますよね。チェコとスロヴァキアのラッパー／プロデューサーで注目している人はいますか？
分からないけど、Cassius Cake はかっこいいね。彼もプロデューサーだよ。Logic は MC だ。Logic も好きだよ。**チェコ・シーンの Hugo Toxxx が好きだ。**

――あなたのステージ・ネームの Abe は日本と何か関係があるんでしょうか？ 日本だと苗字なのですが。
ハハ、いいや。もしかしたら来世で。

――日本には来たことありますか？ 日本に対してどんなイメージを持っていますか？
俺の友達はあるけど、俺はまだ行ったことがない。でも日本は素晴らしい国だと思うよ。

――日本のアーティストや音楽は聴いたことありますか？
日本のトラップを聴いたことがあるよ。悪くなかった。どんな音楽も素晴らしいよ。

――日本に行ったらしてみたいことや訪ねてみたい場所はありますか？
いつか必ず行くよ。

――今後の予定は？
自分のスタジオ、家族、子供を作って、もっともっと音楽を作るぜ！

――日本の読者にメッセージをお願いします。
スロヴァキアから日本の読者へ乾杯。真実であれ。こんにちは。

「素敵な一日を過ごすと愛を保ちます」（Google 翻訳で訳したと思われるフレーズを最後に付けてくれた）

Pompeje

2014年リリースのこの曲で「フレッシュな才能が登場した！」と一躍注目を浴びるようになった Pil C。Peko がプロデュースしたミニマルなビートは、フックにサンプリングされた「ハレルヤ」のコーラスが印象的。Pil C はダミ声で独特のフロウを繰り広げ、そのラップスキルの高さと音取りのセンスの良さを見せつけた。スロヴァキアの音楽サイト Refresher がリリースしたデジタルコンピ『Freshtape2014』に収録されている。

YouTube https://www.youtube.com/watch?v=TJrJNt3Y8nk

ALBUM
Hype(2016)
V RÁDIU HRAL ELÁN, KEĎ UMREL TUPAC(2017)

Pil C
ピル・シー

2014～　パルティザンスケ　Comebackgang
www.facebook.com/pilctop/　www.instagram.com/pil_c/

次世代の気鋭ラッパーがダミ声で繰り出すフロウがハイレベル！

　ニュースクールを代表する次世代ラッパー。2014年に28歳で活動を開始してから、「Pompeje」「Faded」「Lost」など中毒性の高いトラップ・ビートにタイトなラップを乗せてヒットを飛ばし、瞬く間に注目ラッパーとなった。すでにチェコの大御所 DJ Wich や Separ らとも共演済み。2016年にデビューアルバム『HYPE』を発表し、2016年に最も活躍したラッパーの一人として高く評価された。ダミ声な声質、個性的なフロウが特徴のラッパーだ。革新的な若手アーティストが集まる Comebackgang というグループに所属し、アパレルブランドも展開中。短めのドレッドヘアーがトレードマーク。

　リリックは車の中で書くのが好きだという Pil C。シーンに登場して以来、BigBoss を含む数々のレーベルからオファーを受けるが、インデペンデントに活動することを選んでいる。

　2017年8月には新曲「Silent Hill」をリリース。ゲーマーを自負する Pil C らしいタイトルだ。11月に 2nd アルバム『V RÁDIU HRAL ELÁN, KEĎ UMREL TUPAC』を発表した。

Loading

Strapoがフリースタイルバトルで培ってきたラップスキルを存分に楽しめるこの曲は、中盤でStrapoが高速でまくしたてるフロウが鳥肌もののかっこよさ。シンセサイザーの旋律が印象的だが派手さはないビートに乗せて、Strapoが繰り出すラップには迫力があって、言葉が分からなくても胸に迫るものを感じられるはずだ。またアニメーションと実写がコラボしたMVも面白い。プロデューサーEmeresと組んで製作したアルバム『23』をしめくくるトラック。

YouTube https://www.youtube.com/watch?v=n9QIASIc6vk

ALBUM
23(2012)
Versus(2015)

Strapo
ストラポ

🛡 📅 2004〜　📍 ブラチスラヴァ　🏷 PVP/EMI, White Trash
📘 www.facebook.com/OfficialStrapo/　📷 www.instagram.com/strapo_official/

フリースタイル・バトルで培った
ラップスキルが超ドープ！

EminemやNázov Stavbyを聴いて育ったStrapoは、2002年に映画『8マイル』に影響を受けてフリースタイル・ラップを始めた。2006年、17歳のときに、フリースタイル・バトルのブラチスラヴァ大会で優勝。同年にはスロヴァキアで開催されているフリースタイル・バトル全国大会ArtAttackで見事優勝し、そのライムスキルを見せつけた。2007年に同大会で再び優勝し、唯一の2度優勝者となった。2007年にEP『MC, ktorý vedel priveľa』をリリース。またチェコのIdeaFatteや同郷のMoja Rečをはじめ、さまざまなアーティストとコラボするようになる。2008年にはDJ Spinhandzとともにミックステープ『50：50』を発表し、翌年にはチェコとスロヴァキアをツアー。デビューアルバム『23』がリリースされたのは2012年になってから。チェコのプロデューサーEmeresが全面プロデュースしたこのアルバムは高く評価され、さまざまな賞にノミネートされた。2015年には自ら設立した自主レーベルWhite Trashより2ndアルバム『Versus』をリリースしている。

フリースタイル・バトルで培われたスキルフルなライミングと安定感のあるフロウを誇る実力者。時折聴かせる早口ラップも必聴だ。

Interview with Strapo

——日本の読者に向けて簡単に自己紹介をお願いします。

やぁ俺の名前は Strapo。2004 年からスロヴァキアのヒップホップ・シーンで活動している。それ以前はリスナーとしてヒップホップを聴きこみ、分析したり、勉強したりしようとしていたよ。2004 年にラッパーとして活動を始めてから、2006 年と 2007 年にチェコとスロヴァキアのフリースタイル・バトル大会で優勝した。これまでに 4 枚のプロジェクトをリリースしている。1 つ目は EP『MC, ktorý vedel priveľa』。2 つ目はミックステープ『50:50』で、活動開始当初からこれまでずっと一緒にやってきている DJ Spinhanz とともに作ったんだ。ツアーもすべて彼と回っているよ。その後 2 枚のアルバムを出している。1 枚目は『23』で、2 枚目は『Versus』だ。

——あなたはフリースタイル・バトル大会で何度も優勝して、音楽キャリアをスタートしていますよね。その頃のエピソードを何か聞かせてください。

フリースタイル・バトルでキャリアを積んだけど、今はもうやってないんだ。フリースタイルが得意ってわけじゃないんだけど、昔はバトルしにきている MC がすごく好きだった。そして彼らを分析することもね。俺は人の考えを読んだり、相手の好き嫌いを見抜いたりするのが得意だったから、相手を言い負かすのも上手かった。その頃の思い出といったら、本当にたくさんあるからいつか本にしようかと思っているくらいだ。きっといつかそうするよ。当時俺は 16 歳で若くて、街から街へフリースタイル・バトルに行く度にそこの地元のチャンピオンに勝つものだから、地元の奴らは気に食わなくてムカつかれていたね。だからよく脅迫とかあったけど、幸いなことに一度もボコられたことはないよ。どの街でもバトルに勝って、地元の人にムカつかれていたことが、この頃を象徴する思い出かな。

——最初はどのようにヒップホップにハマったのですか？

若い頃はニューメタルとかハードな音楽が好きだった。Limp Bizkit や Linkin Park とかね。そういったバンドはよくヒップホップやラップの要素を取り入れていた。俺はそこに興味を持ったんだ。そうして聴いていくにつれて、ラップやヒップホップというのは、意見を言うことであり、個人のアティチュードを表すものだということが分かってきた。他の音楽ジャンルのように愛を表現することは少ないよね。それより、どんな考えや姿勢を持っているか、どんなアティチュードかってことが大事なんだ。それでより興味を持つようになって、自分でも挑戦するようになった。ラップやヒップホップの好きなところ、俺が興味を持つようになった部分は、リリックや音楽を通じてネガティヴな感情をより良いものに変えることができることだ。ポジティヴな感情は人を助けることができるし、それによって他者のストーリーを理解したり、自分の問題を生きる支えになったりすることもできるからね。

——当時好きだったラッパーは誰ですか？

俺が一番好きだったラッパーは Čistyhov っていうスロヴァキアのラッパーだ。世界でいうと、フリースタイル・フライデーのチャンピオン、MC Jin が好きだね。あと一番大事なのは Eminem。彼の人生やストーリーにとても共感したし、俺のファンの多くが、俺のことをスロヴァキアの Eminem だって思っているよ。俺はそういう比較は好きじゃないんだけど、ラップの技術的な要素に対するアティチュードが似ているというのは事実だと思う。似たようなビートが好きだったり、似たようなテクニカルなフロウを持っていたりね。だから Eminem は好きだよ。『8 マイル』がフリースタイル・バトルを始めるきっかけだったしね。あと最初の頃お気に入りだったラッパーは Busta Rhymes だ。

——あなたはとてもスキルフルなラッパーです

が、練習するのが好きなタイプですか？ 鍛錬で磨き上げたスキルなのでしょうか？

俺は確かに技術重視のラッパーだ。ラップにおいてテクニックはとても重要だと思う。ラップは、音楽に言葉やリリックを合わせたもの以上の意味を持っていると俺は考えているんだ。言葉やその響き、スピード、リズムはすべて重要だし、注意するようにしている。だから、その通り、昔はたくさん練習したよ。若いときはスタジオで何時間もフリースタイルしては、言葉遊びとかも練習した。今でもよく練習するんだ。毎回ライヴの前には家でショーのすべてを声に出して練習しているよ。テクニックの完璧さは繰り返すことがもたらすと考えている。何度も繰り返し練習することが大事だね。スキルフルなラッパーは皆すごく練習を積んでいると思うから、できる限り繰り返し練習するべきだ。それから高校時代、演劇クラスに通っていたんだ。そこでは演技のために、正しく発音することや、発声法、スピーチの中での抑揚の付け方などを学んだよ。これらも俺のラップに大きく影響を与えたと思う。

——Eminem があなたのインスピレーションだったんですか？

そう、Eminem は俺のインスピレーションだった。彼のフリースタイル、トラック、リリック、彼の考え方がね。Eminem の育った環境は俺のと似ていたんだ。俺の子ども時代はあまりいいものじゃなかった。両親とは仲が悪かったし、Eminem 同様、母親と 2 人暮らしだった。だからとてもインスパイアされたよ。彼のストーリーには共感できたし、彼のことがよく理解できたから、魅力を感じたんだ。でも他の多くの人にもインスピレーションを受けているよ。例えば Busta Rhymes とか。あまり名前を挙げたくないけど、音楽を技術的に向上させることができるアーティストを中心にさまざまな人々に影響を受けた。

——どんなテーマをラップしていますか？

俺が普段ラップしているのは、そのとき頭の中にあることだよ。そのとき社会で話題になっていることとかね。俺は自分のことをアーティス

トであり、インフルエンサーであると考えているから、曲の中では社会で起こった一般的なトピックも取り上げている。誰もが自分の意見を表現することができるけど、俺は影響力を持つアーティストとして、人々が社会で起こっている出来事についてより深く理解できるように分かりやすく伝えるべきだと思っているんだ。だから時には難解なトピックやテーマを分かりやすく伝えようとしている。俺が学んだり、興味を持ったりしたことで、一般の人々が知らないこともあるだろ。だからそんなトピックも曲で取り上げたりするよ。それは政治のこともあるし、戦争やお金の話、善悪の話であることもある。俺はどんな人も理解できるように分かりやすく表現しているんだ。

——インターネットで、あなたが政治的なコメントをよくするという記事を読みました。移民問題についてどんな考えをお持ちですか？ スロヴァキアは移民受け入れに反対していますね。

移民問題はとても複雑で、難しいトピックだから、何時間も話すことができるくらいだ。俺が思うに、人々はより人間らしく、平等であるべきだよ。ヨーロッパの多くの人々にとって理解しがたいのは、ヨーロッパの人々だって、天災や戦争など何かしらの理由で難民になり、外国に出て行く可能性があるということだ。今の難民と同様にね。だからそれぞれの視点で見方が変わると思う。もちろんテロリズムや宗教の違いなどに関する異なる観点も理解できるよ。でも、それでジャッジしたり、一般化したりして考えるべきではないと思う。重要なのは、政治家は恐怖を作り出していると理解すること。政治家は問題を単純な構造にみせて、それを利用し、メディアを通じて人々を洗脳しようとするんだ。その問題を通じて簡単に恐怖を生み出すんだ。例えばスロヴァキアはとても小さな国で、移民はほとんどこの国に来ていない。それなのにメディアや政治家は、ものすごい恐怖を煽った。国会には移民問題を扱う新しい政党までできて、国民にすごくアピールしているし、支持

も伸ばして人気のある政党になっているんだ。だから俺は、政治家は人々に状況をより分かりやすく伝え、市民が自分たちで考えて、自分たちで考えて決断することができるようにするべきだと思う。メディアが伝えることを鵜呑みにするのは良くないよ。

——これまでに『23』『Versus』と2枚のアルバムを出しています。『Versus』では歌やハードコアを取り入れるなど、より自分のスタイルを実験して多様なアルバムになっているように感じましたが、このアルバムはどんなことを反映しているのでしょうか？

『Versus』は個人的にも大きな進歩だった。これは、チェコ、スロヴァキア中をたくさんツアーしてライヴした経験が関係している。ライヴでパフォーマンスすることについて多くを学び、より深く理解できるようになったんだ。だからニューアルバムを製作することになったとき、その技術を取り入れたいと思った。その技術を実際アルバムで使えるようにしたかった。俺がDJとともに1MC1DJでパフォーマンスしているときはすごく真摯だし、観客から見てよりリアルに、より興味深くものにできるように気をつけている。だからライヴのときの要素をすべて取り込みたかったから、それをアルバムで感じられるよ。いくつかの曲ではシャウトしたり、歌っている曲があったり、DJによるスクラッチも入っているしね。また『Versus』に関してとても重要なのは、人生において俺がとても怒りを感じている時期を反映していること。だからタイトルも「Versus（対）」にしたんだ。自分対社会、自分対音楽、自分対人生のように対立を感じていたから。その点もアルバムの全体的な雰囲気を作り出しているよ。俺は、何か新しいことをファンに伝えられると感じたときに、新しい音楽を作りたいタイプなんだ。『Versus』はこれまでの作品と違うのは明らかだと思う。なぜならそれが俺の音楽製作に対する哲学だからだ。

——これまでさまざまなチェコやスロヴァキアのアーティストとコラボしていますよね。今後

コラボしてみたいラッパーやプロデューサーはいますか？
別のアーティストとのコラボやフィーチャリングは重要だけど、俺にとってはそのコラボが自然な流れのものであるかが大切なんだ。マーケティングを目的としたコラボレーションはやりたくないし、マネージャーにも勝手によく知らないアーティストとのコラボを決めてほしくない。俺にとってコラボレーションは、その相手をよく知っている上でリアルな感情を表すものであるべきなんだ。例えばフェスとかで出会って、その後も付き合いが続くような関係があるといいね。俺はマネージャーにコラボ案件を企画されたくないし、今の時点で誰とやりたいとか明確な希望はないよ。新人もいろいろ出てきているし、チェコやスロヴァキアからもとてもいいプロデューサーが出てきているから、頭をオープンにして、興味を持つようなアーティストがいれば、ぜひ親しくなりたいね。コラボは常に自然な流れが大事なんだ。

——ヒップホップ・シーンでは近年トラップがとても人気を得てきていて、チェコやスロヴァキアでもトラップの人気が出てきましたよね。このトレンドについてどう感じていますか？トラップを取り入れることも考えていますか？
トラップはとても面白いと思うよ。単にヒップホップから新しいファッショナブルな流れが生まれたってことだ。これをヒップホップと異なるものとは考えていない。俺はトラップを聴いて、この新しいトレンドを観察している。そしてそれを俺独自のスタイルに利用したいと考えているよ。だから、他のアーティストみたいにコピーしたりしない。俺なりのやり方で取り入れたいと思っているんだ。

——あなたの仕事での1日はどんな感じですか？
大体午前10:00頃起きる。ミュージシャンとしてみなされている限り、俺は音楽を仕事ではなくて趣味にしておきたいと思っている。その考えを元に生きているんだ。つまり普段は別の仕事をしているってこと。俺はスロヴァキアの映画＆TV製作業界でフリーランスとして働いているんだ。なぜならミュージシャンになること以外に、この業界で働くことが子供の頃からの夢だったから。俺にとっては音楽を仕事ではなく趣味にしておくことが大事だ。そうしているからこそ、すべてのエネルギーや感情を音楽に注ぎこめると思う。**俺はお金を稼ぐためだけに音楽を作るようなアーティストになりたくない。**彼らは大金を使うからね。だから俺は音楽で稼いだお金を、音楽制作に投資している。たとえば、ニューアルバムで稼いだら、より良いスタジオやより良いサウンド、ミュージックビデオなどに投資するんだ。とにかく10:00に起きたら仕事して、夜には彼女や友達と過ごすよ。映画を観たり、プレイステーションで遊んだりね。将来的にはもっと運動したり、健康的な食事をしたりしたいと思っている。

——スロヴァキアにおいて、ラッパーで生計を立てるのは難しいですか？
前にも言ったけど、俺の場合はそうしていないんだ。俺は稼ぐために音楽を作ってはいない。もしそうしたら音楽に急かされるようなことになるし、俺はそんなことはしたくない。俺は、スロヴァキアの音楽のレベルを上げられるような良い音楽を作れる準備ができたときだけ、新しい作品を生み出したい。スロヴァキアでは一部のアーティストたちが音楽で生計を立てているけど、それでやっていけているのは3、4人くらいじゃないかな。

——スロヴァキアは大きい国ではないけど、比較的スキルフルなラッパーが多いです。なぜだと思いますか？
個人的に、スロヴァキア人はとても意欲的だと思う。スポーツや音楽の世界を見れば、夢を追い、目標を達成するにどんなステップを踏むべきか、分かっている人が多い。歴史的な観点から見た場合、スロヴァキアは影響力が大きい強国だったことがないから、俺たちスロヴァキア人はシンプルな生活を送り、普通の問題を抱えている普通の人たちなんだ。一方で、このシン

プルさが野心を生む。海外を飛び回り、大きな成功を収めているスロヴァキア人もいるよ。スロヴァキアは貧しい国だとは言わないけど、俺たちはとてもシンプルな国民であり、時にはそれが何か大きなことを達成するのに役立つんだ。

——あなたにとってのスロヴァキア・ラップのクラシック・アルバムを3枚教えてください。

Názov Stavby の『Reč naša』。タイトルは「俺たちの言語」という意味だ。このアルバムを聴いていた当時、俺はそのアイデアをとても誇らしく感じたよ。リリックや彼らの主張もすべてね。だからこれは俺にとって大事な1枚だ。それから Čistychov というアーティストがいるんだけど、彼のアルバム『Né produkt』は今日に至るまでスロヴァキアでソロとしてはベストアルバムだと思う。今でも時々聴くよ。すごく好きなんだ。3枚目は Kontrafakt の『E.R.A.』だ。彼らはスロヴァキア・ヒップホップをメインストリームへと育て、シーンを確立したグループだ。Kontrafakt はスロヴァキアにヒップホップ・シーンを作るのに大きく貢献した。シーン全体が、彼らの功績と現在のヒップホップ・シーンの地位に感謝していると思う。

——ラッパーとして達成したい夢はありますか？

ラッパーとして達成したい一番大きな夢は、問題やトピックに関する人々の物の見方を変えられる機会を得ることだ。俺はいくつかの問題に関して人々の考え方を変えようとしてきた。部分的にはこれまでに何曲かで達成しているけど、将来的には音楽を通じてより大きく達成したいと思っている。概して俺は、自分のネガティ

ヴな体験をリリックに込めた曲が、誰かの人生をポジティヴに変えることができるときが本当に嬉しい。それが俺にとって一番大事なことだ。

——日本には来たことありますか？　日本に対してどんなイメージを持っていますか？

いいや、行ったことはないよ。でも日本文化にはとてもインスピレーションを感じるよ。見聞きすることや、映画や料理すべてにインスピレーションを感じる。だからいつか、最低１ヶ月は日本を旅してみたい。本当は１年と言いたいところだけど！

——日本のアーティストや音楽は聴いたことありますか？

日本のアーティストに関して言えば、俺は日本映画を見る機会があった。英語字幕が付いた名作を見つけるのは簡単なんだ。俺が一番好きな日本映画は『７人の侍』だよ。音楽に関しては、少し日本の音楽を聴く機会があったけど、俺にとっては歌詞を理解するのがとても大事なんだ。音楽を聴いたときも全く歌詞を理解できなかった。技術的にはサウンドはとても良かったよ。日本語はとても興味深い言語だと思うけど、音楽を聴くときは翻訳などの助けが必要だね。

——日本に来たらしてみたいことはありますか？

日本にいつか行ったら、日本食を食べたいね。食べたことのないものを食べたり、飲んだり。それからサムライや忍者の文化についてもっと知りたい。都会も田舎も旅してみたいと思う。どちらも興味深いからね。それから相撲も見たい。たくさんのことを楽しめると思うよ。

——今後の予定は？

アーティストとしては今、ニューアルバムの製作に力を注いでいるところで、数ヶ月以内にリリースしたいと思っている。それから去年自分のレーベル White Trash を立ち上げたから、その方面でも活動を増やしたい。今年は別のアーティストのリリースをやっていきたいね。そして個人としては、仕事にしている映画 & TV 製作でも夢を叶えたい。映画などの映像作品を撮ることが夢なんだ。

——日本の読者にメッセージをお願いします。

日本の読者にメッセージを送るのは難しいな。でもこの場を借りて、まったく違う国の異なる文化を、音楽を通じてまとめるという興味深いアイデアに時間を投資してくれたことに感謝するよ。本当にありがとう。このインタビューのやり方でうまくできているといいけど。笑　俺たちにとっても難しかったから。レコーディングしたりライヴやったりで、とても忙しいけど、将来的にはたくさん旅をしたいし、そのうちの一つは間違いなく日本だ。日本に行ったら、ぜひ直接会ってお礼を言いたいと思う。

Kontrafakt
コントラファクト

- Ego、Rytmus、Anys
- 2001〜
- ピエシュチャニ
- Epic、EMI、Tvoj Tatko Records
- www.facebook.com/EgoRytmusAnys/
- www.instagram.com/_kontrafakt_/

格違いのカリスマ！スロヴァキア最重要ヒップホップ・ユニット

　2001年にラッパーEgoとRytmus、DJ Anysが出会って結成した、スロヴァキアでもっとも重要なヒップホップ・ユニット。2003年にシングル「Dáva mi」を発表すると、チェコ、スロヴァキア両国で大ヒットとなり、ヒップホップ・ブームの火付け役となった。KontrafaktはSony Musicと契約を果たし、翌2004年に1stアルバム『E.R.A.』をリリース。アルバムはプラチナム認定されるヒットとなり、その人気を確固たるものとした。2007年にはRytmusが立ち上げたTvoj Tatko Recordskから2ndアルバム『Bozk Na Rozlúčku』をリリース。スロヴァキア・ラッパーのゲスト参加はなく、唯一のゲストはUSラッパーNate Doggという大胆さで、他の同郷アーティストとの格の違いを見せつけた。2013年リリースの3rdアルバム『Navždy』ではDJ Premierともコラボしている。

　活動スタート当初は、初めてのライヴに無免許運転で向かったという逸話を持つKontrafaktだが、ビジネスセンスにも長けたカリスマRytmusと類まれなリリシズムで人気を博すEgoの存在のおかげで、今やヒップホップ・シーンの頂点に君臨。1stアルバム『E.R.A.』はスロヴァキアの三大クラシック・アルバムの一つと言われている。スラングや口撃が満載のリリックでセレブやスキャンダルをネタにすることが多く、物議を醸しがち。

Dáva mi
Stevie Wonder の「All In Love Is Fair」をサンプリングしたスロヴァキアのヒップホップ・クラシックの一つ。デビューアルバム『E. R. A.(2004)』に先がけて大ヒットを記録し、高い評価を受けた。Ego と Rytmus は存在感のあるフロウで、生き甲斐とするヒップホップへの愛をテーマにラップ。当時 TV 音楽番組でかかりまくった MV には、Rytmus が披露したビートボックスを母親がラジオと間違える場面もある。

You www.youtube.com/watch?v=b5Ykzo3T408

Bozk Na Rozlúčku
2007 年リリースの 2nd アルバム『Bozk Na Rozlúčku』からヒットしたタイトル曲。切ないピアノの旋律が耳に残るトラックは、米プロデューサーの DJ Catalyst が手がけた。シーンのトップにいる 2 人が嫉妬する人々を突き放す内容で堂々とラップする。曲の最後にソウルフルな歌声を聴かせるのはシンガーの Marcel Palonder。MV では Kontrafakt のツアーの様子や舞台裏を写していて、彼らの人気っぷりがうかがえる。

You www.youtube.com/watch?v=tjUWo7wl1YI

Stokujeme Vonku
2013 年リリースの 3rd アルバム『NAVŽDY』からのヒットシングルで、Maiky Beatz がプロデュースを手がけた。「ストリートでパーティするぜ」と繰り返すのが耳に残るバウンス系のパーティ・ソング。パーティ系だけにリリックに深い意味はないが、1 曲のうちに何度もフロウを変化させる Rytmus のラップが聴きどころ。リリカルさにこだわる Ego もそうだが、2 人のラップスキルの高さを感じられる 1 曲だ。高級車にバイク、美女が揃った MV もアゲ。

You www.youtube.com/watch?v=IVxnGaPJCx4

V Mojom Svete (feat. Separ, Ektor)
Separ とチェコの Ektor をフィーチャリングした、3rd アルバム『NAVŽDY (2013)』からヒット曲。ラップスキルの高い 2 人のゲストに、ベテランの Rytmus と Ego がしのぎを削ってハイレベルなフロウを聴かせる。自分の世界をテーマにトップに立つアーティストの視点からラップする。Separ、Ego、Ektor、Rytmus の順にマイクが回され、それぞれのスキルが高くてかっこいいトラックだ。プロデュースは Maiky Beatz。

You www.youtube.com/watch?v=RsDZ-Im2zx0

O5 S5
ヒップホップ界のカリスマ DJ Premier がプロデュースした 3rd アルバム『NAVŽDY』のオープニング・ナンバー。一聴すればそれと分かる重厚感のある上質のビートはまさにプリモ印だ。世界的な存在とコラボすることで、Kontrafakt が他のアーティストと確実に一線を画す存在であることを見せつけた。Kontrafakt がシーンに帰還！という内容で、Rytmus と Ego も熱量のこもったラップを聴かせる。イントロ扱いなので MV は無し。

You www.youtube.com/watch?v=cgoy5N8MIgs

Život je film (Kontrafakt pre PodzemGang)
PodzemGang は Ego がアンダーグラウンドのアーティストたちと組んだグループで、そのプロジェクトに Kontrafakt として参加した形となったのが 2015 年に出たこのシングルだ。プロデュースは新鋭 Aceman が手がけたもので 80s のシンセポップを彷彿とさせるドリーミーなトラックになっている。「人生はスロヴァキア映画のようだ」と歌うフックを挟んで Ego と Rytmus のタイトなライムを聴ける。ここでは Ego のヴァースが主役。

You www.youtube.com/watch?v=8XpRGbF9BJM

ALBUM
E.R.A.(2004)
Bozk na rozlúčku(2007)
Navždy(2013)

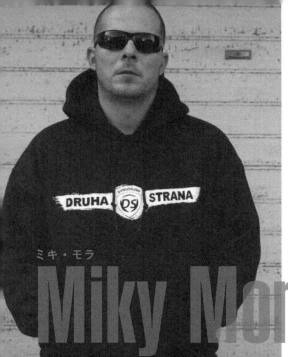

ミキ・モラ

Generácia revolúcie

プロデューサー Peter Pann とタッグを組んで製作したアルバム『Rep Vol. 2 (2013)』収録曲。タイトル「革命の世代」の革命とはスロヴァキアが 1989 年に民主化したビロード革命のことで、革命の前と後がどうであったか、どう変化したのかについてラップしている。子供時代に革命を体験した 1983 年生まれの Miky Mora の視点は、多くの同世代の共感を得た。MV でもまた革命当時の実際の映像が使われるなどしている。

YouTube　https://www.youtube.com/watch?v=bcXPPbRIWSY

ALBUM
Moratón(2006)
20.08(2008)
Diktátor(2015)

MIXTAPE
Ilegal Mixtape(2017)

PROJECT ALBUM
Výpoveď otom čojetu vidieť (Druhá Strana)(2006)
DUO (Druhá Strana)(2007)
Rep Vol. 2(Miky Mora & Peter Pann)(2013)
Synusojda (Druhá Strana)(2014)

EP
Rep Vol. 1 EP(Miky Mora & Peter Pann)(2012)

1997〜　ブラティスラヴァ　Hip-Hop.sk/EMI, Druha Strana s.r.o.
www.facebook.com/Miky-Mora-Official-FanPage-269222463091623/　www.instagram.com/mikymoraoriginal/

ストリートのリアルをラップし続けるベテラン・ラッパー

　ブラティスラヴァ、ペトルジャルカ地区出身のラッパー。1997 年にラッパー Moloch Vlavo とともにユニット Druhá Strana を結成して活動をスタートした。2004 年に EP『Zápalka』をリリースして注目を集め、2006 年にアルバム『Výpoveď otom Čojetu vidieť』でデビュー。Miky Mora は同年にソロとしても 1st アルバム『Moratón』をリリースしている。Druhá Strana は 2007 年に 2nd アルバム『DUO』を発表。『DUO』と『Moratón』はゴールドディスク認定されるヒットとなったが、Druhá Strana は 2008 年に解散した。Miky Mora はその後数多くのアーティストと客演しながら、ソロ活動に専念。2008 年にソロ 2 作目『20.08』をリリースしたのち、2012 年、2013 年はプロデューサー Peter Pann とコラボ作品『Rep』シリーズを発表した。2014 年には Druhá Strana を再結成させ、自主レーベル Druha Strana s.r.o. を設立。7 年ぶりの新作『Synusojda』をリリースした。2015 年には同レーベルから Miky Mora のソロ 3rd アルバム『Diktátor』がリリースされた。独裁者と題されたこのアルバムのジャケットには、金正恩、プーチン、オバマ、メルケルが並んでおり、物議を醸した。

　貧しい家庭で生まれ育った Miky Mora のラップは、ストレートでダーティーなストリート系。数々とラッパーとビーフを繰り広げた経験もある。

NAJKRAJŠIA VEC 2

「最も美しいもの」というテーマでラップする叙情的なトラック。最も美しいものとして、この世界や自分の人生、ストリートミュージックなどを挙げ、感謝や謙虚な気持ちを表現している。また乱暴な言葉遣いは一切入っていない。ストリングスの音色が美しく壮大さを感じさせるトラックは、プロデューサー Mugis が手がけた。ブラチスラヴァとルジョムベロクを舞台にスロヴァキアの自然や街を映し出す HD の MV も美しい。アルバム『Manuál (2013)』収録曲。

https://www.youtube.com/watch?v=n8IkF4dWW7I

ALBUM
Manuál(2013)
Nočné Mory(2017)

PROJECT ALBUM
Demolácia(Nezmysel)(2008)
Renesancia(Daimoniom)(2009)
Inšpirácia(Nezmysel)(2010)
Kopanec Múzy(Plexo&Mugis)(2011)
Víťazi A Porazení(Perpetum Mobile)(2012)
Votrelec(Plexo&Infinit)(2014)
Kopanec Múzy 2(Plexo&Mugis)(2015)

Plexo
プレクソ

2005～　ブラチスラヴァ　Mafia Records, Neni Problem
facebook.com/plexoplexo/　instagram.com/plexo_neniproblem/

低い声と落ち着いたフロウでエモにキメる！

2005 年ごろから首都ブラチスラヴァのペトルジャルカ地区を中心に活動しているラッパー。2008 年に Besný Tukan とともにユニット Nezmysel を結成し、1st デモ『Demolácia』をインディーでリリース。その他 Grazzel と組んだ Daimoniom や、プロデューサーの Mates と組んだ Perpetum Mobile、プロデューサー Mugis とのデュオなど、さまざまな形で自主リリース・アルバムを続々発表し、精力的に活動している。2013 年に 1st ソロアルバム『Manuál』を自主リリースにて発表。同年、ヒップホップ・レーベル Neni Problem と契約した。2014 年、2015 年にもそれぞれプロデューサー Infinit や Mugis と組んだコラボアルバムをリリースしている。

　2008 年から毎年なんらかの形でアルバムを発表している Plexo。低い声と落ち着いたトーンのフロウが特徴的である。エモーショナルなトラックにラップすることが多く、フックを自ら歌うことも。

Suvereno
スヴェレノ

Empatia（feat. Nicole）
2012年にリリースしたアルバム『Alchymista』から地元スロヴァキアはもとよりチェコでも大ヒットを記録したポップソング。シンガーのNicoleが一緒に歌いたくなるほどキャッチーなフックを歌う。「あなたは私／私はあなた」と共感をテーマにラップしていて、その内容は恋愛とも精神性とも取ることができる。MVでは溶け合う絵の具やハートとサソリなど象徴的な映像を背景に、NicoleとSuverenoがパフォーマンスしている。

YouTube https://www.youtube.com/watch?v=4Cpv2xhEktc

ALBUM
Král vs Joker (2010)
Alchymista (2012)
Jednoducho (2014)
Hra (2016)

MIXTAPE
Zlatá stredná cesta mixtape (2011)

PROJECT ALBUM
Taktomalobyťataktobude(2H+)(2005)
Bar Element EP (2H+)(2006)
Premium (2H+)(2007)

2001～　ブラティスラヴァ　Trinity Production
www.facebook.com/SUVERENO.2hplus/　www.instagram.com/suvereno.official/

コンシャス・ヒップホップを掲げるスピリチュアル・ラッパー

1996年にヒップホップと出会い、2000年頃、16歳でライムを書き始めたというSuvereno。最初はMCLという名前で活動していた。2001年にヒップホップ・ユニット2H+を結成し、2枚のアルバム『Taktomalobyťataktobude（2005）』『Premium(2007)』を発表している。2H+は2000年代半ばのスロヴァキアにおけるヒップホップ人気の一端を担ったユニットだが、2007年以降、新作のリリースはない。2007年にMCLからEl Suverenoに改名。2008年にSuverenoは2H+のメンバーVladisとともに、ヒップホップ・ミュージカル劇「Príbeh ulice」に携わった。その後MC名をSuverenoに統一。2010年にアルバム『Král vs Joker』でソロデビューを果たし、2016年までにミックステープ『Zlatá stredná cesta』を含め、さらに3枚のオリジナルアルバム『Alchymista (2012)』『Jednoducho (2014)』『Hra (2016)』を発表している。また2010年にスロヴァキアがサッカーW杯に初出場した南アフリカ大会では、Majk Spiritとともに応援歌「Slovensko v Afrike」を作った。

コンシャス・ヒップホップを掲げるSuverenoのラップは、精神性について語るものや、ポジティヴなメッセージを込めたリリックが多く、トラックもPOP色が強いものが多め。影響を受けた人物には、OSHOやブッダ、イエス・キリスト、ディーパック・チョプラなどの覚者が並んでいる。これまでにチェコ、スロヴァキアの数多くのアーティストと共演しているが、なかでも同様なメッセージを持つMajk SpiritやチェコのRevoltaらと仲がいい。

PANDÚRI
Beyuz がプロデュースしたダークなトラックがハイクオリティでかっこいい2015年の注目トラック。Boy Wonder が太い声でスピットする自在なフロウも存在感があって楽しめる。特に途中、曲が変調するあたりに注目してほしい。現実から違う世界へ逃げ込む、といったトリッピーな内容のリリックだ。MV では、Boy Wonder が全身黒塗りに白い化粧を施し、まるでアフリカの原住民のような出で立ちでラップ。US なら人種差別的と批判されそう……。

YouTube www.youtube.com/watch?v=Wg72YXPhv-4

BOY WONDER

ALBUM
Špinavý poet(2012)

PROJECT ALBUM
Hovorit Volne (Turbo Boost)(2007)
Best Of(BoyBand)(2013)
Galapágyf(BoyBand)(2014)

Boy Wonder
ボーイ・ワンダー

 📅 2006〜　📍トルナヴァ　🎵 Kyklopus / Ty Nikdy
　　https://www.facebook.com/boywonderofficial/

洗練されたフロウとイルな
ラップスキルは一聴の価値あり！

　チェコのヒップホップ・レーベル Ty Nikdy と契約した初のスロヴァキア人ラッパー。スロヴァキア西部の街トルナヴァで 2006 年から活動を始める。各地のフリースタイル・バトルで力をつけながら、ユニット Turbo Boost のメンバーとして活動。2007 年には Turbo Boost によるミックステープ『Streetbiz 3』や、メンバーだった Billy Hollywood と組んだ EP『Hovoriť Voln』をリリースした。Turbo Boost が解散してからは、ソロとしてチェコやスロヴァキアのアーティストに数多く客演するようになる。2011 年にチェコのレーベル Ty Nikdy と契約し、2012 年にラップだけでなくプロデュースにも取り組んだアルバム『Špinavý poet』でソロデビューを果たした。またチェコの人気ラッパー Idea とタッグを組んで BoyBand というデュオを結成し、2 枚のアルバム『Best Of(2013)』『Galapágy(2014)』を発表している。2017 年に約 2 年ぶりのソロ新曲を公開した。

　フリースタイル・バトルで鍛えられたハイレベルなラップスキルや洗練されたフロウが持ち味のラッパー。声質もいい。チェコ、スロヴァキア両国で活躍し、リリシストとしても高く評価されている。

Spolu（feat. Polemic）
AMO が 2011 年にリリースしたアルバム『Posistive』からのリードシングル。スロヴァキアのレゲエ＆スカのレジェンドと呼ばれるバンド Polemic をフィーチャリングに迎え、レゲエ＆スカのリズムが心地よいサマージャムだ。Moe と Opak が力の抜けたフロウでラップもフックもキャッチー。バンドワゴンが次々とメンバーを拾い、たどり着いた先でピクニックをするというロードムービー風の MV がまたチルアウト感満載である。

YouTube　https://www.youtube.com/watch?v=7VxtMMYmvak

A.M.O.

ALBUM
Original(2005)
Family Biznis(2007)
Positive(2011)
Rok Nula(2013)

EP
Analog Architekt EP Vol.1(2015)

アー・エム・オー

A.M.O.

Opak, Moe, Gábor Toká, Jozef Madola, Martin Štefánik, Marian Jaslovský　2003〜2015　ブラチスラヴァ
Universal Music, G.A. Records, A&M Business s.r.o　https://www.facebook.com/AMO.Official/

レゲエ、ジャズ、ファンクを飲み込むヒップホップ・バンド

ブラチスラヴァ発のヒップホップ/レゲエバンド。2003 年にラッパーの Opak、Moet が DJ Viktor Hazard と結成した。同年に 24 Hodín records より『Čo si Čakal/Svet patrí mne』『Rap2005』のレコードをリリース。2005 年にアルバム『Original』でデビューした。レゲエ、ファンク、ソウルなどを MIX したヒップホップ・スタイルで注目を浴びる。2007 年には 2nd アルバム『Family Biznis』を発表するが、2010 年には Viktor Hazard が脱退。2011 年にはよりミクスチャー色が強く出た 3rd アルバム『Positive』をリリース。その後バンドメンバーを 4 人迎えて、生演奏するヒップホップ・バンドとして新たなスタートを切る。追加されたメンバーは、ビート担当の Gábor Tokár、ベーシスト Jozef Madola、キーボーディスト Martin Štefánik およびサックス、フルートを担当する Marian Jaslovský。ライヴバンドとしても高く評価されるようになり、2011 年にはいくつかの音楽賞を受賞している。2013 年に 4th アルバム『Rok Nula』をリリースした。また 2015 年にはチェコのヒップホップ・レーベル Ty Nikdy から EP『Analog Architekt』をリリースしている。

スロヴァキア唯一のバンド形式のヒップホップ・ユニット。バンド編成になってからは、レゲエ、ダンスホールなどの要素が強くなっていたが、最新 EP『Analog Architekt』ではジャジーなサウンドを探索。サウンドを進化させていたが、同年に活動を無期限休止した。

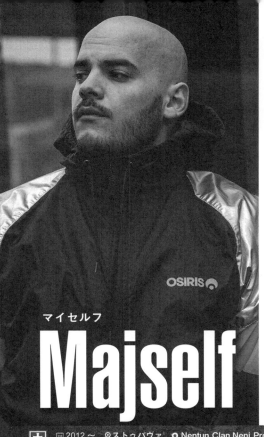

マイセルフ
Majself

Amen
チェコのレジェンドDJ Wich と初めてコラボした曲で、2015年リリースのアルバム『Eden』に収録されている。緩急つけたり、声の使い方を工夫したりとスキルの高いラップを聴かせるMajselfのフロウがかっこいい。ユニークなトラックを製作したDJ Wich もさすがだ。MVは戦場が舞台になっていて、Majselfが戦場で戦っているかと思えば、天使の羽をつけて出てくるのが印象的。少し不思議な世界観を味わうことができる。

YouTube https://www.youtube.com/watch?v=k0UEw9lz6ng

ALBUM
Siedmy Archanjel(2012)

PROJECT ALBUM
Parfem(Majself&Mugis)(2013)
Eden(Majself&Grizzly)(2015)
Neptun(Majself&Grizzly)(2016)
Trip(Majself&Grizzly)(2017)

🛡 📅 2012〜　📍 ストゥパヴァ　👥 Neptun Clan, Neni Problem
📘 facebook.com/Majself　📷 instagram.com/majself_neptun/

ソリッドかつ緩急自在なフロウの
スキンヘッド愛妻家ラッパー

スロヴァキア西部の町ストゥパヴァ出身のラッパー。2012年に自主リリースしたアルバム『Siedmy Archanjel』でシーンに登場。2013年にはプロデューサーMugisと組んだアルバム『Parfem』をリリースした後、ラッパーPlexo、Mugisとともに、ヒップホップ・レーベルNeni Problemを設立した。2015年にプロデューサーのGrizzlyとタッグを組んで発表したアルバム『Eden』が高評価を得て、チェコのヒップホップ雑誌『BBaRáK』が選ぶスロヴァキア・ヒップホップのベストアルバムTOP 11に選出されている。2016年にはMajself&Grizzly名義でアルバム『Neptun』を、2017年には『Trip』を発表した。

ソリッドかつ緩急自在なフロウ、安定したライミングが特徴のMajself。見た目はスキンヘッドで恰幅がよく、一見怖そうだが、実はかなり愛妻家のよう。Facebookにラヴラヴな写真を投稿しているほか、妻子が登場するMV(「Zázrak」「Magnet」)等も公開している。

Čistychov
チスティホフ

📅 1996〜　📍 ブラティスラヴァ　◎ Neighbor Beats、Escape、Bottleshop Records、Mafia Records
f www.facebook.com/cistychovofficial/　📷 www.instagram.com/cistychov/

２つの伝説的ユニットで存在感を示すハスキーヴォイスのベテラン

　ブラティスラヴァのペトルジャルカ地区出身のベテラン・ラッパー。1996年頃ラップをはじめたČistychovは、1998年にラッパーのSlipoとDJ Hajtkovičとともにユニット L.U.Z.A. を結成し、最初のデモを製作する。その後、さらにラッパー3人組のDrvivá Menšinaと合体してNázov Stavbyを結成。2003年にNázov Stavbyとして1stアルバム『Reč naša』をリリースすると、その中から「Štát ťa núti」が大ヒットした。このアルバムはスロヴァキア・ヒップホップにおけるクラシックとして人気を集めている。2004年 Čistychovは初のソロアルバム『Né produkt』をリリース。2007年にはL.U.Z.A.の1stアルバム『3mená 4písmená』を発表する。以降はソロ活動が中心となり、さらに『Posledný doberman（2008）』『Rap/Evolúcia(P.D.P.) (2011)』2枚のソロアルバムをリリースしている。2015年には8年ぶりにL.U.Z.A.の2ndアルバム『Legenda』を発表した。

　Názov Stavby、L.U.Z.A. それぞれのユニットで成功を収めつつ、ソロとしても高く評価され、尊敬を集めるラッパーである。少しハスキーで低い声質が特徴的。

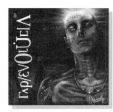

Bratislava

3rd アルバム『Rap/Evolúcia (2011)』からのリードトラックであった「Rap/Evolúcia」とほぼ同じトラック。ドイツのストリートウエア・ブランド Thug Life のプロモーション・プロジェクトの一環として「Moje Mesto（俺の街）」シリーズ第 1 弾に選ばれ、歌詞の一部やタイトルも変更している。出身地ブラティスラヴァのストリートライフや仲間についてラップする内容で、Čistychov の低い声質のフロウがクール。

You Tube www.youtube.com/watch?v=oRf7Es-NSpg

Akcia Jasna（Čistychov & Miky Mora&Zverina）

2006 年にリリースされた、チェコ、スロヴァキア、ポーランドのヒップホップ・アーティストが参加したコンピアルバム『Nejbr Hip Hop Mix vol.2』収録曲。Čistychov が作曲・プロデュースも手がけたシンプルだが個性的なトラックだ。同時期から活動している Milky Mora がトップバッターでなめらかなフロウを聴かせ、Čistychov へつなぐ。ラストの Zverina はプラハのフリースタイル大会で優勝経験もある MC。

You Tube www.youtube.com/watch?v=cgxYx9n_Kjo

Vasa (feat. Dannie, Tina, Orion)

デビューアルバム『Né Produkt!（2004）』収録曲で、シンガーの Tina、Dannie、チェコの PSH からラッパー Orion が参加している。レゲエ的なリズムで展開するライトな歌ものトラックで、2 人のシンガーが歌うフックが心地いい。また女性ラッパーが稀少なスロヴァキアながらも、Tina が低い声で披露したラップがかっこいい。週末がきてさぁパーティだ！という内容のリリックで、チープな作りの MV も含めて懐かしいグルーヴ感が楽しめる。

You Tube www.youtube.com/watch?v=TPhjJdWyrHw

Každý do ma pozná (feat. Mišo Biely)

好評だった 2nd アルバム『Posledný doberman (2008)』からのヒットシングル。ノリノリなパーティ・サウンドが夏らしい曲で、Mišo Biely が歌うフックもキャッチー。「皆が俺を知っている」というタイトルも伝説的ユニット Názov Stavby、LUZA で活躍してきた Čistychov らしい。プロデュースはクロアチアの Cut Dem が手がけていて、海でクルージングやパーティを繰り広げる MV もクロアチアで撮影されている。

You Tube www.youtube.com/watch?v=y1PHvj1d45M

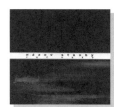

Štát ťa núti (Názov Stavby)

スロヴァキアのヒップホップ・クラシックの一つ。スロヴァキア民謡を彷彿とさせる、哀愁ただようアコーディオンのメロディーが独特の雰囲気を醸し出している。2000 年頃のスロヴァキアにおける未来のなさを描き出し、政治情勢を批判した内容のリリックになっていることも多くの人の共感を得た。8 分半もある大作で DNA、Čistychov、Slipol、Šegy 100、Bacil がマイクリレーをつなげる。プロデュースは Hajtkovič。『Reč naša (2003)』収録。

You Tube www.youtube.com/watch?v=5clOKU6369g

ALBUM
Né produkt(2004)
Posledný doberman(2008)
Rap/Evolúcia(P.D.P.)(2011)

PROJECT ALBUM
Reč naša(Názov Stavby)(2003)
3mená 4písmená(L.U.Z.A.)(2007)
Sin Limite(Pedro Rodriguez*, Kiki Pro, Čistychov)(2012)
Kryštal(4D)(2013)
4(4D)(2014)
Legenda(L.U.Z.A.)(2015)

地球に対して、
他の人類に対して愛と平和、
リスペクトを送りたい。

Interview with Čistychov

スロヴァキア・ヒップホップの黎明期から第一線で活躍するラッパー Čistychov。伝説的ユニットと評される L.U.Z.A.、Názov Stavby での活動を通じて、スロヴァキアのヒップホップ・シーンを築いてきた重要人物である。筆者はそのルックスからも重鎮感を感じて少し萎縮していたが、メールしてみると意外にもマネージャーを通さずに直接メールのやり取りをしてくれた。送ってくれた自己紹介もジョーク混じりでかなり気さくな性格のようだ。ヒップホップとの出会いから、90年代のシーンのこと、日本の読者に向けた壮大なメッセージまで、興味深い回答を返してくれた。

——日本の読者に向けて簡単に自己紹介をお願いします。

半分が犬で、半分が人間。 ペトルジャルカ地区(ブラティスラヴァのコンクリート・ジャングル)育ち。数百のトラックとフロウを持つ永遠に若い男。

——最初にヒップホップにハマったきっかけは?

1995年頃だったと思う。イーストコーストとウェストコーストのラッパーの影響で、NWA、Snoop Dogg、2pac、Junior Mafia、Cypress Hill などの MV が MTV の『Yo Raps』でかかっていた。チェコから出た Chaozz というヒップホップ・グループが初めてチェコ語ラップでヒップホップ・カルチャーを広めて成功していたのと同じ頃だったね。

——その頃お気に入りのラッパーは誰でしたか?

お気に入りのラッパーというのはいなかったよ(だから Čistychov というステージネームを使い始めたんだ)。とはいえ、好きなラッパー

がいなかったというわけではない。好きなのは Prodigy や Havoc、NAS、Sticky Fingaz、Method Man、RZA、Raekwon、Shyheim、2 Pac、WC、Nate Dogg、Kurupt、Big Pun、Cuban Linx、Biggie Smalls（Notorious B.I.G.）、Heltah Skeltah、Busta Rhymes、Dead Prez、Buckshot。他にもたくさんの才能ある人物が好きだ。

——あなたは L.U.Z.A. や Názov Stavby の活動を通じて、とても尊敬されていますよね。スロヴァキアにおいて、それらのグループが達成したのはどんなことだったと思いますか？

Názov Stavby はチェコとスロヴァキアにおいて、DJ／プロデューサーと 5 人の MC を持った初めてのグループだった。メジャーレーベルによるプロモーション無しで尊敬を獲得したんだ。Názov Sravby の音楽は口コミで広まったし、正式リリースされた CD『REČ NAŠA』はスロヴァキアのヒップホップの歴史における基本の一つと考えられているよ。L.U.Z.A. は Názov Sravby の前から存在していて、今でもその一部だ。そして現在、スロヴァキアにおいてもっとも活動歴が長いヒップホップ・グループだよ。

——あなたがラップを始めた 90 年代後半のスロヴァキアのヒップホップ・シーンはどんな感じでしたか？

アーティストは少なかったし、インターネットはなかったし、外国の最新音楽を入手するのはもっと難しかった。スタジオでレコーディングする機会はもちろん、色んなものが無かったけど、ヒップホップに対するエネルギーや集中力は大きかったよ。あの頃、人はもっと音楽に対して感謝の念を持っていたね。

——あなたは多くのラッパーを輩出しているペトルジャルカ地区出身ですよね。なぜペトルジャルカ地区はこれほどヒップホップ・カルチャーにおいて重要となったんでしょうか？ 実際はどんな場所ですか？

それはペトルジャルカ地区が、今でもそうだけど、東ヨーロッパにおけるもっとも大きなコンクリート・ジャングルだからじゃないかな。非常に多くの人が、人との距離が近い団地に住んでいるから、日々の生活から生まれるストーリーに関する条件はペトルジャルカの反対側に住む人たちをつなげることができた。それにあの頃のペトルジャルカには郊外らしい雰囲気があって、あらゆる物に関するストリート・ビジネスや、ヒップホップ・カルチャーを確立するのに一番適した場所だったんだ。

——3 枚のソロアルバムを出していますが、アルバムを製作するときにコンセプトは作りますか？

もちろん。自分が参加する作品のほとんどでもコンセプトを持ってやっているよ。そのおかげで、アルバム全体の趣が決まってくるんだ。

——『Rap/Evolúcia』は前作よりサウンドの重みが増していましたね。何か人生で起こった出来事を反映しているのですか？

『Posledny Doberman』の方がもっと自分たちや、俺の人生のストーリーのことを表現していた。加えて、ポジティヴなエネルギーや愛を送ったり、俺の音楽に新たなジャンルを導入したりしたよ。『Rap/Evolúcia』はもっとスロヴァキアの人々にフォーカスしている。教育を受けた今の現代人が、有益な役目を得るようになる過程で起こる失敗などについてね。それに、俺の音楽的アプローチもアグレッシヴで反抗的なルーツからきているけど、同時にポジティヴな音楽を送り出す必要性も説明しているし、キューバのミュージシャンとコラボするという次のステージに向けた俺の照準も表している。

——8 年のブランクを経て 2015 年に L.U.Z.A. のアルバム『Legenda』がリリースされました。なぜ L.U.Z.A. を再始動しようと決めたのですか？

俺たちは 2013 年頃から L.U.Z.A. のアルバムの準備をしていたんだが、アルバム製作のペースはとても遅かったんだ。その頃、お遊びで 4D というプロジェクトを始動させて、それが 2 年のうちに 2 枚のアルバムをレコーディングし、多くのライヴをこなすまでに人気が出たか

らね。

——アルバムに対する反応はどうでしたか？

アルバムに対する評価はよかったよ。古いペトルジャルカのスタイルが好きな奴にとっては、このアルバムは L.U.Z.A. の前作からのメッセージに完全に続くものだったからな。

——あなたは 1996 年から活動していますが、今はその頃と比べてシーンが大きく変わったと思います。スロヴァキアのヒップホップ・シーンの成長と変化について教えてください。

世界が日々変化しているのと同様、多くの変化があったよ。世界の大半に影響を与えているのは、概ね科学や技術の進化なんだ。昔はもっと愛や恐れ、自由に独立して生きること、その瞬間を楽しむことが大事だったけど、今は数字を追うばかりで、欲望に生き、スケジュール管理され、シェアされた生き方をしている。昔は誰もがもっとオリジナルで自分を表現していたが、今じゃ誰がトレンドを一番にフォローして、一番かっこいいかってことばかりだ。

——これからスロヴァキアのヒップホップを聴き始める人たちに、どのヒップホップ・アルバムを勧めますか？

どんなスタイルのヒップホップが好きかによるけど、ルーツを求めているならコンピレーション・アルバム『ZVUK ULICE』か Názov Sravby『REČ NAŠA』だね。

——自分の作品の中で誇りに思っている曲はありますか？

たくさんあるよ。俺の音楽は俺の表現だ。俺にとっては、俺が何を考えているのか世界や人々に伝えられる唯一の手段だからな。

——どんなことについてラップしていますか？

主にラップしているのは、最初にトラックを聴いた時に感じたムードや感情に関する何かだ。もしくはすでにテーマとなるアイデアがあったり（フィーチャリングのトラックの時とか）、自分でプロデュースしたりする時は、俺の実際のムードやその時やっていることが大きく影響するよ。

——どんなところからインスピレーションを受

けていますか？

人生で出会ったすべてのもの。そして俺が書く時に忘れていないほど十分に印象強かったものだね。

——「Bratislava」は Thug Life というブランドのために作られた曲ですか？ どんな感情をあの曲に込めたのですか？

この曲は元々アルバム『Rap/Evolúcia』に入っていた同名タイトルの「Rap/Evolúcia」という曲だったんだ。自分の街や仲間、ストリートライフ、リリックを代表する、Thug Life のプロジェクトのアイデアに合うようにコーラスを少し変えただけ。**Thug Life のブランドに、ヨーロッパの各地で「自分の街」というコンセプトで MV を撮影して巡るプロジェクトがあったんだよ。**

——ラッパーとして達成したい夢は何ですか？

『東京喰種』の金木研は好きだよ

夢は努力して叶えるもので、語るものじゃないさ。

——日本には来たことありますか？ 日本に対してどんなイメージを持っていますか？

日本には一度も行ったことないよ。日本人はピースフルで教養があって、ファッションや科学においてずっと先を行っていると思う。

——日本のアーティストや音楽は聴いたことありますか？

いいや。でも**『東京喰種 トーキョーグール』の金木研**は好きだよ。

——日本のヒップホップのアーティストとコラボレーションしてみたいですか？

俺は、その音楽やキャラクターがコラボしたいと思わせてくれるものであれば、喜んで誰とでも仕事するよ。俺には国境はないし、世界中に配信しているからな。

——次のプランは何ですか？ ソロ？ それとも L.U.Z.A. のアルバム？

今、次のソロアルバムを製作中だよ。

——日本の読者にメッセージをお願いします。

何よりまず、地球に対して、他の人類に対して愛と平和、リスペクトを送りたい。すべての人に幸運と、自分のエゴとバランスを取れることを願っている。そうすれば、俺たちの子供たちにより良い世界を作れるだろう。高いレベルの名作を作るすべてのアーティストにリスペクトを。彼らのアートやメッセージが永遠となるように願っているよ。それはインターネット上や誰かが耳を傾ける時かもしれない……。うーん俺が今後どうなるかは自分でも分からないな 皆、強く、ポジティヴであれ！ 時に自分たちの権利のために戦わなくてはならないとしても……

Vecer s Luzou

2007年のデビューアルバム『3mená 4písmená』からヒットしたL.U.Z.A.の代表曲の一つ。「LUZAとの夜」というタイトルが示すとおり純粋なるパーティ・ソングで当時のクラブやラジオでかかりまくった。Hajtkovičがプロデュースしたトラックはファンキーなグルーヴ感のあるベースとシンセが印象的で、フックを歌うのはMišo Biely。MV版ではSlipo、Čistychovの順でヴァースを担当した。

▶ YouTube https://www.youtube.com/watch?v=aJNE1Pd2bYU

ALBUM
3mená 4písmená(2007)
Legenda(2015)
Best Of Feats(2017)

ルザ

L. U. Z. A.

Čistychov、Slipo、DJ Hajtkovič 1995〜 ブラティスラヴァ Hip-Hop.sk、Hajtkovič Records、www.facebook.com/3mena4pismena/

スロヴァキアでもっともキャリアが長い伝説的ユニットの一つ

　1996年頃にブラティスラヴァのペトルジャルカ地区で、ラッパーのČistychov、SlipoとDJ Hajtkovičが結成した、スロヴァキアでもっともキャリアが長いユニットの一つ。1998年に最初のデモを製作する。1999年にラッパー3人組Drvivá Menšinaと合体してNázov Stavbyを結成。2003年にNázov Stavbyとして1stアルバム『Reč naša』をリリースすると、その中から「Štát ťa nútí」が大ヒットした。このアルバムはスロヴァキア・ヒップホップにおけるクラシックとして人気を集めている。以降、メンバーはそれぞれ客演やソロなどで活躍するようになる。2007年にはL.U.Z.A.として初めてアルバム『3mená 4písmená』をリリース。以降はそれぞれのソロ活動が中心となったが、2015年、2017年には8年ぶりに2ndアルバム『Legenda』を発表し、高く評価された。

　シーンの第一線で活躍し続けるラッパーČistychov、Slipoを擁し、スロヴァキアの伝説的グループとしてヒップホップ・ファンから尊敬を集める3人組ユニット。ダークなストリート系トラックの上にČistychov、Slipoの存在感のあるフロウが映える。

To Sme Trosky

スロヴァキア語ラップとして初めてレコード化された曲であり、初めて MV が製作された曲でもあるスロヴァキアのヒップホップ・クラシックの一つ。アングラ感あふれるビートがかっこいい。ヒップホップに生き甲斐を見出した自分たちについて「これが俺たちだ」とラップする Vec のフロウも聴き応えがある。YouTube に上がっている MV は非常に画質が悪いけれど、当時の雰囲気を垣間見ることができる。1997 年にリリースされたアルバム『Trosky（1997）』収録曲。

▶ YouTube https://www.youtube.com/watch?v=WeV_HMYHmPU

ALBUM
Trosky(1997)

トロスキー
Trosky

 📅 1992 〜 2003　📍ズラテー・モラヴツェ　🎵 Deep/Sony Music　ℹ️ www.facebook.com/TroskyOFFICIAL/

クラシック・アルバムを残した
スロヴァキア最初のラップ・デュオ

　1992 年にズラテー・モラヴツェにてラッパー、ビートメイカーの Vec と DJ Midi が結成した。スロヴァキアで最初に活動を始めたヒップホップ・ユニットの一つ。当初は Crabb & Sickle Syndicate として活動していたが、1996 年に Trosky と改名した。1997 年にリリースした 1st アルバム『Trosky』は、スロヴァキアにおけるヒップホップのトレンドを方向付けた作品で、スロヴァキア・ヒップホップにおける三大クラシック・アルバムのひとつとして高く評価されている。リリックの内容は政治批判などが多かった。2001 年に Vec は DJ として参加した DMC 世界大会のファイナリストとなった。また同年に Trosky は、米 CNN の番組『World Beats』においてスロヴァキア生まれのヒップホップとして紹介されている。Trosky はアルバム 1 枚をリリースしたのみで 2003 年に解散したが、Vec はその後もソロ活動を続けており、2016 年までに 4 枚のアルバム『Dobré Ráno』『Funkčný Veterán』『Funkčné Remixy』『Stereo Farbo Slepo』を残している。スロヴァキア・ヒップホップ界ゴッドファーザーと呼ばれることも。2017 年に再結成ツアーを行っている。ちなみにユニット名の Trosky は、2 つの岩の上にそびえ立つチェコのトロスキー城が由来。

Momo
モモ

Atak
2014年リリースのアルバム『Rival』からの1stシングル。H16のGrimasoがプロデュースしたドープなビートに、MOMOのアグレッシブなラップが映えまくる。フックで「もう何も、誰の言葉も聞きたくない」と連呼し、我が道を行くとラップする内容で、フロウにも勢いがある。ミリタリー服に身を包んだMOMOが100ユーロ札を燃やして葉巻に火をつけたり、戦車を従えてラップしたり、テーブルにウォッカと銃が並んでいたりとMVもかなりハードコア。

YouTube www.youtube.com/watch?v=Emi1K9Y9VqE

ALBUM
Nepatrím medzi...(2008)
Za Očami(2013)
Rival(2014)
Heroin(2015)
RIIVAL(2017)

PROJECT ALBUM
Stratená rovnováha(Sandra&MOMO&PeterPann)(2011)

2005〜 ブラティスラヴァ Hip-Hop.sk/EMI, Nedám sa okoňovať RECORDS
www.facebook.com/MOMOakaRIVAL/

ハスキーヴォイスで重厚感のあるストリート系ラップが特徴

ブラティスラヴァ、ペトルジャルカ地区発のストリート系ラッパー。はじめはeMO2というMC名で活動していた。ヒップホップ・ユニットŠtrnásťのメンバーとして活動をスタート。2008年にアルバム『Nepatrím medzi……』でソロデビューする。他のラッパー（主にH16）に対するディスが多く収録された、攻撃的なストリート系ヒップホップだった。90年代から活動するユニットDruhá Stranaと頻繁にコラボしている。2011年にリリースされた2ndアルバム『Stratená rovnováha』は1stより洗練され、攻撃性を潜めたラップスタイルへ成長してみせた。2013年には自主レーベルNedám sa okoňovať Recordsを設立し、3rdアルバム『Za Očami』を発表。以降、2014年、2015年とハイペースに作品を発表している。

少しかすれたハスキーヴォイスで、重厚感のあるラップと勢いのあるフロウを聴かせるMomo。RytmusからEktor、DJ Wichまで数多くのアーティストともコラボしている。トラックはヘヴィーなストリート系サウンドが多い。

Iný
デビューアルバム『Univerzálny hráč（2012）』からのシングル。Tono は自分のラップ、スタイルは他とは違うんだということをラップし、安定したフロウを聴かせている。ダイナミックなビートを担当したのはプロデューサー Fellovič、スクラッチは DJ Miko が手がけた。真冬に撮影された MV では Tono が歩きながらどんどん服を脱ぎ捨て、最後には氷の張った湖にダイブするという体を張ったパフォーマンスを見せている。

YouTube https://www.youtube.com/watch?v=2FFoMMVZoHc

ALBUM
Univerzálny Hráč(2012)
Fičúringy(2015)

PROJECT ALBUM
Návraty(Tono S. &Beyuz)(2014)
Rap2017 (GRTeam) (2017)

MIXTAPE
Tréning Mixtape(Tono S. &DJ Metys)(2012)

トノ・エス
Tono.S

1999～　セネツ　Gramo Rokkaz
www.facebook.com/TonoSGRTeam
www.instagram.com/tonosuchota/

ウィットの効いたパンチラインを繰り出すニュースクール系 MC

　1999 年頃にラッパー Rebel とユニット Mater を結成して、ラッパーとしての活動をスタート。2006 年に Mater のデモ CD『Materiál』をリリースし、2007 年にはヒップホップ・レーベル Gramo Rokkaz と契約する。2008 年 Mater のミックステープ『Pre tých, Čo zabudli: Toto je rap!』がリリースされ、以降数多くのアーティストに客演するようになる。2012 年にアルバム『Univerzálny hráč』でソロデビューを果たした。2014 年には Gramo Rokkaz に所属するアーティストで構成されるユニット GR Team としてアルバム『1』がリリースされる。

同年にはプロデューサー Beyuz とタッグを組んだアルバム『Návraty』も発表した。2015 年に全曲にフィーチャリングアーティストをつけたソロ 2 作目『Fičúringy』をリリースしている。

　ウィットの効いたリリックやユニークなフロウが特徴の Tono S. は、乱暴な言葉使いをあまりしないラッパーとしても知られている。2015 年にはスロヴァキアのシーンでもっともかっこいいパンチラインを生んだとして、ヒップホップを扱う音楽サイト Refresher.sk で評価された。

Interview with ArtAttack(Josef)

◉ https://www.instagram.com/artattack.sk/
official site : https://www.artattack.sk/
shop: https://artattackshop.sk/

ArtAttackは1996年にグラフィティ雑誌として創刊され、2000年以降はウェブマガジンとしてスロヴァキアのヒップホップ・シーンを支えてきた。2000年代後半にはフリースタイル・ラップ・バトル大会を主催、イベントやフェスを開催するなど、シーンの成長に大きく貢献してきた存在だ。今回はインタビューするに当たって、スタッフのJosefがメールインタビューに対応してくれた。90年代のヒップホップやグラフィティのシーン、ArtAttackの活動や歴史などをはじめ、オススメのアーティストなどについて興味深い回答を得ることができた。首都ブラティスラヴァのオススメなクラブも教えてくれたので、スロヴァキアを旅行する機会がある方は是非行ってみてほしい。

——ArtAttackがどんなウェブマガジンが教えてください。

ArtAttackは最初グラフィティのウェブマガジンとしてスタートして、徐々にスロヴァキアにおけるヒップホップ・カルチャーの他の要素についてもカバーするようになった。すべてひっくるめることで、グラフィティ・ジャムやフリースタイル・ラップ・バトル、イラストレーションの展示会、スケッチ・ワークショップなど、多くの都会的な楽しみを企画してきた。僕たちはラップ・ミュージシャンだけでなく、グラフィック・デザイナーやその他ローカルなプロデューサーや出版社もサポートしているよ。

——**ArtAttackは1996年に始まっていますが、最初はどのように始まったのでしょうか？**

ArtAttackは1996年にブラティスラヴァのグラフィティを扱う自家製の紙媒体としてスタートしたんだ。2000年以降は、スロヴァキアとチェコのヒップホップとグラフィティを扱うウェブマガジンへと進化した。

——**ArtAttackはフェスティバルやイベントを企画したり、ウェブショップがあったり、ウェブマガジン以外にもさまざまな機能がありますね。**

——どのようにこのような進化を遂げたのですか？
それぞれの機能はとても自然に発展していったんだ。それにいつも、それぞれのプロジェクトの中で見つけたいと思っていたぴったりの人物や人間関係とつながることができたから。現在もなお、価値があると僕たちが考えているアートをサポートしているんだよ。さらに言えば、僕たちがグラフィティやヒップホップ・ファンだった子供から、より視野の広い大人に成長していくにつれ、顧客のためのグラフィティの委託や地域益、絵画、デザイン、イラストレーション、建築へ活動の場を拡大していったんだ。

——ArtAttack の信念とは何ですか？
スロヴァキアには質の良いプロジェクト、個人、活動が多く存在し、可能な限り多くの人にそれを広げるべきだと信じている。自分たちの国にあるものについて地元の人たちに誇りに思ってほしいんだけど、まずは彼らにその存在を知ってもらわなければならない。なぜならたくさんのものが外国からやってくるからね。特に若い人たちは、インターネットで見るような世界中の良いものと同様に素晴らしいものが自分たちの国にあることを知らないんだよ。

——ArtAttack は 1996 年から活動していて、最初は主にグラフィティを扱っていましたね。その当時のスロヴァキアのグラフィティ・シーンはどんな感じだったんですか？
1989 年に社会主義体制が崩壊した後、グラフィティはスロヴァキアにとって新しいカルチャーだった。ブラティスラヴァでは、プラハから来たグラフィティ・アーティストのロールモデルたちが何年か活動していた。だからブラティスラヴァはプラハのスタイルに大きく影響を受けているよ。プラハには 90 年代のはじめからベルリンの影響が届いていたから、プラハのグラフィティの方が少し進んでいたんだ。

——スロヴァキアへはどのようにグラフィティが入ってきたんですか？
大体はチェコから、または Bravo や PopLife のような 90 年代初頭に入ってきたポップ・カルチャー誌からだね。そこに世界中のグラフィティの写真が掲載されていたんだ。オーストリアのウィーンの近くにも発達したグラフィティ・シーンがあったけど、**主なる輸入元はプラハ**だね。

——ArtAttack は、スロヴァキアのヒップホップ・カルチャーの発展に大きく貢献したんですね。振り返ってみて、記憶に残るような出来事はありますか？
個人的な意見だけど、2002 年にスロヴァキア・ラップのコンピレーション・アルバム『Vybrane z Davu (http://www.artattack.sk/09/ako-sme-vyberali-z-davu-na-kompilaciu-slovenskeho-rapu/)』をリリースしたこと。これはスロヴァキアで初めて出たスロヴァキア・ラップ・コンピレーションで、参加アーティストの何人かが何年か後にヒップホップ・シーンの大物になったよ。それから 2006 年から 2009 年にかけて ArtAttack フリースタイル・バトル大会を開催したこと。これはスロヴァキアで最大のラップ・バトル大会だった。スロヴァキアには多くのフリースタイル・バトルがあったけど、スロヴァキア各地のフリースタイル挑戦者が決戦で対決するという点では、ArtAttack が最初だったんだ。

——90 年代のヒップホップ・シーンはどんな感じでしたか？
最初はとても小さかった。ヒップホップにハマっている人も多くなかったから、みんなお互いを知っていたよ。だから、2、3ヶ月に1度、唯一開催されていたヒップホップ・パーティで、みんなに会えるのがとても嬉しかったよ。ヒップホップは新しいものだったからね。当時は多くのクラブでテクノやハウス、ロックがかかっていたんだ。2003～2005 年頃からだんだんヒップホップをかけるように変わってきた。今では多くのクラブでヒップホップやラップがスタンダードになったよ。

——スロヴァキアのヒップホップ・クラシックとされるアルバムについて教えてください。
一番大事なアルバムは、最初の頃、みんなでシェアしたカセットテープの時代のものだね。後で mp3 になったけど。Dávid zo Senca（プ

ロデューサー）の『Zvuk Ulice』、L.U.Z.A.、Drvivá Menšina、Názov Stavby、Kontrafakt、Trosky、JSS、Druhá strana。（『Zvuk Ulice』以降はアーティストの羅列）

——スロヴァキアのヒップホップ・シーンはどのように進化、変化してきたのでしょうか？

根本的な変化だね。ヒップホップは禁じられたものとして拒否され、どこのラジオ局もかけてくれなかったし、とても都市的でオルタナティヴなカルチャーだった。今では自分の力で生きる大きな生き物であることを証明している。また恥ずべきことだが、第一線で活躍するアーティストにとっては非常に儲かるメインストリーム・ビジネスになってしまった。

——スロヴァキアでヒップホップはどのように受け止められていますか？ マス・カルチャーの一部となっているんでしょうか？

そう、現在ヒップホップは、本当にマス・カルチャーの一部となっている。若い世代はヒップホップ、特にラップに夢中だよ。

——ArtAttack フリースタイル・バトル大会は 2016 年に再開されていましたよね？

いいや。Restart というのは、フリースタイル・バトル・ツアーのスポンサーだったエナジードリンクの名前だよ。ArtAttack フリースタイル・バトル大会は 2009 年に終了した。

——スロヴァキアは大きい国ではないのにもかかわらず、レベルの高いラッパーが多くいます。これらのフリースタイル・バトル大会がラッパーを育てたと言えるのでしょうか？

そうだね、何人かはいる。大会でのし上がるために磨いた才能があった。のちに、そういう大会の審査員になって有名になった奴もいるよ。

——ArtAttack フリースタイル・バトル大会に参加して有名になったラッパーは誰か教えてください。

2 度の優勝を果たした Strapo、チェコの Rest、Shomi、Kaidžas、Moe。

——スロヴァキアのヒップホップをこれから聴く人に薦めたいアルバムは？

たくさんあるし、クラシックなブーンバップから最新のトラップまでいろんなスタイルがあるよ。Vec『Stereo farbo slepo』、Modré Hory『Big Beat』、Kontrafakt『Bengoro』『E.R.A.』、Strapo『23』『Versus』、A.M.O.『Rok nula』、Moja reč、Separ+DMS、Gramo Rokkaz、H16、Druhá strana、Tina、Čistychov。

——スロヴァキアのラッパーで今注目なのは？

Fobia Kid、Gleb、Haha crew、Ekláva、P.A.T.、Adiss、Pil C。これらの若いアーティストたちが、オールドスクールなヒップホップに新しいスタイルを持ち込んだ。

——日本人がスロヴァキアに来てヒップホップのパーティやライヴに行く時のオススメはありますか？

夏には Hip hop žije というフェスティバルがあるし、Uprising というレゲエ・フェスティバルにもいいヒップホップ・ステージがあるよ。それから、ブラティスラヴァにある Nu Spirit Club、Dole Club、KC Dunaj Club には是非行ってくれ。

——日本の読者にメッセージをお願いします。

地元のアーティストをサポートしよう。

2つの国、1つの音楽シーン
～チェコとスロヴァキア～

チェコとスロヴァキアは1918年から1992年までの約74年間、1つの国だった。1993年に分離してから約25年が経つが、両国の関係はとても良好で、音楽シーンをはじめさまざまな文化を共有している。実際チェコのラッパーもスロヴァキアのラッパーもツアーに出るときは、両国の主な街を回ることがほとんどだ。とはいえ、遠く離れた日本にいると、その2国の共通点と相違点、分離の背景にある歴史、そして文化的一体感などはピンとこない人がほとんどだと思うので、ここでは両国の関係について紐解いていく。

まずは簡単に歴史をおさらいしよう。簡単にと言っても、この中欧、東欧と呼ばれるエリアは長い歴史の中でさまざまな国の支配関係が入り乱れた地域なので、どうしてもややこしくなりがちな点はご容赦いただきたい。

ドイツの影響が強いチェコ、ハンガリーのスロヴァキア

現在チェコとスロヴァキアがある地域に最初に本格的な国家が建設されたのは9世紀までさかのぼる。この地に住んでいた西スラヴ民族によって建設された大モラヴィア王国だ。またその西部には同じく西スラヴ人によるボヘミア王国が建設された。10世紀にマジャル人（ハンガリー人）による襲来を受けて大モラヴィア王国が崩壊すると、東側つまり現在のスロヴァキアにあたる地域はハンガリー王国の支配下に置かれるようになる。一方西側の地域にあったボヘミア王国は残り、11世紀にはドイツ人の植民が行われてドイツ化が進んだ。その後はドイツ、ハンガリー王国、ポーランド王国などによる統治を経て、16世紀前半にはハプスブルク家の支配下に置かれた。さらにチェコは1867年に成立したオーストリア＝ハンガリー帝国に組み込まれた。こうしてドイツ側の影響が強いチェコと、ハンガリーの影響を受けたスロヴァキアはそれぞれ少しずつ異なる文化を形成していくこととなったのである。

19世紀に入ると、ヨーロッパで民族主義の気運が高まったことから、チェコ人、スロヴァキア人という民族意識が強まるようになる。そして第一次世界大戦でオーストリア＝ハンガリー帝国が崩壊したのをきっかけに、独立運動の指揮者マサリクによって1918年にチェコスロヴァキア共和国の独立が宣言された。第二次世界大戦前にナチス・ドイツによって一時解体・支配されたものの、それ以外は1992年まで1つの国として歩んできた。しかし、独立前から産業革命によって工業が発展し、比較的豊かであったチェコと、農業が中心のスロヴァキアとでは経済的な格差が生じていた。その上、宗教においても無宗教者が多いチェコとローマ・カトリックが多数派のスロヴァキアとで相容れないなど、さまざまな相違点から2国間に反発感情がくすぶっていた。こういった背景からチェコとスロヴァキアは1993年に平和的に分離されたのだ。分離後の2国は、それぞれ経済的に発展し、良好な関係を築いている。

両国で放送される音楽番組

チェコ人とスロヴァキア人はそれぞれチェコ語、スロヴァキア語を話すが、両言語は非常によく似ているため、相互理解は可能だ。チェコスロヴァキア時代にはTVのニュース放送などでも両言語が使用されていたため、理解するだけでなく、どちらの言語も話せるという人も多い。そのため、分離した後もポップやロック・ミュージシャンたちはチェコとスロヴァキア両国で活動している。

両国にまたがるヒップホップシーン

『IDOL』や『X-FACTOR』など、さまざまな国で放送されているタレント発掘番組シリーズがあるが、チェコとスロヴァキアではチェコ＆スロヴァキア版として1つの番組が放送されているのがいい例だろう。また、MTVヨーロッパ・ミュージック・アワードでも、チェコ

プラハで行われる Rytmus のコンサートのフライヤー。

とスロヴァキアはセットになっており、最優秀チェコ＆スロヴァキア・アクト賞というものが存在する。音楽シーンを共有しているのはヒップホップも同じで、有名無名にかかわらずラッパーやプロデューサー同士の国境を超えたコラボレーションがとても盛んだ。スロヴァキア人でありながらチェコのレーベル Ty Nikdy に所属するラッパー Boy Wonder などもいるし、音楽メディアも必ず両国のアーティストを扱っている。もともと現在活動しているヒップホップ・アーティストの多くがチェコスロヴァキア時代に生まれており、生まれた場所と活動の拠点とする国が異なっていることも多いので、音楽シーンを共有することは自然なことなのだろう。

より大衆的なチェコ、アグレッシヴなスロヴァキア

しかし、完全に一体化しているかと言えば、そうとも言えない部分もある。チェコ・ヒップホップとスロヴァキア・ヒップホップは、やはり少し全体像が異なる印象を受ける。この違いを表現するのは非常に難しいのだが、語弊を恐れずに言えば、チェコの方がより大衆的で、ス

ロヴァキアの方がよりアグレッシヴさがあると言えようか。一概には言えないが、チェコでは洗練されたポップ的なヒップホップやブーンバップ、ジャズなどを取り入れたオルタナティヴなヒップホップが盛んだと感じる。一方でスロヴァキアには US ラッパーとも仕事をしている H16 の Abe をはじめ、ハードでクオリティの高いビートを作るプロデューサーが多いし、トラップを盛り上げている若手が多いのもスロヴァキアだ。こういった微細な違いは、拙書で取り上げている両国のアーティストを聴いていけば、感じていただけるのではないかと思う。

長い歴史の中で密接な関係を築いてきたチェコとスロヴァキア。2つの異なる国となっても友好関係を保ち、多くの文化的要素を共有するユニークな国々だ。もちろんその背景には、どちらの国も小国であるがゆえにマーケット自体が小さく、シーンを共有した方がお互いのため、という経済的な理由もあるだろう。しかし民族的に近いということもあるが、それぞれ独自の特徴を維持しながら、1つの音楽シーンで活動できるのはとても理想的なことと言えるのではないだろうか。

豊かな音楽文化を持つ東欧ならではの民俗音楽・クラシック使い

ポーランド、チェコ、スロヴァキア、ハンガリーが位置するエリアは、西欧とロシアやその東側に広がる中央アジアとの狭間にあり、歴史的にも多様な民族が入り乱れた地域である。そのため東欧は民俗音楽をはじめとしたフォークロアが多彩であり、豊かな音楽文化を持つことでも知られている。また著名な音楽家も輩出しており、クラシック・ファンの間でも支持が高い国々だ。ポーランドのショパン、チェコのスメタナやドヴォルザーク、スロヴァキアのフンメル、ハンガリーのコダーイやバルトークなどが有名だろう。そういった音楽文化が豊かな東欧で生まれたヒップホップは、当然のごとく自国の音楽資源をサンプリングやミクスチャー感覚で取り入れている。本コラムでは、自国の音楽をネタに使ったヒップホップを紹介してみたいと思う。クラシックやジャズ、民俗音楽から、60〜90年代の歌謡曲まで、それぞれの国の音楽を取り入れたヒップホップを通じて、音楽的探求を深めることができるのもヒップホップの魅力の一つと言えるのではないだろうか。

POLAND／ポーランド

ポーランド出身の文化人といえばショパンが有名で、日本でも人気が高い音楽家だが、ヒップホップにおいてサンプリングされているのは確認できた限り1曲のみ。2000年にリリースされた Kaliber 44 の 3rd アルバム『3:44』の「Normalnie O Tej Porze」だ。聴けばすぐ分かるショパンのピアノの旋律が全編を流れ、Kaliber のなかでも人気の一曲である。

"Normalnie O Tej Porze" Kaliber 44
YouTube www.youtube.com/watch?v=9nJt9TIYVUY

しかしポーランド・ヒップホップで面白いのは民俗音楽×ヒップホップの組み合わせが人気なことだ。これはチェコ、スロヴァキアやハンガリーではあまり出てきていない現象なのがまた興味深い。ポーランドに残るスラヴ民俗音楽をヒップホップに取り入れ、最初に大ヒットさせたのはプロデューサーの Donatan である。Donatan は 2012 年にスラヴ民俗音楽とヒップホップをミックスするというコンセプトでアルバム『Równonoc. Słowiańska dusza（訳：昼夜平分時。スラヴ魂）』をリリースし、大きな話題を集めた。民俗音楽を担当したのはフォークメタル・バンド Percival で、全編を通じてエキゾチックな演奏を聴かせてくれる。またここで聴かれる独特な歌は英語で White Voice と呼ばれる歌唱法で、太古から東ヨーロッパに伝わっているものだ。アルバムには 30 人の精鋭ラッパーが参加しており、ラップと民俗音楽の相性の良さを証明している。このアルバムからは複数の曲の MV が公開されているが、どれもポーランド的、スラヴ的世界観をたっぷり表現していてとても面白いので、一見の価値ありだ。

"Słowiańska Krew" Donatan feat. Gural, Sheller, Kaczor, Ry23, Rafi
YouTube　www.youtube.com/watch?v=PhaJzIwTLug

"Z Dziada-pradziada" Donatan feat. Trzeci Wymiar
YouTube　www.youtube.com/watch?v=5jnTMEfMWKQ

　Donatanの他に、民俗音楽を頻繁に取り入れているラッパーにはLukasynoがいる。Lukasynoは2012年にリリースしたラッパーKrisoとのコラボアルバム『Czas Vendetty』や2014年の『Bard』で民俗音楽を多用しているので、この響きが気に入った方にはぜひチェックしてもらいたい。

"Mój świat" Lukasyno & Kriso feat. Miss God
YouTube　www.youtube.com/watch?v=jr5HI3kYQ4Y

　またワルシャワのユニットWWOも2008年にフォーク・バンドKapela Czerniakowskaとコラボした曲を発表している。歴史的悲劇としてポーランド人の心に刻まれているワルシャワ蜂起がテーマとなっている曲で、哀愁漂うポーランド民俗音楽のメロディーがたまらない。

" Pierwszy Sierpnia" WWO&Kapela Czerniakowska
YouTube　www.youtube.com/watch?v=5eneHINf14Q

CZECH ／チェコ

チェコも豊かな民俗音楽を持っているが、特にヒップホップに取り入れた例はこれまでのところ見られない。ロマ（ジプシー）、またはロマの血筋を持つアーティストによる、ロマ音楽を取り入れたヒップホップは少数だが存在する。Gipsy.cz が代表的だと言えるだろう。

"Romano Hip Hop" Gipsy.cz
 www.youtube.com/watch?v=tseT9oOd4pY

このほかチェコの大衆音楽をサンプリングしている例はいくつか挙げられる。90年代に活躍したロックバンド BSP の代表曲「Země Vzdálená（1994）」をもろに使った Orion と James Cole のコラボ曲「Země Vzdálená」がそれだ。オリジナルと聴き比べると、まんま使いで面白い。

"Země Vzdálená" Orion and James Cole
 www.youtube.com/watch?v=b0mtlp4H1cY

チェコの Prago Union は「Verbální Atentát」で、80年代から活動するジャズ、ファンクバンド Laura a Její Tygři の「Já a Bůh」から印象的なホーンのパートをサンプリング。

"Verbální Atentát" Prago Union
 www.youtube.com/watch?v=HQGs0F87lvI

また自国発のクラシック音楽をサンプリングしたものでは、PSH の Vladimir 518 と Orion のコラボ曲「V Čechách Je Všechno Fajn」がある。誰もが一度は聴いたことのあるメロディーを持つ、ユリウス・フーチク作曲の「剣闘士の入場」だ。フーチクはオーストリア＝ハンガリー二重君主国支配下のプラハで活動したチェコ人の作曲家で、この曲のサンプリングはチェコらしいチョイスだと言えるだろう。

"V Čechách Je Všechno Fajn" Vladimir 518 feat. Orion
 www.youtube.com/watch?v=3yG3hg93bhw

SLOVAKIA／スロヴァキア

スロヴァキア・ヒップホップでも民俗音楽やロマ音楽を取り入れたスタイルはあまり見られないが、チェコスロヴァキア時代の歌謡曲をサンプリングした例は少なくない。スロヴァキアのラッパー Separ と Decko のコラボ曲「Si Zvonil?!」では、60~70 年代に活躍した同国のポップシンガー Dušan Grúň の「Či Vravieť Môžem」をもろにサンプリングしている。哀愁的なメロディーが演歌っぽさを感じさせる。

"Umenie žiť" Majk Spirit
www.youtube.com/watch?v=17brVZYpHhI

Tono.S がプロデューサー Beyuz と組んで発表したアルバム『Návraty』では、自国の曲をサンプリングしたトラックを複数収録。スロヴァキアの女優、シンガー Zora Kolínska や、60~70 代に活躍したシンガー Eva Sepešiová、Tatjana Hubinská らのヒット曲をサンプリングしたトラックは、どれもソウルフルで味があるので是非聴いてもらいたい。

"Si Zvonil?!" Separ&Decko
www.youtube.com/watch?v=Y2qdlqIHwDY

Majk Spirit は 80 年代から活躍するシンガー Vašo Patejdl の 80s 感たっぷりなヒット曲「Umenie žiť」を使い、同名タイトル曲を発表している。

"Mŕtva Chémia" Tono S. and Beyuz
www.youtube.com/watch?v=g4ofvUmxNEI

HUNGARY ／ハンガリー

　ハンガリー・ヒップホップでは自国の音楽のサンプリングが盛んに行われていて、ジャンルもクラシックから民俗音楽、歌謡曲までと幅広い。ハンガリーは民族が違うこともあって、西欧ともスラヴ系とも異なる音楽文化を持っている。自国の音楽を積極的に取り入れることで、自分たちの文化に敬意を表しているとも言えるだろう。

　まず紹介するのは民謡「Kis Kece Lányom」をサンプリングした Akkezdet Phiai の「Hisz Sztori(Kis Kece)」。元曲は子供が歌うような民謡だが、そこから哀愁あるメロディーを取り入れつつジャジーなアレンジを効かせていてかっこいい仕上がりになっている。

"Hisz Sztori (Kis Kece)" Akkezdet Phiai
www.youtube.com/watch?v=w9wlj9M0cH4

　ハンガリーを代表する作曲家のひとり、コダーイ・ゾルターンをサンプリングしたのは Punnany Massif だ。EP『Sun Kick』のインタールード的なトラック「Levezető」に使用されているのはコダーイの話し声のみで音楽ではないのだが、冒頭で聴けるのがそれである。この曲では他にも 3 人のハンガリー人俳優の声が使用されている。

"Levezető" Punnany Massif
www.youtube.com/watch?v=CcnBQ9wFZ_w

　60〜90年代の歌謡曲や大衆音楽をサンプリングしたものがかなり豊富なのは、ハンガリー・ヒップホップの特徴と言ってもいいかもしれない。インタビューで積極的にハンガリー音楽をサンプリングしていると語っていた Killakikitt だけでも何曲もあるが、例えば 1950 年代から活躍するシンガー Koós János の 1973 年のヒット曲「Katalin」を使用した「Újhold」が挙げられる。

"Újhold" Killakikitt
www.youtube.com/watch?v=vyzVzpu9f3w

　こちらは Németh Lehel による 1962 年の歌謡曲「Hipp-hopp」をサンプリングした Funktasztikus と US ラッパー Afu-Ra のコラボ曲「Borsod Brooklyn」。1962 年というとまだ

ヒップホップが誕生する前だが、そんな昔に「ヒップホップ」というタイトルの曲がハンガリーにあったとは面白い。曲調もキャッチーで、ヒップホップ・アーティストならサンプリングしたくなるネタだろう。

"Reggeli" Day
www.youtube.com/watch?v=uBtbtRar0Yg

"Borsod Brooklyn" Funktasztikus feat. Afu-Ra
www.youtube.com/watch?v=OYJo7VE0z2Y

　世界的にも有名になったハンガリーの国民的ロックバンド Omega の曲は、数々のアーティストにサンプリングされている。特にヨーロッパ中で 1969 年に大ヒットとなった「Gyöngyhajú lány」はハンガリーだけでなく、Kanye West や Wiz Khalifa ら US ラッパーにもサンプリングされている人気曲だ。ハンガリーからは Komander による「Egy Halott Ember Levelei」のほか、Killakikitt の Aza がプロデュースした Day の「Reggeli」などでサンプリングされている。

ハンガリー／HUNGARY

国名：ハンガリー共和国
首都：ブダペスト
面積：9.3万平方キロメートル
人口：983万人
民族：ハンガリー（マジャル）人（約86%）
言語：ハンガリー語（マジャル語）
GDP：1,206億ドル
一人当たりGDP：12,240ドル
通貨：フォリント
宗教：カトリック・キリスト教（人口の約39%）、
　　　カルヴァン派（人口の約12%）
国歌：賛称（神よマジャル人を祝福し賜え）
独立革命記念日：1848年3月15日
独立戦争記念日：1956年10月23日
有名人：リスト、バルトーク、ロバート・キャパ、
　　　　ピューリッツァー・ジョセフ
音楽賞：フォノグラム・ディーイ（Fonogram Díj）
ゴールドディスク認定枚数：2,000枚
プラチナムディスク認定枚数：4,000枚

文化、政治、社会

　1000年、9世紀にハンガリー平原に移住していたマジャル人を中心としたハンガリー王国が建国される。14世紀頃には中央ヨーロッパの強国となるが、次第にオスマン帝国の圧力を受けるようになり、15世紀後半には国土をハプスブルク家のオーストリアとオスマン帝国によって二分割された。独立運動が度々起こったため1867年にはアウスグライヒが結ばれ、オーストリア＝ハンガリー帝国として別の政府を持つようになった。第一次世界大戦では敗戦国となってオーストリアと分離され、ハンガリー民主共和国が成立したが、トリアノン条約によって国土の多くを失うなど不安定な状態が続き、右傾化。枢軸国として参戦した第二次大戦の敗戦後は共産圏に属し、1989年に民主化した。2004年にEUに加盟。

　ハンガリーに最初に持ち込まれたヒップホップ要素はブレイクダンスだった。80年代に活躍したロック・アーティストが西ベルリンで見て持ち込んだもので、それからブレイクダンスやヒップホップダンスの人気が広まる。90年代に入り、アンダーグラウンドで多くのラッパーが活動をスタートするなか、1995年にロック・アーティストであった Ganxsta Zolee がギャングスタ・ラッパーとして活動を開始し、大成功を収めたことで一躍ヒップホップが認知された。同じ頃に商業的成功を収めた Animal Cannibals はラップバトル大会 Fila Rap Jam を主催するようになり、これがハンガリーのラップ文化を育成する形となった。メジャーとアンダーグラウンドの境が大きいハンガリーだが、どちらにおいてもアーティストの層が厚く、レベルもかなり高い。

Ganxsta Zolee
ガングスタ・ゾレー

バンド活動も行うハンガリーで最初のギャングスタ・ラッパー

- 1990〜
- ブダペスト
- Hunnia, Sony Music, Private Moon, 1G Records
- www.facebook.com/ganxsta.zolee.kartel/
- www.instagram.com/ganxsta.zolee.kartel/

　ハンガリーで最初にギャングスタ・ラップを始めたラッパー兼ロック・ミュージシャン。有名な俳優一家に生まれ、アイス・ホッケーのプロ選手でもあった。1988年にミュージシャンとして活動を始め、1990年からハードロックバンドSex Actionでドラマーを務めるようになる。1995年に自らを中心としたギャングスタ・ラップ・ユニットGanxsta Zolee és a Kartelを結成。その他の結成メンバーはラッパーのLory B、Big Daddy Laca、O.J. Sámson。同年に発表した1stアルバム『Egyenesen a gettóból』からの1stシングル「Boom a fejbe」は音楽チャートTOP20圏内に入るヒットとなったが、アルバムは注目されなかった。1997年にはLory Bが脱退し、ラッパー兼プロデューサーのDopemanが加入。新編成で発表した2ndアルバム『Jégre teszlek』は、アメリカ産ヒップホップを巧みにハンガリー流に置き換えて商業的にも成功し、1999年リリースの3rdアルバム『Helldorádó』はプラチナム認定される大ヒットとなった。Dopemanは2000年に脱退。2001年にレーベルを移籍してリリースした5thアルバム『Pokoli lecke』はギターサウンドを大幅に取り入れている。2002年のアルバム『Gyilkosság Rt.』ではアメリカの禁酒時代をイメージしたサウンド、2004年のアルバム『Szabad a gazda』では宗教や教会組織をテーマにするなど、アルバムごとに特色が異なっている。2011年にO.J. Sámsonが脱退。2012年にはバンドメンバー3人が加入して制作した『Hatalmat a népnek!』を発表した。2016年までに1枚のベストアルバムを含めて計13枚のアルバムをリリースしている。

　ラッパーとして活動しながらも同時進行で、Sex Action、KGB、Jack Jack、Fuck Off Systemなど数々のロックバンドでミュージシャンとして活躍するというバイタリティーの高さを誇っている。近年では俳優活動も増えている。そのためかルックスもあまりラッパーっぽくはない。サウンドはUS西海岸ヒップホップに影響を受けているが、近年はポップ、ロックなどを取り入れたミクスチャー感が強くなっている。

Néhány jó dolog(Ganxsta Zolee & Kartel)

Ganxsta Zolee és a Kartel が 2000 年にリリースしたアルバム『Rosszfiúk』からのヒット曲。Double J の「Gangsta Shit」をサンプリングしている。Pierrot がプロデュースしたビートはフルートの音色が印象的で 90s のグルーヴ感があふれている。うまくいかないことばかりの人生だがいくつか良いこともあるさ、という内容で、Zolee の語り口調なフロウが聴ける。フックもキャッチーだ。

You Tube www.youtube.com/watch?v=nxF1H98ZC6g

A jó, a rossz és a Kartel (Ganxsta Zolee & Kartel)

1999 年の大ヒットアルバム『Helldorádó』からのヒット曲。ハーモニカの音色が入る西部劇を意識したトラック。ここ（ブダペスト）は西部開拓時代のテキサスより危険だぜ！という内容のリリックで、ビル・ヒコックやパット・ギャレット、ビリー・ザ・キッド、ジェシー・ジェイムズなど、当時の有名なガンマンの名前が次々と飛び出してくる。MV も西部劇風になっていて、メンバーたちがガンマンに扮して打ち合うエンターテインメント作品になっている。

You Tube www.youtube.com/watch?v=AF1IObCE_c8

Vato Loco（Ganxsta Zolee & Kartel)

2000 年リリースのアルバム『Rosszfiúk』からのヒット曲。ラテン・フレイバーあふれる明るいトラックで、フックではスペイン語のタイトルである「クレイジーなやつ」と連呼。Zolee はスペイン語を交えたラップを披露している。MV もメキシコで撮影されていて、テキーラを飲んだり、ビーチで遊んだり、ピラミッドを訪れたり、メキシコを満喫する様子が映し出されている。人生を楽しみたくなるラテンなパーティ・ソングだ。

You Tube www.youtube.com/watch?v=24hGyKZp4Yk

Nincs erő（Ganxsta Zolee & Kartel)

バンドメンバーを追加して製作した 2012 年リリースのアルバム『Hatalmat a népnek!』からのヒット曲。ヒップホップというよりはロック・バラード調の曲で、ギターの音色がなんだかセンチメンタル。バラードにラップする Zolee は 90 年代後半の Everlast を彷彿させる。プロデュースはデビュー時と変わらず Pierro が担当。Zolee の自宅で撮影されたという MV でスタジオセッションする様子はハードロッカーのようだ。

You Tube www.youtube.com/watch?v=IyejohCId7A

Boom a fejbe（Ganxsta Zolee & Kartel)

ハンガリーで初めてヒットを記録したヒップホップ・トラック。デビューアルバム『Egyenesen a gettóból (1995)』からの 1st シングルで、「Boom a fejbe」と繰り返されるフックがとてもキャッチーで、オールドスクール！ ヒットしたのも頷ける。MV では Zolee をはじめクルーが皆ギャングスタ・ファッションに身を包み、ストリートや牢の中でラップしている。画質が荒いが、当時のハンガリーの雰囲気を感じられる映像だ

You Tube www.youtube.com/watch?v=vPKYy8TU4wM

ALBUM
Egyenesen a gettóból(1995)
Jégre teszlek(1997)
Helldorádó(1999)
Rosszfiúk(2000)
Pokoli lecke(2001)
Gyilkosság Rt.(2002)
Greatest Shit(2003)
Szabad a gazda(2004)
Jubileumi album(2005)
Isten, Család, Sör(2007)
Amikor már azt hitted, hogy vége(2009)
Hatalmat a népnek!(2012)
20 év(2015)

LÁJK REMIX

ニュースクール系からEDM系パーティ・ヒップホップに転換した5thアルバム『LÁJK（2010）』のタイトルトラック。LMFAOに代表される2010年頃の世界的流行を取り入れたアゲアゲなパーティ・チューンで、リリックもパーティのことのみ。アホ顔のペンギンの着ぐるみや美女たちとクラブでハチャメチャに遊ぶMVにもLMFAOの影響が感じられる。プロデュースしたのはアワード受賞経験も多いヒップホップ畑出身のポップ／EDMプロデューサーPixa。
YouTube www.youtube.com/watch?v=96fJrEAWQ0o

Fluor Filigran
フルオル・フィリガン

ポップな才能もキラリ！　自在にフロウを操るラップのテクニシャン

■ 2001- ● セーケシュフェヘールヴァール ● Gold Records
www.facebook.com/fluortomi/ www.instagram.com/fluortomi/

セーケシュフェヘールヴァール出身のラッパー。またの名をFluor Tomi、Fluorid、Filigran。2001年にラップを始めたFluor Filiganは、2004年、16歳のときにAnimal Cannibalsが主催するMCオーディション「Mikrofon Mánia」に出場し、オリジナル曲「Egy pillanat」で優勝する。アンダーグラウンド・シーンで活動し、2005年までに『Történet』などEP3枚をリリースした後、2006年にデビューアルバム『Mélyvárosi Álmok』を発表した。2007年にはEP『Eufória』をリリースし、同年秋からはラッパーのEckü、Pixaとともに Yo Rádió 局で放送されるヒップホップ番組「AP！」のパーソナリティを務めている。また2010年までハンガリー最大のヒップホップ・サイトであった www.hip-hop.hu および www.hip-hop.hu/tv の編集者でもあった。2010年リリースの5thアルバム『Lájk』では、それまでのニュースクール系ヒップホップからエレクトロやオートチューンを大胆に取り入れたパーティ系サウンドに転向し、大ヒットを飛ば

ALBUM
A másik fél Maxi(2005)
Mélyvárosi Álmok(2006)
Parappa (2007)
Kell az új is (2008)
Shake! (2009)
Lájk(2010)
F.L.U.(2013)

EP
Ahogy érzem (2004)
Történet (2004)
Eufória(2007)
Elnöki ügy (Wellhello)(2015)

PROJECT ALBUM
#Sohavégetnemérős(Wellhello)(2016)

している。2014年にシンガーソングライターの Diaz とともにポップ・ユニット Wellhello を結成。2015年にシングル「Elnöki ügy」をリリースし、ラップ入りのポップ・スタイルが受けて大ヒットを記録した。2016年にWellhelloの1stアルバム『#Sohavégetnemérős』を発表している。

自在にフロウを操ることができ、ハイレベルなラップスキルを持つMC。ラジオやポップ・ユニットなど多方面で活躍し、広く知られているアーティストである。

Aki Velünk...

2011年のアルバム『Négy évszak』から Roxette の「Crash! Boom! Bang!」をサンプリングしたかっこいいトラック。最初のヴァースでは時折「head-banger」など英単語を交えながら Mentha が滑らかなフロウを聴かせ、フックを挟んで Eckü へつなぐ。Eckü が軽快なライミングで魅せた後、ラストにヴァースを担当するのが現在は脱退してしまった Brash だ。4MC のバランスが魅力でもあったので、脱退は残念。

YouTube https://www.youtube.com/watch?v=F0S_K2wfjdY

ALBUM
Szóhisztéria (2002)
Nyelvtan (2003)
Klasszik (2008)
Négy Évszak (2011)
Érintés (2013)
Raplife (2015)

Eckü、Mentha　2001 ～　ヴェスプレーム　Magneoton
https://www.facebook.com/hosokveszprem/

ユニット名は「英雄」！地元自治体から文化賞受賞したフロウで聴かせる DUO

2001年にそれぞれ別のユニットで活動していた MC Brash、Mentha、Eckü、Mr. Joeker によって結成されたヒップホップ・ユニット。2002年にアルバム『Szóhisztéria』でデビューした。2003年には 2nd アルバム『Nyelvtan』を発表し、MC バトル大会 Hip Hop Mission で優勝した。その結果、ワーナーミュージック傘下の Magneoton とのレーベル契約を獲得。その後各メンバーのソロ活動を経て 2008年に 3rd アルバム『Klasszik』をリリースした。Mr. Joeker は早くに脱退し、裏方としてビートメイキングに専念するようになった。2011年にリリースしたアルバム『Négy Évszak』は高く評価されている。2012年からはライヴ DJ として Nagy Zsolt aka DJ Ghost がコンサートに参加するようになった。2013年には出身地の自治体から功績を讃えられて文化賞を受賞している。同年に 5th アルバム『Érintés』を発表した。2014年に Brash が脱退し、2015年には Mentha、Eckü のみの新編成で『Raplife』を発表している。

それぞれが個性のある声とフロウを持ち、スキルの高いラップを聴かせてくれるのが魅力の本格派ユニット。ちなみにユニット名 HŐSÖK は、ハンガリー語で「英雄」という意味。Facebook のフォロワー数は 15万を超えており、人気ユニットの一つである。

Punnany Massif
プンナニュ・マッシフ

👤 Felcser "Rendben Man" Máté、Farkas "Wolfie" Roland、Piszkár "R-NoLD" Bálint、Bolbach "Deepy" Gábor、Iványi "Szevasztok" Szabolcs、Heilig Tomi、Lipics "Prof.Lip." Gergő、Meszes "Meszi" Balázs、Czimerman "Czimi" Csaba、Szekeres "Szeki" Norbert 🎤 2003～ 📍ペーチ 💿 Punantul Rec., AM:PM Music
📘 www.facebook.com/PunnanyMassif/ 📷 www.instagram.com/punnanymassif

ハンガリーで絶大な人気を誇るオルタナ・ヒップホップ・バンド

　1994年にバンドの主要メンバーであるRendben ManとWolfieが出会い、Digital UndergroundやA Tribe Called Quest、Black Sheepなどニュースクール系ヒップホップを聴き込んで、自らもラップするようになる。2003年にPunnany Massifを結成。2006年にデビューアルバム『Körorkép』をリリース。オーガニック・ヒップホップ的な要素を取り込んだ名作で注目を浴びるようになる。2010年にリリースした2枚組の2ndアルバム『Shen Kick』では、ハンガリーの民族音楽やエレクトロ要素をヒップホップに取り込んでオリジナルのスタイルを確立し、絶大な支持を得るようになった。リリックにおいてもハンガリーの国民性や日常を扱ったものが多く、ファンの共感を呼ぶこととなった。2011年には新たにDJやバンドメンバーを迎えて制作したEP『Sun Kick』を発表。ジャズ、民族音楽、ポップ、ファンクなどの要素が色濃く反映され、オルタナティヴなヒップホップ・サウンドへと進化を遂げた。この傾向は2013年、2016年にリリースされたEPシリーズ『Fel #1』『Fel #2』でも継続している。

　YouTubeに公開されているMVはどれも数千万の視聴数を叩き出しており、ビッグフェスなどでも欠かせない存在のPunnany Massif。それぞれ個性的な声でラップを交互に展開するRendben ManとWolfieの存在感は大きく、ハンガリーにおけるヒップホップ人気の拡大に大きく貢献したバンドと言える。

Élvezd

2011年リリースのEP『Sun Kick'』からヒットしたPunnany Massifの人気No.1トラック。曲の主役は声、と言ってもいいほど音数が少なく、楽器のメインはリズムをとるキーボードと時折入るトランペットの音色のみ。RendbenManとWolfieの落ち着いた声のラップとバックコーラスにじっくり聴き入りたくなる曲だ。人生を楽しもう、というメッセージが込められていて、MVでも夏の湖を楽しむバンドメンバーが映し出される。

You Tube www.youtube.com/watch?v=UrGS9EARHRc

Utolsó tánc

「ラスト・ダンス」というタイトルのこの曲はレゲエのリズムを取り入れた軽いタッチのユニークなポップソングになっていて、ヒップホップの影は薄くなっている。親しみやすいWolfieのラップ、低い声で語るようなフローを聴かせるRendbenManがリードし、後半にどんどん転調していく。MVも砂漠や、バンドがセレナーデを歌いかけるバルコニーなどを舞台に男女が出会う、ちょっと不思議な映像だ。2016年リリースのEP『Fel #2』からヒットした。

You Tube www.youtube.com/watch?v=5LQc-LtRdrl

Hétvégre

2010年リリースのアルバム『Shen Kick』からのヒット曲。「週末」というタイトルが示すとおりパーティをテーマにした明るいポップ調のオルタナティヴ・ヒップホップだ。RendbenManとWolfieが交互にラインをラップし、テンションを上げていき、歌フックも耳に残るメロディーで親しみやすい。MVもアパートの一室で週末に繰り広げられるホームパーティを描いているが、いわゆるヒップホップっぽいファッションなどは見られないのが興味深い。

You Tube www.youtube.com/watch?v=2ejei9-4jxc

Pécs Aktuál X

Punnany Massifの出身地であるハンガリー南部の古都ペーチへの愛を謳ったペーチ賛歌。60年代に制作されたペーチを紹介する動画「Pécs」からボーカルをサンプリングしているほか、ハンガリー民謡を彷彿とさせる歌唱やメロディーが全編に使われている。後半に向けて重厚感やファンクネスが増すかっこいいトラックだ。メンバーがペーチの魅力を伝えるMVも楽しい。2011年リリースのEP『Sun Kick'』収録曲。

You Tube www.youtube.com/watch?v=Qroykq7xuWg

Telik

2010年リリースのアルバム『Shen Kick』からのヒット曲。Babják Mártaによる60年代ハンガリーの名曲「Zöld Mezők」からサンプリングしている哀愁的なメロディーが、独特の雰囲気を生み出していてかっこいい。Punnany Massifがオルタナティヴに進化していく前で、まだヒップホップ色が強い曲である。MVはゴリラとクマの着ぐるみを着たRendbenManとWolfieが街をひたすら歩くシュールなもの。

You Tube www.youtube.com/watch?v=DyQd7gJD5qQ

ALBUM
Körkép(2006)
Shen Kick(2010)

EP
Sun Kick EP(2011)
Fel #1 EP(2013)
Fel #2 EP(2016)

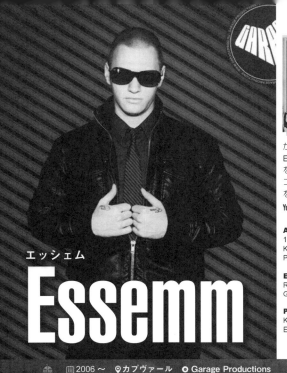

エッシェム
Essemm

Rólunk szól(feat. Palej Niki)

シンガーの Palej Niki をフィーチャリングしたキャッチーなポップソング。2012 年リリースのアルバム『112』からヒットした。恋人同士の関係をテーマにした曲で、MV でも Essemm が恋人役のモデルと濃厚なラヴシーンを演じている。Essemm のキレのいいラップが醸し出す男気と、フックを歌う Palej Niki のささやくような歌声の繊細さが絶妙なコントラストを演出。YouTube では視聴回数が 1000 万回を超える人気曲。

You Tube https://www.youtube.com/watch?v=YCxtECvuE7E

ALBUM
112(2012)
Kapufornia(2014)
Piszkos 12(2015)

EP
Rockstar EP(2009)
Garage Story / Getto Szleng EP(2010)

PROJECT ALBUM
Krekk(Beatmarket)(2009)
EgyBen(Majmok Bolygója)(2010)

2006 〜　カプヴァール　Garage Productions
www.facebook.com/ESSEMM112/　www.instagram.com/essemmofficial/

2010 年以降人気ラッパーの仲間入りを果たしたイケメン MC

　2006 年頃にラッパーとして活動をスタート。2007 年にインディー・ヒップホップ・レーベル Garage Production の共同設立者となった。2009 年にリリースした 1stEP『Rockstar』が話題となり、リミックス盤が出るほどの人気だった。また同年、ラッパー RA と組んだラップ・デュオ Beatmarket としてもアルバム『Krekk』をリリースしている。2010 年にはラッパー Süti と組んだ別ユニット Majmok Bolygója としてアルバム『EgyBen』をリリースしたほか、インディーでソロ EP『Garage Story / Getto Szleng』を発表した。2012 年にリリースした 1st ソロアルバム『112』が大ヒットし、ハンガリーの人気ラッパーの仲間入りを果たした。以降、2014 年に『Kapufornia』、2015 年に『Piszkos 12』とアルバムを発表している。

　タトゥーだらけのイケメンで歯切れのいいラップと安定感のあるフロウを繰り出す Essemm。自ら率いる Garage Production ではアパレルも手がけている。

　2017 年夏に新曲をリリースしており、ニューアルバム製作の進行をアピール。

Zenebuddhizmus

2010年リリースのアルバム『Kottazűr』からのヒット曲。「仏教音楽」というタイトルで、シンギングボウルの音色に始まってユニークなベース音が全編を彩るトラックだ。ただ言葉を唱えるようなラップがフックになっているのが印象的。ハンガリー語の響きや語感を楽しめる2人のフロウも興味深い。MVにはイヤホンを耳に貼り付けた男の1日が映し出されるが、まるで存在しないかのように描かれる。バス停ですれ違う青年2人組がSaiidとÚjonc。

YouTube https://www.youtube.com/watch?v=7CrinUeettw

ALBUM
Akkezdet(2004)
Kottazűr(2010)

アッケズデト・フィアイ

Akkezdet Phiai

👤 DJ Frequent、Saiid、Újonc 📅 1997〜 📍ブダペスト ⦿ Wacuum Airs, DDK Records
🌐 www.facebook.com/akkezdet/

文学的リリックが高く評価される アングラ・ヒップホップの雄

1996年にラッパーのSaiid、ÚjoncがHTA(Higher Tone Alliance)としてユニットを結成。当時は英語でラップしていたが、ハンガリー語ラップを中心とすることに方向転換したため、1999年にユニット名も改めてAkkezdet Phiaiとした。デモ曲のリリースで徐々に注目度が高まっていた2004年、ハンガリーで最初のインディー・ヒップホップ・レーベルWacuumAirsよりデビューアルバム『Akkezdet』がリリースされる。このアルバムは数々の音楽メディアで軒並み高得点を叩き出し、「ハンガリー音楽史におけるマイルストーン」「即クラシック入り」と賞賛された。また同年にDJ Frequentが加入する。2010年にリリースした2枚組の2ndアルバム『Kottazűr』も高く評価された。寡作だが、伝説的存在として尊敬されている。2012年にSaiidはポエトリーリーディングを競うポエトリー・スラム大会で優勝し、同年のヨーロッパ大会でも5位に入賞した。2013年にも自国大会の優勝者となった。またÚjoncは2012年に詩集「Ahol megszakad」を発表している。

ハンガリーにおけるヒップホップの流れを方向付けたカルト的人気を誇るユニットで、ヒップホップ専門ウェブサイトhiphop.huにて最優秀コンサート賞(2008)、最優秀アルバム賞(2010)などの賞に選出された。RZA、De La Soulがブダペストでコンサートを行った時にはオープニングアクトを務めた。文学的、詩的リリックや、洗練されたビートメイキングが人気。

Interview with
Saiid from Akkezdet Phiai

ハンガリーのアンダーグラウンド・シーンは、レベルの高いラッパーの層が非常に厚い。そんな中でも寡作ながら伝説的存在としてカルト的人気を誇るユニット、Akkezdet Phiai のメールインタビューに成功した。質問に答えてくれたのはメンバーの Saiid。ハンガリーに住む日本人に古い知り合いがいたらしく、日本に親近感があったのかもしれない。質問要項を送ると比較的早く回答文を返してくれた。YouTube では 100 万回以上視聴されている曲をいくつも持ち、数々の音楽賞も受賞している彼らの音楽的背景や、現在のヒップホップ・シーンに対する考えなどが窺い知れるインタビューとなった。

——日本の読者に向けて簡単に自己紹介をお願いします。

俺の名前は Saiid で、Akkezdet Phiai（AKPH）の 2 人いるメンバーのうち一人だ。俺はグループの MC 兼プロデューサーだよ。

——どのようにして Újnoc と AKPH を始めることになったのですか？

実はヒップホップ DJ をやった後、俺の方が 90 年代後半にビートを作り始めたんだ。Újnoc に出会い、一緒にライムを書くようになった。

——最初にヒップホップにハマったきっかけは？

ティーンエイジャーの頃はロックばかり聴いていたけど、もっと**小さい頃はクラシック音楽が好きだったんだ**。それからハンガリーの共産体制が終わった時、初めて TV で外国のチャンネルが見られるようになった。そうやって MTV が見られるようになり、初めて Snoop や 90 年代初期のラッパーを見た時に俺にとってすべてが変わったよ。

——お気に入りのラッパーは誰でしたか？

間違いなく Wu-tang Clan が AKPH を一つにしてくれたよ。俺たちは Wu-tang 全曲はもちろん、Wu-tang のメンバーのソロプロジェクトだってすべてのリリックを覚えていたんだ。Wu-tang Clan は成長する過程で、俺自身や性格に大きな影響を与えたよ、彼らが子供たちに教えると言っていたとおりにね。俺も若い世代のために音楽を作っている。同世代のために作るのは稀だ。

——ハンガリー語でラップするのは難しいですか？

ハンガリー語はとても豊かな言語だけど難しいし、複雑だ。たくさんの言葉遊びをするのは簡単にできるし、機知に富んだリリックを作れるよ。

——AKPH のリリックは詩的、文学的だと評価されていますね。どこからインスパイアされるのでしょうか？

二人とも人生にインスパイアされているんだと思う。日々の生活から夢、または誰もどこからきたか分からないようなひらめきまでね。大事なのはオリジナルであることと、本物であること。

——どんなことをラップしていますか？

俺が子供の頃にハンガリー語で聴きたかったことをラップしているよ。気持ちを高めてくれること、刺激してくれること、知識、知恵や理解といった視点から人生を理解させてくれることなどだ。

——AKPH のアルバムはハンガリーで高く評価されています。とてもクールなサウンドですよね。イーストコースト・ヒップホップの影響を感じます。DJ Frequent がアメリカに住んでいたことが影響しているのでしょうか？

いや、そんなことはないよ。俺が AKPH のプロデューサーだから。でも俺たち二人ともはイーストコーストのものをたくさん聴いたよ。俺のお気に入りのプロデューサーでありメンターであるのは、RZA、EPMD の Eric Sermon、Gangstarr の DJ Premier だ。この素晴らしいプロデューサーたちの作品を頭の中でミックスしてから、俺のビートを聴いたら、影

誰もやったことがないようなことをやりたいんだ。

響を聴いてとれると思うよ。

——AKPHはこれまで2枚しかアルバムをリリースしていません。比較的少ないですよね。なぜアルバムを製作するのに長く時間がかかるのですか？

量より質って言うだろ？　俺たちは他とまったく違うこと、誰もやったことがないようなことをやりたいんだ。変化には時間が必要だから、変化が起これば、俺たちは新しいことを新しいやり方で伝えられるんだ。

——どのように収入を得ていますか？　他にも仕事をしているんでしょうか？

もう10年近く他の仕事はしていない。その必要がないからね。

——ハンガリーでラッパーとして生活していくのは大変ですか？

ラッパー10人のうち9人は普通の仕事を日々しているよ。ここのマーケットは小さいんだ。音楽だけをやりたかったら、非常に個性的であるか、セルアウトするしかない。

——2016年にはロンドンでライヴしていますよね。どのように実現したんですか？

ロンドン公演を実現するのに9年かかった。オーガナイザーは毎年来て欲しがっていたが、いつも向こうの都合でキャンセルになっていた。今年はやっとあそこにたどり着いたよ。**ロンドンには現在8万人のハンガリー人が住んでいる。**政府が原因で多くの人がハンガリーを離れたからね。

——90年代のハンガリー・ヒップホップ・シーンはどんな感じでしたか？

すごくアンダーグラウンドだったよ。3つメインストリームなグループがいたけど、その他はすべて完全にアンダーグラウンドだった。グラフィティがとても人気だったし、ブレイクダンスで世界チャンピオンになった人もいる。唯一発展しなかった要素は、ミックステープ・カルチャーだね。何故なのかは分からないけど、外

ラジオはラップ・ミュージックを流さないからな。

国とは大きな差がある。ラジオはラップ・ミュージックを流さないからな。

——あなたは1996年から活動しています。その頃から多くのことが変わったのではないでしょうか。ハンガリーのヒップホップ・シーンの成長と変化について教えてください。

俺たちは10年くらいアメリカから遅れているだろ？　だから物事が急に発展し始めて、俺たちが追いつこうとし始めた頃、ヒップホップの黄金期はもう終わっていた。俺たちがその時期を体験できなかったのは残念だよ。数年前、いくつかのグループがクロスオーバーして大金を稼ぐようになった。すると若い奴らはそれを見て、自分たちも同じように成功したくてセルアウトすることを気にしなくなってきたんだ。だから今はもうカルチャーといえるものじゃないよ。

——ハンガリーではメインストリームとアンダーグラウンドの間には大きなギャップがあると聞きました。どういう感じか教えてください。

さっき話したグループっていうのが、今はラップするポップなエンターテイナーなんだ。ヒップホップ・カルチャーとも、そのメッセージともまったく関係がなくなっている。でもこれは世界中で中流階級が消えているのと同様に、生活のさまざまな要素に見ることができる。

——これからハンガリーのヒップホップを聴き始める人たちに、どのヒップホップ・アルバムを勧めますか？

Bankos、NKS、Killakikitt、Slow Village、Mulató Aztékok。今挙げたいくつかはベテランだが、若い世代もいるよ。

——ラッパーとして達成したい夢は何ですか？

俺はそういう夢は見ないで、立ち上がって勝ち取るよ。

——日本には来たことありますか？　日本に対してどんなイメージを持っていますか？

まだ無いけど、小さい頃から行ってみたいと

俺はそういう
夢は見ないで、
立ち上がって
勝ち取るよ。

思っている。昔から、サムライとか美しい日本庭園、ファッション、お茶文化とか惹かれていたんだ。俺が育った場所と比べると、すべてがとても丁寧に、敬意を持って扱われているように見えるよ。

——日本のアーティストや音楽は聴いたことありますか？

もう20年くらいの付き合いになるハンガリー人と日本人の家族と親しくしていて、彼らがたくさんのアーティストやミュージシャンを紹介してくれたよ。

——日本に行ったらしてみたいことや訪ねてみたい場所はありますか？

俺はきっと行く。行ったら、文化のルーツ、年配者の知恵や規律を学びたい。

——日本の読者にメッセージをお願いします。

ハンガリーにおいでよ。食べ物は美味しいし、人は親切だし、国は美しいよ！

ロンドン公演時のポスター

1stアルバム『Akkezdet』

アニマル・カンニバルズ
Animal Cannibals
遊び心あるラップで今も活躍！
ハンガリー最初のラップ DUO

Ricsipí、Qka MC　1998〜　ブダペスト　Magneoton
www.facebook.com/AnimalCannibals/

　1989年に当時まだ14歳だったRicsipí、Qka MCとDJ UBYによって結成された。1990年にハンガリーで最初のラップソングを作ると、それが10代向けのクラブでアンセムとなる。1991年にDJ UBYが脱退し、デュオとなった。1995年にワーナーミュージック傘下のMagneotonからデビューアルバム『Fehéren fekete, feketén fehér』をリリース。1stシングル「Takarítónő」が大ヒットし、一躍注目を浴びた。その人気を受けて1996年にはFila Rap JamというMCバトル大会をスタートさせる。この大会は各地でMCバトルを勝ち抜いた挑戦者がブダペストの決勝に進み、勝者はレーベルと契約することができるというもので、ハンガリーにおけるヒップホップ・シーンの活性化に大きく貢献した。1998年にリリースした3rdアルバム『Kés, villa』はハンガリー版グラミー賞であるフォノグラム賞最優秀ダンスアルバム賞を受賞。シングル「Kérek egy puszikát!」がヒットし、人気が国外にも飛び火した。Animal Cannibalsは、フランスの音楽TV局MCMで放送された初のハンガリー人アーティストとなった。今に至るまでコンスタントにアルバムをリリースしており、年間200本近くもライヴを行うなど、精力的に活動している。

　ハンガリーで最も成功した人気ヒップホップ・ユニットの一つ。言葉遊びやハンガリー語ラップならではのユニークなライミング、ユーモアを取り入れたラップが人気。彼らがスタートしたFila Rap Jamは後にフェスへと成長し、Offline Battle、Hip-Hop Missionなど数々の派生イベントを生んだ。

Északon Délen
2008年リリースのアルバム『Mindent Lehet-Rap Diszkó』からのヒット曲。ストリングスが耳に残るトラックは Roger Webb の「Assignation」をサンプリングしている。Siska Finuccsi、Hősök など総勢11組のアーティストをフィーチャリングしていて、中でも Gabó、Noryka という女性シンガーのほかレアな女性ラッパー Poisy に注目。MV でも名前付きでそれぞれのフローを楽しめる。フックもキャッチーだ。

YouTube www.youtube.com/watch?v=rDEi0hwIUC8

Takarítónő
デビューアルバム『Fehéren fekete, feketén fehér』からの1st シングルで 1995 年に大ヒットした。ハンガリーにおいて、ラジオはもちろん TV でも MV が流れまくった最初のヒップホップ曲の一つだ。オールドスクール感あふれるサウンドもフックもとてもキャッチー。街を掃除する掃除婦のことをユーモアたっぷりにラップした内容で、MV でも Ricsipí、Qka MC の 2 人が掃除婦に扮して街中を掃除する映像が散りばめられている。

YouTube www.youtube.com/watch?v=eDMuCoc_6PE

Minden változik
2014 年リリースのアルバム『QR-Kód』からヒットしたこの曲は、喜多郎の「シルクロード幻想」をサンプリングしている。「あらゆるものは変化する」というタイトルで、社会主義体制にあった 80 年代、民主化後の 90 年代、インターネットの登場で進化していく 2000 年代までを振り返る内容のリリックが興味深い。MV でも背景に昔の映像が映し出される。また落ち着いたトーンでラップを聴かせる Animal Cannibals の成長も合わせて感じられる一曲。

YouTube www.youtube.com/watch?v=3jzOU6vFHzA

Nemér
2016年にリリースされた 12 作目となるアルバム『1111』からのヒット曲。旬なエレクトロ・サウンドを大胆に取り入れたフロアバンガーで、これまでオールドスクールなスタイルが中心だった Animal Cannibals も最新トレンドをモノにできることを証明して見せた。実際ハードなビートに合わせた Ricsipí、Qka MC のフローも滑らかで、30 年近いキャリアの中で培ってきたスキルを感じさせる。またトラックメイキングも自ら手がけている。

YouTube www.youtube.com/watch?v=mH_3mjwPubo

Kérek egy puszikát
フォノグラム賞で最優秀ダンスアルバム賞（当時はヒップホップに対する賞がまだなかった）を受賞した 1998 年リリースの 3rd アルバム『Kés, Villa』からのヒット曲。この曲はハンガリー人アーティストとして初めてフランスの音楽 TV 局 MCM で放送された曲である。女声で「ウッウー／プッシーキャットをちょうだい」と歌い、チュッチュッとキス音を連呼するフックが非常にキャッチーなトラックだ。テンションの高いフローも聴いていて楽しい。

YouTube www.youtube.com/watch?v=icpJ0fTDzEg

ALBUM
Fehéren fekete, feketén fehér (1995)
Reggel, délben, este (1996)
Kés, villa (1998)
Mindent lehet(A trilógia első része: Stílusok keverve) (2002)
Mindent lehet(A trilógia második része: Nincs határ) (2005)
Mindent lehet(A trilógia harmadik része: Rap Diszkó) (2008)
Nyolcan a színpadon (2009)
EMUK - Emberevő Mash Up Kollekció (2011)
MixXx - Mixtape Igényes Xtrém Xkluzív Xtrákkal (2011)
Respekt (2012)
QR-kód (2014)
1111(2016)

俺たちは活動を始めた時と変わらぬ態度でやっている、ゲットー出身の普通の男たちだよ

Interview with Animal Cannibals

Animal Cannibals は、ハンガリー・ヒップホップの黎明期にメジャーな活躍をし、ハンガリーにヒップホップを認知させるのに大きく貢献したユニットだ。今に至るまで現役で活躍するベテランだが、いざコンタクトをとってみると全く威圧感ない態度でスムーズにやり取りをすることができた。インタビューをしてから本書の完成まで少し時間を要したのだが、その間にも向こうから「本はどうなっている？コピーはもらえるかな？」と聞いてきたり、別のグループに関する質問にも丁寧に答えてくれたり、とても親切な人たちで感激だった。

――日本の読者に向けて簡単に自己紹介をお願いします。

Ricsipí: 俺たちはハンガリーでラップを始めた最初のグループの一つだ。ハンガリー語でラップできるか探求したんだ。これまでに、アルバム 14 枚、DVD2 枚、ミュージックビデオ（MV）を 50 以上リリースしているよ。

――1989 年、まだ 14 歳だった時に作った最初のラップ・ソングがヒットしたそうですが、その話を教えてください。

Qka: 14 歳の頃は中学校に通っていたんだけど、何人かの友達と一緒に、小学生のために放課後パーティーを開いていたんだ。Ricsipí が DJ を、俺は手作りのディスコ照明を動かす係だった。そこでそのトラックが入ったマキシ・シングルのレコードを見つけたから、インストゥルメンタルのトラックに乗せてリリックを書いたんだよ。Ricsipí はプラスチック製のマイクを持っていたから、それでクラブヒットとなった曲をレコーディングしたんだ。

――80 年代のハンガリーは共産圏だったので、アメリカや西ヨーロッパの音楽を手に入れるのは難しかったのではないでしょうか。最初

はどのようにヒップホップにハマったのですか？

Ricsipí：俺たちはごちゃごちゃしたエリアに住んでいたんだが、そこに西ヨーロッパに行くことができる特別なパスポートを持った男がいたんだ。彼は毎月レコードを持ち込むことができて、幸いなことにラップ・ミュージックが好きだった。彼がカセットテープにダビングしてくれたおかげで、エリア全体が US ラップ・ミュージックと恋に落ちたってわけさ。

——当時好きだったラッパーは誰ですか？

Qka：俺たちが好きだったのは、Beastie Boys、Run DMC、L.L.Cool J、Public Enemy、NWA、DJ Jazzy Jeff and The Fresh Prince といった US アーティストだ。他にもたくさんいるよ。**俺たちは典型的な MTV 世代なんだ。**

——Animal Cannibals はハンガリー・ヒップホップの先駆け的存在でした。最初の頃のヒップホップ・シーンはどんな感じでしたか？

Ricsipí：最初にヒップホップ・カルチャーを持ち込んだのはブレイクダンサーたちだった。1983〜84 年の頃だ。その次に入ってきたのがグラフィティで、それが 1985、6 年頃。DJ や MC が活動し始めたのは 1988、89 年頃だった。それぞれ別の街で活動していたから、お互いの存在を知らなかったよ。携帯電話を持っていなかったからね。俺たちはラップ・パーティーやクラブをオーガナイズしていた。自作のフライヤーを通して、周りに広げよう、つながろうと努力したよ。そういった実際のラップ・イベントで繋がることがほとんどだった。

——Animal Cannibals 自体はどのように結成されたのですか？

Qka：楽しみのために曲を作っていたんだ。俺たちにとっては趣味だった。俺たちは少しずつ成長していった。3 年後、毎週、国のどこかでライヴをやるようになり、メジャー・レーベルにデモテープを送ったんだ。1995 年、ようやく Warner 傘下にあるローカル・レーベル Magneoton が俺たちにチャンスをくれた。

——Animal Cannibals はメジャー・レーベルである Magneoton からアルバム『Fehéren fekete, feketén fehér』でデビューしましたが、当時ヒップホップ・グループがメジャーからデビューするというのは稀なことだったんじゃないでしょうか？

Ricsipí：そう、普通じゃないことだった。ヒップホップ・アーティストとしてメジャー・レーベルと契約したのは俺たちが初めてだったんだ。メジャー・レーベルは何をするべきか指図してくるから良くない、という人もいる。けど、それは間違っているよ。**ハンガリーは小さい国だから、世界のトレンドに怯える必要がなかったんだ。**

——Animal Cannibals の 1st アルバムと 3rd アルバムはハンガリーで大ヒットを記録していますが、それによって人生は変わりましたか？さまざまな音楽賞も受賞しましたよね？

Qka：1st アルバムと 3rd アルバムはゴールドディスクで、2nd アルバムは 5 万枚以上売れてプラチナムディスクとなった（5 万枚売るのは年に 3〜5 人くらい）。小さな国だから誰もが俺たちのことを知っていたけど、俺たちは変わらなかった。俺たちは活動を始めた時と変わらぬ態度でやっている、ゲットー出身の普通の男たちだよ。

——あなたたちは 1996 年にフリースタイル・バトル大会 Fila Rap Jam をスタートさせています。どのように実現したのですか？ キャリアの早い段階で、この大会を企画したのは何故だったのでしょうか？

Ricsipí：俺たちはハンガリーのヒップホップ・カルチャーの手助けがしたかった。だから大会を作ったんだ。ヒップホップ・コミュニティーのために、俺たちは毎年大きなラップ・パーティーを開催した。同じようなスタイルや哲学を持つ友達がたくさんできたよ。俺たちは有名になるのに 6 年かかった。だから名を知られるべき MC がたくさんいるのを知っていたんだ。

——このようなフリースタイル・バトル大会のおかげで、ハンガリーのヒップホップ・シーン

は進化していったように感じます。大会はどんな雰囲気でしたか？　優勝して後に有名になったラッパーはいますか？

Qka: 俺たちがラップ・グループとソロのコンテストを作って数年後、スポンサーのSpriteが、ハンガリーのヒップホップ・シーンをより大きく、有名にしようという提案をしてきたんだ。俺たちはオーガナイザーであり、大会のホストでもあった。2004年から2012年まで、国中でブレイクダンス、グラフィティ、ビートボックスやフリースタイル・バトル大会を開催したよ。とてもアンダーグラウンドなプロジェクトだった。とはいえ、ハンガリーで最も有名な音楽チャンネル（Viva TV）のヒップホップ番組で放映してもらうこともできたけどね。

ああ、何人かの優勝者は有名になったよ。アルバムやMVもリリースしている。

——こういったフリースタイル・バトル大会は今でも続いていますか？

Ricsipí: 毎年、国内最大のエクストリーム・スポーツ＆音楽ジャムでフリースタイル・バトルを開催しているよ。OSGっていうんだ。

——どんなことをラップしていますか？　ユーモアに富んだリリックを書いているそうですね。

Qka: ユーモアはマジな話だ。すべての曲はハンガリー語で書いていて、ポジティヴなバイブを表現している。俺たちは、誰もラップしたことのない内容や、一つのことについて全く違う視点からラップしたりするのが好きなんだ。言葉遊びをして、新たな意味を作るのもね。俺たちはヒップホップの中でもゆるい感じだよ。

——**Animal Cannibalsは2000年代に3部作のアルバムをリリースしています。どのようなコンセプト、メッセージを持った作品だったんでしょうか？**

Ricsipí: ラップ・ミュージックは他のいかなるジャンルとも上手く繋がることができる唯一のジャンルだ。それがコンセプトであり、メッセージだ。

——あなた方は20年にわたってハンガリーのヒップホップが進化していくのを見てきました。今のヒップホップ・シーンについてどう思いますか？　ハンガリーでヒップホップはどのように受け止められているんでしょうか？

Qka: **最初は誰もがアメリカのアーティストの真似をしていた。**現在では俺たちはハンガリーにおいて影響力を持っている。ヒップホップはここでも人気になったけど、アメリカにおけるニュースクールほどじゃない。ヒップホップ・アクトは音楽フェスティバルのヘッドライナーになったり、生演奏で出演したりするようになったよ。

——「Minden változik」という曲が好きなんですが、この曲ではハンガリー社会における変化についてラップしていますよね？

Ricsipí: 3つのヴァースで過去についてラップしている。最初のは80年代、2つ目が90年代、3つ目は2000年代だ。サビでは、全てが変わっていく、ということをラップしている。「俺の血はラップ・ミュージックで溢れている」っていう要素以外はね。

——ハンガリー以外の国でライヴをしたことはありますか？　もしそうであれば、観客の反応はどうでしたか？　言葉の壁は感じましたか？

Qka: 先にも言ったとおり、俺たちの曲はすべてハンガリー語だ。俺たちはさまざまな場所でライヴを行った。**近隣国からイギリス、アメリカまで行けるところに行ったけど、地元のハンガリー人コミュニティーのためにライヴをしただけなんだ。**英語はよくできるから曲を解説することはできるけど、音楽はインターナショナルな言語だよ。

——あなたにとってのヒップホップ・クラシックを3枚教えてください。

Ricsipí: たったの3枚!?　すごく難しい質問だな！　Eric B&Rakim『Paid In Full』、De La Soul『3 Feet High&Rising』、Beastie Boys『Paul's Boutique』。

——ハンガリー・ヒップホップをこれから聴き始める人に対してどのハンガリー人アーティストまたはアルバムを勧めますか？

音楽はインターナショナルな言語だよ。

Qka: ハンガリー・ヒップホップがどんな感じが知りたかったら、いくつかコンピレーションCDが出ているよ。『Fila Rap Jam』1〜4、『Stíluspakk』1〜7。
グループなら、AKPH(Akkezdet Phiai)、Hősök、NKS、Killakikitt、Ludditák、Ganxsta Zolee、Bloose Broavaz。
MCなら、Sub Bass Monster、Mikee Mykanic、Busa Pista、Sena。

——日本には来たことありますか？ 日本に対してどんなイメージを持っていますか？

Ricsipí: まだないよ。（イメージは）大体同じだね。今や世界は一つの大きな村だから。でも日本はヨーロッパの人にとって少し違うと思う。とても最先端で、人々はピースフルで、**食べ物は健康的（ほとんど魚）**だよね。

——日本のアーティストや音楽は聴いたことありますか？

Qka: あんまり無いな。昔De La SoulのLPの中で日本語ラップを聴いたことがあったけど、それは良かったよ。それから、日本には大きなヒップホップ・シーンがあるから、アメリカのアーティストがたくさんライヴをやっていることは知っているよ。

——今後の予定は？

Ricsipí: 2016年11月11日にニューアルバムを出すんだ。タイトルは『1111』だ。2017年には3、4つMVを製作。その次のアルバムが出るのは2018年になるな。俺たちはいつも未来に計画を持っているんだ。アイデアがあれば曲を作るってこと。

——日本の読者にメッセージをお願いします。

Qka: ヒップホップは頭を柔らかくするのにとてもいいよ。古いものの中から最高の部分をサンプリングし、現在のバイブレーション、または反映を加えて、新しいものを作るんだ。

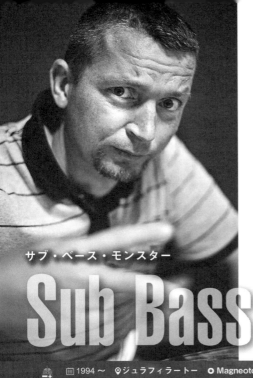

サブ・ベース・モンスター

Sub Bass Monster

🇭🇺 1994〜　📍ジュラフィラートー　🎵 Magneoton
f www.facebook.com/subbassmonster/　📷 www.instagram.com/subbassmonster/

4 ütem
プラチナム認定された1999年リリースのデビューアルバム『Félre Az Útból!』からのヒット曲。MCバトル大会で上位入賞しただけあって、ちょっと高めの個性的な声質でスキルの高いフロウを聴かせる。マリファナの吸い方を伝授するコミカルなテイストの曲で、4つの単語を繰り返すフックが耳に残る。ちなみにハンガリーにおいて大麻は違法薬物に指定されているが、入手は難しくないそうだ。その身近さゆえに視聴回数が400万回を超えているのかも。

▶ www.youtube.com/watch?v=I2AkqEZKPB4

ALBUM
Félre Az Útból! (1999)
Tovább Is Van, Mondjam Még? (2001)
Sub Bass Monster (2006)
Fekete Lemez (2013)

個性的なフロウやラップスキルから Eminem と比較される MC

　1991年頃ヒップホップに魅了され、ライムを書き始めた。1997年、友人と結成したユニット Hemapopu として、Animal Cannibals が立ち上げた MC バトル大会 Fila Rap Jam に参加し、3位に入賞。翌1998年にはソロで5位に入賞して、ワーナーミュージック傘下の Magneoton と契約。1999年にリリースしたデビューアルバム『Félre Az Útból!』がプラチナム認定される大ヒットを記録した。アルバムからはマリファナの吸い方について伝授するリリックの「4 ütem」、出身地である小さな村についてラップした「Gyulafirátót」などがヒットした。2000年にはハンガリー最大の音楽フェスティバル Sziget Festival に出演。

　続いて2001年にリリースした 2nd アルバム『Tovább Is Van, Mondjam Még?』もゴールドディスクを獲得した。翌年にはリミックスアルバム『SMRX』を発表。2006年の 3rd アルバム『Sub Bass Monster』からレゲエを大きく取り入れるようになった。2013年には 4th『Fekete Lemez』をリリースしている。

　Fila Rap Jam から誕生して成功を収めた最初のラッパー。本国では、そのユーモアやアイロニーに富んだ隠喩使いや特徴的なフロウが、初期の Eminem と比較された。本人は影響を受けたアーティストとして、Naughty By Nature や Snoop Dogg、Damian Marley などを挙げている。

Magyar földre

ハンガリーに対する愛国心をテーマにした、2009年リリースのアルバム『Magyar földre』からのタイトルトラック。哀愁ただようビートに乗せて、ハンガリーの歴史を振り返り、民族的英雄アールパードや、2つの大戦における敗戦、ナチスなどにも言及するなど、深みのあるリリックを聴かせている。MVは至ってシンプルで、拡大したハンガリーの国章を背景に、ボコボコにされた風のFankaDeliが無表情でラップするというもの。

www.youtube.com/watch?v=hna6sjG50-s

FankaDeli
ファンカデリ

驚異的ペースでリリースするシーンへの影響力も大きな愛国主義者！

1998〜　ケチケメート　Panama Music, Night Child Records
www.facebook.com/FankaDeli-49644032362/
www.instagram.com/fankaferi/

ハンガリーのアンダーグラウンド・シーンを代表するラッパー、サウンドエンジニア、ラジオDJ、ヒップホップ・レーベルNight Child Records主宰者。1998年にアルバム『A lényeg』でデビューし、これまでに20枚以上のアルバムをリリースしている。時には1年のうちに数枚のアルバムを出すほど多作なラッパーで、2004年から2009年までラジオでヒップホップ番組のパーソナリティを務めていたことからシーンにおける存在感も大きい。また2005年から2009年まではギタリストSzabó BalázsとともにユニットSuhancosを組んでいて、2枚のアルバム『Üzenetrögzítő(2007)』『Jól tévedni emberi dolog (2009)』をリリースしている。Suhancosでは、ラップと民族音楽やポップを融合させたようなスタイルを探求していた。

愛国心が強く、リリックにも愛国的、保守的な姿勢が表れていることも。クセが強くなく聴きやすいフローが受けている。

ALBUM
A lényeg(1998)
Egyenesen… …az éjszakából(2001)
Minden kincsem(2003)
Rap neked meg a csajodnak(2004)
Isten hozott… …ördög vihet (2005)
Repp(2006)
Újratöltve(2007)
Rendezői változat(2008)
Utóirat(2008)
Utcai óra (remix album)(2009)
Magyar földre (2009)
Reck(Válogatás album rock alapokra) (2009)
Egyenesen az éjszakából 2 (2009)
Magyarok Nyilai(2010)
Magyar Földre (élőzenekaros változat)(2010)
…LélekJelenLét… (2010)
Tarsoly (válogatáslemez)(2011)
Ördög hozott… …Isten vihet(2011)
Hunok mantrája(2011)
Reck 2 (2012)
Expedíció (2012)
Egyszer élünk örökké(2013)
Csigákat gyűjtöttünk (2014)
Egyenesen az éjszakából 3(2014)
Felhőtérkép(2016)

PROJECT ALBUM
zenetrögzítő(Suhancos)(2007)
Jól tévedni emberi dolog(Suhancos)(2009)

Bilako

1999年に大ヒットした完全ロマ語のシングル。ハンガリーにおいて初めてロマ語歌曲が音楽チャートNo. 1になるという記録を作った。ジプシーミュージックらしい哀愁ただようギターの音色とメロディーが印象的な歌モノのラヴソングで、出会った女の子とずっと一緒にいたいという内容である。メインラッパーL. L. Juniorの他に女性シンガーFatimaのラップも聴ける。2ndアルバム『A Város Másik Oldalán』収録曲。

YouTube www.youtube.com/watch?v=2CrHZIEG9ik

ALBUM
Fekete Vonat(1998)
A Város Másik Oldalán(1998)
Harlemi éjszakák(1999)
Még várj(2004)

フェケテ・ヴォナト

L.L. Junior、Fatima、Beat　1997〜2004　ブダペスト　EMI, EMI-Quint, Klub Publishing
www.facebook.com/FeketeVonat/

ハンガリーで唯一成功した
ジプシー産ヒップホップ・ユニット

　1997年にブダペストで結成されたロマ民族（ジプシー）によるヒップホップ・ユニット。メンバーはラッパーのL.L. Junior、女性シンガーFatima、プロデューサーBeatの3人。ユニット名Fekete Vonatは「黒い電車」という意味で、共産時代にロマ民族がブダペストまで仕事に行くために乗っていた電車のことを指している。ラップは主にハンガリー語だが、ロマ語オンリーのものや、ロマ語とハンガリー語を織り交ぜたものも。1997年にFila Rap Jamで優勝し、1998年にEMIよりデビューアルバム『Fekete Vonat』をリリースした。1999年に発表した2ndアルバム『A Város Másik Oldalán』からは全編ロマ語のシングル「Bilako」がヒットし、フランスの音楽チャートに入るなど国外でもヒットを記録。アルバムはプラチナム認定される大ヒットとなった。2001年に3rdアルバム『Harlemi éjszakák』をリリースしたが、EMIが「ロマ語のラップが入ったアルバムはリリースしない」という趣旨のプレスリリースを発表したため、対応が差別的だということでEMIを離脱。また同年にL.L. Juniorが脱退し、Fekete Vonatは事実上解散となった。残ったメンバーFatimaと新メンバーBáróは、2004年にFekete Vonat名義でアルバム『Még várj』を発表したが、以降活動の記録はない。一方のL.L. Juniorは脱退後の2002年から盛んにソロ活動をして成功を収めており、これまでに計14枚のソロアルバムを発表している。

　現代まで根深く続くロマ民族に対する人種差別、ロマ民族が抱える貧困などをテーマにした社会的、政治的メッセージを持つリリックが特徴的だが、それ以外にもブダペストの日常やアーティストとしてのキャリアなどさまざまなテーマについてラップしている。ロマ民族音楽やポップ・サウンドを取り入れたトラックも彼らの持ち味の一つで、哀愁的な歌ものも多い。

Bëlga
ベルガ

Te Mit Parodizálsz

ハンガリー版グラミー賞フォノグラム賞を受賞したアルバム『Zigilemez (2007)』からのヒット曲。Bëlga はふざけたテンションの曲が多いのだが、これもその一つで、冒頭から Bauxit がクレイジーなフロウを聴かせる。スチールパンのような音色が印象的な軽快なトラックで、途中テクノっぽく変調する部分では Tokyo がクールなラップをスピット。MV も面白い編集がされていたり、妖怪のような格好だったり、いい感じにぶっ飛んでいる。

You Tube https://www.youtube.com/watch?v=II4yAKShAq4

ALBUM
Majd megszokod(2002)
Jön a Gólem!(2004)
Bëlga 3(2005)
Zigilemez(2007)
Bëlga Tavasz(2010)
Stég FM 84(2012)
Sanyi(2013)
Disco!(2015)

EP
Szerelmes Vagyok(2015)
Cimbi EP(2016)

Bauxit、DJ Marvin、Még5Milliárd、Titusz、Tokyo　1998～　ブダペスト　1G Records, Cameleon Records, Tom-Tom Records　https://www.facebook.com/belgaofficial/　https://www.instagram.com/belgahivatalos/

3MC+2DJ 構成でハンガリー製ヒップホップを提起！

　1998年にブダペストで結成されたヒップホップ・ユニット。結成メンバーの Bauxit、Még5Milliárd、Tokyo の3人はタン・カプヤ仏教大学の学生だった。そこへ DJ Titusz と Sickratman が加入し、5人編成で活動を開始する。2002年にデビューアルバム『Majd megszokod』をリリースすると、そこから「Nemzeti hip-hop」がヒットして注目を集めた。以降、2004年の2nd『Jön a Gólem!』、2005年の『Bëlga 3』、2007年の『Zigilemez』と、アルバムリリース毎にハンガリー版グラミー賞に当たるフォノグラム賞の最優秀ヒップホップ・アルバム賞にノミネートされており、『Zigilemez』で受賞している。Sickratman は2003年に脱退した。2010年にはそれぞれテーマの違う4枚組のアルバムを、3月から6月まで1枚ずつリリースするという試みをしている。2013年リリースの『Sanyi』でもフォノグラム賞にノミネートされた。2014年に新メンバーとして DJ Marvin が加入。2015年に発表した『Disco!』はゴールドディスクを獲得している。

　初期はオールドスクール・ヒップホップ的なシンプルなサウンドで構成されトラックが特徴的。後期になると、音楽的にはラップやヒップホップ的な要素を取り入れたポップといった方が近いトラックも多い。アイロニーやユーモアにあふれたリリックが人気。

Barbárfiverek

バルバールフィヴェーレク

Mennydörgés

メタル的なギターリフでスタートするハードコアなトラック。タイトルは「雷」という意味。Deegoがラガ・スタイルで力強く歌うフックがインパクト大。ビートにも重厚感があり、高揚を煽る。タイプは違うがそれぞれキレのあるフロウをかますTibbahとDeegoは、ベテラン感たっぷりだ。MVは工場とトラックが舞台となっていて、2人の息の合ったパフォーマンスが見られる。2012年リリースのアルバム『Mennydörgés』のタイトルトラック。

▶ YouTube https://www.youtube.com/watch?v=JaXJWN7CNb4

ALBUM
Disznóól(2009)
Úthenger(2011)
Mennydörgés(2012)
Napalm(2014)
Darált Hús(2015)

MIXTAPE
Halottak Napja(Barbárfiverek & Finuccsi)(2009)

👤 Tibbah, Deego　📅 2008〜　📍 ジェール　● Bloose Broavaz
f https://www.facebook.com/barbarfiverek/　📷 www.instagram.com/barbarfiverek/

ダミ声ラガ&洗練されたフロウを繰り出す最強MCデュオ

　2008年にジェールでTibbahとDeegoによって結成されたラップ・デュオ。2人ともラッパー兼プロデューサーである。同年にミックステープ『Nyers Hús』を発表。2009年にアルバム『Disznóól』でデビューし、さまざまなビッグフェスに出演した。2011年『Úthenger』、2012年『Mennydörgés』、2014年『Napalm』、2015年『Darált Hús』とコンスタントにアルバムをリリースしている。

　硬派なブーンバップを中心とした重厚感のあるビートが特徴的なユニットだ。個性的なダミ声でラガ・スタイルを聴かせつつライムをスピットし、Beatologic名義でプロデューサーとしても活動するDeego。1998年にインディー・ヒップホップ・レーベルBloose Broavazを設立し、数多くの客演MCやプロデュースをこなしてきた巨漢MC、Tibbah。ラッパーやプロデューサーとしてのソロ活動も盛んで、Deegoはレゲエバンドでも活動している。それぞれ90年代から活動を重ねてきた経験豊富な2人による最強タッグは、ライブパフォーマンスにも定評があり、ハンガリーのアンダーグランド・シーンで大きな存在感を放っている。

　2017年にはBloose Broavazの創立20周年を記念し、その歴史をまとめた本「Bloose Broavaz Dosszié」を出版した。

Interview with Barbárfivérek

ハンガリーのアンダーグランド・シーンで大きな存在感を放つインディーレーベル Bloose Broavaz を代表するラップ・デュオ、Barbárfivérek にメールインタビューした。2008年に結成されたユニットだが、メンバーの Tibbah も Deego も 90 年代から活躍するラッパー兼プロデューサーである。Barbárfivérek は硬派なブーンバップを軸にしたビートが人気で、巨漢 MC の Tibbah と独自のラガ・スタイルを聴かせる Deego のコンビはルックスもサウンドも重量感たっぷりだ。迫力のある 2 人だが、音楽の話となると真摯な姿勢で質問に答えてくれた。

——日本の読者に向けて簡単に自己紹介をお願いします。
俺たちはヨーロッパ、ハンガリーにあるジェール市出身のデュオ、Barbárfivérek（バルバールフィヴェーレク）だ。アンダーグラウンド・ラップをレペゼンしている。率直で強いリリックを持っているほか、より深い意味を込めた曲も数曲ある。
ラップに加えてラガ・スタイルのボーカルも取り入れているから、よりユニークなサウンドになっている。
チームのメンバーは 2 人だ。
Tibbah（ティッバ）：MC、ビートメイカー、ソングライター
Deego（ディーゴ）：MC、ビートメイカー、ラガ・ボーカリスト

——最初にヒップホップにハマったきっかけは？
Tibbah: 90 年代のはじめに故郷のジェールで、同じジェール出身の Kemotox とパーパの Tkyd が Warnin'Shotz というアンダーグラウンド・ラップ・ユニットを始めたんだ。後から DJ Sikztah も加わった。Warnin'Shotz はデモテープを通じて広まったんだが、俺はそれにすごく影響を受けて、一人のリスナーからパフォーマーになれるように練習したよ。多くのハンガリー・ラッパーが Warnin'Shotz に影響を受けているよ。
Deego: 俺は元々ソンバトヘイ出身なんだが、90 年代にそこでアメリカから帰ってきた Sucidial Lifestlye と Elementary Force というクルーの B ボーイと知り合った。彼らに影響を受けたね。彼らは音楽としてだけではなく、カルチャーとしてヒップホップを持ち込んだんだ。それから、このカルチャーに本気でハマるようになって、自由時間のすべてをヒップホップに費やしたよ。

——当時好きだったラッパーは誰ですか？
Tibbah: たくさんの MC やラッパーに絶え間なく影響を受けているけど、一人だけ挙げるとしたら明らかだ。Sean Price だ（RIP）。昔のお気に入りは Black Moon、MOP、Vinnie Paz、Group Home、Gangstarr などなど、延々とリストを作れるよ。
Deego: お気に入りのラッパーはたくさんいるよ。**俺はドイツ語もできるからドイツにも好きなラッパーがいるんだ。**何ページも名前を挙げたくないな。

——あなた方は 2 人とも MC であり、プロデューサーでもあります。どこでプロデュース技術を学んだのですか？
Tibbah: 俺が活動を始めた 90 年代初頭、ハンガリーは政治体制の変化から解放され始めていた。それ以前の俺たちはインターナショナルな音楽市場からほぼ完全に孤立していた。そのため、ヒップホップ・スタイルに関する俺のアイデアはとても不十分だった。あまり多くの人には知られていないけど、昔、**俺はロックやヘヴィーメタルを聴いていた**んだ。それからラップ・ミュージックが、ダビングしたカセットテープや、のちに CD-R などで飛躍的に流通するようになった。
もちろん俺は即座に影響を受けて、リリックを書くようになった。それからとても短い間に、団地の 5 階にあった俺の部屋はケーブル

屋みたいになったよ。中古店で Taya のターンテーブルを 2 つと中古の Gemini スクラッチマスター、子供用の Yamaha 製シンセサイザーを手に入れたんだ。両親や隣人はみんな、俺が一日中いろいろ試すのを聴かなきゃならなかったよ。レコードを買うようになってレコード掘りもするようになった。あの頃は古き良きソウルやファンクをたくさん聴いたね。それから PC がやってきた。俺は楽器を一つも買ってなかったけど、VST フォーマットが使えたから、楽器の練習をするのにとても役に立ったよ。それから徐々に自分で楽器を買うようになった。キーボードや Akai MPD なんかをね。俺は 20 年以上音楽を続けていて、たくさんの経験や知識を得た。だから自信を持って音楽活動をしているけど、今でも俺はずっと学んでいるんだって感じている。

Deego: 俺は自分で学んだよ。トライ&エラーを繰り返してね。俺も 20 年以上音楽活動をしている。Bunker という名前のホーム・スタジオを作り、ビートメイキングに加えてミックスやマスタリングを始めたよ。自分なりの手法があるけど、今でもクラシックに DITC でやっているよ。

—— どんな音楽や経験にインスパイアされたのですか？

Tibbah: 多くのプロデューサー、作曲家、ビートメイカーにインスパイアされるよ。俺のお気に入りは Marco Polo、DJ Desue、DJ Premier、Pete Rock、Beatminerz、Showbiz。また、こういうテーマに関するビデオをたくさん見る。俺も兄弟の Rizkay と一緒にビートメイキングの動画を作っているんだ。「Rizkay, Tibbah Beatmaking」というシリーズが YouTube で見られるよ。

Deego: さっきのお気に入りのラッパーのと同じで、何ページもリストを続けたくないな。

—— どんなことをラップしていますか？

Tibbah&Deego: 感情、情熱、体験してきたこと、人生など。パフォーマー自身がリリックを書くことが大事だと考えている。自分の考えや感情をリスナーに届けるなら、作者こそが一番本物なんだ。俺たちのリスナーは俺たちがラップしていることと似たような経験をしているから、その曲を自分のものだと感じるんだと思う。何故なら俺たちもリスナーもまったく同じ人間であり、他の人々と同じようなことを経験しているからね。俺の考えでは、最も大事なことは自分を表現することだ！

—— Barbárfivérek を結成する前の 2 人はソロアーティストだったんでしょうか？

Tibbah: そうだ。1993 年からデモを作っていたよ。その頃のユニットから一つ、BG 41、afterwards 41 について強調しておきたい。1998 年に自分のレーベルを設立してから『TIbbahnation』というコンピレーション・シリーズを始めた。このシリーズの特徴は、アルバムがより面白くなるように各曲で俺がゲストを迎えていたところだ。『TIbbahnation』は 5 枚のアルバムと 1 枚の EP をリリースしたよ。他にも、他のアーティストのために絶えずビートを作っている。アルバム全部だったり、数曲だけだったり、リミックスもやる。MC、プロデューサー、ソングライターとして仕事をして、100 枚以上のハンガリーのアルバムに参加していることを誇りに思っているよ。

Deego: そうだ。そうやって音楽活動を始めたし、これからもソロでも活動していく。俺は自分で全部プロデュースするし、自分を表現するにはこれが一番のやり方だ。ラップの他には、常にレゲエやダンスホール、ラガの曲やプロジェクトに取り組んでいる。ラップのリリックをずっと書いているのとは違う挑戦だ。新鮮だよ。

—— Barbárfivérek を結成したときのことを教えてください。

Tibbah: 笑える話だよ。俺と Deego と俺の兄弟 Jiffo と 3 人であても無く街をドライブしながら、DJ Shuko『Foundation 1』を聴いていたんだ。俺たちはすでにいい友達で、何年もビートメイキングの仕事をしていたから、俺たちも同様のミックステープを作ろうって話になっ

言葉が分からなくても フロウがキマっているか は分かる。

た。アンダーグラウンド・ビートのヒットとたくさんの MC が聴けるコラボになると思ったんだ。俺たちは 200 ほどビートを作り、その中からより優れた 60 を選んで、それから MC を参加させた。ミックステープができてみたら、俺たちはすごく人気になっちまったんだ！このレコードの中で Barbárfivérek という名で 1 曲を一緒にやっている。そこからは俺たちが Barbárfivérek として活動していくことは明らかだったね。

—— Barbárfivérek のサウンドはハードコアですよね。音楽を通じてどんなことを表現したいのでしょうか？

Tibbah: Barbárfivérek の音楽はブーンバップ・ラップのエネルギー爆弾で、ハードだけど知的なリリックを持っている。だが、俺たちは常にアルバム毎に深いテーマと自分たちのスタイルのバランスを取ろうとしている。Barbárfivérek のアルバムには両方の方向性がある。

Deego: リスナーはいつもヒット曲を作ってほしいと思っている。曲のエネルギーがハードで

も、リリックは常に意味が深いというのが、俺たちの音楽のユニークなところだよ。

—— Tibbah はハンガリーで最初にできたヒップホップ・レーベルの一つ、Bloose Broavaz を設立しました。なぜメジャー・レーベルに所属するのではなく、自分のレーベルを設立したのですか？

Tibbah:1998 年に Jiffo と思ったんだ。俺たちの仕事はここ数年で大きく成熟してきたから、より高品質で、意識的かつ集合的なテーマで音楽を提供するべきだとね。レーベル設立後、長い間友達だったりバンドメイトだったりした多くの人たちが参加してくれたから、俺たちのレーベルはすぐに強力なものになったよ！誰もが当時の自分にできる限りクオリティの高いものを作ろうと努力した。デモテープ的なクオリティを脱するために、最後のお金を使ってスタジオを借りたよ。メジャー・レーベルと契約すべきだとは、一度も考えなかった。最初から、自分たち自身で管理したいということが明白だったからね。だからそうしたってわけだ！

俺はレーベルと自分たちの仕事について誇りに思っている。

――Deego はラガ・スタイルで歌うのが特徴的ですよね。どこからそのスタイルが出てきたんですか？
Deego: 俺は最初からレゲエが好きで聴いていて、レゲエ・アーティストの真似をしようと試みていたんだ。練習すればするほど、上達して、独特な自分のスタイルを進化させた。ラガの歌い方もマスターして、今ではコーラスやラガを聴けば、俺の声だって誰もが分かるんだ。そこには Deego スタイルがあるからな。

―― Barbárfivérek の一部の曲は Pixa がプロデュース、またはマスタリングしていますが、Pixa はエレクトロ系の DJ、プロデューサーですよね？ どういったつながりがあるんでしょうか？
Tibbah: Pixa は本当に才能があって、いい友達だ！ その通り、Pixa はエレクトロ系の DJ、プロデューサーなんだが、彼が以前ヒップホップやラップ系のマジにいい音楽を作っていたことはあまり知られていない。俺はその頃に Pixa と出会った。『Tibbahnation』第 4 弾を製作中だった俺に、Deego が勧めてくれたんだ。Pixa は巧みな仕事をすると言われていた。俺たちは 2 人とも強烈な性格の持ち主だし、知らない人とは仕事したくなかったんだが、結局どんなものか試そうと Pixa に 1 曲のマスタリングを依頼した。その結果に俺はまったく驚いちまったよ！ Pixa はヤバいクオリティを見せてくれたんだ！ それ以来、俺のすべてのプロジェクトで一緒に仕事しているんだ。
Deego: Pixa は最高だよ。

―― 2 人とも 90 年代後半からハンガリー・ヒップホップ・シーンで活動しています。その頃から今までシーンは大きく変わったでしょうね。ハンガリーにおけるヒップホップ・カルチャーの変化と進化をどう表現しますか？
Tibbah: ハンガリーでは外国と比べて、物事が起こるスピードも遅いし、スケールも小さい。実際に CD を買ってくれる本当のファンやリスナーも常に少ないんだ。音楽をインターネットからダウンロードしたり、コピーしたりする音楽消費者の方が大半なんだよ。今日までに状況は少し改善してきたけど、いわゆる先進国と国内の音楽市場は比べものにならないね。それに加え、何故だか人々は新しいトレンドにオープンではなくなってきている。何故だか分からないけど、もしかしたら人々は真新しいものが怖いのかも？

Deego: **今のハンガリーは 90 年代のドイツと同じ状況だと俺は思う。**意味のないトラップやクソみたいな音楽がある一方で、多くのインディーレーベルやユニークなことをやっている新人がたくさんいるし、俺たちがスタートしたブーンバップや黄金期のルーツに戻ろうとする流れもある。長く活動してきて今でも人気なアーティストにとっては苦い状況ではあるけど……。いつか変化が訪れるかもな。

――あなた方は若いときに東欧革命を経験していますよね。やはり精神的に衝撃を受けましたか？
Tibbah: 体制変化のこと？ 間違いなく影響を受けたよ。俺はその時 13 歳だったから、政治的なことにはほとんど関わっていなかったけど、それでももちろん変化には気づいたよ。いつでも自由に国を出入りできるんだってね。それにお店に置かれる商品の種類が豊富になって、いつも同じものを買わなくてよくなった。必要以上に物を買うようには育てられていなかったけどね。そして MTV や「Yo! MTV Rap」が TV で流れるようになった。情報が国に流れてくるようになり、国外のヒップホップ・カルチャーをもっと知ることができるようになって、俺たちは進化できるようになったんだ。

Deego: 俺は 7 歳で、あまり変化に気づかなかったよ。**オーストリアとの国境を越えるのには何時間も待たなきゃいけなかった**し、バナナとか西側の商品を買えるのは上流階級の特権だった。すべてが不公平だったけど、それでも今より公平だった。本当におかしな時

期だったよ。

――ハンガリー・ヒップホップをこれから聴き始める人に対してどのハンガリー人アーティストまたはアルバムを勧めますか？

Tibbah: 一人のハンガリー・アーティストだけを探すのではなく、注意深くたくさんの作品に注目してほしいと思う。ハイクオリティで本物のハンガリー・アーティストはいっぱいいると思うよ。だから、一人だけ勧めるのはできないんだ。そうしたら他の大事なアーティストをミスることになるからね。でももちろん、Bloose Broavaz の作品を聴くことを絶対お勧めするよ！

Deego: その通り。ぜひそうしてほしいね。

――ポーランドやチェコなど、他の非英語圏のラップも聴きますか？

Tibbah: 音楽プロデューサーとして、俺は多くの異なった言語の音楽を聴くよ。音楽は、言葉が分からなくてもたくさんの感情をリスナーに与えるものだし、それって最高だろ！

Deego: その通り。プロデューサーとしていつだって、言葉が分からなくてもフロウがキマっているかは分かる。俺たちがカネ、車、宝石のことをラップしていないことだって、聴けばおそらく分かるだろう。

――日本には来たことありますか？ 日本に対してどんなイメージを持っていますか？

Tibbah: 残念ながらまだないけど、日本に行くのは夢なんだ！ とても興味深い国だと思うよ！ 日本人は今でも伝統や文化を守っているし、お互いに敬意を払っている。日本は興味深くて面白い国だと思っているぜ！

Deego: Tibbah と同じくまだ行ったことはない。日本人は健康的な食べ物をたくさん食べていて、あとうつや不安症といった問題を抱えているよね。瞑想して、より人生にフォーカスする人もいる。まったく違うメンタリティーだよな。そうだ、それから日本の B ボーイはいつもびっくりするほどすごいよ！

――日本のアーティストや音楽は聴いたことありますか？

Tibbah: 以下のアーティストの曲をいくつか知っているよ。例えば、SD Junksta、Anarchy、Bomrush!、B.D The Brobus、Dreams、AQUARIUS。

Deego: 音楽をディグるのに夢中だった頃、日本のクラシックなソウルやファンクをたくさん聴いたから、そういうアーティストは知っているよ。だけど、**日本語を書けないから、名前を書けない。**

――日本に来たらしてみたいことはありますか？

Tibbah: 俺はかなりのゲーマーだから、時間があればゲームをしたいね。日本は格闘技が有名だから、格闘技の博物館に行きたい。日本のラップ・パーティにも行きたいし、そしたらステージにも上がりたいな。本物のナイトライフを見てみたいよ。

Deego: 日本中を旅して、たくさんの親切な人に出会いたい。アーティストとコラボしたり、いろんな食べ物にトライしたり、ありのままの日本を楽しみたいね。

――今後の予定は？

Tibbah: 現在は何枚かのアルバムを製作中だ。最近ソロアルバム『Matató Ménkűs』をリリースしたところで、他に友達の Rizkay と M-Squad という名前でインターナショナルなコンピレーションを製作している。それに加えて、俺は常に何人かのラッパーと仕事をしているよ。

Deego: 俺はいつも自分のバンドでレゲエの曲を作っている。ソロのラップ・プロジェクトもあるし、時間があればプロデュースもしているよ。音楽が自分らしくいさせてくれるものだから、常に何かやっているんだ。

――日本の読者にメッセージをお願いします。

興味を持ってくれてありがとう！ 日本のすべての人たちを歓迎したいよ！ 近いうちに会えることを願っているよ！
自分らしくいろよ！
Big up! Barbárfivérek

DSP
ディーエシュピー

Egyszer fent, egyszer lent
Yusef Lateefの「Destination Paradise」をサンプリングした2ndアルバム『Elmezaj (2011)』からのヒット曲。じわじわとハマるビートがかっこいい。人生はいい時も悪い時もある、という内容でBomとDipaが交互にラップ。声質の違うBomとDipaの声の相性が良くて、交互にライムする感じが耳に馴染みやすい。MVでは団地でパフォーマンスしていて、リリックに合わせて亡き友人にTシャツで哀悼を捧げる場面も。

YouTube https://www.youtube.com/watch?v=pquO6RMXE5Q

ALBUM
Társadalomklinika(2008)
Elmezaj(2011)
Rímnapló(2013)

Dipa, Bom, DJ Gerysson 2003〜 ブダペスト Bloose Broavaz
https://www.facebook.com/dsppromo/ https://www.instagram.com/dspmusichu/

聴きやすいソリッドなフロウで
一般音楽リスナーにもリーチ

2003年にラッパーのDipa、Bomがブダペストで結成したユニット。数年後にDJ Geryssonが加入した。2008年にBloose BroavazよりデビューアルバムリリースBloose Broavazより『Társadalomklinika』をリリース。2011年にリリースした2ndアルバム『Elmezaj』が高く評価され、普段ヒップホップを聴かない音楽リスナーにもリーチした。2013年に3rdアルバム『Rímnapló』を発表している。

団地地帯で育った世代のリアルや政治批判、人生における信念をラップしており、そのリリックが人気なユニット。アンダーグラウンド・シーンでもトップの実力を誇っている。ラッパーとしてよい声質、聴きやすいソリッドなフロウを持つDipaとBomのラップ、クオリティの高いビートメイキングが特徴だ。日常的には別の仕事をしている。ユニット名の意味はデジタル信号処理。

DJ Geryssonはオフィシャル DJ ではあるが、最近ではMajka&CurtisのサポートDJや他の活動が多くなっており、2017年時点ではメンバーという形で在籍していないようだ。

2017年8月にリリースした曲「Rohan az idő」ではBomがギターを披露している。

Szárnyalj（feat. Tkyd, Hesz Ádám）

2013年リリースのアルバム『Atlantisz』からラッパーTkyd、シンガーのHesz Ádámをフィーチャリングしたシングル。アル・グリーン「I'm Glad You're Mine」のビートをサンプリングしたメランコリックなトラックで、Hesz Ádámが歌うフックにあたたかみがあってグッとくる。自分を信じることなどをテーマにラップしたポジティヴなリリックで、Dayの語りかけるようなフロウが身にしみる。

YouTube https://www.youtube.com/watch?v=a3WWX9xdyHs

ALBUM
20(2007)
Atlantisz(2013)
6 év(2016)

PROJECT ALBUM
Napi Ziccer (Day VS Mil)(2009)
I Love Antal(Antal&Day)(2011)
I Love Antal 2(Antal&Day)(2015)
Atlantisz gyermekei(Tkyd&Day)(2016)

Day
デイ

2007〜　ショプロン　Day Music, Vicc Beatz, Bloose Broavaz
https://www.facebook.com/dayzene/

メッセージ性の高いラップ × 語りかけるようなフロウが特徴

　ショプロン出身のラッパー。自主レーベルDay Musicを設立し、2007年にアルバム『20』をリリースしてデビューした。2009年にはプロデューサーMilと組んだアルバム『Napi Ziccer』を発表するが、注目を集めるようになったのは2011年にプロデューサーAntalと組んでリリースしたアルバム『I Love Antal』から。続く2013年にVicc Beatzからリリースしたソロアルバム『Atlantisz』では、それまでヒップホップ・シーンであまり見られなかった精神性や心との調和、愛の本質をテーマにラップし、新境地を開拓した。2015年に再びAntalと組み、『I Love Antal 2』をリリースしている。2016年にはBloose Broavazよりアルバム『6 év』をリリースしたほか、ラッパーTkydとタッグを組んだアルバム『Atlantisz gyermekei』を発表した。

　ライミングにこだわり、低い声で語りかけるようにラップするフロウが特徴的。アンダーグラウンド・シーンを中心に活躍するラッパーだ。

　Facebookページでは影響を受けたアーティストにKNO、APOLLO BROWN、MARCO POLO、ERIC SERMON、ALCHEMIST、DJ PREMIERらを挙げている。

　2017年春からDay&Antal名義で再び新曲を公開しはじめており、2018年前後にニューアルバムが発表されそうだ。

Megfakult fénykép
2016年リリースの3rdアルバム『Amíg Bírom』からのリードシングルとして2015年に大ヒットした。男女の別れをテーマにしたメランコリックなポップ・バラード的サウンドに乗せて、Gaben、Meklódがそれぞれのフロウを聴かせる。Gabenは1stヴァースで歯切れのよいフロウを、続くMeklódは滑らかなフロウをスピット。歌フックに参加しているのは客演のSmith。MVでは亡くした恋人の幻を見続ける男性のストーリーが描かれる。

YouTube https://www.youtube.com/watch?v=jGzvjING-IE

ALBUM
Picsa(2010)
Rapstar(2013)
Amíg Bírom(2016)

BSW (Beerseewalk)

Gaben、Meklód　2006〜　ブダペスト
www.facebook.com/beerseewalk/　www.instagram.com/beerseewalk/

歌フック X 硬派ラップで人気のヒップホップ・デュオ

2006年にブダペストにて、元々別のユニットで活動していたラッパーのGabenとMeklódが結成したヒップホップ・デュオ。2010年にセルフリリースで1stアルバム『Picsa』を発売した。以降、2013年の2nd『Rapstar』、2016年の3rd『Amíg Bírom』とすべてレーベルを通さず自主リリースしている。

スキルフルなラップを聴かせるGabenと、ラップだけでなく歌や作曲も担当するMeklódから成るユニット。楽器を用いたレコーディングにもこだわっていて、幼なじみの友人を中心としたバンドが参加している。また普段は別の仕事で働いているようだ。1stアルバム『Picsa』はアンダーグラウンド色の強いものだったが、アルバムを追うごとにポップに進化。最近では歌フックもののトラックが多く、特に3rdアルバム『Amíg Bírom』はポップなアレンジを多用したビートメイキングがされている。精力的にライブ活動も行なっていて、メインストリームで人気を博している。

2017年にリリースした新曲「$oha nem elég」ではトラップを取り入れることに挑戦している。

Rest Cash Attack Betörök
2012年リリースの2ndアルバム『TDI』からのヒット曲。叫び声をサンプリングしたブーンバップ調のトラックに乗せて、Nospa、Zenkが繰り出す硬派なフロウがかっこいい。アルバムにはDJ Kool Kaskoが客演したバージョンもあるが、こちらはBarbárFivérekが客演したBarbár Mixの方。プロデュースもTibbahが担当している。ライヴの開始前から終了までを捉えたMVからは彼らの人気っぷりがうかがえる。

YouTube https://www.youtube.com/watch?v=tZqeD4Kj24A

ALBUM
★★★★★ (5 Csillag)(2006)
TDI(2012)

エヌケーエシュ（ネム・ケゼルト・シャーヴ）

NKS (Nem Közölt Sáv)

Nospa、Zenk　1996〜　ゲデレー　Kriminal Beats
https://www.facebook.com/nkskriminal/　https://www.instagram.com/nks_kriminal/

アングラで硬派なブーンバップが人気のベテラン・デュオ

　1996年にゲデレーで結成されたラップ・デュオ。メンバーはNospaことNos'ChezとZenkことZenki Mefisto。結成後しばらくして5人組のユニットとして活動していたFirmaと合流し、Az Idő Uraiとして活動をスタートする。Az Idő Uraiは2001年にデモテープ『Az Idő Urai』を発表したのみで正式なアルバムリリースなどはないが、ヒップホップ・ヘッズからはレジェンドとされる存在である。2003年にAz Idő UraiのメンバーBankosがリリースしたアルバム『Rapmotel』に客演で参加。その後Kriminal Beatsと契約し、2007年にデビューアルバム『★★★★★ (5 Csillag)』をリリースして高い評価を得た。ヒップホップ・クラシックとして今でも評価されるアルバムだ。アルバムからは「Oh-La-La」などの名曲が生まれた。2012年に2ndアルバム『TDI（turbodiesel）』を発表している。

　アンダーグラウンド・シーンを中心に活躍し、硬派なブーンバップ・スタイルが人気。NospaとZenkはそれぞれソロとして数多くの客演も行なっている。

　ユニット名 Nem Közölt Sáv は「非公開バンド」という意味。

Killakikitt

左から Tirpa、Aza
キッラキキット

- AZA, TIRPA　2004〜　ブダペスト　Scarcity Budapest
- www.facebook.com/killakikittmusic/　www.instagram.com/killakikittbudapest/

メタルやドラゴンボールを愛し Snowgoons がプロデュースした ドープなラップ DUO

　2004年にMC兼プロデューサーのAZAとMCのTIRPAによって結成された。2009年にアルバム『Ne Szarakodj!』でデビューし、大きな成功を収めた。プロデュースを主に務めたのはKillakikittが所属するアーティスト集団/レーベル Scarcity Budapest のクルーだが、4th Disciple など US プロデューサーも参加している。2011年に発表した2ndアルバム『Legenda』では、リリックにおいてもサウンドプロダクションにおいても成長を見せた。2012年にはチェコで開催されているヨーロッパ最大のヒップホップ・フェスティバル Hip Hop Kemp に出演。2014年にはドイツのプロデューサー集団 Snowgoons が全面プロデュースでコラボした3rdアルバム『Killagoons』をリリースし、注目を集めた。アルバムにはBarbárfivérek、NKSらハンガリー勢から、USユニット Onyx まで多数のゲストアーティストが参加している。

　ハンガリー・シーンにおいて知名度の高いベテラン・デュオで、キレのいいラップや硬派なスタイルが特徴的。Tirpa は 2012年にソロアルバム『Gyilkos Krónikák』をリリースしてヒットさせている。Method Man、Cypress Hill、De La Soul など US アーティストがハンガリーでライヴした際にはオープニングアクトを務めた。

Nem lakik itt senki
2009年リリースのデビューアルバム『Ne Szarakodj!』収録曲。ハンガリーのロックバンド Korál の「Robotok」からピアノの旋律をサンプリングしている。プロデュースは Aza。銃声を随所に使用したダークでハードコアなトラックだが、変調する部分もあり、かっこいい作りになっている。Tirpa、Aza の順でハードなストリートライフについてラップしていて、ハンガリー語ラップがしっくりくる ハイレベルなライミングが聴ける。

You Tube www.youtube.com/watch?v=DAENWBHfPVY

Sebhelyek (feat. Vészk'járat)
ドイツのプロデューサー集団 Snowgoons と組んだアルバム『Killagoons (2014)』収録曲でタイトルは「傷」。ベテラン・ラッパー Siska Finuccsi と Phat によるユニット VÉSZK'JÁRAT をゲストに迎え、Siska、Aza、Phat、Tirpa の順でそれぞれ存在感のあるラップを聴ける。ハンガリー語ラップの響きの独特さや、Snowgoons がプロデュースした重厚感のあるビートがかっこいいトラックだ。

You Tube www.youtube.com/watch?v=Tq_EZegj4Do

Ösztön
2011年リリースの2ndアルバム『Legenda』収録曲。「本能」というタイトルでラッパーとしての誇り、生き様などをラップしている。70sに活動したファンク・バンド Black Heat の「Zimba Ku」のビートをサンプリングした上に、厚みのある女性コーラスが乗り、疾走感のあるトラックになっている。プロデュースはAZA。AZA、TIRPA ともにラッパーとしての声質がとてもよく、勢いもキレもいいフローでラストまで一気に聴ける。

You Tube www.youtube.com/watch?v=qD9tEZEqMOE

Éjfél
Killakikitt が所属する Scarcity Budapest のプロデュースチームによるミッドテンポのトラック。曲の出だしがかっこよくて痺れるし、メロディアスなフックもいい感じだ。タイトルは「真夜中」で、夜な夜な頭の中で繰り広げられる考え事などがテーマになっている。ザラついた声質の Tirpa と少し高いが深みのある声を持つ Aza が 1st ヴァースで掛け合い、続くライムも聴き応えがある。2nd アルバム『Legenda (2011)』収録曲。

You Tube www.youtube.com/watch?v=j9RMxPmP4ww

Péntek 13
「13日の金曜日」と題されたこの曲のプロデュースは AZA。Killakikitt が出身のブダペスト第13地区を13日の金曜日になぞらえたトラック。ハンガリーの男女 POP デュオ Ádám és Éva による「Ádám, Álmodj Csak Tovább (1986)」からサンプリングされたパイプオルガンの音色が独特の雰囲気を醸し出している。途中に入るスクラッチもかっこいい。デビューアルバム『Ne Szarakodj!（2009）』収録曲。

You Tube www.youtube.com/watch?v=AH9lteCbmx4

Bazmeg (feat. Onyx)
アルバム『Killagoons (2014)』で US クイーンズ発のハードコア・ラップユニット Onyx と共演したトラック。「Fuck You」というタイトルで、AZA、Tirpa、Fredro Starr、Sticky Fingaz が迫力満点で掛け合うのが聴きどころだ。Snowgoons がプロデュースしたビートに Onyx と Killakikitt のハードコアさが映えまくり＆「Bazmeg」を連呼するフックはキャッチーという鉄板ソング。

You Tube www.youtube.com/watch?v=JMqWzb2jSF8

ALBUM
Ne Szarakodj! (2009)
Legenda(2011)
Killagoons(Killakikitt&Snowgoons)(2014)

Interview with Killakikitt

Killakikitt はハンガリーのアンダーグラウンド・シーンで大きな支持を集める ユニットだ。これまでに 3 枚のアルバムをリリースしていて、何と言ってもそのビートやラップのクオリティの高さは目を引く。またメンバーの AZA が創設したインディーレーベル Scarcity Budapest は、Method Man や Snowgoons といった海外ヒップホップ・アーティストの招致ライヴや、ラップ・イベントのオーガナイズも精力的に行っていて、シーンの活性化にも貢献している。彼らとは Facebook のメッセンジャーを通じてインタビューすることに成功した。インタビューには主に AZA が応えてくれた。

——日本の読者に向けて簡単に自己紹介をお願いします。

AZA：Killakikitt はハンガリー、ブダペスト発のハードコア・バトル・ラップ・デュオだ。メンバーは Tirpa（MC）と AZA（MC/プロデューサー）。2004 年から活動していて、現在はハンガリーのヒップホップにおけるもっとも尊敬を集めるアンダーグラウンド・ラップ・グループの一つだ。**Killakikitt は Snowgoons がアルバムを完全プロデュースした初めてのヨーロッパのグループ**なんだ。Snowgoons はこれまでにレジェンド的な Onyx、Slaine、Sicknature、Snak The Ripper、Merkules、Craig G、N.B.S.、Virtuoso など多くの有名アーティストを手がけている。

——最初はどのようにヒップホップにハマったのですか？

AZA：俺は『Wu-Tang Forever』に強く影響を受けて、1997 年にビートを作り始めた。Tirpa は 2000 年にフリースタイルを始めた。2004 年に Tirpa が企画したヒップホップ・イベントに出演した時に俺たちは出会ったんだ。俺たちはステージで「友情的な」フリースタイル・バトルをやり、その後すぐ 2 人で音楽活動を始めた。こうして Killakikitt が生まれたのさ。Killakikitt という名前は「Ki lakik itt」つまりハンガリー語で「ここに住む者」を意味する言葉から来ているんだ。余分に「L」付け加えたことで Ki la が killa になり、殺人者との語呂合わせになっている。これは 2 人のバトル・ラップの過去に言及しているんだ。

——その頃好きだったラッパーは誰ですか？

AZA：俺は黄金期にヒップホップを聴き始めた。Wu-Tang、Boot Camp、Def Squad、主にイーストコーストのアーティストたちだね。俺のお

気に入りは RZA と GZA だった。
Tirpa：俺は最初はウェストコースト・ラップを聴いてた。お気に入りは Snoop だったよ。
——2004 年に Killakikitt とともにレーベル Scarcity Budapest を立ち上げていますよね。Scarcity BP はヒップホップ・シーンの中でも際立っているように感じますが、レーベルについて詳しく聞かせてください。
AZA：Scarcity Budapest は、これまでの Killakikitt のアルバムをすべてリリースしているインディーレーベルだ。ハンガリー国外のアーティストと仕事したり、ブダペストでラップ・イベントをオーガナイズしたりしていることから、ハンガリーではよく知られているレーベルだよ。Scarcity BP の創設者、主宰者は俺だ。2009 年からこれまで 11 枚のアルバムを出している。11 枚すべてが成功を収めたよ。売上枚数の観点からもっとも「人気」だったのは Killakikitt の 1st アルバム『Ne Szarakodj』で 1800 枚を売った。Scarcity BP のアルバムはリリースから数ヶ月で平均して大体 800 枚くらい売れるよ。
Scarcity BP は 10 年以上の歴史のなかで、これまでに 5000 枚以上のアーティストグッズ、数千枚のアルバムを売ってきていて、数多くのライヴをソールドアウトにしてきたんだ。
——それはすごいですね。若いラッパーを契約したりもしているんですか？
AZA：過去にはそうしていたが、今は Killakikitt に集中している。他にレーベルがやっていることは、俺たちのサウンドデザインに合うようなハンガリーのアンダーグラウンド・ラップ・シーンのアーティストとコラボアルバムを製作することだ。ハンガリー国外のアーティストともコラボアルバムを製作しているよ。N.B.S.（イギリス）との『BudaVets』がそうだね。リリース作品のほとんどが Scarcity BP の YouTube チャンネルで聴けるよ。
www.youtube.com/scarcitybp
——どんなテーマについてラップしていますか？

AZA：トピックはユニット名の Killa の部分に忠実だ。大体がたくさんの**長い音節が入ったハードコア、ホラーコアのリリックと、バトル・ラップのパンチライン**を持ってる。そこには常にダークなヴァイブスとのコントラスト、メロディアスなビート、面白いジョークみたいにリスナーを笑わせるような気の利いたパンチラインがあるんだ。ビートに関して言えば、Killakikitt はハンガリーのソウルやロック、フォークロア、映画のサントラ、ゲーム音楽なんかを多くサンプリングしているよ。AZA 率いる Scarcity BP プロデューサーズは、ビート作りに**ハンガリー音楽のサンプリングを使用する**ことで知られているんだ。
——なるほど！ だから Killakikitt のビートはユニークなんですね。AZA は子供の頃にそういったハンガリー音楽にたくさん触れたってことでしょうか？
AZA：その通り。
——**AZA は音楽一家育ちですか？**
AZA：いいや。俺は 12 歳のときに独学で音楽製作を学んだんだ。楽器やサンプラー、編集ソフトウェアを使用してね。
——**12 歳の時にはもうヒップホップにハマってたってことですね？**
AZA：そうだ。スケートボードを始めたとき、ラップを聴き始めた。同じ歳の頃だ。ハンガリーでは、エクストリーム・スポーツとヒップホップ・カルチャーがとても身近なんだよ。そういうイベントではよくブレイクダンサーがパフォーマンスしてたし、ズルズルしたパンツやヒップホップのファッションは、エクストリーム・スポーツをやっている奴らにも共通している。
——**「Nem lakik itt senki」は YouTube でもっとも視聴数の多い Killakikitt の曲ですが、その内容を教えてください。「Péntek XIII」についても教えてください。**
AZA：「Nem lakik itt senki」はハンガリーにおけるカルトソングなんだ。誰もがコーラスを知ってる、Killakikitt の一番「人気」の曲だよ。

コーラスはこうだ。「新しいフロウ？／俺たちにはあるぜ／お前ら腰ぬけにはない」Killakikittのリリックの容赦なさ、生々しさが、俺たちが支持される所以だ。

「Péntek XIII」は 13 日の金曜日という意味だ。**Killakikitt はブダペストの 13 地区出身**だから、俺たちはその地区を 13 日の金曜日と名付けたんだ。だから俺たちのロゴはジェイソンを元にしているんだよ。この曲ではその地区のことをラップしてる。

――なるほど。ジェイソンのロゴは、ホラー映画好きだからかと想像していましたが、地区のことなんですね。13 地区で育つというのはどういう体験なんでしょう？　地区の特徴を教えてください。

AZA：なかなか感じのいい地区だよ。ブダペストは 90 年代や 2000 年代に比べてだいぶ落ち着いたんだ。団地住宅地が多くて、俺はそこに住んでる。

そう、ホラー映画のロゴから来ている。（NYの）スタテン・アイランドは、Wu-Tang のメンバーの出身地だからシャオリンって呼ばれているだろ。俺たちも自分たちのやり方で出身地にあだ名をつけたんだ。

――**Killakikitt** のビートはクオリティが高いですよね。どんな楽器やソフトウェアを使っているんですか？

AZA：俺たちはあらゆるサンプラーや楽器を使ってきた。ギター、ベース、シンセ、ASR10 や MPC2000XL といったサンプラー、Fast Tracker、Cool Edit Pro、Fruity Loops、Reason、Cubase、Pro Tools、Logic などなど多くのソフトウェアもね。今はシンプルにやろうとしているんだ。最近はしばらく Acid Pro を使ってるよ。ベースシンセ、Moog の Sub Phatty と MicroKORG XL シンセも。

――今はニューアルバムを作っているんですか？

AZA：そうなんだ。今製作中なのは、N.B.S. との『BudaVets 2』、Snowgoons との『Killagoons 2』、AZA と Tirpa のソロアルバム。

――楽しみですね！　Snowgoons とまたコラボするんですね。2014 年の最初のコラボ作はどうやって実現したんですか？

AZA：2010 年に Snowgoons、Reef The Lost Cauze、Block Mccloud のブダペストでのライヴを俺たちがオーガナイズしたんだ。その時初めて Snowgoons と知り合ったんだけど、俺と DJ Illegal はプロデューサーとしてお互いの音楽を知っていた。それ以来、仲良くやってるんだよ。**DJ Illegal は Killakikitt の後ろで DJ** をよくやってくれてたし、俺たちがアンダーグラウンド・アーティストとして成功するのを見てきた。

――**Killakikitt はキャリアの最初の頃から US アーティストと共演していますが、どうやって関係を作ったんですか？**

AZA：そう。俺は Killakikitt の以前からプロデューサーとして多くのアーティストと共演している。それと、ライヴのオーガナイズ、前座、インターネット。もちろん Snowgoons もたくさん助けてくれた。

――**YouTube で見かけませんでしたが、なぜミュージックビデオを作らないんですか？**

AZA：俺たちのリリックをビジュアル化するのは難しいし、まだ俺たち好みの MV を作ってくれる監督を見つけてないから。グラフィックデザインに関しては、何年かかかって Grindesign と出会った。以来、すべての Killakikitt のアートワークを彼が手がけている。MV 監督も時間をかけて理想の人物を見つけるさ。俺たちとともに過ごし、他の人にやっていること以上のことをしてくれる誰かをね。

――楽しみにしています。Grindesign がアートワークをやっているのには気づきました。彼は **Aborted や All Shall Perish、Thy Art is Murder** などデスメタル・バンドのデザインで有名な人ですよね？　なぜ Grindesign を選んだんですか？　あなたもデスメタルやデスコアが好きなんでしょうか？　それともデザインが好きだから？

AZA：**Grindesign は多くのメタル・**

俺たちはあらゆるタイプのメタルが好きだよ！

バンドを手がけてきた。彼もまた自分のバンド The Sharon Tate のドラマーだったんだ。俺たちは 2012 年から一緒に仕事するようになり、Grindesign は今じゃ俺たちのオフィシャル・グラフィック・デザイナーなんだ。彼はドラマーを辞めて、フルタイムのタトゥー・アーティストになった。Rooklet Ink というタトゥー・サロンを持ってるよ。

——なるほど。じゃあ特にデスメタルが好きってわけではないんですね？ 他にも「Csapda」のメタル・リミックスがあったりしたので、ラップコアやニューメタルが好きなのかなと思ってました。

AZA：**俺たちはあらゆるタイプのメタルが好きだよ！** メタル・アーティストの友達もたくさんいる。**Killakikitt がライヴバンドと何かやる時は、いつもメタル・バンドとやるんだ。**

——なるほど。ベルリンのモロッコ系ドイツ人アーティスト Kaisa って知ってますか？ 彼もメタリックなロゴや、ジェイソンぽいフェイスマスクを持ってたりして、アメコミに影響を受けているイメージがちょっと Killakikitt と似ているという指摘が編集者からあったんですが。

AZA：いや知らないな。

——Facebook にドラゴンボールが表紙の少年ジャンプの写真を上げてましたよね。あと T シャツのデザインにベジータを使ったり。日本アニメが好きなんですか？

AZA：俺はよく Killakikitt 以外のアーティストとも仕事していて、才能があると思った奴とはアルバムを作る。そうやって Scarcity BP から『Back to Business』『SCBP vs Tkyd』『BudaVets』などがリリースされたわけなんだが、そのなかで 2014 年に出た

> 俺はドラゴンボールの大ファンだよ。他にもアニメを見ていて、お気に入りは『獣兵衛忍風帖』『AKIRA』『吸血鬼ハンターD』。

『#SzuperCsillagParaszt』は多くのハンガリー人が見て育った**ドラゴンボールに捧げられたものなんだ。**アニメ版の吹き替えをした声優もその役でアルバムに参加してくれたんだぜ。アルバムは大成功だった。だからTシャツ・デザインを作ったんだ。
俺はドラゴンボールの大ファンだよ。他にもアニメを見ていて、お気に入りは『獣兵衛忍風帖』『AKIRA』『吸血鬼ハンターD』。よくアニメやゲーム、映画のサントラもサンプリングしているよ。ドラゴンボールをサンプリングしたものも多いんだ。
https://youtu.be/ly9H0R9jFG8

『#SzuperCsillagParaszt』はあまりにハンガリーで人気になったんで、ハンガリーのコメディ・セントラルの代表が「サウスパーク」第20期のCMソングのために俺と俺のチームメイトを雇ったくらいだよ。CMは何ヶ月かの間毎日TVで放送されてた。
https://youtu.be/ZuW0XOTwEmI

──現在のハンガリーのヒップホップ・シーンについてどう思いますか? ヒップホップはどのようにハンガリーの人たちに受け入れられているんでしょうか?

AZA:ハンガリーのヒップホップは常に進化し続けている。日々新しいユニットが結成され、

新人ラッパーがたくさん出てきているんだ。15年前のハンガリーの音楽シーンではラップ・ミュージックは冗談みたいに思われていたけど、今ではメディアのトップで扱われるし、みんな真剣に受け止めてくれている。アンダーグラウンドのユニットやラッパーもとても尊敬されているよ。

——ハンガリー・ヒップホップをこれから聴き始める人に対してどのハンガリー人アーティストまたはアルバムを勧めますか？

AZA：Akkezdet Phiai『Akkezdet』、Bankos『Rapmotel』、Killakikitt『Ne Szarakodj!』

——ポーランドやスロヴァキアといった非英語圏のラップも聴きますか？

AZA：ドイツ、フランス、スペイン、ロシア、ルーマニアのは聴く。

——ルーマニア！ 誰がオススメですか？

AZA：Parazitii。

——チェックしてみます。日本には来たことありますか？ 日本に対してどんなイメージを持っていますか？

AZA：行ったことはないけど、いつか行ってみたいね。日本は最高だよ。その文化や歴史、テクノロジーの発展、サムライ、アニメ、チューニングカー、美食、空手、相撲などのマーシャルアーツ。日本は音楽セールスの最大のマーケットだよね。日本の音楽も大好きだ。伝統的な音楽がね。日本は最高の国だよ。

——日本のアーティストや音楽は聴いたことありますか？

AZA：たくさんいるよ。DJ Krush、**Sabbat**（注：三重県出身の世界的に有名なサタニックメタル・バンド）。

——日本の読者にメッセージをお願いします。

AZA：読んでくれてありがとう！ 強く生きろ！ カルチャーをサポートしろ！ またな。

相撲ヒップホップ、古い格好良い

親日国なポーランドとハンガリーではヒップホップにも日本が登場

ヨーロッパ全体でみても特に親日である国ポーランドとハンガリー。それぞれ別の理由で日本に親しみを持っている2国だが、その親日度はヒップホップ・シーンを一望しても明らかである。日本的なアーティスト名、リリックへの日本語登場率、日本で撮影された、あるいは日本文化にオマージュを捧げたMV、日本音楽のサンプリングなど、ポーランドとハンガリーにおける日本絡みの楽曲の多さは、チェコやスロヴァキアと比べると群を抜いている。本コラムでは、ヒップホップでも親日さを見せるハンガリーとポーランドの事例と背景について解説してみたいと思う。

 POLAND／ポーランド

▽なぜ親日なの？
　TV番組で取り上げられることも多いので、ポーランドが親日傾向が強いことを知っている人は多いのではないだろうか。ポーランドが親日国となった理由はいくつかあるが、発端となったのは日露戦争であると言われている。当時、18世紀末から約100年に渡ってロシア、プロイセン、オーストリアには三国分割され、国土が消滅していたポーランドだったが、アジアの小国である日本が日露戦争で大国ロシアに勝利したことに大きく勇気づけられたのだ。その後、第一次世界大戦時には、ロシアの支配下でシベリア送りにされていたポーランド人たちの孤児を助けたのが日本だった。そのお返しに阪神大震災のときには、震災孤児がポーランドに招かれて歓待を受けている。また第二次世界大戦時にも、日本はポーランドを占領していたドイツと同盟を組んでいたにもかかわらず、迫害を受けていたユダヤ人に日本へのビザを発給してナチスから救ったという逸話があり、『杉原千畝　スギハラチウネ（2015）』で映画化もされている。この他にも歴史面で見る日本とポーランド間の友好関係にはさまざまなエピソードがあり、それらの積み重ねによって日本

に対する信頼、友情が築き上げられていったのだろう。

　また現代に目を向けると、日本文化から日本に興味を持ったというポーランド人がとても多い。特に日本アニメやゲームの影響は絶大だ。ポーランドでも90年代から『ドラゴンボール』や『キャプテン翼』『ポケモン』『セイラームーン』など数多くの日本アニメが放映されていたため、子供の頃から日本アニメに慣れ親しんでいる人が多いからである。他にも、任天堂やPlayStationなどのゲーム機、日本映画、建築、伝統、空手や合気道といった武道、食文化、サムライ精神など、さまざまな要素が多くのポーランド人を魅了していると言ってよいだろう。

▽ヒップホップに登場する日本

　ポーランド・ヒップホップでは、さまざまな角度から日本が登場する。YakuzaやSzogunなどのアーティスト名を持つラッパーやプロデューサー存在するのは言わずもがな。まずリリックの面で頻出する日本語に「先生」「腹切」「翼」「刀」「さよなら」などがある。主にはサムライ文化に影響を受けた言葉が多いようだが、『キャプテン翼』などアニメから引用される単語が多いのも面白い。いくつか例を見てみよう。

「Jestem Bogiem(俺は神だ)」Paktofonika
YouTube　www.youtube.com/watch?v=wkMB0AtboN8

　「人生の芸術を学んでる／ヒップホップが俺の「先生」」

　ポーランド・ヒップホップのカルト的名曲には「先生」というワードが登場する。あまりに有名な曲なのでリリックを覚えている人も多く、大きなインパクト与えたのではないかと思われる。実際「先生」という単語の頻出度はトップクラスに高く、他にもO.S.T.R.「Introstan」、Zeus「Wincie mnie」などに登場する。

　「ありがとう」や「こんにちは」「さよなら」なども登場例が挙げられる。新鋭の若手ラッパー Taco Hemingway は「Żywot」のなかで「ラップしてる／だけど誰も『ありがとう』って言ってくれない」とラップし、Quebonafideの「Święty spokój」にゲスト参加した Solar も「「こんにちは」、よう、成人期／お前は俺に自由をくれた、そして自由を奪った」とライミングしているのが聴ける。

「Jak Tsubasa(翼のように)」VNM
YouTube　www.youtube.com/watch?v=qluxDBU8me4

　タイトルに「翼」が入り、サビでも「翼」を連呼する、日本人にとってはかなりインパクトの大きい曲。ちなみに自分の活躍を「Jak Tsubasa（翼のように）」と例えたラッパー VNM は、ポーランド代表のサッカー選手レバンドフスキのいとこなので、ひょっとすると子供時代に「キャプテン翼」を一緒に見ていたのかもしれない。他にも「ここじゃ誰もが翼になりたいんだ」と Delexta がラップした「89」などいくつかの曲に「翼」が登場する。その影響力の高さは驚きである。

　また若手ラッパーの Guzior は日本へ来たことがあり、「Omori Omori（大森、大森）」では東京を舞台にした MV を撮影している上、リリックでも「遊戯王みたいにカードで勝負する／少し雨が降ってきた／東京の屋上で飲んでる／大森駅、じゃあな」とラップしている。他にも「YuGiOh」「Taifun93（台風93）」や、「ドラゴンボール」の映像を散りばめた MV の「SSJ2」などを出しているので、気になる人はアルバム『Evil Twin』をチェックしてほしい。
YouTube　www.youtube.com/watch?v=NCriHqnU3Yo

　MV を日本で撮影したラッパーは Guzior だけではない。MV を日本で撮影し、「可愛い」という単語をサンプリングしたり、リリックの日本語訳を字幕でつけたりしている Quebonafide の「Między słowami」のほか、ワルシャワ出身のユニット JWP/BC も 2015 年にリリースした「Matematyk」の MV を東京の浅草で撮影している。同じくワルシャワのラッパー Onar も「Sushi」というトラックに築地

で撮影された動画を取り入れていた。

Matematyk JWP/BC
You Tube www.youtube.com/watch?v=gxVyWUpnk2o

また日本文化にオマージュを捧げたMVとしては、PRO8L3Mの「2040」が必見だ。MVは「攻殻機動隊」「AKIRA」「迷宮物語」「カウボーイビバップ」「パプリカ」「PSYCHO-PASS サイコパス」などのアニメ作品のコラージュになっている。

2040 PRO8L3M
You Tube www.youtube.com/watch?v=DfDzSncWnSw

ほかにラッパーHadesの「Sumo Rap」も面白い。リリックはとにかく食べるのが好きという内容で、それを日本の相撲力士に結びつけた発想なのだろう。MVにも力士が登場したり、グーグル翻訳で訳したリリックの和訳が字幕で付けられていたりして楽しめる。少々誤解している感も否めないが、その辺はご愛嬌で。

Sumo rap Hades
www.youtube.com/watch?v=kUqc2n01Z8M

HUNGARY／ハンガリー

▽なぜ親日なの？

　そもそもアジアをルーツに持つ民族であるハンガリー人と日本人の間にはさまざまな共通点がある。ハンガリー語は日本と同じく、苗字のあとに名前を表記するヨーロッパで唯一の言語だ。また歴史ある温泉文化を持っていることや、学校でそろばん教育があることなども日本と共通する。共通点が多いとそれだけ親しみも湧きやすくなるのだろう。

　ハンガリーと日本の国交が結ばれたのは1938年だが、実はその以前から文化的交流が始まっていた。ハンガリーで日本語教材が最初に発売されたのはなんと1905年のこと。ちょうど日露戦争の頃だ。ハンガリー国内では独立機運が高まっていた時期で、また反ロシア感情も強かったため、日本の活躍に好意と興味を持ったのだと思われる。20世紀前半のハンガリーでは、ハンガリー人と同じウラル・アルタイ系言語を用いる民族を同祖論とするトゥラン主義の運動が盛んになった。その運動の中で同じウラル・アルタイ系言語の国である日本に関心を持つようになり、1924年にはハンガリー日本協会が設立されている。こうした文化交流の流れのほか、1930年代には共産主義に対抗する日独伊防共協定にハンガリーも参加するなど、政治面でも結びつきが強まった。残念ながら第二次世界大戦後は国間交流の勢いが衰えてしまったのだが、1989年にハンガリーが民主化したのを機に再び盛り上がってきた。1991年、民主化したハンガリーに真っ先に進出し、工場を作った自動車メーカーのスズキは、高品質で低価格の自動車スイフトを販売。ハンガリーの国民車と愛されるまでになった。ハンガリー人に自動車作りを一から教えたスズキは、ハンガリーで非常に好意を持って受け入れられている。

　またポーランドと同様、アニメやゲーム、和食、折り紙、日本武道、盆栽などさまざまな日本文化が人気となっているのも、ハンガリーが親日たる理由の一つだ。ハンガリーでは年間30回以上も日本関連のイベントが開催されている。月に換算して毎月2.5回は何かしら日本イベントが行われていると考えると、人口や国の規模的にみても比較的頻度が高いと言えるのではないだろうか。

▽ヒップホップに登場する日本

　ハンガリーのヒップホップ・シーンでMVを日本で撮影したアーティストは筆者が確認した限りでは見当たらないが、MCやユニット名に日本語を利用したアーティストは何人かいる。BëlgaのメンバーTokyoや、2000年代半ばに活躍したKamikazeなどがそうだ。またハンガリーで多いのは、日本音楽をサンプリングしたトラックだ。主にゲームやアニメ音楽の作曲家の楽曲が多く、日本のアニメやゲームがヒップホップ・アーティストたちに広く浸透していることが分かる。ブダペストのヒップホップ・ユニットDSPは、石井妥師が作曲したアニメ「HELLSING」OSTの「Bodhisattva Cathedral」をサンプリング。

「Társadalomklinika」DSP
YouTube　www.youtube.com/watch?v=ffZH0xKO15U

　KillakikittがSnowgoonsとコラボした「Szellemjárás」では戸高一生作曲、酒井省吾編曲の「ルイージマンションのテーマ」がサンプリングされている

「Szellemjárás」Killakikitt
www.youtube.com/watch?v=2St83JRI_i0

「Késő」Fluor Filigan
www.youtube.com/watch?v=d-E6jZAH7U4

　Killakikitt の AZA はインタビューでも語っていた通り「ドラゴンボール」の大ファンで、自身の所属する ScarcityBudapest のプロジェクトとして「ドラゴンボール」に捧げたアルバム『#szupercsillagparaszt（2015）』を発表しているほど。「ドラゴンボール」はハンガリーで 90 年代から放送されていたようだが、一度「ドラゴンボール」が暴力的すぎるとして放送時間が深夜に変えられた際にブダペストの国会議事堂前で抗議デモが組織された（注：『ハンガリーを知る為の 47 章』340 頁）というから、相当な人気だったことがうかがえる。アルバムのタイトルトラックでは「カメハメハ」とラップしているのが聴けるので、是非聴いてみてほしい。

「#szupercsillagparaszt」
www.youtube.com/watch?v=Iy9H0R9jFG8

　またゲーム音楽では、ファイナルファンタジー・シリーズでおなじみの植松伸夫作曲「ザナルカンドにて」をサンプリングしたトラックもある。

　アニメやゲームの他にも世界で活躍する代表的日本人ミュージシャン、坂本龍一の「Solitude」をサンプリングした Essemm「Fel Az égig」や、喜多郎の「シルクロード」を取り入れた Animal Cannibals「Minden Változik」などがある。変わり種でいえば、沢田研二の 1976 年の名曲「あのままだよ」をサンプリングした Essemm による「Ki Van a Cerka」だ。一体どこで沢田研二の音楽に触れたのだろうか……。

「Ki Van a Cerka」Essemm feat. Antal
www.youtube.com/watch?v=FZUqnitB3Z8

バンコス

Bankos

Territórium (feat. NKS)
2003年に自身が設立したレーベル Kriminal Beats からリリースしたソロデビューアルバム『Rapmotel』収録曲。Az Idő Urai として共に活動していたヒップホップ・ユニット NKS をフィーチャリングしたダークなブーンバップ。US イーストコーストの影響を強く感じるビートがドープで、リズミカルなフックもかっこいい。Bankos、Nospa、Zenk によるヴァースもそれぞれクオリティが高くて楽しめる。MV はなし。

YouTube　http://www.youtube.com/watch?v=EkZIEx2ViKc

ALBUM
Rapmotel(2003)
B-Oldal(2006)

PROJECT ALBUM
Az Idő Urai(Az Idő Urai)(2001)
MLKK-Minden Lében Két Kanál(Bankos&Norba)(2005)

EP
ABC (2008)

MIXTAPE
A Bankos Mappa Mixtape(2010)
Bankos Mappa 2 Mixtape(2015)

🎤 1995〜　📍ブダペスト　⦿ Kriminal Beats
f www.facebook.com/bankos78/　📷 www.instagram.com/bankos78/

Snoop の前座を務めた歯切れ良い
アンダーグラウンド・シーンの大御所

　ハンガリー・ヒップホップ・シーンの伝説的グループ Firma、Az Idő Urai の創設メンバーとして尊敬を集めるベテラン・ラッパー。1995年にラップを始め、ラッパーの Azur、Baby Rappa、Faktor、Ponza とともに Firma を結成する。その後、NKS として活動していたラッパー Nospa、Zenk が Firma に合流し、Az Idő Urai として活躍し始めた。Az Idő Urai は 2001年にデモテープ『Az Idő Urai』を発表したのみで正式なアルバムリリースなどはないが、ヒップホップ・ヘッズからはよく知られた存在である。2001 年に Bankos はヒップホップ・レーベル Kriminal Beats を設立。2003 年にアルバム『Rapmotel』でソロデビューを果たした。この 1st アルバムは当時もっとも独創的なヒップホップ・アルバムとして高い評価を得た。2005 年にはラッパー Norba とコラボした『MLKK』をリリース。翌 2005 年にソロ 2 作目『B-Oldal』を発表した。2008 年の EP『ABC』を挟み、『A Bankos Mappa（2010）』『Bankos Mappa 2（2015）』と 2 枚のミックステープをリリースしている。

　政治的メッセージや社会批判など硬派なものから、ヒップホップ・地元愛まで、さまざまなテーマをラップする Bankos。高い声でスピットするライムは聴きやすく、90s 東海岸ヒップホップに影響を受けたと思われるビートもドープ。アンダーグラウンド・シーンの重要人物の一人である。

Mc Gőz

MC ゲーズ

Remélem érted
2007年リリースのアルバム『Number』収録曲。口笛の音色が印象的なアップテンポなトラックで、途中に程よく挿入されるスクラッチやギターサウンドもいい感じ。Mc Gőz のラップは歯切れがよくて、高速かつスキルフルなフロウが堪能できる。安易に歌フックを使用することなく、終始ラップで魅せる Mc Gőz に男気を感じる。ブダペストの街で撮影された MV はバスケをしたり、仲間と集まったり、街の日常を背景にパフォーマンスする動画になっている。
▶ www.youtube.com/watch?v=ytEHQ2Yu58g

ALBUM
Gőzy Mulatója(2004)
Number(2007)

EP
100 fok felett szebb az élet EP(2002)
MC a Rangom EP(2005)
Sakk-matt(2008)

PROJECT ALBUM
Rap neked meg a csajodnak(MC GŐZ&FankaDeli)(2004)
Digitál Vegyszer(Halálos Fegyver)(2009)

📅 1992～　📍ブダペスト　◉ Night Child Records, Karmatronic Records, Kojsz Productions
f www.facebook.com/mcgoz.official/　📷 www.instagram.com/mcgozcrew/

歯切れのいいフロウでアンダーグラウンドに徹するベテラン

　1992年にラップを始め、1995年にラッパー Suppah、Wherdee、Croa とユニット Hátshow Sor を結成する。1999年にはフリースタイル・バトル大会 Fila Rap Jam2 で決勝に進出する健闘を見せ、観客賞を受賞した。2001年に Hátshow Sor が解散すると、ソロ活動をスタート。2002年に EP『100 fok felett szebb az élet』を無料ダウンロードで公開した。2004年にはラッパー FankaDeli とのジョイントアルバム『Rap neked meg a csajodnak』および 1st ソロアルバム『Gőzy Mulatója』をリリースしている。2009年にはレーベル Kojsz Productions を設立。またラッパーの Deniz とユニット Halálos Fegyver を結成し、アルバム『Digitál Vegyszer』をリリースした。Snoop Dogg らのハンガリー公演ではオープニングアクトを務めている。2010年以降のアルバムリリースはなく、ライヴ活動がメインとなっているようだ。

　ハンガリーのアンダーグラウンド・シーンで活動するベテラン・ラッパー。歯切れのいいフロウやユーモアを感じさせるキャラクターが特徴的。濃いめのヒゲがトレードマーク。

Siska Finuccsi
シシュカ・フィヌッチ

Jön a Tré
2010年にリリースされヒットしたシングルで、2015年発売の2ndアルバム『Veterán』に収録された。Siska Finuccsi が出身地であるハンガリー北部にある街タタバーニャの厳しい現実についてラップする内容となっている。ストリングスの旋律が印象的なシンプルなビートに乗せた Siska のラップは、なかなかパンチがあってかっこいい。MV も全編タタバーニャで撮影されているのだが、背後で団地の一室が燃えているのが気になる……。

YouTube https://www.youtube.com/watch?v=AkKKW6-Z75E

ALBUM
Dühkór(2007)
Veterán(2015)

PROJECT ALBUM
Gpont LP(Gruppen Family)(2006)
Finuccsi vs. Tkyd(Siska Finuccsi&Tkyd)(2009)
Életfogytig föld alatt(Vészk'járat)(2012)
Aranykor(Egyenlők)(2013)

EP
Pokol konyhája EP(2002)
SiskaMania / Temetetlen Múlt EP(2005)

MIXTAPE
Halottak Napja(Barbárfivérek & Finuccsi)(2009)

1998ー　タタバーニャ　Bloose Broavaz
facebook.com/siskafinuccsiofficial/　instagram.com/finuccsi/

ソリッドなライミングと安定感のあるフロウを持つベテラン

1998年にライムを書き始める。2000年に Check-kel 名義でデモテープを発表した。2001年にヒップホップ・レーベル Bloose Broavaz と契約し、2002年に Feenoocchiz 名義で EP『Pokol konyhája』をリリース。2005年よりソロアルバム制作に取りかかりつつ、ライヴ活動も精力的に行い、アンダーグラウンド・シーンで認知される存在となっていく。同年、Siska Feenoocchi 名義で EP『SiskaMania / Temetetlen Múlt』を発表。2006年にはラッパーの Eckü、プロデューサーの Pixa とともに Gruppen Family としてアルバム『Gpont LP』をリリースした。1stソロアルバム『Dühkór』のリリースは2007年に入ってから。その後も Barbárfivérek や Tkyd など、さまざまなアーティストとコラボしながら、ハンガリー・ヒップホップ黎明期から活動するラッパーとして存在感を放っている。2012年にはラッパー Phat とユニット Vészkijárat を組んでアルバム『Életfogytig Föld Alatt』を、翌2013年にはラッパー Ketioz、Phat、Rambó とユニット Egyenlők を組んでヒップホップ黄金期をテーマにしたアルバム『Aranykor』をリリースした。2015年に2ndソロアルバム『Veterán』を発表。2016年にはユーロビジョン・ソング・コンテストのハンガリー代表曲を決める国内選抜コンテストに Maszkura és a Tücsökraj + Siska Finuccsi として参加するが、残念ながら落選した。

ソリッドなライミングと安定感のあるフロウ、耳に馴染みやすい声が特徴。硬派でダークな世界観が得意なラッパーである。

ゲットーから這い上がってきた
ギャンスタラップのゴッドファーザー

ドープマン
DopeMan

BAZMEG!
2012年リリースのアルバム『Drogsztár』からのリードシングルとして2011年にヒットした曲。「Bazmeg」とは「ファック」という意味で、曲中になんと41回も「ファック」を連呼している曲として話題となった。また内容的にも政治や警察などハンガリーの現状を批判する意味で「ファック」を連発したため、警察が捜査に乗り出したほど大きな注目を集めた曲だ。ブダペストのセーチェーニ鎖橋を背景にしたMVで時折デモの映像が混じるのが印象的。

▶ www.youtube.com/watch?v=RTZJmaJO4GQ

ALBUM
Fordult a kocka(1997)
Magyarország rémálma(1999)
Magyarország rémálma 2. – A strici visszatér(2000)
Az országház fantomja(2002)
A telep csicskája(2004)
Dopeman&Kicsi Dope – Aljas Pityinger fiúk(2005)
Mr. Pityinger ... Az eredeti gengszter(2008)
Drogsztár(2012)
Bűneim 2013-2015(Csak Az Isten Ítélhet)(2015)

PROJECT ALBUM
Jégre teszlek (Ganxsta Zolee és Kartel)(1997)
Helldorádó(Ganxsta Zolee és Kartel)(1999)

ゲットーと揶揄されるブダペスト第8地区出身。1996年にラッパー／プロデューサーとして活動を開始する。1997年にGanxsta Zolee és Kartelに加入し、Ganxsta Zoleeの2ndアルバム『Jégre teszlek（1997）』および自分のデビューアルバム『Fordult a kocka』をリリースしてヒットさせた。1998年には大ヒットしたロマ・ヒップホップ・ユニットFekete Vonatの1stアルバム『Fekete Vonat』をプロデュースし、プロデューサー活動もスタートさせる。1999年にはソロ2作目となる『Magyarország rémálma』とGanxsta Zoleeの3rdアルバム『Helldorádó（1999）』をリリースして商業的に大成功を収めた後、2001年にGanxsta Zolee és Kartelを脱退した。その後もTKOやMC Duckyなどのプロデュースをしつつ、ソロアルバムも定期的にリリース。特に2002年にリリースした4thアルバム『Az országház fantomja』はクラシックとして高く評価された。また2002年にTVリアリティー番組「ValóVilág」で有名になったラッパーMajkaをプロデュースし、大ヒットさせる。2005年に弟でジャズギタリストのKicsi Dopeと組んでリリースしたアルバム『Aljas Pityinger fiúk』はハンガリーのグラミー賞に当たるフォノグラム賞の最優秀ヒップホップ・アルバム賞を受賞。2017年までに7枚のソロアルバムを出しているほか、プロデューサー、編曲家、タレントなどとして活躍している。

ラッパーとしての才能はもちろん、数々のビッグヒットを生み出し、新たな才能を発掘するなどプロデューサーとして類まれなセンスを持ち、成功しているアーティスト。「Nincsen arra szó」「Bazmeg!」といった自曲のヒットだけでなく、他ラッパーのヒット曲も多く生み出している。プラチナム認定1枚、ダイヤモンド認定1枚、ゴールド認定15枚というアルバム売上の記録を持つ。

1996～　ブダペスト　Magneoton
www.facebook.com/dopemantv
www.instagram.com/dopemantv

マイカ
Majka

🗓 2002〜 📍オースト 💿 Gold Records, Magneoton
f www.facebook.com/majkahivatalos/ 📷 www.instagram.com/majesz187/

個性的な声を持つリアリティー番組出身のメジャー・ラッパー

　Majkaは2002年にハンガリーの人気リアリティー番組「ValóVilág」第1シーズンに出演して、一躍有名になったラッパー。またの名をMajka Papa。番組出演後、Ganxsta Zolee és a Kartelのメンバーだったラッパー／プロデューサーのDopemanの助けを得て、ラッパーとしてのキャリアを築き始める。2003年にリリースしたデビューアルバム『Az ózdi hős』はゴールドディスク認定されるヒットとなった。翌2004年に発表した2ndアルバム『Történt ami történt』はハンガリーのグラミー賞に当たるフォノグラム賞の最優秀ヒップホップ・アルバム賞を受賞。この他リリースした作品はすべてフォノグラム賞にノミネートされており、2012年にはラッパーのCurtis、BLRとコラボしたアルバム『Belehalok』のタイトル曲「Belehalok」が最優秀楽曲賞を受賞している。大ヒットとなった『Belehalok』もゴールドディスク認定されている。また音楽活動の他に、TVタレントとしても活動し、ハンガリー国内で幅広い知名度を誇っている。2014年には再びCurtisとタッグを組み、アルバム『Swing』をリリースした。

　一度聴けばそれと分かるアグレッシブなフロウを持ち、ダミ声気味な声質も個性的なラッパー。ヒット曲にはパーティ系、ブリンブリン系サウンドのものが多い。デビューを助けたDopemanとはビジネスで揉めて不仲となっている。ポーカーはプロの腕前を持ち、全国大会で優勝したことも。

BELEHALOK（Majka, Curtis, BRL）

Majka が Curtis、BRL と組んで製作したアルバム『BELEHALOK (2012)』からのタイトルトラック。YouTube の視聴回数は 4000 万回を超えていて、2012 年ハンガリーで最もダウンロードされた曲に認定された人気トラックだ。苦い経験を通じて学んだ人生のレッスンについてラップしていて、深みのあるメッセージを送っている。物悲しいメロディーのフックを歌い、2 つ目のヴァースでカリスマ性のあるフロウを聴かせるのが Majka。

[You Tube] www.youtube.com/watch?v=UylZ_e2mAFk

Mondd, ami fáj（feat. Tyson）

2004 年リリースの 2nd アルバム『Történt ami történt』からのヒット曲。冒頭からダミ声でエネルギッシュなフロウをかましてくるのがインパクト大なトラックだ。人生の辛い経験からくる悲しみや苦しみをテーマにラップしていて、自分が出演したリアリティー番組で国中の人にプライベートな生活を見られていたことにも触れている。MV は Majka が地獄のような場所に囚われたり、鏡に映る自分が語りかけてきたりとダークな作りになっている。

[You Tube] www.youtube.com/watch?v=ZHeYL6BtgDs

Mikor a test örexik(Majka & Pápai Joci)

シンガーの Pápai Joci と組んで 2015 年にリリースし、大ヒットしたシングル。哀愁ただようポップ・バラード的なトラックに乗せて、36 歳（2015 年当時）の Majka が人生を振り返り、いろんなことがあったが今はすべてが重要ではないという境地に達した、というような内容をラップしている。中には社会主義体制時代にも触れていて興味深い。MV はシチリア島で撮影された。Pápai が鉄道橋を歩く場面で電車が来てしまい、危機一髪だったという裏話も。

[You Tube] www.youtube.com/watch?v=uzxgBtrVRKY

Tündi Bündi

2004 年リリースの 2nd アルバム『Történt ami történt』からのヒット曲。「ナナナナーナ」という女性コーラスが耳に残るアップテンポでキャッチーなトラック。リリックも女の子に向けたもので、調子のいいテンションが伝わってくる。フックで個性的な歌声を聴かせるのは Tyson。MV もコミカルな作りになっていて、女の子たちのダンス・シーンあり、映画『メン・イン・ブラック』のパロディー・シーンあり、ビール腹の腹踊りありで楽しめる。

[You Tube] www.youtube.com/watch?v=sVl1go05NIc

Csak te létezel（Majka és Curtis）

ラッパーの Curtis とデュオを組んで製作したアルバム『Swing (2014)』から、YouTube の視聴回数が 1400 万回を超えているヒット曲。物悲しいメロディーのバラード調トラックで、Curtis と Majka がそれぞれ語るようなフロウを聴かせる。ラップしている内容はうまくいかない男女関係のこと。終盤でソウルフルな女性ボーカルが入るのが、暗いトーンの曲に対してスパイスになっている。MV はモノクロで、車の周りで物語が展開される。

[You Tube] www.youtube.com/watch?v=JxoOGA9AZQI

ALBUM
Az ózdi hős(2003)
Húz a szívem haza(2007)

PROJECT ALBUM
Történt ami történt(Majka feat. Tyson)(2004)
Belehalok (Majka Curtis BLR)(2012)
Swing(Majka Curtis)(2014)

Újpest a negyedem!

地元ウーイペシュトのことをテーマにラップした明るいトーンのトラック。滑らかなフロウはもちろん、声質を変えて歌うキャッチーなフックなどで、ラッパーとしての才能を魅せた。2010年にリリースされた曲だが、後にMajkaと共作したアルバム『Swing（2014）』に収録されている。サッカー選手として所属していたウーイペシュトFCの地元でもあるため、MVではサッカー・ファンにサインをしたり、リフティングをしてみせたりする場面も。

YouTube　https://www.youtube.com/watch?v=pD7YrrjcOIQ

ALBUM
Curtismánia(2010)
Rap Biblia(2015)

PROJECT ALBUM
Belehalok (Majka Curtis BLR)(2012)
Swing(Majka Curtis)(2014)

カーティス
curtis

🗓 2009 〜　📍ウーイペシュト　● Magneoton
www.facebook.com/Curtis4ker/　www.instagram.com/curtis4ker/

ストリートドリームを体現した
元プロサッカー選手／ラッパー

プロサッカー選手とラッパーという異色のキャリアを持つ、ハンガリーで最も有名なラッパーの一人。本名はSzéki Attila。2007年、17歳のときに地元ウーイペシュトのサッカーチーム、ウーイペシュトFCの選手となった。2009年に膝を負傷し、その頃ラッパーとしての活動を開始する。2010年にデビューアルバム『Curtismánia』をリリースし、大きな注目を集めた。アルバムはさまざまな音楽賞を受賞している。2011年にラッパーのMajkaとコラボした「Bomba vagy baby」が大ヒットを記録。一方、サッカー選手としてのキャリアは膝の怪我が原因で、2012年に断念せざるを得なかった。選手を引退した2012年、Majka、BLRとタッグを組み、アルバム『Belehalok』を発表すると、ゴールドディスク認定されるヒットとなった。2014年にはラッパーDynamicのデビュー作『Csak A Név Számít』でリリックを書き、コラボ曲「Nem Akarom」がヒットした。2015年にはソロ2作目となる『Rap Biblia』をリリースしている。

腕はベッカムばりにタトゥーだらけのCurtis。サッカー選手から転身したとは思えないラップスキルの持ち主。米西海岸のギャングスタ・ラップのファンで、サウンドやラップスタイル、フロウにもその影響を感じられる。

Megfakult fénykép

2014年リリースの2ndアルバム『60 Nap』からのタイトルトラック。自分のミスがきっかけで最愛の恋人に捨てられてしまったことをラップしたビタースイートなR&Bソングだ。フックは客演シンガーのBurai Krisztiánが歌っている。Mr. Misshの押さえたトーンのフローが曲のセンチメンタルさと相まって聴きやすい。MVでは出会ってから別れるまでの恋人たちの経緯が描かれる。最後は夢オチになっているが、現実ではどうだったのだろうか……？

YouTube https://www.youtube.com/watch?v=8txmrvyyA7Y

ALBUM
Ugyanaz(2012)
60 Nap(2014)
Dilemma(2014)
PROBÁLKOZOK(2017)

ミスター・ミッシュ

Mr. Missh

🗓 2010〜　📍ブダペスト　MishMusic
www.facebook.com/MR.MISSH90/　www.instagram.com/missh90/

歌い、ラップする　ハンガリー版Drake

　1990年生まれのラッパー／シンガー。ルーマニアのハンガリー人が多く住む地域で生まれ、後にハンガリーに移住した。10代でラップを始め、2010年頃に自主レーベルMishMusicを設立。2012年にデビューアルバム『Ugyanaz』をリリースした。2014年には2枚のアルバム『60 Nap』『Dilemma』を発表したほか、未発表曲を集めたコンピCD『Pack(2010-2012)』『Álmom(2010-2015)』もリリースするなど、精力的に活動している。

　歌も歌える若手ラッパーのMr. Missh。優しい声質ともいうべき強すぎない声量で歌うようにラップするフローが特徴だ。サウンドもポップ要素が強く、世界のトレンド要素も積極的に取り入れていて、メインストリームで人気を博している。またレーベルMishMusicでは、アパレルも扱っている。好きなアーティストはEssemm、Eminem、Dr.Dreなど。

　どこのレーベルにも所属せず、インデペンデントに活動している。2017年には4作目のスタジオアルバム『Probálkozok』をリリースした。

ミスター・バスタ
Mr.Busta

1992〜　エステルゴム　Da Flava Records/Magnet Entertainment, Magic World, Real Trill Music
www.facebook.com/mr.realtrillbusta/　www.instagram.com/trubusta/

メインストリームを牛耳るタトゥーだらけのハードコア・ラッパー

1990年代から活躍するラッパー、プロデューサー、ヒップホップ・レーベル Real Trill Music 創設者。1991年に Dr.Dre に影響を受けてラップを始めた。1992年に Turntable Terrorist Crew を結成し、1998年にアルバム『Mit Tudsz Te Rólam?!』でソロデビューを果たした。Wérszívók や Da Flava Katonák などユニットでの活動を経て、2000年にラッパー Interfunk とともにユニット Kamikaze を結成。2004年にアルバム『Halálosan Komolyan』をリリースすると大ヒットを記録し、続く2005年の 2nd アルバム『Tragikomédia』も商業的成功を収めた。Kamikaze は 2008年に解散し、Mr. Busta はソロ活動を再スタートする。2008年に FankaDeli と組んでヒップホップ・レーベル Bustamafia を設立し、アルバム『Pitbull』をリリース。2009年にはラッパー Game とコンビを組んで発表したアルバム『A Srácok a Putriból』が高い評価を受けた。2010年には Bustamafia のレーベル名を Real Trill Music を改名。2011年には年間4枚のアルバムをリリースし、それ以降も毎年1、2枚のソロアルバムを発表するなど、精力的に活動している。また Ak26 と組んだ Farkasok、Awful と組んだ Hjos De Puta などジョイントユニットでの活動も多い。

タトゥーだらけのハードコア・ラッパーで、野太い声でまくしたてるラップが特徴的。メインストリームで活躍する Mr. Busta は YouTube における MV 視聴数は軒並み数百万を超えていて、幅広く知られている存在である。

Utca Himnus

2012年リリースのアルバム『Pitbull 2-Armageddon / Kétszázegykettő』からのヒット曲。跳ねるようなシンセ音がアグレシッヴさを煽るビートのプロデュースはMinimal Beat。「ストリート・アンセム」と題されたこの曲でMr. Bustaは、ラップ・ミュージックから改造車、スケーター、バスケまで、ストリート文化をテーマにラップ。ソリッドなフロウを聴かせ、ダミ声でフックを歌うハードコアなトラックだ。

www.youtube.com/watch?v=u_ZfEt0hXTA

Mutatom A Fukkot!(feat. Essemm, Beerseewalk, Fura Csé)

アルバム『Meghalni Jöttem (2013)』から大ヒットした、ラッパーのEssemm、ラップ・デュオ Beerseewalk、KávaのFuraが客演しているミドルテンポのトラック。Nina Simoneの「Don't Let Me Be Misunderstood」をサンプリングしたビートのプロデュースはNaZ BeatZが手がけた。5人それぞれのフロウが楽しめる曲で、MVではとにかく中指を突き立てまくっている。

www.youtube.com/watch?v=LgBW8vs0IY8

Szétkaplak

Minimal Beatがプロデュースした重厚感のあるビートに、Mr. Bustaが太い声で迫力あるラップをスピットするトラック。「Szétkaplak!」と吠えまくるフックもインパクト大だ。ビートに正確なライミング、個性的な声を有効に使ったフロウが聴き応えある。2011年リリースのアルバム『A Fekete Bárány』から大ヒット。MVでは野球バットを持ってパフォーマンスし、ハードコアを演出している。

www.youtube.com/watch?v=RIWUvU3BL-4

Ha majd ott tartotok (Kamikaze)

2006年にリリースしたアルバム『Tragikomédia』からヒット。Mr. Bustaのトレードマークでもある太いダミ声は当時から強烈な存在感を放っている。フックではダミ声を使い、ヴァースではクリアな声で軽快なフロウを聴かせるMr. Bustaと、自由なフロウで言葉を紡ぐInterfunk。MVは廃工場を舞台に美女をまとわりつかせるMr. Bustaと浮浪者に扮するInterfunkを中心に展開される。

www.youtube.com/watch?v=Ep74Ek8Q4aE

Farkasok (feat. AK26)

レーベルReal Thrill Music所属のラップ・デュオAK26とコラボして製作したアルバム『Farkasok (2015)』のタイトルトラック。ダークなメロディーで重みのあるスローテンポな曲で、タイトルは「狼」。Giajjennoが1stヴァースで緩急つけたフロウを展開し、フックを挟んでMr. Bustaにバトンタッチ。太い声で変化をつけたフロウがベテランの貫禄だ。フックの歌はAK26のHiroが担当している。

www.youtube.com/watch?v=ac_XpuuqXTI

ALBUM
Mit Tudsz Te Rólam?!(1998)
Pitbull(2008)
Játssz Az Anyáddal!!(2010)
Erő, Hatalom, Becsület(2011)
A Fekete Bárány(2011)
A Nevem Miszter(2011)
Az Ezerarcú Rapsztár(2011)
Pitbull 2 - Armageddon / Kétszázegykettő (2012)
Meghalni Jöttem(2013)
Mindenre Kész Vagyok(2013)
Stilakill(2014)
The Rapfather 1(2015)
The Rapfather 2(2016)
The Rapfather 3(2016)

PROJECT ALBUM
Halálosan Komolyan(Kamikaze)(2005)
Tragikomédia(Kamikaze)(2006)
Boros Meg A Kordik(Mr. Busta&Essemm)(2015)
Farkasok(Mr. Busta&AK26)(2015)
BenzBoy(2017)

Funktasztikus

ファンクタスティクシュ

個性派な高速ラップで尊敬を集める アングラ・シーンの重要人物

Élek és virulok
2011年のアルバム『Táncdalok, Sanzonok, Melodrámák』からのヒット曲。James Brownの「White Lightening」をサンプリングしたファンキーなトラックは自らプロデュースを手がけた。Funktasztikusのコミカルかつ高速なフロウが炸裂するのが爽快。歌うようなフロウを織り交ぜたりとラップだけで聴かせるスキルの高さを感じる。低予算で製作したMVも都市郊外の田舎な雰囲気が出ていて面白い。

www.youtube.com/watch?v=Ro3ifn2vINY

1990年代前半にラップを始めたメゼーケベジェド出身のラッパー。初期はInterfunk、Funk N Steinなどの名前で活動していた。1998年に自主リリースでFunk N Stein名義の1stアルバム『A Táncparkett Varázsa(Vol. 1)』を発表し、自主制作に力を入れ始める。2000年にラッパーMr. BustaとともにユニットKamikazeを結成。2001年にフリースタイル・バトル大会で優勝した。2005年にKamikazeのデビューアルバム『Halálosan Komolyan』をリリースすると大ヒットを記録し、続く2006年の2ndアルバム『Tragikomédia』も商業的成功を収めた。Kamikazeが2008年に解散した後はアンダーグラウンド・シーンを中心に活動し、自主レーベル兼スタジオFunktonを設立。2009年にリリースしたソロアルバム『Jelentések Fanyarországról』が高い評価を受け、2009年度の最優秀ヒップホップ・アルバム賞および最優秀ソロ・アーティスト賞を受賞した。2011年のアルバム『Táncdalok, Sanzonok, Melodrámák』では60s、70sのファンクやダンス・ミュージックと90sヒップホップをミックスし、高く評価された。2014年に『Tartsd Lent!』を発表している。

個性的な声質とフロウを持つラッパーで、政治批判からコミカル・ラップまでこなすテクニシャン。アンダーグラウンドにこだわり、貧しい無名ラッパーにレコーディングの機会を与えるなど、シーンの活性化にも尽力している。

ALBUM
A Táncparkett Varázsa(Vol. 1)(1998)
A Táncparkett Varázsa(Vol. 2)- Félbetépett Tikett(1999)
139 Km(Klikk & Funk N. Stein)(2001)
Egy Átlagos Külvárosi Történet - Az Elfelejtett Fejezet(2001)
Jelentések Fanyarországról(2009)
Táncdalok, Sanzonok, Melodrámák(2011)
Tartsd Lent!(2014)

PROJECT ALBUM
Komolyan(Kamikaze)(2005)
Tragikomédia(Kamikaze)(2006)

1993～　メゼーケベジェド　Funkton
www.facebook.com/funkfundamental/

Interview with Funktasztikus

2000年半ばにKamikazeのメンバーとして成功を収めたラッパーFunktasztikusは、Kamikaze解散後は徹底してアンダーグラウンド・シーンで活動し、高く評価を受けている。インタビュー依頼の連絡をすると、とても真摯にやり取りをしてくれたが、英語が苦手で友人に翻訳を頼むため、メールでのインタビューをすることになった。自分の作品の話には熱のこもった回答を返してくれたほか、メインストリームとアンダーグラウンドの溝が大きいハンガリーの特徴や、Kamikaze解散の経緯、アンダーグラウンド・ラッパーを支援するプロジェクトなど、用意した質問に対して丁寧に答えてくれた。

——日本の読者に向けて簡単に自己紹介をお願いします。
俺の曲のリリックを引用して紹介したい。「空を見ると飛行機が跡を残していく／常勤職にいる危険な怠け者／音楽へ逃げ込む、大物や犯罪者ってガラじゃない／シンプルにFunktasztikusだ／俺は自分自身の主で、他にボスはいない／マネージャーも運転手もボディーガードもプロデューサーもいない／一歩ずつ独力で本物のヒップホップを作っているんだ」(「Tépek Tovább!」) から引用)

——最初にヒップホップにハマったきっかけは？
80年代後半にソ連のサーカスのアーティストによって作られたブレイクダンス練習ビデオを見たのが最初の記憶だ。でもヒップホップ・カルチャーに本気で惚れ込んだのは1991年に見た「Yo! MTV Raps!」がきっかけだよ。

——当時好きだったラッパーは誰ですか？
たくさんのアーティストを聴いていた。最初に好きだったのはRun DMCで、次はPublic Enemy。N.W.A.が持つ怒りにハマったし、TwistaやTreachのテクニックに痺れたし、Big Daddy KaneやRakimの声が大好きだったし、Too ShortやDigital Undergroundのレイドバックでクールな感じも好きだった。それからGeto Boysのストーリーテリングも最高だったね。UGKや8ball&MJGはカントリー要素があって好きだった。これらのアーティストは皆、今日まで俺に影響を与え続けているよ。

——あなたのラップはとても早口で独特です。どうやって自分のスタイルを確立させたのですか？
俺は他のハンガリー・ラップからは一切影響を受けずに、ティーンエイジャーの頃に練習を始めた。いつも狂ったみたいにリリックを書き、フリースタイルをやっていたことで、自分自身のスタイルを見つけることができ、今のスタイルができたんだよ。

——ハンガリー語はラップするのには難しい言語ではないですか？
簡単ではないと思う。ハンガリー語は世界で最もカラフルで表現豊かな言語の一つだけど、文法は複雑だし、早口言葉を書くのは難しいね。

——どんなことをラップしていますか？
曲によるね。リスナーに対する鏡となりながら、主に俺の人生のことをラップしている。少しダークでひねくれたユーモアを交えつつ、一般の人々の感情を表現しているから、聴く人は自分の姿を重ね合わせることができるんだ。俺たちが生きるシステムに対する批判や社会的な主張もたくさんある。でもストーリーテリングも好きだし、時には単に思い出話を語ることもあるよ。俺のリリックはヘヴィーだけど、乱暴な言葉使いだからというわけじゃない。よく「早口ラッパー」とカテゴライズされがちだけど、俺の曲はもっと多面的だと思っているんだ。例えば「Molylepke (蛾)」や「Kegyetlen vakszerencse」はハンガリー・ヒップホップ・シーンにおける最も美しい曲の一つと考えられているよ。

俺の音楽を第一印象で判断する前に、ある環境を知ってほしい。「メジャーな」ラッパーとは対照的に、俺は最も貧しい地域の一つと言われ

る、北東部の地方に住んでいるんだ。ここではハンガリーの他の地域よりもバルカンの雰囲気が色濃いんだよ。だから他の「ラップ・スター」と比べて、俺は違うものを見ているし、世界に対しても非常に異なった視点を持っている。
今製作中のアルバムのタイトルは『Elátkozott mesék a boldogság utcából（ハピネス・ストリートの呪われた物語）』。このアルバムではリスナーを、何でも起こり得る架空のグロテスクな世界へ誘うんだ。日々の会話におけるタブーや、一般的に人々が嫌悪感を感じたり、落ち込んだり、居心地悪く感じたりするようなトピックについて書いているよ。社会的弱者に関する悲痛なストーリーもある。これらは皆、恐ろしかったり、不運だったり、腐ってたり、純粋だったり、醜かったり、美しかったりするキャラクターを通じて語られる。このアルバムはきっとハンガリー・ヒップホップの歴史において、あらゆる角度から見て特にユニークなアート作品になるだろう。早口言葉やテクニック自慢などは入れないけどね。

——**あなたは Mr.Busta とともに Kamikaze として活動していましたよね。ユニット名に関するアイデアはどこから出てきたんですか？**
Kamikaze は俺たちの使命感を表すはずのものだったんだ。「命を捧げる覚悟」という意味でね。ハンガリーのポップミュージック・シーンは、コネや陳腐さ、賄賂だらけだった。奴らにとっては金こそが最大のモチベーションなんだ。残念ながら俺たちが契約したレーベルは、俺たちのユニット名を「特攻任務」と誤解していたよ。

——**Kamikaze は大きな成功を収めたようですが、なぜ解散してしまったんでしょうか？**
契約が終わり、俺はもうあのプロジェクトを続けたくなかったから。俺はあの時も今でも同じ表明をしているよ。

——**Kamikaze 解散後、あなたはアンダーグラウンドに留まったのに対し、Mr.Busta がメインストリームで活躍するように道が大きく分かれたのが印象的でした。あなたがアンダーグラウンドを選んだ理由を教えてください。**
俺にとって行き先は明らかだった。俺は完全に独立したいと思い、それに成功した。それ以来俺は、自分がやりたいように作業できるスタジオ（FSZ/2-「Földszint per kettő」2 階）を作った。俺にとっては、金も名誉も最優先事項じゃなかったんだ。代わりに、独立したアーティストであり、自由に創造できることに専念したんだ。

——**Mr.Busta とは今でも仲はいいですか？**
俺は今でも奴と俺たちの過去に対して忠実だよ。俺たちのメッセージや価値観が完全に違うようになってしまったのは残念だけど。

——**ハンガリーではメインストリームとアンダーグラウンド・シーンの溝が大きいそうですね。どういう感じか教えてください。**
残念ながら近年ではその境界線はどんどん曖昧になっている。シーンは骨抜きになってきていて、すぐに解決すべき大問題もある。多くの人が、アンダーグラウンドはメインストリームに飛び込むのにちょうどいい、一時的な場所に過ぎないと思っているんだ。
90 年代からメディアに登場している「スター・ラッパー」は、商業的なリスナーのニーズを満たしたいだけだ。リアリティー TV や料理番組に出たり、政府のプロパガンダの支持すらしたりするような奴らだ。奴らのアルバムや MV には政府が出資している。それに、自分の主義を守る方を選ぶ人に対して見下すような口調で話すんだ。奴らは成功と金さえあれば、裏切りに対して罪悪感を感じることもない。
ヒップホップ・カルチャーは昔ほど生き生きとしていないよ。若い世代はむしろ、タトゥーだらけでノリノリの有名なラッパーに共感し、SNS の「いいね！」や視聴数を追いかけてばかりだ。
奴らはエンターテインメント業界の売春婦だ。そして奴らの態度は一般リスナーの意見にネガティヴな影響を及ぼしている。

——**あなたのソロアルバム『Jelentések Fanyarországról』『Táncdalok, Sanzonok,**

新宿御苑や
ナイトクラブに
行きたい

『Melodrámák』は非常に高く評価されていますね。どんなアルバムなのか教えてください。

実を言うと、これまで出した3枚のソロはすべてコンセプト・アルバムなんだ。すべて90年代のサウンドを表現している。年代順ではないけど、とてもよく互いを補い合っているよ。もう一つ言っておきたいのは、俺のアルバムはメジャー・レーベルのアーティストのフィーチャリング・リストみたいにはなっていないってことだ。アルバムには俺の考え、ムード、世界が表現されている。それから俺が「Fanyarország（不快な国）」をどう見ているか、ということ。（ちなみにこのタイトルはハンガリー語の言葉遊びになっている。ハンガリー語ではハンガリーのことを「Magyarország（マジャロルサーグ）」と言うんだけど、「Fanyarország（ファニャロルサーグ）」とライムするから）

『Jelentések Fanyarországról（不快な国からのレポート）』は Funktasztikus として Kamikaze が解散してから最初のプロジェクトだった（それ以前は Funk N. Stein とか Interfunk として知られていた）。リリースに時間がかかったけど、反響はすごかったよ。このアルバムは 2009 年に最優秀アルバム賞を受賞したんだ。

『Táncdalok, Sanzonok, Melodrámák（ダンス、シャンソン、メロドラマ）』では、ブーンバップと 60 年代のハンガリーのポップミュージックを融合させている。このアルバムでは、近年の状況と鉄のカーテンの時代の類似点についてよく考察しているよ。

『Tartsd Lent!"（押さえつけろ！）』の成功は前2作より小さかったけど、俺は過去の作品を超える内容だと思う。怒りと感情がつまった壮大なアルバムなんだ。商業音楽や商業的なアーティストに関する醜い真実を暴くものだ。このアルバムが売れなかったのはもっぱらそういうアーティストたちのせいだろう。でも奴らは自分たちが、質のいい曲や音楽を作ったり、意味

のあるリリックを書いたり、自分の力だけでアルバムを作ったりできないってことは分かっているさ。

——あなたの曲のビートはすごくかっこいいですが、誰がプロデュースしているんですか？

最近では 80 〜 90% は自分でビートを作っている。MPC3000 と 2000XL を使って、本物を作ろうとしているんだ。でも昔は Faktor というプロデューサーとよく仕事をしていたよ。

——以前 Afu-Ra とコラボしていましたが、その時の話を教えてください。どうやって実現したんですか？

このコラボが実現したのは DJ Zefil と Nadir のおかげなんだ。彼らは Afu-Ra のハンガリー・ツアーのプロモーターで、Afu-Ra に話を持ちかけてくれた。で、Afu-Ra が承諾してくれた。その後は「Borsod Brooklyn」が簡単に出来上がったよ。Afu-Ra はとても率直でいい奴だった。すごく楽しかったよ。

——貧しくて若いラッパーを助けるなど、アンダーグラウンド・シーンに対して献身的ですね。どんなことが動機となっているんでしょうか？

上にも書いたけど、俺が住む地域は国の他の地域から何年も遅れているんだ。ほぼすべての町に貧困がある。だから、そういった若いアーティストがより多くの人に聴いてもらえるように助けたいと義務感を感じているんだよ。

——「Alagútrendszer（トンネル・プロジェクト）」について教えてください。

主に一つ前の回答に書いたことだよ。それに加えて、他よりも優れているのに、自分の主義を通しているため、より多くの聴衆に届けるのが困難なアーティストも巻き込んでいる。メジャーの腐った臭いを感じることのないアンダーグラウンドのハイウェイってところだ。このプロジェクトの一部として、カジンツバルツィカ出身の Smog City というグループとコラボした曲「Édes, csipős, savanyú（甘い、スパイシー、酸っぱい）」を製作中だよ。

——最近 Facebook にタトゥーの入った腕の写真を投稿していたけど、あれはあなたの？どんなメッセージが彫られていたんですか？

あれは俺のじゃなくて、俺のファンのタトゥーだ。ハンガリーの警察についてラップした俺の曲のリリックをタトゥーにしたんだ。

——日本には来たことありますか？ 日本に対してどんなイメージを持っていますか？

日本にはまだ行ったことはないよ。最初に頭に浮かんだのは精密さ。それから盆栽、日本庭園、ヤクザ、芸者、寿司、敬礼、サムライ文化、精巧な自動車、あと**女性用下着を販売する自販機**（本当にそんなものあるのか？）。そして一番大事なことは、とても美しい日本女性たち。

——日本のアーティストや音楽は聴いたことありますか？

90 年代後半には DJ Krush のアルバムを聴いていたよ。彼はアブストラクト・ヒップホップの巨匠の一人だね。彼のアルバムに日本人 MC が何人か参加していたけど、それ以外は聴いたことないな。

——日本に来たらしてみたいことはありますか？

東京の高層ビルやストリートを絶対に見たい。東京のヴァイブや雰囲気、街の鼓動を体験したいよ。それから**新宿御苑**やナイトクラブに行きたいし、富士山と広島にも絶対行きたい。

——あなたにとってヒップホップとは何ですか？

人生の哲学。世界中で知られている国際的なカルチャー。自己実現と自己表現の手段でもある。単調な毎日をやり過ごさせてくれるよ。ヒップホップがあれば、どんなに貧しい人でも夢を叶えることができるんだ。

——日本の読者にメッセージをお願いします。

ヒップホップ・カルチャーを大切にし、謙虚に接するすべての人にリスペクトを送るよ。

アーカー 26

Fenn A Kezed（feat. Awful）
2014年リリースのアルバム『Szegények Fegyvere』から大ヒットしたトラック。Hiro が歌うキャッチーなフックから始まり、Giajjenno が吐き出すようにスピットする 1st ヴァースへ。Giajjenno の声は太くてエネルギッシュなフローを聴かせてくれる。2nd ヴァースはフィーチャリングのラッパー Awful が担当。Krn Beatz が手がけた重厚感あるビートもかっこいい。最後には短いが Hiro も高い声でラップを披露する。

▶ YouTube www.youtube.com/watch?v=wM3y54zsFxo

ALBUM
Szókarabély(2012)
Pokolból Hazafele(2013)
Szegények Fegyvere(2014)
Dupla Dinamit(2015)
Getto Platina(2016)
Superior(2017)

EP
Por és Hamu EP(2013)

PROJECT ALBUM
Farkasok(Mr. Busta&AK26)(2014)

AK26

 Giajjenno、Hiro　2011〜　センテンドレ　Real Trill Music　www.facebook.com/ak26hiphop/
www.instagram.com/hiro26official/　www.instagram.com/giajofficial/

メインストリームで人気を博す
イケメン兄弟によるラップ・デュオ

　2011年にスロヴァキア生まれのラッパー兄弟 Giajjenno と Hiro によって結成されたヒップホップ・ユニット。Giajjenno は14歳でラップを始め、弟 Hiro も兄に続いてヒップホップの世界に入っていった。2012年にインディーレーベル Wacuum Airs からデビューアルバム『Szókarabély』をリリース。翌年 Mr. Busta 率いるヒップホップ・レーベル Real Trill Music に移籍し、2nd アルバム『Pokolból Hazafele』と EP『Por És Hamu』をリリースした。以降、毎年1枚のペースでアルバムをリリースしている。2015年には Mr. Busta とジョイントユニット Farkasok を結成し、アルバム『Farkasok』もリリースしている。

　タトゥーだらけでスタイリッシュなイケメン兄弟。Giajjenno によるエネルギッシュなラップと、ラップだけでなく歌もこなす Hiro の相性が抜群で、メインストリームにて大きな成功と人気を手に入れた。初期はハードコアだったが、近年はポップ・サウンドも取り入れるようになっている。

　2017年からはそれぞれソロ活動をスタートさせ、Giajjenno は「OROSZLÁN」、Hiro は「PÁRIZS」というソロ曲を発表している。

KÁVA
カーヴァ

クラシックなサウンドと４人で繰り広げるマイクリレーがドープ

- Akr、El Magico、Fura Csé、Szimat　2005～　タタバーニャ　Garage Productions
- www.facebook.com/KavaMusix/

2005年にハンガリー北部の都市タタバーニャ出身の4人のラッパーAkr、El Magico、Fura Csé、Szimatによって結成された。2009年にGarage Productionよりアルバム『Egypontnulla』でデビューし、2011年には2ndアルバム『Psziché』をリリースした。

クラシックなヒップホップのビート作りや、4人が繰り広げるマイクリレーがドープ。メンバーのAkrとFura Cséは別ユニットとしても活動しており、2009年にはAkr&Fura名義で『Furakor』、2013年にFurakor名義で『Holnapután』をリリースしている。Szimatも2009年にソロアルバム『Cirkusz』をリリース。また元フリースタイルバスケのプレイヤーだったSzimatは、ハンガリーで最初のスポーツアクロ劇場を設立した創設メンバーの一人でもある。El Magicoはプロデューサーとしても活動していて、Kávaの作品の他にもさまざま

Hagyjad Má（feat. Smith）
2011年リリースのアルバム『Psziché』収録曲。プロデュースはラッパーでもあるEl Magicoが手がけた。ビートはシンプルだが、フルートの旋律とそれに合わせた歌うようなフックがメランコリックで、じわじわクセになる感じがたまらない。前半に気だるげなフロウのAKR、低音でクリアにラップするSzimatがヴァースを担当し、客演のSmithがフックを歌った後は細かいライミングで聴かせるFura、El Magicoへとつなぐ。MVはなし。

www.youtube.com/watch?v=0-GnJu8baBE

ALBUM
Egypontnulla(2009)
Psziché(2011)

なラッパーを手がけている。2015年にリリースされたコンピレーションCD『Stíluspakk 6』に新曲「Főnix」が収録された。

東欧ヒップホップをもっと楽しむためのハンガリー語・スラヴ系言語レッスン

　非英語圏ヒップホップの魅力はその言語の響きにあると言っても過言ではない。もちろん最初は慣れないだろうが、聴きなれていくとその独特のリズムや音の響きに魅了されていくだろう。本書で取り上げている4ヶ国の言語、ハンガリー語、ポーランド語、チェコ語、スロヴァキア語はそれぞれ大変に難しい言語で、その難解さは世界でもトップレベルだと言われることが多い。ヒップホップを聴くためだけに言語学習しようとすれば、相当な努力が必要になるので、本コラムでは簡単にこれらの4言語の特徴について紹介したいと思う。

　まずこの4ヶ国語は大きく2つに分けられる。ハンガリー語とそれ以外、つまりポーランド語、チェコ語、スロヴァキア語が属するスラヴ語系の2つだ。ハンガリー語はウラル系フィン・ウゴル語群に属し、周辺国の言語とのつながりをまったく持たない珍しい言語である。フィンランド語やエストニア語と同系統だが、それにしても言葉の響きはかなり異なる。一方、スラヴ語系の3ヶ国語は、互いに非常によく似ていて相互理解が可能な部分も多いのだ。ここではその2つに分けて解説していこう。

■ハンガリー語

　ウラル語族のフィン・ウゴル語派に属しているハンガリー語は、英語やスペイン語などが属するインド・ヨーロッパ語族とは文法や構成がまったく異なっている。アルファベットは全部で44文字で、英語などと同じラテンアルファベットを使っているが、中にはハンガリー語独自のアルファベットもある。読み方は基本的にローマ字読みだ。

A	Á	B	C	Cs	D	Dz	Dzs	E	É	F	G	Gy	H	I	Í	K	L	Ly	M	N	Ny
O	Ó	Ö	Ő	P	Q	R	S	Sz	T	Ty	U	Ú	Ü	Ű	V	W	X	Y	Z	Zs	

　このように母音の上にひとつ、または複数の点が付いているものがある。ハンガリー語では短く発音する母音（例：A ア）と長く伸ばす母音（例：Á アー）を表すアルファベットが独立していて、母音の上に一つだけ点が付いているものは伸ばして発音するという印だ。OとUにはさらに丸い点が2つ付いているもの、斜めの点が2つ付いているものがあるが、これもÖと発音するものをŐでは長く伸ばすことを表している。またQ、W、Xなどはほぼ使用されないが、Dz、Csなど英語にはない子音の種類も豊富だ。読み方すべてを解説するわけではないが、これだけでもハンガリー語の姿が少し見えてくるかと思う。

▽ハンガリー語の特徴

・**アクセントは常に第一音節にくる。**
　ラップや音楽の中では、アクセントの位置はフロウやライミングによって変わってきてしまうのであまり気づくことはないが、単語でも文章でも一番強くアクセントを置くのは最初の音節とな

る。例えば、ハンガリー人を意味する Magyar（マジャル）の場合、マにアクセントを置くのだ。

・サ行を表すのは S ではなく Sz！ S はシャ行になる。
　世界的にも S はサ行を表すアルファベットだが、ハンガリー語は違う。Sa, So はそれぞれシャ、ショとなり、英語の Sh と似た発音になる。代わりにサ行を表すのが Sz なのだ。例えば、ハンガリーの一般的な苗字 Szábo はサボーと読み、男性の名前 János はヤーノシュとなる。間違えやすい注意ポイントである。ちなみにポーランド語にも Sz と S の子音があり、ハンガリー語とは逆の発音になるので大変ややこしい。

・実は日本語との類似点が多い!?
　一見日本語とは何のつながりも無さそうなハンガリー語だが、意外にも類似点が多い。例えば名前を書くとき、日本語では苗字のあとに名前がくるが、ハンガリー語も同様である。年月日や、住所などの書き方も英語と日本語では逆になるが、ハンガリー語は日本語と順序が同じなのだ。また○○さんのように人の名前のあとに敬称 úr がくる点も同じで、苗字の前に Mr. などが入る英語とは異なる。例えば、Szábo Anna úr はサボー・アンナさんとなる。

・前置詞がない代わりに語形変化や後置詞
　英語でいう in や on などの前置詞が存在しない代わりに、名詞や形容詞が格変化する。また動詞もそれぞれ人称ごとに活用が変わる。これが難しいのだが、語尾が規則的に変化することを利用するとライミングはしやすい言語と言えるだろう。

例）

私は音楽を聴く	én zenét hallgatok	（エーン・ゼネート・ハッルガトク）
君は音楽を聴く	te zenét hallgatsz	（テ・ゼネート・ハッルガトス）
彼／彼女は音楽を聴く	ő zenét hallgat	（エー・ゼネート・ハッルガト）

　上記のようにそれぞれ聴くという動詞 hallgat の語尾が変化しているのが分かるだろう。また音楽を意味する名詞 zene も「音楽を」になると zenét に変化している。

▽**日常会話の基本**

こんにちは	Jó napot	（ヨー・ナポト）
やあ！	Szia!	（スィア！）
ありがとう	Köszönöm	（ケセネム）
はい／いいえ	Igen ／ Nem	（イゲン／ネム）

■ポーランド語、チェコ語、スロヴァキア語

　この３ヶ国語はインド・ヨーロッパ語族のスラヴ語派に属し、その中でも西スラヴ語群に入る言語である。同じスラヴ語派でもキリル文字が使用されるロシアなどと違って、ラテンアルファベットを使用しているが、ポーランド、チェコ、スロヴァキアはそれぞれ個別の補助記号が付いた文字を持っている。どの言語も基本はローマ字読みで OK だが、子音が豊富なので発音は難しい。

　別コラム（２つの国、一つの音楽シーン〜チェコとスロヴァキア〜）でも紹介したとおり、チェコ語とスロヴァキア語間の相互理解は可能だ。またチェコ語とポーランド語、スロヴァキア語とポーランド語間でも約 70% は理解できると言われているが、お互いの言語が少しずつ異なるために可笑しいと感じる人も多いようだ。

▽西スラヴ語群の特徴

・語形変化が豊富

　最大の特徴は、名詞、動詞、形容詞などがすべて変化すること。使用する動詞によってその後にかかる名詞も変化するので、変化の種類や組み合わせが実に豊富なのだ。

・女性名詞・男性名詞・中性名詞がある

　日本語やハンガリー語、英語などには存在しないが、ポーランド語、チェコ語、スロヴァキア語には文法上の性区分がある。基本的なルールとしては、最後が -a で終わるものが女性名詞、母音無しで終わるものが男性名詞、-o、-e で終わるものは中性名詞だ。また主語にくる言葉の性別によって、動詞が変化することもある。

例）

ポーランド語	książka	（クションシュカ、本）	女性名詞
チェコ語	jazyk	（ヤジク、言葉）	男性名詞
スロヴァキア語	ráno	（ラーノ、朝）	中性名詞

・語順が自由

　日本語も語順を自由に入れ替えることのできる言語だが、それはこのスラヴ語派の言語も同じ。これはライムに自由さが出るポイントと言えるだろう。また動詞の格変化で話者が誰か分かるため、主語を省略することができる。

▽それぞれの相違点

・アクセントの位置

　チェコ語とスロヴァキア語では、ハンガリー語と同様第一音節にアクセントがくるのが基本だが、ポーランド語では最後から２番目の音節にアクセントを置く。例えば「さよなら」と言う場合、スロヴァキア語は Dovidenia（ドヴィデニャ）で最初のドにアクセントを置くが、ポーランド語で

はDo widzenia（ド・ヴィゼニャ）のゼを強く発音する。

・伸ばす母音の有無
　チェコ語とスロヴァキア語には短く発音する母音（例：Aア）と長く伸ばす母音（例：Áアー）が別に存在する。この点はハンガリー語と共通している。一方、ポーランド語には伸ばす発音が存在しない。

▽日常会話の基本

	ポーランド語	チェコ語	スロヴァキア語
こんにちは	Dzień Dobry	Dobrý den	Dobrý deň
	（ジェン・ドブリ）	（ドブリー・デン）	（ドブリー・デェン）
やあ！	Cześć!	Ahoj!	Ahoj!
	（チェシチ！）	（アホイ！）	（アホイ！）
ありがとう	Dziękuję	Děkuji	Ďakujem
	（ジェンクイェン）	（デクイー）	（ヂャクイェム）
はい／いいえ	Tak／Nie	Ano／Ne	Áno／Nie
	（タク／ニェ）	（アノ／ネ）	（アーノ／ニェ）

東欧ヒップホップの聴き方ガイド

　本書をきっかけに東欧ヒップホップを聴いてみよう、買ってみようと感じた方のために、簡単な聴き方・買い方ガイドを作ってみた。今はストリーミング、ダウンロード、CD・レコードなど、さまざまな形態で音楽を楽しめる。しかしヒップホップに限らず東欧の音楽は、入手できるCD・レコードがそんなに豊富ではないので、必然的にストリーミングやダウンロードを利用することになるだろう。幸いなことに Apple Music、iTunes、Spotify など、現在日本で利用できるストリーミングやダウンロード・サービスは大体の東欧ヒップホップ・アーティストを網羅しているので、こちらを利用することをお勧めする。

■ストリーミング

　ここでは主に定額制音楽配信サービスを扱う。月額料金を支払うことにより膨大な楽曲をいつでも楽しむことができるサービスで、スマートホンのアプリと連動させ、どこでも音楽を聴けるのも大きな利点だ。2017年現在、日本で利用できる定額制音楽配信サービスは9社あるが、東欧ヒップホップを聴くなら、なかでも洋楽に強いとされるこちらのサービスがお勧めだ。会員登録をした後は、気になった東欧ヒップホップ・アーティスト名を検索にかければ、大体のアーティストが表示される。特殊なアルファベット文字が記入できなくても問題はない。

・Apple Music

　Apple Music の特徴は iOS に統合されていること。そのため標準の「ミュージック」アプリから利用できるし、もちろん Android にも対応済みだ。iCloud ミュージックライブラリを通じて、iTunes で購入した楽曲や PC から転送した曲と一緒に Apple Music の曲を管理できる。元々 iTunes をよく利用していた人には入りやすいサービスだと言える。24時間リアルタイムでオンエアされているラジオステーション「Beats1」など、新しい音楽に出会える機能も豊富だ。

月額料金：980円（家族6人で共有なら1480円）
約3000万曲以上

・Spotify（スポティファイ）

　音楽配信サービスにおいては世界最大手と言われる Spotify。2008年にスウェーデンで開始されたサービスで、2016年11月に日本へ参入を果たした。最大の魅力は豊富な楽曲数と、無料プランがあることだ。無料プランでは、数曲おきに広告が入ること、音質は最高音質（320kbps）ではなく、高音質（160kbps）が設定されること、アプリで使用した際にシャッフル再生しか利用できないことなどの条件が入るが、これらを我慢できれば、無料で多様な音楽を楽しむことができる。

月額料金：980円／無料プラン
約4000万曲以上

- **Google Play music**

　Googleが提供する音楽配信サービスは、最大5万曲をアップロードして他の端末から再生することができるクラウド機能やラジオ機能が付いている。定期利用ユーザーは、音楽だけでなく、映画、アプリなどを購入する際に10%オフになる「Play割引ポイントプログラム」があるのが魅力。こちらは期間限定（終了時期は未定）のキャンペーンだが、Google Playユーザーには大きな利点だ。また海外ではYouTubeの有料会員サービス「YouTube Red」が付随していて、広告の非表示や、バックグラウンド再生、オフライン再生などのサービスが受けられる。日本でも開始見込みということなので、期待したい。

月額料金：980円（家族6人で共有なら1480円）
約3500万曲以上

　また、定額制音楽配信サービスではないが、オンラインでストリーミング機能を楽しめるものにLast.fmがある。

- **Last.fm**

　リスナーの趣向に合わせて選曲がカスタマイズされる、パーソナライズ機能を有したオンライン・ストリーミング。日記機能やユーザー同士の交流などSNS的要素もある。月額料金約3ドルを支払うと、広告の非表示や音楽トレンドの統計などを利用することができるが、実際には無料のままでかなりの音楽を聴くことができる。

■ダウンロード

　楽曲を各種サービスで購入し、ダウンロードして聴くサービスを扱う。iTunesでは東欧ヒップホップのアーティストを検索にかけると、大体のアーティストの取り扱いがあるので、利用しやすい。またAmazonでもデジタルミュージック・カテゴリーにて、東欧ヒップホップ・アーティストのmp3を販売していることが多いので、気になるアーティストを検索にかけてみるといいだろう。まだ日本で知名度が低いが、なかなか便利なのがBandcampだ。

　Bandcampは2008年にアメリカでスタートした音楽配信・販売プラットフォームだ。バンドやレーベルが自ら音源やグッズ、チケットなどを販売することができ、販売価格もバンド側が決めることができる。またフリーダウンロードで楽曲を提供しているケースも多いので要チェックだ。

- iTunes
- Amazon
- Bandcamp

■東欧ヒップホップの主なプロデューサー

🇵🇱 **ポーランド**

ヒップホップでは、ラッパーの活動に注目が集まりがちだが、それを影で支えているのはプロデューサー／ビートメイカーたちである。本書で扱う東欧4ヶ国は、どの国もメインストリームではアメリカの最新トレンドに追随、またはそれと変わらないレベルのサウンドが多く聴かれる。一方でハンガリーのアンダーグラウンド・シーンではブーンバップが盛んだったり、チェコやスロヴァキアの若手がトラップを盛り上げていたり、ポーランドに良質ジャジー・ヒップホップや民族音楽を取り入れたヒップホップがあったり、実にバラエティ豊かなヒップホップが生み出されている。

また特にポーランドやチェコ、スロヴァキアで見られる傾向だが、YouTube に楽曲を投稿する際、タイトル名に続いて（Prod. ○○）というようにプロデューサー名を明記しているものが多い。これは影に隠れがちなプロデューサーのクレジットをきちんと表明しようという意思が感じられ、非常に良い傾向ではないだろうか。

これらのプロデューサーの中には、YouTube 動画や Soundcloud を通じてアメリカなど外国のアーティストと仕事をする機会を得ている者もいるため、こうしたクレジットの明記はキャリアのためにも不可欠になってきていると推測される。

本コラムでは、各国の主なプロデューサー／ビートメイカーを数名ずつ紹介する。ここでは取り上げないが、O.S.T.R.（PL）、Kato（CZ）、Dopeman（HN）など、ラッパーとして活動しつつプロデューサーとしても活躍するアーティストに関しては、各アーティスト紹介枠にて紹介するので割愛させていただく。また突出した注目度やキャリアを持つプロデューサー、DJ Wich（CZ）、Donatan（PL）に関しても各アーティスト紹介枠を参照いただきたい。

Killing Skillz

アムステルダムを拠点とするオランダ人プロデューサー Jaap Wiewel、Chris van Rootselaar と O.S.T.R. から成るプロデューサー・ユニット。ジャジー・ヒップホップや上品なエレクトロ使いのサウンドが特徴で、主に O.S.T.R. を始め、Hades、Zeus など Asfalt Records 周辺のアーティストをプロデュースすることが多い。

Matheo

ラッパーとして活動を始め、プロデューサーへ転向した Matheo。2004年にプロデューサー・コンテストで好成績を収め、Tede のアルバム『Notes』に参加するプロデューサーに抜擢される。以降、数々のラッパーをプロデュースし、近年ではポップシンガーや海外のアーティストを手がけることも。The Game や Foxy Brown と共作するなど活動の幅を広げている。

DJ 600V

ポーランド・ヒップホップの黎明期から活躍し、シーンの成長に大きく貢献したレジェンド的 DJ ／プロデューサー。Tede を含むユニット 1KHZ で活動したほか、ワルシャワを中心に90年代から活躍する数多くのラッパーのプロデュースを手がけてきた。ダークなストリート系サウンドを得意としつつ、バウンス系、パーティ系サウンドまで幅広くこなす。アルバムも10枚以上リリースしている。

SoDrumatic

2014年に Prosto と契約したプロデューサー。90年代後半から活動を開始し、US での活動を経て技術を磨き、帰国後 2Cztery7 や VNM などを手がけて徐々に評価を高めた。Sokół i Marysia Starosta『Czarna Biała Magia（2013）』などヒット作へ参加した功績が認められ2013年にブレイク。ヒップホップからポップ、トラップ、エレクトロまでこなす気鋭だ。

The Returners

DJ ChwiałとLittleから成るプロデューサー・デュオ。2008 年、2011 年にUSラッパー El Da Sensei とコラボアルバムをリリースするなど、国内外のアーティストを数多くプロデュースしている。2016 年に Prosto より 1st アルバム『Nowa stara szkoła』をリリースし、バリエーション豊かでヘヴィーなビートメイキングが高く評価されている。

WhiteHouse

Magiera と L.A. によるプロデューサー・デュオ。2002 年よりコンスタントにアルバム『Kodex』シリーズを発表し続けているほか、WWO、Slums Attack らベテランから Quebonafide ら新鋭ラッパーまで幅広くラッパーをプロデュースしている。2009 年にはポーランドの詩に合わせた音楽を作曲するプロジェクトとして『Poeci』をリリースしている。

Pawbeats

Step Records に所属するプロデューサー。ヒップホップ作品をプロデュースする傍ら、TV 番組やファッションショーなどへ楽曲も提供。Bisz、PiH のヒットアルバムを手がけたほか、自身のアルバム『Utopia』『Pawbeats Orchestra』も発表している。ブレイクビーツ、エレクトロなども取り入れた壮大さを感じさせるトラックが特徴的。

Sir Mich

Wielkie Joł に所属するラッパー／プロデューサー。音楽学校でピアノとトランペットを学び、ミュージシャン、サウンドエンジニアとして働きつつ、プロデューサー業をスタートした。2009 年より Wielkie Joł と契約し、Tede の『Note2 (2009)』以降すべてのアルバムに携わっている。エレクトロ、トラップ系サウンドを取り入れたヒップホップが得意。

Emade

著名なミュージシャンを父に、成功を収めたラッパー／ミュージシャン Fisz を兄に持つ。2001 年に発表したアルバム『Album Producencki』で高く評価され、ヒップホップの枠を超えてさまざまなアーティストをプロデュース。O.S.T.R. や Fisz とのプロジェクトや親子ユニットでも活躍している。ジャズやファンクを取り入れたサウンドを得意とする。

Noon

Grammatik として活動を開始し、名盤『Światła miasta.』を作り出した。ユニット脱退後は Pezet とコラボして名盤と呼ばれるアルバムを 2 枚残している。これまでに 4 枚出しているソロ作品は主にインストゥルメンタル。エレクトロ、ジャズなど飲み込んだアブストラクトな作風が特徴的。2014 年より Hatti Vatti と組み HV/NOON というプロジェクトでも活動している。

チェコ

Emeres
2000年代後半から活動を始め、Kontrafaktらトップ・アーティストのリミックスやプロデュースを手がけながら実績を積む。2010年にリリースしたソロアルバム『Mount Emerest』が高く評価された。全面プロデュースを手がけたアルバムにStrapo『23』、M.D.B.『iRap』などがある。メロディアスでダイナミックなサウンド作りが得意。

DJ Enemy
プラハを拠点とするプロデューサー。2008年にEktorのデビューアルバム『Airon Meiden』を手がけたことで名を上げた。2012年にアルバム『Grand Prix』を発表。OrionやHugo Toxxxらトップ・ラッパーを多く手がける。ヒップホップ、R&Bからグライム、ダブステップ、トラップまで幅広く作曲、プロデュースをこなすセンスの持ち主だ。

Fosco Alma
2006年にユニットMAATを結成し、ラッパー／プロデューサーとして活動。2010年にPVPレーベルを共同設立し、2014年にはBlakkwood Recordsを立ち上げた。これまで6枚リリースしたMAAT作品、および3枚のソロアルバムではラップをこなしながら、プロデュースも手がけている。ダークでハードコアな作風が多い。

Kenny Rough
Ty Nikdy所属の作曲家／プロデューサー。2007年にインストゥルメンタル・アルバム『Falešná existence』でシーンに登場し、Ty Nikdyでブロデュース、楽曲提供業に携わる。Paulie Garandのツアー DJとしても活動し、PaulieのアルバムPMolo』『Boomerang』を全面プロデュースしている。美しい旋律のビートメイキングが特徴的だ。

Cassius Cake
チェコ・トラップ界の神を自称する若手プロデューサー。ダーティーサウス、R&Bなどに影響を受けたトラップ・サウンドが特徴で、サンプリングを取り入れたビートメイキングもこなす。Marat、Wako、Logic、Jimmy Dicksonなど若手ラッパーを手がけることが多く、トラップ・シーンの活性に大きく貢献している存在だ。

ODD
ポップ・ユニットATMOのプロデューサー。テプリツェ音楽院でドラムを学んだ。ATMOでは大衆受けするポップでライトなビートメイキングをする一方で、ヒップホップ・プロデューサーとしてLipo、Paulie Garand、Moreloなどをプロデュース。メロディアスであることを重視し、ファンク、ソウルの影響が強いビートを作っている。

スロヴァキア

DTonate
10年以上チェコ、スロヴァキア両国で活躍するプロデューサー。ネオソウルやファンクを取り入れたあたたかみのあるサウンド作りを得意とする。2010年以降はTy Nikdyがらみの仕事をすることが多く、「Amaze Me」「Much More」など4枚のソロシングルもリリースしている。これまでBoy Band、Pio Squad、Moja Rečなど数多のアーティストを手がけている。

Special Beatz
2010年代に活動をスタートした若手プロデューサー／作曲家。Pil C「Faded」やEktor「Jak Jijak」など注目のヒット曲を数多く手がけて名を上げた。ファットなビートが効いたヘヴィーなサウンドを得意とし、トラップ系サウンドも頻繁に手がけている。2016年にはEktorのアルバム『Detektor II』のほぼ半数の曲をプロデュースした。

PeterPann
PeterPann Productionを主宰するDJ／プロデューサー。Kaliのパートナーとも言うべき存在で、Kaliのソロアルバム3枚を全曲プロデュースしている。他にMiky Moraとも2枚のコラボアルバムをリリースし、近年ではスロヴァキア在住のキューバ人シンガーEusebioともタッグを組んでいる。メロディアスなフック作りを得意とする。

Inphy
J. Dillaや9th Wonderに影響を受けたという若手プロデューサー。2010年にアルバム『The Remixtape』をリリースして注目を集め、Ty Nikdyと契約。ソウル、ブーンバップをキーワードにしたヒップホップらしいサウンドが高い評価を受けている。エレクトロやフューチャーベースなど音楽的探求を進めていて、今後さらに進化を遂げそうな注目株。

Grimaso
H16のメンバーであるDJ／プロデューサー。H16だけでなくMajk Spiritのソロ作品やRytmus、Suvereno、Kaliら多くのトップ・ラッパーをプロデュースしている。またチェコ、スロヴァキアはもとよりイギリスやスペインのアーティストを手がけるなどヨーロッパで活躍し、3枚のアルバムを発表している。クオリティの高いビートを作り続けていることでリスペクトされている。

Dalyb
2012年以降頭角を現してきた気鋭の若手プロデューサー。Ha Ha Crewのメンバーで、トラップ、ベースミュージック系サウンドを特徴とする。Logicなど若手のアングラ・ラッパーを主にプロデュースしているが、そのハイクオリティなビートメイキングが注目を集め、すでにKontrafaktやEktor、Momoなどトップ・ラッパーも手がけている。

Maiky Beatz
2010年代に入ってから活躍している作曲家／プロデューサー。2013年にKontrafakt『Navždy』の約半数のトラックをプロデュースしたことで人気が出た。代表曲にKontrafakt「Podzemie」、MOMO「Jebam Tvoje Love」などがある。エレクトロ重めのサウンドから爽やかなR＆Bまでセンスよく作り出す手腕が評価されている。

Peko
2007年頃から活動するプロデューサー。Modré Horyのリミックスやプロデュースを多く手がけるなど親交が深く、メンバーのBeneとBenepekoというユニットも組んでいる。サンプリングを重視したソウルフルなトラックが特徴的。近年ではBoyBandやPil Cとの仕事でも知られている。

Abe
H16結成メンバーであるプロデューサー。H16のアルバムはもとよりMajk Spirit、Moja Rečらベテランから若手ラッパーまで幅広くプロデュースを手がけている。2016年よりUSのAtlantic Recordsと関係を持ち、USラッパーKevin GatesやSoulja Boyらをすでにプロデュース。活動の場を世界へと広げたばかりで今後のさらなる活躍に期待大。

Grizzly
Majselfと組んで2枚のアルバム『Eden』『Neptun』をリリースしたことで注目を集めるようになったプロデューサー。Neni Problemに所属している。活動をスタートしたのは2013年だが、活動の幅を広げていてRest、Paulie Garandなどさまざまなアーティストを手がけるようになってきた。代表曲にRest「Čas Hulit」、Majself「Magnet」などがある。

Konex
チェコ、スロヴァキアの新鋭が集うユニットYZO Empire所属の若手プロデューサー。2013年にアルバム『Loading』で注目を集め、MOMO、Ektor、Rytmusらトップ・ラッパーのプロデュースをするなど人気上昇中。トラップ、ベースミュージックなど最新のトレンドを押さえたサウンドが得意。代表曲はEktor「Nohy v pěst」。

ハンガリー

NaZ BeatZ
ウェストコーストやダーティサウス系のサウンドに影響を受け、好きなラッパーは Ice Cube と Easy-E だというプロデューサー。2011 年より Real Trill Music に所属し、Mr. Busta や Awful、AK26 などの人気アーティストを多く手がけている。トレンドを取り入れたダイナミックでポップなサウンドが得意。最大のヒット曲は Essemm の「Nem fáj a fejem」。

Dol Beatzs
2005 年に Chabba Klaan Records の一員として活動を始めたプロデューサー、エンジニア。 Mikee Mykanic、NKS などアンダーグラウンドを中心に数多くのアーティストを手がけてきた。Mike Walla など US ラッパーを手がけたことも。2015 年よりソロとしてのキャリアを続けている。代表曲は Mikee Mykanic「Nem Jó Nekem」。

Bitprojekt
MC／プロデューサーの 2 人 Chaos と Emté から成るデュオ。2 人はラッパー B.I.Am とともにユニット Nevenincs も組んでいる。2010 年頃より活動をスタートし、アンダーグラウンドを中心に活動。Day『Atlantisz』や Essemm『Piszkos 12』に参加し、徐々に知名度を上げている。重厚感のあるビートが得意。

Diaz
2001 年よりビート作りを始めたプロデューサー。2007 年よりアンダーグラウンドを中心に Káva、Antal&Day など、さまざまなラッパーを手がけるようになる。2014 年にラッパー Fluor とポップ・ユニット Wellhello を結成。ヒップホップだけでなく、ポップ・シーンまで活動の幅を広げている。初期のサウンドは Káva「Slágergyanú」のようにヘヴィーだが、近年はポップ重視路線。

KRN Beats
2014 年より Mr. Busta、AK26 など Real Trill Music のラッパーを多く手がける若手プロデューサー。ダークで重低音の効いたビート作りを得意とする。Soundcloud で積極的に自作のビートを UP しながら売り込みをしていて、それが功を奏して成功につながっているようだ。ヒット曲には AK26「Fenn A Kezed」、Farkasok「#apénzembeestélbele」などがある。

Rawmatik
Kriminal Beats に所属する DJ／ビートメイカー。ブーンバップや US 東海岸ヒップホップ色が濃いビートメイキングが特徴的で、これまでにソロアルバム『Ütemrawság』1、2 をリリースしている。Antal&Day のツアー DJ を務めたこともあり、NKS、Ketioz などをプロデュースしている。代表曲は TKYD とコラボした「Út a semmibe」。

Interview with Emeres

――日本の読者に向けて簡単に自己紹介をお願いします。
俺は29歳。小さなチェコ共和国出身のビートメイカーで、古いモータウンのレコードや、深いハーモニーやメロディー、壮大なオーケストラのサントラが大好きな男だよ。

――最初にヒップホップにハマったきっかけは?
特別なことはないよ。MTV、VIVAなんかのミュージックビデオだね、数年前の。ちょっと待て、数年前だっけ?　うわー……。

――当時インスピレーションを受けたアーティストは誰ですか?
すべてだよ。俺は一晩中でもTVの前に座って、一つでもヒップホップのMVが流れるのを待っていたよ。説明しづらいけど、でもあれは本当にいい時代だった。

――いつビートメインキングを始めたんですか?
12歳の時だ。Hip Hop eJayというプログラムでループを作り始めた。それからReason、ACIDミュージックスタジオ、Cubaseという順で発見していった。でも正直言って、俺が使える範囲はCubaseの5~10%程度だよ。あれは本当にパワフルなツールだけど、5~10%でも俺にはイケるんだ。

――私が間違えていなければ、最初コンテストで優勝して音楽キャリアを始めていますよね。最初はどのようにスタートしたか教えてください。
俺たちが若かった頃、チェコにはヒップホップ・カルチャーにフォーカスしたウェブマガジンがたくさんあった。で、時々ビート・スタイルや、フリー・アカペラやリミックスなんかのコンテストをやっていたんだよ。最初は遊び感覚だったんだけど、そのいくつか優勝して、それから俺の「ジャーニー(旅)」が始まったのさ。

――どんな楽器やソフトウェアを使っていますか?
さっきも言ったけど、ACIDミュージックスタジオと編集用にCubase。あと最近はAkai MPC1000、Akai MPC500、音源モジュールだとRolandのPhantom XR、Yamahaのmotif XS、それからAccessのVirus TI desktopだね。

――音楽制作の時にシンセサイザーを多用していますよね。あなたのプロダクション・スタイルに名前をつけるとしたら?
ハーモニーだね。俺はサンプルに隠されたメロディーが大好きなんだ。だからサンプリングする機会があれば……、うーんまぁその機会はいつでもあるけど。　俺は自分の中でハッとするまで何時間もそれを聴き込む。それで、よし、これだってなるんだ。

――これまでにStrapoのアルバム『23』をプロデュースしています。Strapoとの出会いを教えてください。
ビートメインキングを始めて数年経った頃、Strapoにビートのパックを送ったんだ。「やぁ。一緒にレコードをつくらないか?」ってね。それで彼が受けてくれたんだ。

――Strapoとのアルバム制作した時に心に残ったエピソードがあれば教えてください。
Strapoはスロヴァキアで最高のアンダーグラウンド・アーティストの一人だ。人々に愛されているし、彼もファンを愛してる。俺が言えるのは、Strapoはすべてに関心があるってことだ。音量のすべてのデシベルに関して話し合いが必要だし、曲の中のすべての楽器、長さ、ブリッジ、すべてのアレンジ・プロセスに関してもそう。Strapoはすべてにおいてコントロールしたいと思うタイプなんだ。それはとてもいいことだ(もちろんアルバム製作中はよくケンカしたよ)。そのケンカも、新しいインスピレーションを与えてくれたしね。

――あなたの新しいプロジェクトであるM.D.B.について聞かせてください。
素晴らしい声、素晴らしい才能。彼はリズム感があるし、ライムも最高だ。ただ残念ながら、まだ大きい舞台に立つ準備ができていないん

だ。

——Facebookのプロフィールで、ジャンルの部分で「オールジャンル」と書いてありましたが、あなたはポップミュージックなど他のジャンルでもプロデュースしているんでしょうか？

俺は音楽を愛してる、どんなジャンルでもだ。もちろん俺が優先するのはヒップホップだということはよく知られているけど、もし「イケててフレッシュなポップ」のコラボをやる機会があるなら、ぜひやりたいね。

——デビューアルバム『Mount Emerest』ではMajk SpiritやIndy、Ektorなどそうそうたるアーティストとコラボしていますよね。どのように実現したんでしょうか？

あれはクレイジーだったね……、大変だったよ。どのアーティストも（舞台裏では）ちょっと「自己中心的なモンスター」だから……。「俺はあいつと同じレコードでやりたくない」とかごちゃごちゃ。アルバムができるまで数ヶ月（いやほぼ2年近くかも）かかって、何百ものビートを作ったよ。でも個人的には、あの頃は人生で最高の時期だったね、すべての交渉も、パーティーも、セッションも、締め切りも。

——あなたは元チェコスロヴァキア人時代のスロヴァキア・エリアに生まれましたが、主にチェコのシーンで活動していますよね。自分ではチェコ人とスロヴァキア人、どちらの認識ですか？

俺はスロヴァキアに生まれたが、チェコに住んでる。でも俺は主にスロヴァキアのアーティストと仕事しているよ。

——現在のチェコのシーンをどう思いますか？

チェコのヒップホップ・シーンは……、しょぼいね。もちろん、何人かは素晴らしいアーティストもいるけど、全体的には……。俺たちスロヴァキア人のブラザーたちの方がずっとうまくやってるよ。一般的なリズム感、ユーモア、表現、フロウ、ハードなパンチラインに関して、

（スロヴァキアの方が）レベルがずっと高い。

——アーティストとしてリスペクトするプロデューサーはいますか？

音楽を作れる人すべてだ。ただループをくっつけたりしてるだけじゃなくてね。

——これまでで一番よかったコラボ・アーティストは誰ですか？ 将来は誰とコラボしてみたいですか？

Strapoだ。彼は天才だよ。未来はどうなるか誰にも分からない。俺は辛抱強いし、準備はできている。

——チェコ、スロヴァキアのヒップホップをこれから聴き始める人に対してどのアーティストまたはアルバムを勧めますか？

Rytmusのアルバム全部と、彼のユニットKontrafakt。

——日本には来たことありますか？ 日本に対してどんなイメージを持っていますか？

残念ながらまだないけど、俺は日本文化に魅了されているんだ。いつかきっと行けると願っている。

——日本のアーティストや音楽は聴いたことありますか？

うーん、俺の知る限りないな。日本の音楽はチェコ人にとって特別ではないんだ。ロマンチックな歌みたいで……。日本語ラップはとても「独特」に聴こえる。

——日本に来たらしてみたいことはありますか？

正確には分からないけど、間違いなく言えるのは、いつかこの素晴らしいカルチャーのエネルギーと秘密を感じることができるように長期滞在したいということだ。

——今後の予定は？

9ヶ月の俺の息子にとって良き父親になることと、家族の面倒を見ること。

——日本の読者にメッセージをお願いします。

日々は新しい挑戦を持ってきて、君はそれに対処しなきゃならない。人生を生きる機会を見逃すな……。

■東欧ヒップホップの主なレーベル

　本コラムでは各国のヒップホップ・レーベルについて紹介していきたい。紹介するヒップホップ・レーベルの多くはインディーレーベルであり、ここでは一部のラッパーが所属するメジャー・レーベルについては割愛させていただく。それぞれの国ではヒップホップがマス・カルチャーとして定着しているものの、デビューする際にどのようなレーベルから出てくるかという点においては国によって差があるように感じた。その背景を少し説明しよう。

　本書に扱う東欧4ヶ国のなかで最もヒップホップ・シーンが発達しているのは、最も人口の多いポーランドで、現存していないレーベルの数も含めてその数は他国の比ではない。ポーランドとその他3国との違いは、ラッパーのデビューの仕方にもある。90年代にアンダーグラウンド・シーンで徐々にヒップホップが成長したポーランドでは、ラッパーがメジャー・レーベルと契約することが稀であった。従ってラッパーたちはインディーレーベルからデビューし、力をつけた後にそれぞれ自主レーベルを立ち上げる、という流れができている。Tede の Wielkie Joł、DonGURALesko の Szpadyzor Records など、トップ・ラッパーの多くは自分のレーベルを持っているのだ。この為、必然的にインディーレーベルの数もラッパーの数だけ増えやすくなっている。

　一方、チェコ、スロヴァキアでは90年代にアンダーグラウンド・シーンが始まったところまでは一緒だが、最初に出てきたラッパーたちの一部が最初から EMI や Universal Music などのメジャー・レーベルと契約して大ヒットを飛ばしている点で大きく異なる。最初からメジャーと契約できる環境にあること、また小国であるが故にシーンや市場が小さいことから見て、インディーレーベルの数がポーランドと比較すると少ないのである。

　ハンガリーでもまた90年代からメジャー・レーベルよりデビューし、ヒットを記録するラッパーが複数いた。しかしメジャーとアンダーグラウンドのシーンが大きく分かれているのがハンガリーの特徴で、メジャーで活動できる環境がある一方で歴史の長いインディーレーベルもいくつか存在している。このようにレーベルの生まれ方にはそれぞれの国の特徴を見てとることができる。2000年代後半以降はチェコ、特にスロヴァキアでラッパーが自主レーベルを設立する流れが加速しており、これから大きなレーベルに成長していく可能性もある。それでは各国の主なインディーレーベルを紹介していこう。

 ポーランド

Asfalt Records

【設立年】1998 年 【設立者】Marcin「Tytus」Grabski
【所属アーティスト】O.S.T.R.、Rasmentalism、Sarius、Taco Hemingway、Otschodzi、DJ Haem、Meek Oh Why?、Adi Nowak、Growbox、

元ジャーナリストの Marcin「Tytus」Grabski によって 1998 年にワルシャワで設立されたポーランドで最初のインディー・ヒップホップ・レーベルの一つ。初期はインテリ・ラッパー Łona や Fisz、O.S.T.R. らを発掘したとして注目を集めた。オルタナティヴなスタイルで人気を博した Fisz や Fisz & Emade 兄弟が所属していた RHX を擁していたことで、当時ストリートラップ一辺倒だったシーンに新たな可能性を提示した存在と言える。現在は O.S.T.R. を看板アーティストに抱えつつ、Taco Hemingway、Meek Oh Why? など新人発掘やレコード販売店の運営などにも力を入れている。ジャジー・ヒップホップや洗練されたオルタナティヴ・サウンドが特徴的なレーベルだ。

Prosto

【設立年】1999 年 【設立者】Sokół
【所属アーティスト】Sokół、KęKę、The Returners、PRO8L3M、Kaen、Czarny Hifi、Fu、2sty、Diox、Dsessions、Dwazera、Endefis、Fundacja #1、Hades、Hifi Banda、Hemp Gru、Huczhucz、Juras、JWP/BC、Małach、Małolat&Ajron、Obywatel MC、Olsen&Fu、Parzel、PMM、Pono、Raggabangg、Ras Luta、RH-、SoDrumatic、Vienio、VNM、WWO、Zip Skład

1999 年に Sokół が BMG POLAND の協力の元、ワルシャワで設立したレーベル。2001 年にインディーレーベルとして独立した。モットーは「独立性と品質」。WWO から Kaen、JWP/BC まで、ストリートラップを中心にリリースを重ねているレーベルで、スタイリッシュなアルバムのアートワークも特徴的。またオリジナルのアパレルブランド Prosto Wear も展開している。2016 年にはアンダーグラウンドのエレクトロ・ミュージックを扱うサブレーベル MOST Records を立ち上げ、注目を集めた。

UrbanRec
【設立年】2012 年
【設立者】New Media s.c.
【所属アーティスト】Donatan、Mixtura、B.R.O、Wice Wersa、Gedz、South Blunt System、Natural Dread Killaz、B.A.K.U、2sty、Tusz Na Rękach、Deobson

2012 年にヴロツワフの New Media 社が設立した。最初のリリース作品だった Donatan『Równonoc. Słowiańska dusza』がダイアモンド認定される大ヒットとなり、以降レーベルとしての存在感を強めていくことになる。Donatan とコラボレーションした R&B シンガー Cleo から、レゲエ・シンガーの Messjah まで、ヒップホップだけでなく R&B、レゲエ、トラップなどさまざまなジャンルを手がけているほか、アパレルブランド運営も行っている。

Aptaun Records
【設立年】2009 年
【設立者】Tomasz Gochnio
【所属アーティスト】Pyskaty、Tomiko、Siwers、W.E.N.A.、Proximite、Peerzet、B.O.K.、

ワルシャワ発のヒップホップ・レーベル。リアルさ、本物志向、硬派さを重視した小規模なレーベルで、音楽とともにアパレルブランドも展開している。2011 年に W.E.N.A.、Te-Tris が加入した頃からレーベルとしての存在感が増すようになった。主力ラッパーは Pyskaty。

Alkopoligamia.com
【設立年】2006 年
【設立者】Witold Michalak、Łukasz Stasiak、Ten Typ Mes
【所属アーティスト】Ten Typ Mes、Kuba Knap、Małe Miasta、2cztery7、Leh、Zetenwupe、Stasiak、Pjus、Szogun、Wrotas LifeView、R.A.U.DJ Black Belt Greg、DJ Hubson、DJ LazyOne、Blow、Mój Człowiek Głośny、Wasabi

2006 年に 2cztery7 のメンバーであるラッパーの Ten Typ Mes と Stasiak、現在レーベルの社長を務める Witold Michalak の協力の元、ワルシャワで設立されたレーベル／アパレルブランド。Alkopoligamia という名前のビールも手がけている。ヒップホップを中心としつつ、その枠にとらわれない活動をするアーティストを独自のセンスで Pick UP する。以前は女性ラッパー Wdowa が所属していたが、不和によりレーベルを去っている。看板アーティストは Ten Typ Mes だが、Kuba Knap、Małe Miasta、Wasabi も注目アクトだ。

MaxFloRec
【設立年】2004 年
【設立者】Rahim
【所属アーティスト】Rahim、Pokahontaz、Grubson、Buka、Bob One、BU、Skorup、Jarecki、DJ BRK、K2、Bejf、Vixen、Dino、Kleszcz、DonDe、Greg/Miliony Decybeli、Snobe Beatz、Zetena、Linku、Minix

ラッパーの Rahim が 1998 年に設立したレコーディング・スタジオ MaxFloStudio が元となり、2004 年にシロンスク地方のミコウフにて誕生した。Rahim の所属する Pokahontaz をはじめ、Grubson、Buka らが所属している。取り扱うジャンルはヒップホップだけでなく、レゲエ、ダンスホール、ファンク、ソウルとさまざまで、意欲的。さらに気鋭な新人発掘専門レーベル MaxFloLab というサブレーベルがある。キーワードは「MaxFloRec：製作中」

Step Records
【設立年】2006 年
【設立者】Paweł Krok
【所属アーティスト】Arczi、Bezczel、Chada、Cira、Hukos、Jopel、Kacper HTA、Kafar、Kajman、Kaz Bałagane、Rest、Rover、Sulin、Sztoss、Włodi、Zbuku、Dixon37、Grizzlee&Dryskull、Popek&Matheo、Pawbeats、Rozbójnik Alibaba、Kriso&Gaca

1989 年にオポレでレコードショップとして誕生した Step Records は、当時入手が困難だった海外の音楽作品を扱い始めた最初の店舗だった。2006 年に Paweł Krok により、レコードのみを扱うレーベルとして活動をスタート。2008 年から CD なども手がけるようになった。ヒップホップのルーツに敬意を表し、オールドスクールから最新のトレンドまでカバー。Step Records の YouTube チャンネルは、総再生回数がポーランドのチャンネルとして初めて 1 億回を超えたチャンネルである。

R.R.X. Desant
【設立年】1995 年
【設立者】Krzysztof Kozak
【所属アーティスト】

PH Kopalnia として 1995 年にスタートし、初期はコンピレーション CD などの製作・販売を行う。ラップ・アルバムとして初めてリリースした Nagły Atak Spawacza『Brat Juzef』が商業的成功を収めたことから、本格的にヒップホップ・レーベルとして始動することとなった。90 年代にリリースされ、クラシックと呼ばれる作品（Warszafski Deszcz『Nastukafszy』、Zip Skład『Chleb powszedni』等）の多くがこのレーベルから出ている。Tede、Peja、Pih など現在トップにいるラッパーを輩出した輝かしい経歴を持つが、トラブルも多く、2004 年に活動を停止した。2010 年にレーベル運営を再開しているが、過去の栄光とは程遠い。

 ## チェコ

Ty Nikdy
【設立年】2006 年
【設立者】Idea、DJ Fatte
【所属アーティスト】Idea、DJ Fatte、Rest、MC Gey、Paulie Garand、Inphy、FNTM、Dubas、Kenny Rough、Boy Wonder、BoyBand、DJ Aka、Dtonate、Šmejdy

2006 年にラッパーの Idea と DJ Fatte によって設立されたチェコを代表するヒップホップ・レーベルの一つ。Rest、Paulie Garand、Boy Wonder など洗練されたテクニックを誇るトップ・ラッパー、Inphy、Dtonate ら評価の高いプロデューサーを擁している。時折、Ty Nikdy 名義で所属アーティストによるコンピレーション CD もリリースしている。

Bigg Boss
【設立年】2006 年　【設立者】Vladimir 518
【所属アーティスト】Beatbustlers、DJ Alyaz、DJ Doemixxx、DJ Dvrty、DJ Mike Trafik、James Cole、Jan Matoušek、Jan Zajíček aka Skarf、JTNB、LA4、Maniak、Michal Škapa aka Tron、Nadzemí、NobodyListen、Orikoule、Orion、Pavel Raev、PSH、Supercroo、Vít Hradil、Vladimir 518、WWW

PSH のメンバーである Vladimir 518 が 2006 年に共同設立したヒップホップ・レーベル。また Vladimir 518 自身もグラフィティやコミックを描くアーティストであることから、グラフィティ、アートブック、コミックなどを扱う出版社としても機能している。James Cole ら人気ラッパーと並び、グラフィティ・アーティストも所属。アンダーグラウンドなヒップホップ・カルチャーを支える存在だ。モットーは「人は皆、仕事から生まれる」

Blakkwood Records
【設立年】2014 年　【設立者】Miroslav Štolfa、Lukáš Jirkovský、Michal Pokorný
【所属アーティスト】Maat、Fosco Alma、LD、Lucas Blakk、Viktor Seen、Renne Dang、Jakub Stelzer、Sharlota、1210 Symphony、Jay Diesel、Jeso、Ceha、Dom、Refew、Provtiva

2010 年にラッパー／プロデューサーの Fosco Alma が共同設立した PVP Label として誕生し、2014 年に Blakkwood Records へと生まれ変わった。ハードでダークなイメージを持つレーベルである。Blakkwood Energy というエナジードリンクも販売しており、缶には 1 曲フリーダウンロードできるコードが付いている。

Mafia Records
【設立年】2008 年
【設立者】
【所属アーティスト】El Nino、Čistychov、Marpo、David Steel、IronKap、Troublegang

2004 年頃から集まっていたクルーにより 2008 年に設立された。レコード会社としてだけでなく、アーティスト・マネジメントからイベント企画まで手掛けている。ハードコアな印象が強いレーベルである。

 ## スロヴァキア

Gramo Rokkaz
【運営期間】2007 年〜 2016 年
【設立者】DJ Metys、DJ Miko、Dekan
【所属アーティスト】Analytik、Danosť、Decko、Dekan、Deryck、DJ Metys、DJ Miko、Lkama、Majstro、Rebel、Tono S.、City Code、Návraty、Mater、Mero Mero、BJ Piggo

2007 年に設立されたヒップホップ・レーベル。最初のリリースは 2010 年のコンピレーション CD『2010:Manifest』。所属ラッパーのうち Decko、Danosť、Rebel、Tono S. の 4 人はレーベルを代表する GR Team としても活動した。Separ ら人気ラッパーを擁したが、2013 年頃からラッパーの移籍が続き、2016 年末にレーベルの歴史に幕を閉じた。

Hip Hop sk.
【運営期間】2004 年～ 2009 年
【設立者】Ľuboš "Lumir" Krupiczer
【所属アーティスト】

2001 年にヒップホップ専門ウェブサイトとしてスタートし、2004 年よりレーベルへと発展した。当初は Universal Music（後には EMI）の傘下ではあったが、スロヴァキアで最初のヒップホップ・レーベルだった。H16 や A.M.O.、L.U.Z.A.、Miky Mora のデビュー作をリリースするなど、シーンの支える存在だったが、2009 年にウェブサイト、レーベルともに活動を終了した。

Spirit Music
【設立年】2012 年
【設立者】Majk Spirit
【所属アーティスト】Majk Spirit、H16

スロヴァキアのラップスター Majk Spirit が 2012 年に設立したレーベル。自身のソロや H16 作品のリリースが中心だが、他にも Nironic や Zverina、eLPe などのアルバムをリリースしていて、今後レーベルとしての展開を拡大してく可能性が高い。

 ## ハンガリー

Bloose Broavaz
【設立年】1998 年
【設立者】Jiffo、Tibbah
【所属アーティスト】Tibbah、Cof、Phat、Rizkay、Deego、Siska Finuccsi、DSP、Jiffo、SOG、HP、Dj Fegz、Barbárfivérek、

ラッパー／プロデューサーの Tibbah と Jiffo が、より高品質な音楽を提供するために 1998 年に設立したレーベル。アンダーグラウンドであることに強いこだわりを持ち、Barbárfivérek や Siska Finuccsi、DSP など人気アーティストを擁している。

Scarcity Budapest
【設立年】2004 年
【設立者】Aza
【所属アーティスト】Killakikitt、AZA、PKO、Soup、GRINDESIGN、SCARCITYBP PRODUCTION TEAM

Killakikitt のラッパー／プロデューサー Aza が 2004 年に設立した。ハンガリーの民族音楽からソウル、ファンク、ヘヴィーメタルまですべてのサウンドを融合するスタイルを提唱しており、クオリティの高いプロダクションを誇っている。またライヴ企画・運営会社としても機能していて、Wu-Tang Clan のメンバーらのブダペストでのライヴを運営した実績を持つ。

Wacuum Airs
【設立年】2000 年
【設立者】Bobakrome
【所属アーティスト】Bobakrome、Bobafett、Ready、Fhészek、Tezsviir、Zomblaze、The Steve、MDB、FNT、Nash、Fat Mett

ラッパーの Bobakrome が 2000 年に設立したヒップホップ・レーベル。前身であったクルーの結成は 1988 年にまでさかのぼる。無名のアーティストに機会を与える踏み台のような役割を果たすレーベルで、過去にはクラシックとされた Akkezdet Phiai のデビュー作をリリースしている。非常にアンダーグラウンド色の強いレーベルである。

Real Trill Music
【設立年】2010 年
【設立者】Mr.Busta
【所属アーティスト】Mr.Busta、redOne、Kamion、Awful、AK26、D.Nero、Szolnok Megye Lordjai、Dee eN、Fülke、Farkasok、KENNEL33、Hijos De Puta、Shawn、El Bago、Trick、VREC、New Generation、CRACK、Juhász Tamás、Vörös László、Matuz Ádám、Schwarcz András、Tóth Roland

ラッパーの Mr.Busta が設立したヒップホップ・レーベル。設立 6 年で 70 枚近いリリース量を誇っており、Mr.Busta を筆頭に、AK26、Awful などメインストリームで活躍するアーティストが複数所属している。サウンドにも派手さがあり、大衆ウケするものが多い。

Kriminal Beats
【設立年】2001 年
【設立者】Bankos
【所属アーティスト】Brigád、NKS、Norba、N.B.S.、Ozon、DJ Kool Kasko、Faktor、Rawmatik

ハンガリー・ヒップホップにおける伝説的なレーベル。2001 年にラッパーの Bankos によって設立され、DJ Kool Kasko、Norba などベテラン勢が所属している。アンダーグラウンド・ヒップホップを中心に、グラフィティ雑誌やストリートアート・ブックなども扱っている。

著者(パウラ)& 編集者(ハマザキカク)対談

本書の編集者であるハマザキカク氏は自ら『デスメタルアフリカ』などを執筆され、日本有数のデスメタルマニアとして知られる一方で、非英語圏ヒップホップにも精通されている。本書は『ヒップホップグローバル』の第二弾だが、第一弾は『ヒップホップコリア』でこれも同氏が編集に携わられた。世界各国のヒップホップ事情に詳しい方自体あまり存在しないが、その中でも元々東欧のヒップホップを愛好され、それなりにシーンについて詳しかった同氏は特異な存在だ。そんなハマザキカク氏がこの本の編集にも関与してくれる事になったのだが、現時点では恐らく日本で最も東欧のヒップホップを愛しており、詳しいと見られる二人が対談したら面白いのではないかというアイデアが浮上した。以下がその結果である。

ハマザキ:実は『中央ヨーロッパ 現在進行形ミュージックシーン・ディスクガイド』が出る前からパウラさんの存在は知っていたのです。例の『ポーランドにおけるヒップホップ・カルチャー』の論文(注:パウラが東京外国語大学に提出された卒論)ですよ。ポーランドのヒップホップの。あれをネットで発見した時は驚きました。あれはどういう経緯で書かれたのでしょうか?

パウラ:卒論ですね。私はポーランド語専攻だったので、卒論のテーマを選ぶときに一番興味あるテーマがヒップホップだったんです。というのも、2000年頃の夏、ポーランドに行ったら、ちょうどヒップホップがアングラカルチャーからメインストリームへと盛り上がってる時期で、そのエネルギーがすごかったんですよ。それまでテクノ聴いてた友達がみんなヒップホップ聴き始めて。
カセットテープ貸してくれたり。でインターネットでリリック読むのにハマって、休日もひたすらリリック訳してたりするくらい(笑)。なので、卒論のテーマはヒップホップしかない!って思いました。教授が受け入れてくれて本当によかったです。当時は Youtube なかったのですが、ポーランドのヒップホップサイトに上がってる超画質悪い MV みては胸熱になってました。

オラシオ監修『中央ヨーロッパ 現在進行形ミュージックシーン・ディスクガイド』(DU BOOKS、2014 年)

ハマザキ:なるほど、その時からポーランドのヒップホップを聴き始めたのでしょうか? かなり黎明期ですよね。それまでもポーランド以外のヒップホップは聴いていたのでしょうか? それともポーランドの別の音楽を聴かれていたのでしょうか?

パウラ:その時からポーランド・ヒップホップを聴き始めましたね。黎明期のエネルギーって、日本のヒップホップもそうでしたけど、熱いものがあると思います。ヒップホップは US のものは聴いてました! Gangstarr とか Bone Thugs-N-Harmony とか好きでした。あと OUTKAST。逆にポーランドの別の音楽は、当時ダサいと思ってたので(失礼)聴いてなかったです。

ハマザキ:なるほど〜ということは元々、ヒップホップの下地があった訳ですね。ということは今既に他の国のヒップホップ(ほとんどアメリカか日本だけだと思いますが)が好きな人は、**ポーランドのヒップホップも好きになれる可能性がある**という事ですね。

パウラ:あると思います! 最近は特に、ビートのクオリティがすごく高くなっていて、US とか日本と比べても聴き劣りしないと思います。

ハマザキ:ポーランド人のハーフだから、ポーランドの音楽だったら何でも好きになれるとか、そういうタイプではないという事でしょうか? やっぱりポーランド人だから特にポーランドのヒップホップにハマれたという要素はあるのでしょうかね? これは気になるところです。

パウラ:私が聴き始めた 2000 年頃は、やっぱりポーランド語が分からない人には魅力的に聴こえなかったかもしれません。私はリリックに魅せられた部分も大きかったので、ポーランド語が分かる、というのは大きかったですね。でも今のポーランド・ヒッ

① donGuralesko - El Polako
www.youtube.com/watch?v=M2ApeEx_9e4

② 10. donGuralesko - Enemy Mine (bit Dj Story)
www.youtube.com/watch?v=QEFJ1V9kC8E

③ donGURALesko & Matheo - Idziemy Po Swoje
www.youtube.com/watch?v=eo0ZbJ75GLU

④ 関口義人『ヒップホップ！黒い断層と21世紀』（青弓社、2013年）

プホップはクオリティ高いので、言葉が分からなくても楽しめると思います。ヒップホップって音楽の中でも一番言語の壁が高いジャンルだと思いますが、実際のところ**日本人でも英語ラップの歌詞分かってなくても US ヒップホップ聴くじゃないですか**。だから、歌詞分かってなくても楽しめるはずです。

ハマザキ：私自身の事を話させて貰うと、私はポーランド語は全く分かりません。私が本格的に非英語圏ラップを聴くようになったのは 2005 年頃です。まずドイツの Kool Savas と Bushido にハマったのですが、東欧もその頃、盛り上がり始めていて、国名、例えば「**Poland**」「**Polski**」と「**Rap**」「**Hiphop**」とか検索すると結構良い感じのが出てくるのです。なので私自身の場合は、母国語バイアスは入ってないはずですね。その点では東欧言語が分からない、日本の読者の方々にもオススメできます。

パウラ：その意見は嬉しいですね。言語が分からなくても他国の音楽を聴けるのは楽しいですよね。ハマザキさんが最初にハマったポーランド・ヒップホップって何ですか？

ハマザキ：確か Donguralesko の El Polako ですね、私がハマり始めたのは①。あとこの曲②③。なんかちょっとオリエンタルなチューンが多いじゃないですか？　ここからハマったと思います。ただ**その頃、Twitter はなかったので、同じ趣味を共有できる人はいません。**随分、フォークっぽいですよね。あと野太い声が印象的でいつの間にか頭の中で流れ始めて、意識したんだと思います。

パウラ：なるほど～。懐かしい感じですね。DonGuralesko はなんかフォークとかワールドな感じの旋律使った曲多いですよね。でもフロウもいいですよね Gural は。

ハマザキ：Google で「ポーランド」「ヒップホップ」で検索したら、パウラさんの卒論が出てきて、「へ～こんな人もいるんだ～」と驚いたんです。同じタイミングだったかどうかは思い出せないのですが。

パウラ：そうそう、今は多分ないですが、うちのゼミの卒論はインターネットに上がってて閲覧できたんですよね。あれを読んだ人がいるなんて感激です（笑）

ハマザキ：なので私自身、ポーランドとは特に縁がある訳ではなく、今も特にポーランドとの何かの接

点があるわけでもなく、ポーランド人の知り合いもいないし、ポーランドに行ったこともないのに、**「ポーランドのヒップホップ」に「音だけでハマった」**んです。
ただ、ちょっとこういうと申し訳ない感じですが、「特にポーランドのヒップホップだけが好き」というわけでもないのです。しかしだからこそ、公平な目でというか、相対的に見られるというのもあるのではないかと思います。やっぱり人口比でも圧倒的にドイツとロシアの方がラッパー人口が多く、その二ヶ国が突出してますね。
まぁそれで『中央ヨーロッパ 現在進行形ミュージックシーン・ディスクガイド』が出ると知って、中身を見たら、なんとその中でヒップホップを担当されている人が、あのポーランドのヒップホップの卒論を書かれた方だと、オラシオさんに教えて貰って、それでそれの出版イベントになぜか私がゲストとして登壇して、知り合ったという流れですよね。あ……あれはもう三年も前になるのですね
パウラ：そうでしたね〜！ あの時は色々びっくりしました！（笑）もう3年ですか〜。
ハマザキ：すみません、興奮しすぎて自分の話続けてしまいました・
パウラ：いえ！ でもこうして「音だけでハマる」人の話が聞けるのはありがたいです。私の周りにもあまり聴いてる人いないので（笑）
ハマザキ：あの卒論や『中央ヨーロッパ 現在進行形ミュージックシーン・ディスクガイド』を書いて、他に日本人でポーランドとか東欧のヒップホップ好きな人、会ったことありますか？
あと卒論を審査してくれた教授はどなたで、この手の音楽を理解されていたのでしょうか。
パウラ：残念ながらあまり会ったことないですけど、数人はいます。私が大好きな O.S.T.R. を勧めたら気に入ってくれた人が何人かいました。
ハマザキ：でも「勧めたら」とか、一緒にいる時に流して「いいんじゃない？」っていうリアクションですよね……。どうかこの本を切っ掛けに自発的に色々ディグる人が出て来る事を願います。
パウラ：いや、実際に CD を買ってくれたんですよ！この本でぜひアルバム聴いてみよう、買ってみようって人が出てきたら、これほど嬉しいことはないですね。**教授は関口時正教授です。**もう大学は退職されてるのですが、ポーランド文学翻訳などでポーランドからポーランド文化功労者勲章賞を

もらっているほどの素晴らしい方です。決してヒップホップが好きだったわけではないと思いますが、卒論のテーマに新しいものを選んだということで受け入れてくださったのでは、と思います。
ハマザキ：「関口」と言ったら『ヒップホップ！: 黒い断層と21世紀』を書かれた関口義人さんかと思いましたよ（笑）。④
ツイッターでもお勧めの曲を投稿しても、マイナー国ヒップホップの場合、受け流されてしまうことが多いので、この本で色々とチェックして、自発的に漁ってくれる人が沢山出てくるといいです。やっぱり「へーそういうのいるんだー」で終わってしまうことが多いので、非英語圏ラップの場合。あと本が出た後も、新譜は出続ける訳ですし。
パウラ：確かに〜！ へ〜で終わらずハマってくれたら嬉しいです。本が出た後は、**東欧ヒップホップ専門アカウント作って、発信していきたい**なって思ってます。
ハマザキ：それは是非お願いします。私もできるだけ投稿します。
パウラ：やりましょう！
ハマザキ：それで私の場合は、DonGuralesko にハマった後、Non Koneksja とかにもハマっていったのですが、あんまり人気がある訳ではないのですよね？ 本書では Lukasyno として紹介されていますが。私の場合、ある国のシーンの全体像をきちんと把握している訳ではなく、摘み食いで突発的に好きになったりする事が多いので、そのアーティストの立ち位置がよく分からないことが多いのですよ。なのでその点でもこの本は役立ちますね。結構チャンネル登録もしたのですが、ファンクやジャズっぽいのも多いじゃないですか？ でもあまり好みじゃないのが連投されると、鬱陶しくなって解除してしまうのです。これは特にポーランドとか東欧だけに限った話ではないのですが。逆にパウラさんはポーランドのどのラッパーのどの曲が一番好きなんでしょう？ 何が切っ掛けでハマったんでしょうか。
パウラ：一番最初のきっかけははっきりとは覚えてないですが、**最初にハマったのはKaliber44 と Grammatik**です。Kaliber44 の『3:44』と Grammatik の『Światła Miasta』ばかり聴いてました。前者はアッパーで、後者はちょっと暗い感じのアルバムでした。多分ポーランドの友達に勧められてカセットテープを買ったのが最初

⑤ KALIBER 44 - Konfrontacje [OFFICIAL VIDEO]
www.youtube.com/watch?v=s51nWSRncw8

⑥ Paktofonika - Jestem Bogiem (2001 - Oficjalny Teledysk - BEZ CENZURY)
www.youtube.com/watch?v=wkMBOAtboN8

⑦ Grammatik - Friko
www.youtube.com/watch?v=zHu9JxKH8Rw

⑧ O.S.T.R. - Szpiedzy tacy jak my - fullHD
www.youtube.com/watch?v=pkiDAEOMKrw

だったかと思います。その後、O.S.T.R. にすごいハマりました。今でも一番好きなラッパーです。一番好きな曲は「Brzydki, Zły, Szczery」「Komix」「Wampiry Budzą się po 12:00」「Szpiedzy Tacy Jak My」などです。あ〜選べない！ Kaliber44 だとこれとか⑤。Paktofonika も外せないですね⑥。Grammatik の「Światła Miasta」⑦は、というか当時の他のアルバムもですけど、時代の変化をリアルにとらえた名作だと思いますね。O.S.T.R. だとこれですね⑧。

ハマザキ：なるほど〜、今見てるからというのもあるかもしれませんが、当時お勧めされていたとしても、これでハマれたかどうかは分からないですね（笑）。同じヒップホップと言っても、スタイルが違うと随分受け止め方が違うというか……。これはデスメタルやブラックメタルでも同じこと言えると思いますが。

ただ Paktofonika や Grammatik の暗いのがリピートし続けるのはなかなか良いと思います。ロシアの Центр とかもこんな感じです。アッパーでテンション高めなものやハードコア、ギャングスタ系を期待している人は肩透かしを食らうかもしれませんね。

しかし本書でもパウラさんがオススメしている曲で「え、これ紹介するぐらいだったら、もっとこっちの方がいいのに」ってのはありました（笑）。読者もそう感じるのは出てくると思うので、あとはレコメンドを鵜呑みにしないで、他も探してほしいですね。

パウラ：ですよね〜（笑）。当時、ヒップホップ詳しい人に「これ聴いて」ってテープ渡したら、これはヒップホップじゃないって言われちゃったこともありました（笑）。

ハマザキ：2000 年代はわずか数年の差でも随分とクオリティ変わりますから。あとデスメタルとか**でもリアルタイムで聴いてるのと聴いてないので、随分古臭く感じる**のはありますね。

パウラ：しかしそう思うと、**2000 年後半からここまでですごくサウンド進化**しましたよね。

ハマザキ：そうですね。ただ私自身の事を言うと、実は DonGuralesko と Non Koneksja にハマった後、少しポーランドのヒップホップからは離れてしまっていたという事実があるのです。

パウラ：その時は何を聴いていんたんですか？

ハマザキ：DonGuralesko ってその後、ちょっと迷走したというか、あと投稿が多すぎて、結構うんざりというか。あと幾つかのチャンネルが、あまりにも投稿が多すぎてそれから YouTube で見るのってちょっと効率が悪いというか

パウラ：あーありますね。確かに多いですね。

ハマザキ：**その後はドップリロシア**ですよ。

パウラ：ロシアという隣の大国に持っていかれた感！

ハマザキ：そうなんですよ、ただポーランド人のパウラさんに敢えて聞きたいのですが、これとかどうです？⑨

ロシアの方が遥かに効率よくダウンロードできる上に音源が多いのです。で、ちょっとお聞きしたいのですが、この「уф とか O.S.T.R とかポーランドの陰鬱系と少し似てないでしょうかね？

パウラ：かっこいいですね。東欧の陰鬱系と共通するものあると思います。言葉も近いので聴きやすいですね

ハマザキ：いや〜そうなんですよ。なんかスラヴヒップホップがいいのかなって。多分、初心者というかこの手の音楽に最初に入る人って、パーティラップとか激しかったり、明るいのが好きだと思うのですが、実はダークなのが一番、東欧スラヴ系強いですよね？主観入ってるかもしれませんが。でも、絶対そうだと思うのです。ブラックメタルとかフォークメタル、ロシア民謡とかもマイナー調で、暗いですし。

パウラ：なんか分かります。スラヴってなんか哀愁感なんですよね。こないだ来日したポーランドのアーティストも言ってました。**スラヴ音楽の特徴はメランコリー**なんじゃないかと。

ハマザキ：そうそう、本当にメランコリックで、今、秋だからっていうのもあると思うのですが、とてもしんみり来ますね。あと中毒性があるというか、頭の中で自然に流れるというか、トランス感あると思います。こういうのは、ドイツのギャングスタとか、フランスのライ、R&Bっぽいヒップホップにはあまり見られない特徴です。韓国とかは尚更。

パウラ：やっぱり他の国とは違う特徴なんですね〜、面白いですね。

ハマザキ：あとスミマセン、これとかドハマリ⑩。なのでダウンロードのしやすさ、ラッパーの数でロシアにドハマリして、今もなかなか抜け出せないというのがあるのですが、逆にパウラさんに質問です。ポーランド以外のヒップホップは聴くのでしょうか。

パウラ：これはかっこいいですね〜。US の 90s 前

⑨ Гуф(Guf) - Metropolitan Mail(Из альбома Дома)
www.youtube.com/watch?v=oYc7KiNH1WQ

⑩ Centr feat ноггано качели 2
www.youtube.com/watch?v=AUew9aeW9RA

半〜半ばな感じを彷彿とします。ポーランドと US 以外では意識して聴くことはなかったかもです。あ、でも一時期スペインやフランスのを少し聴いたりしてたことはあります。アーティスト名とかは覚えてないですが。

ハマザキ：なるほど〜パウラさんの場合、US のをちゃんと知ってるから、解説が充実してますよね。私未だにサウス系とか西海岸、東海岸と言われてもその音の特徴がピンと来ないというか（笑）アメリカのヒップホップ一生懸命聴いてもなんだかハマれないんです。

パウラ：ありがとうございます。そうですか？（笑）聴けば結構はっきりしてる気がします。逆になんでハマれないんでしょう？

ハマザキ：人生で一番最初に買った CD は MC Hammer と Vanilla Ice なのですが、言葉が分かるとハマれないのかもしれません。これ逆に一般の読者に強く主張したいところ。「ヒップホップは言葉で聴く」とか「歌詞が大事」って言われますけど、私の場合は全くそう思わないですね。

パウラ：2 通りの聴き方があるのかもですね。歌詞重視派とビート重視派みたいな。でも歌詞が大事っ

て一般に言われますけど、分からなくても楽しめると思います。個人的には歌詞チェックするの大好きですけどね（笑）。

ハマザキ：私が何で「アメリカとか日本のヒップホップにハマれないか」はよく分からないのですが、もしかしたら言語の響きにあまりにも馴染みがあり、言語っぽく聴こえてしまって、あまり音楽として認識できなくなってるのかもしれません。元々知らない、全く馴染みのない言語の方が、その「音素」だけを音楽として楽しんで聴けるのかもしれません。なのでその国の言語を知らないほうが楽しめるという、そういう聴き方もあるのだと思いますよ。

パウラ：ハマザキさんは外国に住んでいた時期も長いですし、もしかしたらそういうバックグラウンドも関係あるかもしれませんよね。

ハマザキ：なんかパウラさんの真逆を行くようで感じ悪くて申し訳ないのですが、私は歌詞を気にした事は全く無いですね……。あまり詩心がないのと、どうもヒップホップに限らず、ミュージシャンの主張って、青臭いことが多いので……。実はアーティスト自体にもあまり興味がない事が多く、この本を読んで、初めて「へーそうだったんだー」って知った事が多いです。デスメタルとかでもそうなのですが。

ちょうど同じ時期、**ペイガンフォークメタル**というジャンルにドハマリしていて、これも**ロシアやポーランドが世界最大勢力**なのですが、こういったバンドも主張してる事が祖国愛とか民族主義とかなので、かなり主張には白けます。ただ陰鬱・ダーク系のヒップホップと下地が似通ってるとは思います。本当は私、ブルータルデスメタルという、メロディを一切排除した音楽が好きだったはずなのですが、30越えてからスピードとか重さだけではなく、マッタリした音楽も分かるようになってきて、そこでスラヴ系の音楽に魅了されたと思います。そういえば同じタイミングで早由さんの『**東欧ブラックメタルガイドブック**』（注：本書と同じパブリブから同じタイミングで出版。編集者はハマザキカク氏）も出ますし。

パウラ：そういう歌詞に興味がないっていう感じ方も逆に面白いですけどね！　ハマザキさんは聴いてる音楽の極端さが幅広いので、そういう意見も興味深いですよ

ハマザキ：いやいやまだまだ聴けてない音楽が世界には無数にあるので……。

パウラ：メタル系とヒップホップの共通点がそこって面白いですね。実際、ポーランドで人気なジャンルでメタルとヒップホップは外せないジャンルです。

ハマザキ：人生で聴ける音楽なんて、全ての音楽の0.0001％ぐらいじゃないですか。そうするとなんかの曲にハマってリピート再生していると、「この間、他にもっと良い曲を見逃してるんじゃないか」という不安に駆られますね。機会損失に対する心配性が激しいというか。

パウラ：すごい焦燥感ですね（笑）でも出会いきれない音楽があるんだなぁとは私も思います。

ハマザキ：こういう貧乏性だからこそ、新しいのを探しまくるというのはあるのですが、こういう気質の人がディガーとして、色々発掘しますよね。なんで、ロシアのヒップホップもこれ以上はまらないで、他を開拓した方がいいとは思うのですが……

パウラ：だから面白いんですよ。こうして企画化されることで、一人で聴いてた人たちも話ができるようになると思います！

ハマザキ：ただこの企画やって、実はハ・ン・ガ・リ・ーに……

パウラ：ハンガリー・ヒップホップいいですよね！

ハマザキ：いや〜2016年ぐらいまで、聴いてる音楽の7割ぐらいがロシアのヒップホップだったと思うのですが、パウラさんの原稿をチェックしている最中に、何だかハンガリーのヒップホップがやけにレベルが高いことに気が付きまして、今はロシアのヒップホップを越えてます。それまでもちょくちょく、ハンガリーのホップホップはチェックはしていたのですが、そこまでハマったのはなかったのですが、

パウラ：おお！　それは嬉しいです。私もハンガリー未知だったんですが、調べていくうちにクオリティ高いな！とハマりましたね。

ハマザキ：それまではポーランドのヒップホップにおけるDonGuraleskoレベルでドハマリするラッパーがいなかったので、「ふーん」って感じでしかなかったのですが。やっぱりパウラさんもそうだったのですか？それまでは全く聴いてなかったのですね？

パウラ：ハンガリー書く前は、チェコ・スロヴァキアをディグってたんですが、国も小さいですからハマるアーティストは少なかったんです。そこからハンガリー聴き始めたら、ラッパーの層は厚いし、やっ

ばスラヴとは違うし、シーンとして相当面白いなと思いましたね〜。それまでは全く聴いてなかったのですが。

ハマザキ：私自身は、この企画始める前からFurakor ⑪やThe Show Crew ⑫といったラッパーは好きでした。言語が不思議だなと思っていました。ただそれほど多くの作品を見付けられている訳ではありませんでした。ハンガリーはメタルも結構不毛国なのですが、**Dalriada** という**フォークメタル**が女性ヴォーカルでクリーントーンで歌ってるので、それも不思議な響きなんです。なのでハンガリー語ラップは独特なのではないかとは思っていたのですが、如何せん小国なので、あんまり層は厚くないんだろうと勝手に思い込んでいたのです。

しかし**Killakikitt**をこの本で知ってから、超が付くほどのドハマりです。Last.fm見てみれば分かりますが、**今年の前半は一番聴いたアーティスト**ではないでしょうかね。全ジャンルで。

パウラ：Killakikittはめっちゃかっこいいですよね。私の中でもハンガリーで一番好きですね〜。

ハマザキ：やっぱりそうでしたよ！⑬

パウラ：**実際ハンガリーはもっと載せようと思えば載せられるアーティストはいました**ね。それくらい層は厚いと感じます。

ハマザキ：え？本当ですか？

パウラ：本当ですね！（笑）ポーランドも載せきれなかったアーティストはたくさんいますが。

ハマザキ：2位に韓国のユン・ミレがいますねw『ヒップホップコリア』でハマりました。この人は昔からいたのですが、どうも好きになれなかったのですがこの曲は随分違います。というかデスメタラーとは思えないリストですね。Epik Highが7位に……（笑）

パウラ：確かに！　むしろメタル聴かなそうです（笑）

ハマザキ：こうやって見ると、既にロシアのヒップホップから遠ざかってるっぽいですね

パウラ：**韓国ヒップホップもかっこいいですよね。**ロシアのヒップホップも奥が深そうなので、聴いてみたいです

ハマザキ：ただやっぱりご覧頂くと分かる通り、一番再生回数が多くても9回なわけなんです。

パウラ：私は、Killakikitt以外でいうと、

⑪ Furakor km. Garage - Weking [OFFICIAL MUSIC VIDEO]
www.youtube.com/watch?v=yKi7mST8u9o

⑫ TheShowCrew - Ketrec (Official Music Video HD)
www.youtube.com/watch?v=Rb4ovGec29c

1	Killakikitt & Snowgoons - Sebhelyek (feat. Vészjárat)	9曲	
2	!올해로. 보이즈 노이즈 (t YOON MIRAE, Boys Noize)	7曲	
3	Blood of Messiah - Animal Brain	7曲	
4	Birth of Depravity - Enchanced Pestilent Conquest	7曲	
5	Birth of Depravity - Inside The Infinity Hole	7曲	
6	Herzog - Macht Berlin Schöner	6曲	
7	Epik High - One [feat. ??]	6曲	
8	Hectic - Purification	6曲	
9	Birth of Depravity - Realms Of The Absurd	6曲	
10	Артём Татищевский - Артём Татищевский - Стары...	6曲	
11	Lord Symphony - BLACK-DAWN-(NEW-VERSION)	6曲	
12	Birth of Depravity - Festering Disharmonic Psychology	6曲	
13	Gutted - Hell Dwells Inside	6曲	
14	Nine Treasures - Nomin Dalai	6曲	
15	Midgard - Ritual	6曲	
16	Killakikitt - Osztön	6曲	
17	라붐 (LABOUM) - 푱푱 (Shooting Love)	6曲	
18	Massaka & Kodes - Av Mevsimi	6曲	
19	Killakikitt - Buntet a szöveg km. Vészjárat	6曲	
20	Ecchymosis - Cephalic Ingestion Of Newborn Chunks	5曲	
21	Kaviegbmaofffasssstimiwoamndutroabckwpwaeipp...	5曲	
22	Totale Vernichtung - Die Gasmaskenbildner	5曲	

⑬ハマザキカク氏2017年前半のLast.fm。Killakikittが一位にある一方で韓国ポップスやブルータルデスメタルなどもあり、支離滅裂な趣向が分かる。

⑭ Killa Hakan - Yalaka(OFFICIAL CLIP)
www.youtube.com/watch?v=Yp3Pr9seftA

⑮ Antal & Day - Nincs szükség ft. Bandezan(UG Video)
www.youtube.com/watch?v=2eNSzsOnGpI

⑯ DALRIADA - Hajdútánc(2011) official clip
www.youtube.com/watch?v=9F7b4skyUy4

⑰ REST - ČAS HULIT(prod. Grizzly)
www.youtube.com/watch?v=2FX9nEKuJAA

Akkezdet Phiai、HŐSÖK、DSP、Day、Essemm あたりが好きです。

ハマザキ：あ〜その辺は私とかなり似てますね。Day、Antal、Essemm 辺りはかなりハマりましたね。そういう人って日本で我々以外にまだいなさそうですが。

パウラ：ですね〜、これを機に聴く人が増えたら、一緒に語りたいです（笑）

ハマザキ：ちょっと**ハンガリーのヒップホップって独特ですよね？**

パウラ：そうだと思います。シーンもメジャーとアングラで大きく分かれてて、メジャーは他国とそこまで大差ないかもしれませんが、アングラシーンは独特の雰囲気あると思います。ちょっと暗めですよね。ハンガリーは、あと Ganxta Zolee が大物感出してるあたりも謎だな〜と思いました……

ハマザキ：ただポーランドとかロシアみたいなスラヴ系の暗さとはまた違いますよね。

パウラ：違いますね〜。やっぱ民族の違いなんでしょうかね。

ハマザキ：ハンガリーのヒップホップの魅力を言葉で説明するのは難しいですね。ドイツとも違います。ちょっとトルコっぽいかもしれませんなんだろう……リズム感かなぁ？

パウラ：トルコのヒップホップっぽいってことですか？　トルコのヒップホップ聴いたことないですが、私も最初トルコっぽいのかなと思いました。言葉の響きですかね？

ハマザキ：トルコはかなりいいですよ⑭。

パウラ：**言語が違うとリズム感も少し変わりますよね。**

ハマザキ：これとかも「チョコチョコ、ショコショコ、コチョコチョ」みたいな感じしませんか？⑮なんかこそばゆい感じというか。耳元で囁かれ続けてる感じというか念仏っぽいというか。これは本当に上手く説明できません。活字でその魅力を伝えるのが非常に難しいので聴いてみてくださいとしかいえないのですが。

パウラ：これ今年でた新曲ですね。やっぱ DAY いいですね〜。声がいい。

ハマザキ：そうですね。声がいいです。パウラさんもそう思いますか

パウラ：囁かれてる感じとか、なんとなく分かります。でも本当に言葉で表現するのに限界があるので、とにかく一度聴いてみてほしいですね。

思いますよ！　DAYの声好きです

ハマザキ：またこの人の名前、検索がしにくくて……何考えてるんだか

パウラ：本当に！　検索泣かせでしたね！　Antalとセットで探さないと見つからないという……。

ハマザキ：そうそう、あまり声質って意識してなかったのですが、この人、「美声」とも言えないと思うのですが、何とも言えない味わい深さがあるというか。あとハンガリー語って音節が多くないでしょうかね？　数えてみたらそうでもないのかもしれませんが、やたらと音数が詰め込まれている感じがしますね。

DALRIADAというフォークメタル⑯もやたらとボーカルが早口に聴こえるのですが、もしかしたら音数が多いのかもしれません。あと馴染みがない響きなので、めちゃくちゃ言葉をラップしている様に聴こえるのかもしれません。

パウラ：**音節の多さでいったらスラヴ語系も結構多い**かもと思います。

ハマザキ：そうですね、チェコで、それをとても感じました。ただスラヴ系の場合、子音がハンガリー語より多い感じがします。しかしながらチェコのヒップホップはどうもあまりハマれてないですね。パウラさん的にはどうです？　実はチェコって、デスメタル、グラインドコア大国なので、同じくらいヒップホップも盛んなのかな？と思ってたのですが、どうもあまりそういう感じがしないですね。この本やり終えた今でもそう思います。

パウラ：**チェコのヒップホップはわりとスマートなんですよね。おしゃれ系というか**軽めというか、そういうのが多い気がします。私はPrago Union、MC Gey、IdeaFatteあたり好きでしたよ。チェコがデスメタル、グラインドコア大国って逆に知らなかったので、イメージのギャップがすごいです（笑）。あとRestかっこいいです。でもハマザキさんには物足りなそう（笑）。

ハマザキ：チェコはCerebral TurbulencyとかPistyとか高速グラインドコアがかなりいたし、ポーランドのVaderみたいな存在としてKrabathorというデスメタルが君臨していました。あと2000年代初頭にIntervalle Bizzareというブルータルデスメタルがいて、世界的に評価されていて、Relapse Recordsから『Czech Assault』というチェコのデスメタルだけを集めたコンピも出たぐらいなのです（注：『Polish

⑱ Refew - Pryč (prod. Cassius Cake)
www.youtube.com/watch?v=oxKicNaQBW4

⑲ Hugo Toxxx - 1000 let napřed
www.youtube.com/watch?v=36xrv5UmKps

⑳ Geld Gaile Menschen -3ple Ivan Og Mivan (Block Terror2) Remix
https://www.youtube.com/watch?v=2yjmCGbHbo4

㉑ slovakian hip hop
https://www.youtube.com/watch?v=9h6JA1elkZk

㉒ Slovakia Rap mix (Slovak Rap Groups)
https://www.youtube.com/watch?v=5kDClDqkKM8

㉓ Pil C - Lost
https://www.youtube.com/watch?v=vOPTmoeXCiY

㉔ H16 - CELÚ NOC prod.Grimaso /OFFICIAL VIDEO/
https://www.youtube.com/watch?v=MS0Du5ng_io

㉕ TOMMY CASH - WINALOTO (Official Video)
https://www.youtube.com/watch?v=3OGMrZKIjKU

Assautl』もリリースされている）。今でも Obscene Extreme というヨーロッパーのグラインドフェスを開催していて、デスメタル大国のイメージが強いです。

パウラ：すごいですね！⑰　でもそういえば、**ヨーロッパ最大のヒップホップフェスはチェコ**で行われてますよ。

ハマザキ：パウラさんがおっしゃる通り、ちょっとオシャレで代官山っぽい感じのが多いですね……。Rest も、う〜む、トラックがあまりピンと来ないというか。ただ一つだけかなりハマったラッパーがいますよ。

パウラ：Refew ⑱ はどうですか？　誰だろ？ EKtor ですか？　あ！　Hugo Toxxx ですね？

ハマザキ：ピンポン！　この曲⑲がかなり良いと思います。パウラさんの解説によると、これはサウス系になるとの事ですが、私からするとちょっとホラーコア入ってる様に感じます。これ、かなりダラダラくどいですよね？

パウラ：サウス系に入ると思います。本人もインタビューでサウス系に影響受けてるって言ってましたね。ホラーコアにも聴こえるんですね。

ハマザキ：サウス系というのが実は全くよく分かってないんでw　ホラーコアに聴こえちゃったというか

パウラ：ですよね（笑）。逆に US サウスの聴いたら音的には好きかもしれないですよ？

ハマザキ：この Hugo Toxxx っぽいの、ドイツだと 3Ple Ivan OG Mivan ⑳です

パウラ：お〜。これドイツのですか。なかなか！

ハマザキ：Hugo Toxxx もそんな感じがしました。

パウラ：雰囲気ありますね。ホラーコアっていうのも分かる気がします。**ドイツもヒップホップ大国**ですもんね。奥が深そう。

ハマザキ：Hugo Toxxx がホラーコアを意識してやってた訳ではなく、私にはそういう風に聴こえたってだけでしょうね。で、チェコは元々あんまりヒップホップは面白くないなとは思ってましたが、スロヴァキアは元々レベルが高いことは認識してましたよ

パウラ：もともとスロバキアで聴いてたアーティストはいたんですか？

ハマザキ：いや〜これが、Last.fm とか Twitter が定着する遥か前なのでちょっと思い出せないのです。

パウラ：今だとどうですか？

ハマザキ：Twitter で呟いていれば、Twilog に記録されるし、音源持ってれば Last.fm にも勝手に記録されるのですが、YouTube だけのものとか MySpace とかだけだと、後から辿るのが難しいのですよね。名前も分かりませんが、これとか結構良い感じです㉑。

パウラ：確かにそうですね〜。MySpace 懐かしい（笑）

ハマザキ：あ〜！ 出てきました。これだ㉒。このメドレーを聴いて、随分格好いいなと思った記憶があります。ただこの頃はまだちょっと mp3 とか集めるのが難しい時代でしたね。当時から Čistychov とかは結構レベル高いと思ってましたね。ポーランドにハマった時と同じぐらいだったと思います。

パウラ：おお〜。トップラッパーのオンパレードですね。Čistychov も声がいい系ですよね。**スロヴァキアは小国ながらなんかレベル高いんですよね〜。**

ハマザキ：ただポーランドはその頃でも YouTube とかでちゃんとした MV がアップされていたし、mp3 も出回っていたので通勤中にウォークマンとかで聴きましたが、スロヴァキアのは YouTube で断片的にしか聴けなかったので、夜帰宅したときとかにしか聴けず、それもあってかあまり中毒になった感じはしませんでした。これも国力とか音楽とは別の事情によるものですね。この頃からポテンシャルは結構感じましたよ。あとビートを無理やり差別化しようとせず、どれも一本調子で暗いハードコア・ラップが多いですよね？ それがかえって良かったのかもしれませんね。mixtape の矢継ぎ早感も良かったのかも。

パウラ：確かに。**スロヴァキアはハード系サウンドのアーティスト**、チェコよりも多いです。これ、それぞれのラッパーの特徴聴けていいですね（笑）。

ハマザキ：そうですよね、ハード系がほとんどな気がします。東欧四ヶ国の中で一番そんな感じしますよね。

パウラ：ハード系のプロデューサーが充実してると思います（笑）。その延長なのか、最近はトラップも結構いい感じのが出てきてます。

ハマザキ：ただスター不在というか、Rytmus は居るにしても、そんなに突出した存在だとはその時は思いませんでしたし、突出して個性的でハマる様な人がいなかったのも事実で、潜在能力があるとは思いながら、あまり調査することはなかったです。この本でも一通り聴きましたが、どれもそこそこのクオリティだとは思うのですが、なんだか全部似てる感じもします。スロヴァキアはブルータルデスメタルも結構レベルが高いのですよ。Craniotomy とか Dementor とか。しかしブラックメタルは全くダメですね。なんでしょうね。パウラさんはスロヴァキアでお気に入り、いますか？

パウラ：そうですか〜。私的にはやっぱり Rytmus と Majk Spirit は突出してるように感じますけどね。かっこいい曲多いです。あと個人的には Strapo, Pil C ㉓, Boy Wonder あたりが好きです。

ハマザキ：確かに Majk Spirit は見た目がちょっとラッパーとしては違和感ありますが、レベルが高いですね。あと Rytmus はやはり王者としての貫禄がありますね。

パウラ：これとかかっこいいです。H16 ですが㉔

ハマザキ：あ、これは私もいいと思いました。普通に判りやすく、盛り上がりやすそうですね。サビの「セルノッツ」の連呼がちょっとマヌケな感じもしますが、こういった感じのがセルビアとかクロアチアなどバルカンに多い印象です。

パウラ：そうですか〜このサビ、マヌケに聴こえるんですね（笑）。

バルカンもスラヴだし、共通点ありそうですね

ハマザキ：ヴィシェグラード四ヶ国以外のヒップホップは聴かれますか？ バルト三国とかはどうなのでしょう？

パウラ：全くわからないです！ あ、でもエストニアにぶっ飛んだ人いましたね㉕知ってます？

ハマザキ：なんですかこれw！

パウラ：やばいですよねビジュアルが（笑）。

ハマザキ：全然知りませんでした（笑）

これはインパクトありますね

パウラ：英語でラップしてるっぽいですけどね！

ハマザキ：まぁそうですね……。エストニア語だってかなり独特だから、色々いそうですが。それを言ったら、リトアニア語とか更に不思議だと思いますが、私も全く未開拓ですね。ロシアは禁止にして、探してみましょうかね。

南アフリカにも DIE ANTWOORD いますけど、あの路線を感じさせます。ただちょっとおふざけっぽいのがあまり好みじゃないかも。本当はおふざけ人間なのですが、ラップはシリアス路線が好きです。

パウラ：確かに。DIE ANTWOORD 大好きです、

㉗ハマザキカク『デスメタルアフリカ』（パブリブ、2016年）

㉘岡田早由『東欧ブラックメタルガイドブック』（パブリブ、2017年）

ちなみに。コメント読んでても思いましたが、おふざけっぽいのが好きじゃないのは意外でした！（笑）シリアス系のがいいんですね。バルト3国もポーランドとロシアに挟まれてヒップホップが盛り上がってるはず？　ですよね！

ハマザキ：『デスメタルアフリカ』㉗やったので『ヒップホップアフリカ』もやってみたいですが、無尽蔵に出てきそうで、簡単に手出しできないですね。ウクライナとかはかなりいますよね。

ただウクライナの場合、ロシアのシーンと一体化してます。なのでまだまだ未開拓な国が多く残ってますね。

パウラ：なるほど。あの辺の人はロシア語でラップするんでしょうね。これからその辺も本にまとまると面白いですね

ハマザキ：言語が似てますよね。それこそチェコとスロヴァキアの様に。日本人の私からすると正確には計り知れませんが、あといずれもVKという共通のSNSなので情報も共有しています。

ところでパウラさんにお聞きしたいのですがヒップホップ以外のジャンルは好きなのでしょうか？　ヒップホップを聴いている割合は全ジャンルの中でどのぐらいなのでしょうか？　ポーランドや東欧のヒップホップ以外のジャンルはどの程度好きなのでしょうか。

パウラ：好きなジャンルですか！　結構幅広く聴く方だとは思いますが、残念ながら今のところメタル系はノータッチです。実際には一番よく聴いてるのはインディーポップとかシンガーソングライター系、エレクトロ系ですかね。ポーランドのポップスもよく聴きます。ヒップホップを聴いている割合は半分くらいですかねぇ。

ハマザキ：なるほど。この本でポーランドの音楽に興味を持った読者の皆さんは『Muzyka Polska ～ポーランドの音楽が好き♪ ～』を見てみて下さいという感じですね。こういったサイトをやっているチェコ、スロヴァキア、ハンガリーの専門家、いらっしゃるのでしょうか？

パウラ：ぜひ！　チェコ、スロヴァキア、ハンガリーの専門家は、ヒップホップでは私が把握している限りでは存じ上げないですが、ポップスやジャズ系ならいますよね。

ハマザキ：オラシオさんですよね。東欧のブラックメタルと言えばこの本と同じタイミングで『東欧ブラックメタルガイドブック』

㉘が出る岡田早由さんがいますね。実は四方宏明さんの『**共産テクノ**』㉙の東欧編も大部分が出来上がってきて、そう遅くない内に出ますよ。色んなジャンルで東欧音楽が盛り上がっていくといいですね。

パウラ：皆でそれぞれのジャンルを推しながら広めて行けたら嬉しいです。**チェコ音楽の専門家では吉本秀純さん**がいますね。

ハマザキ：吉本さんはチェコ専門というか、全世界ですよね、すごい人です。

パウラ：いや〜東欧系があちこちのジャンルから出て頼もしいですね！　ぜひ盛り上がって欲しいです。

ハマザキ：東欧はクラシックの時代からも音楽のレベルが高いし、ポーランドなんかは超好景気なので、これから益々発展していくと思いますね。

パウラ：ぜひ音楽を聴く人には言語の壁を取っ払って聴いてみて、新しい世界を開拓していただきたいです。

ハマザキ：『ヒップホップグローバル』シリーズの続編も出し続けていきたいところですが、パウラさんや『**ヒップホップコリア**』㉚の鳥居さんの様に、現地のシーンを体系的に理解していて、書ける人はやっぱり限られます。なのでこの本も書くのが大変だったと思いますが、東欧のヒップホップの魅力が読者に伝わって、リスナーが増えればいいなと思います。特に日本と東欧はちょっと接点が薄いので。

パウラ：本当に大変でした！　本当にぜひこれを機に色々聴いてみて欲しいですね。ヒップホップから見えてくるその国のカルチャーや姿を見る、とうっていう視点も面白いと思うので。

四方宏明『共産テクノ』（パブリブ、2016年）

鳥居咲子「ヒップホップコリア」（パブリブ、2016年）

Muzyka Polska 〜ポーランドの音楽が好き♪〜

2013年から運営しているブログ「Muzyka Polska 〜ポーランドの音楽が好き♪〜」について少し紹介したいと思います。このブログではポーランドのアーティスト紹介を中心に、歌詞翻訳、インタビュー、アーティストの来日情報やポーランド関連のイベント情報を掲載しています。本書を執筆中の期間は更新が減ってしまったのですが、「ここに来ればポーランドのポピュラー・ミュージックが分かる！」というサイトを目指して運営しています。

扱っているジャンルはポップ、ロック、ヒップホップ、エレクトロ、テクノ、レゲエ、オルタナティブミュージックなど。ポーランドは音楽大国ですが、ポーランドの音楽といえばクラシックやジャズなどのジャンルの方がもともと有名で、ポーランド・ジャズ専門家のオラシオさんをはじめ詳しい専門家の方がいらっしゃいます。そこで私はそれ以外のポーランド音楽を日本の音楽好き、ポーランド好きな皆様に紹介したいと考えてサイトをスタートさせました。

とはいえ、ポーランド・ヒップホップを聴き始めた2000年頃は、私はまだポーランドの他の音楽ジャンルに興味がありませんでした。当時、主に米英の音楽シーンを追いかけていた私にはちょっとクオリティが低いように感じてしまったからで、実際じっくりアーティストの曲を聴いたりCDを買ったりしたこともありませんでした。それが変化したのは、2009年頃にポーランドのラジオをオンラインで聴きはじめたのがきっかけです。最初はただポーランド語の響きが懐かしくてラジオを聴いていたのですが、そのうちラジオでかかるポーランド音楽が気になりはじめ、それをYouTubeでもリサーチするようになりました。運命の出会いとなったのは2010年にリリースされたBrodka（ブロトゥカ）の3rdアルバム『Granda』です。これはポーランド・ポップスの金字塔的名作だと考えていますが、これをきっかけに私はどんどんポーランド音楽にのめり込むようになりました。

ポーランドのポップスを中心とした音楽シーンは、音楽的にとてもレベルが高いです。これはシーンで活躍するアーティストやミュージシャンの多くが専門的な音楽教育を受けていること、そのベースに豊かなジャズやクラシックの文化があることも

来日した Duże P のインタビュー。

オンラインショップ「malinki」

アーティスト INDEX

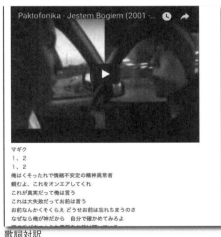

歌詞対訳

関係していると思います。元々音楽好きでライヴやコンサート通いばかりしていた私は、「ポーランドのアーティストのライヴを日本で見たい」、「むしろ日本にアーティストを呼びたい！」と考えるようになったのですが、ライヴをやろうにも日本には他にポーランドのアーティストを聴いている人があまりいません。それならばまずはポーランドの音楽を知ってもらおう！というわけで、このブログを開設することにしたのでした。

ブログを開設して4年。今では東京にあるポーランド広報文化センター（http://instytut-polski.org/）の尽力のおかげで、ジャズやクラシック以外でもポーランドのアーティストが来日できるようになりました。1年に2、3回ほどポーランドで人気のアーティストのライヴを見られるようになってきたので、興味のある方はぜひライヴにお越しいただければと思います。ブログでもポーランドのアーティストをチェックしていただけると嬉しいです。2019年はポーランドと日本の国交樹立100周年ですので、これから日本とポーランドの音楽コラボレーションも増えるかもしれないですよ！

また商品数は少ないですが、ポーランド音楽のCDや雑貨を販売しているウェブショップ malinki（https://malinki.theshop.jp/）も運営しているので、気になった方は覗いてみてくださいね。Facebook ページや Twitter では、ブログで紹介しきれない最新情報も更新しているので、そちらも是非チェックしてください。

参考文献・ウェブサイト

羽場久浘子編著『ハンガリーを知る為の47章』（明石書店、2002年）
ヤーノシュ・サーヴァイ著、南塚信吾・秋山晋吾訳『ハンガリー』（白水社、1999年）
横井雅子『ハンガリー音楽の魅力』（東洋書店、2006年）
三谷恵子『比較で読みとくスラヴ語のしくみ』（白水社、2016年）
大島一『ハンガリー語のしくみ』（白水社、2009年）
小林浩二『東欧革命後の中央ヨーロッパ』（二宮書店、2004年）
今岡 十一郎『ハンガリー語四週間』(大学書林 1986年）
沼野充義監修『中欧　ポーランド・チェコ・スロヴァキア・ハンガリー』（新潮社、1996年）
Marina Terkourafi (ed.), *The Languages of Global Hip Hop*, London, 2010.
Matthias Schwartz, Heike Winkel (ed.), *Eastern European Youth Cultures in a Global Context*, Basingstoke, 2015.
Sina A. Nitzsche, Walter Grunzweig (ed.), *Hip-Hop in Europe: Cultural Identities and Transnational Flows* (Transnational and Transatlantic American Studies) , Münster, 2013.
Alexander Dhoest, Steven Malliet, Jacques Haers, Barbara Segaert (ed.), *The Borders of Subculture: Resistance and the Mainstream,* New York, 2015.
Dominika Węcławek, Marcin Flint, Tomasz Kleyff, Andrzej Cała, Kamil Jaczyński, *Antologia Polskiego Rapu,* Warszawa, 2015.
Peter Barrer , "My White, Blue, and Red Heart":Constructing a Slovak Identity in Rap Music, *Popular Music and Society,* 32:1, 59-75, 2009.
Sarah Elizabeth Simeziane, "ROMA RAP AND THE BLACK TRAIN: MINORITY VOICES IN HUNGARIAN HIP HOP", *The Languages of Global Hip Hop,* 96-119, London, 2010.

https://www.facebook.com/
https://twitter.com/
https://www.instagram.com/
https://www.youtube.com/
https://www.last.fm/
https://pl.wikipedia.org/
https://cz.wikipedia.org/
https://sk.wikipedia.org/
https://hu.wikipedia.org/
https://www.discogs.com/
https://www.whosampled.com/
https://refresher.sk/
http://www.bbarak.cz/
www.hip-hop.pl/
http://muzyka.onet.pl/
http://www.porcys.com/
http://www.finomagazin.com/
https://www.aktuality.sk/
http://www.newsweek.pl/

http://www.nytimes.com/
http://halftimeonline.net/
http://recorder.blog.hu/
http://szotar.sztaki.hu/en
http://offline.hu/
https://www.t-mobile-trendy.pl/
http://rombase.uni-graz.at/
https://www.theguardian.com/
http://www.wikiwand.com/en/
http://www.mtv.co.hu/
http://www.worldhiphopmarket.com/
http://www.hip-hop.cz/
http://www.dw.com/en/
http://www.hiphopstage.cz/
https://zpravy.aktualne.cz/
http://slovnik.azet.sk/
http://en.bab.la/dictionary/
http://lyricstranslate.com/
http://www.songcoleta.com/

https://news.infoseek.co.jp/
http://colaryourlife.seesaa.net/
http://www.romea.cz/
https://manigiriesh.wordpress.com/
https://matadornetwork.com/
http://www.mofa.go.jp/
https://noisey.vice.com/pl/
http://ceskapozice.lidovky.cz/
http://feniks.fm/
http://apllio.com/
https://genius.com/
http://www.tekstowo.pl/
http://www.zdolahore.sk/
http://shop.rukahore.sk/
http://ghettoradio.hu/
https://www.academia.edu/
http://www.cgm.pl/
http://wyborcza.pl/
http://www.popkiller.pl/
http://www.t-mobile-music.pl/
http://www.eska.pl/news/
http://www.koncertomania.pl/
http://www.hiphopedia.info/
https://literufka.wordpress.com/
http://vvveuropeanhiphop.eu/
http://www.schoolpressclub.com/
http://www.radio.cz/en/
http://romove.radio.cz/en/
http://www.x-rec.com/
https://www.womex.com/
http://www.folk24.pl/
http://www.cbc.ca/
http://a2larm.cz/
http://www.unesco-czech.cz/
http://czechmag.cz/
http://www.rozhlas.cz/
http://www.cdbaby.com/
http://intrigued-intrigued.blogspot.jp/
http://en.hellerau.org/
http://akana.cc/
http://www.undergroundinterviews.org/
http://o-skupine.hudebniskupiny.cz/
http://www.welcometobratislava.eu/
http://www.velehrad.eu/
http://ja.urbandictionary.com/

http://mocmyslenky.cz/
http://thelegitsblast.com/
http://beatzone.eu/
http://kalikonec.sk/
https://www.pohodafestival.sk/
http://musicsongsplayer.com/
https://www.a38.hu/en/
http://welovebudapest.com/
http://malomfesztival.com/
http://sziget.hu/
http://www.hip-hop.hu
http://teamrock.com/
https://www.songs.hu/
http://adamcarterprod.wix.com/
https://starity.hu/
http://www.metancity.com/
http://www.ireport.cz/
http://webehigh.org/
https://www.musixmatch.com/
http://24.hu/

あとがき

「東欧ヒップホップの本を出しませんか」とパブリブの濱崎さんからお話をいただいたのは約2年前、2015年の秋でした。二つ返事で承知させていただいたのを覚えています。自分が孤独に愛でてきた音楽を本という形にして、たくさんの人に紹介できる、というのはまさに願ってもない提案でした。とはいえ、お話をいただいたのは私が専門とするポーランドだけでなく、チェコ、スロヴァキア、ハンガリーという東欧4ヶ国のヒップホップの話。また、過去に『中央ヨーロッパ 現在進行形ミュージックシーン・ディスクガイド』に寄稿したことはありましたが、1冊の本を一人で書き上げるのは初めてのことです。それから約2年間、情熱を形にすることの難しさを痛感しながら、コツコツ書き溜めていくこととなりました。

私は2013年からポーランド音楽を紹介するブログ「Muzyka Polska 〜ポーランドの音楽が好き〜」の管理人をやっていますが、ポーランド・ヒップホップとの出会いは2000年頃までさかのぼります。大学時代の夏休みに祖母を訪ねたとき、ポーランドの地元の友人たちが皆ポーランド・ヒップホップに夢中になっていてカセットテープをもらったことが始まりでした。当時はまだYouTubeも無かったですし、ポーランドの人たちもCDよりカセットテープを買う方が身近な時代でしたが、ヒップホップから伝わってきた若者のリアルな本音や情熱に私もすっかりハマってしまい、日本に帰ってからもポーランド・ヒップホップを黙々と聴くようになってしまいました。大学を卒業するときには「ポーランドにおけるヒップホップ・カルチャー」をテーマにした卒業論文を書いています。思えば、一定期間インターネット上で閲覧できた私の卒論を濱崎さんが読んでくださっていたことが、本書の執筆につながったのかもしれないと思うと感慨深いです。

ポーランド・ヒップホップだけでも1冊書ける自信はありましたが、ポーランドだけだとニッチすぎるということでチェコ、スロヴァキア、ハンガリーのヒップホップについても書くことになりました。これがなかなかに大変な作業でした！　お話をいただくまで、この3ヶ国のヒップホップについての知識は皆無でしたし、なにせ言語が違うので普通に検索するだけでも一苦労だったからです。私はポーランド語ができるので、似ているスラヴ系言語を持つチェコ、スロヴァキアに関してはまだ記事などを読んで少しは理解することができたのですが、ハンガリー語に至っては全くのお手上げ状態でした。正直、あまりにも大変だったので、「ハンガリーは無しにして、スラヴ3ヶ国でまとめませんか？」と提案しようかとさえ思ったほどです。しかしハンガリー・ヒップホップを聴いていくと、とてもクオリティの高い豊かなヒップホップ・カルチャーが根付いていることが分かり、魅了されてしまったので、やめるにやめられなくなってしまいました（笑）。データを集めるのには苦労しましたが、最終的にはなんとか4ヶ国分まとめることができたので良かったと思います。

ポーランドもチェコもスロヴァキアもハンガリーもヒップホップ・カルチャーが根付いていて、それぞれの特徴があり、かっこいいアーティストもたくさんいます。何を言っているか分からなくても、リズミカルな音の響きに慣れてくるとそれぞれのアーティストの個性が分かるようになってきて楽しいです。言葉が分からない国の音楽、特にヒップホップを聴くのはハードルが高いと思いますが、ボサノヴァやK-Pop、ワールドミュージックなど、気づけば歌詞も分からずに聴いている音楽というのは実はそこら中にたくさんあります。本書を参考にしていただければ、ややこしい外国語の検索に難儀することなく、注目すべきアーティストをチェックすることができるので、是非この機会に聴いている音楽の幅を広げてみてはいかがでしょうか？　拙い文章で読みづらい部分もあるかと思いますが、本書をきっかけに東欧4ヶ国のヒッ

プホップを聴く方が一人でも増えればこれ以上嬉しいことはありません。いつか本書で取り上げたアーティストたちについて一緒に語り合える日が来るといいなと思います。

　本書を出版後は、Facebook の「東欧ヒップホップ Facebook ページ」(https://www.facebook.com/hiphopeasterneurope/)や Twitter「ヒップホップ東欧」(@hiphop_EE) で、情報を発信していきたいと考えているので、気になった方は是非チェックしてください。また本書を執筆してみて、いつか日本に東欧ヒップホップのアーティストを招致して日本のヒップホップ・アーティストも巻き込んだライヴイベントを開催したい、とも考えるようにもなりました。大それた野望ですが、ご支援いただけたら大変嬉しいです。

　最後になりますが、本書を書くにあたって各国の情報やアーティストの連絡に関して協力してくださったポーランドU KNOW ME Records の Marcin "Groh" Grośkiewicz、アーティストで友人の Hatti Vatti こと Piotr Kaliński、Marcin Matuszewski、Sylwia Kowalsky、チェコ、スロヴァキアについて協力してくださった Bashi K. Tesfaye、ハンガリー語の翻訳を助けてくださった深谷志聞さんに心より感謝いたします。またインタビューに協力してくれた上に、ときにはインタビュー以外の質問にも快く応じてくださったポーランドの AbradAb、DJ Steez83、KęKę、Marcin "Tytus" Grabski、チェコの Hugo Toxxx、Idea、Emeres、Kato、スロヴァキアの Čistychov、Strapo、Abe、ArtAttack の Josef、ハンガリーの Animal Cannibals、Akkezdet Phiai、Barbárfivérek、Killakikitt、Funktasztikus にも御礼申し上げたいと思います。そして執筆がなかなか進まない私を辛抱強く見守り、面白い本が仕上がるように的確に助言してくださったパブリブ代表の濱崎誉史朗さんに深く感謝申し上げます。濱崎さんのような方がいらっしゃらなければ、これほどマニアックなジャンルの音楽本を出すことは不可能だったと思います。またとない貴重な機会をくださ

り、誠にありがとうございました。

　常にポーランド文化の広報に尽力してくださっているポーランド広報文化センター、マルタ・カルシュさん、オラシオさんにもこの場を借りて御礼申し上げたいと思います。

　最後に本書を手にとってくださった読者の皆様に心より感謝いたします。本当にありがとうございました。

2017 年 11 月

平井ナタリア恵美 a.k.a. パウラ

平井ナタリア恵美 a.k.a. パウラ

フリーライター、翻訳家、ブロガー。東京外国語大学ロシア・東欧課程ポーランド語学科卒業。2013年よりブログ「Muzyka Polska 〜ポーランドの音楽が好き♪〜」を開設し、ポップスやロック、ヒップホップなどのジャンルを中心にポーランドの音楽を紹介している。2014年発売オラシオ監修『中央ヨーロッパ現在進行形ミュージックシーン・ディスクガイド』寄稿。ポーランド音楽をかけるDJとしても活動するほか、YouTubeでもポーランド文化を紹介する番組を公開している。ポーランドと日本のミックス。

Muzyka Polska 〜ポーランドの音楽が好き♪〜
http://muzykapolskamuzyka.blogspot.jp

東欧ヒップホップ Facebook ページ
https://www.facebook.com/hiphopeasterneurope/

ヒップホップ東欧 Twitter
https://www.facebook.com/hiphopeasterneurope/

Muzyka Polska Facebook ページ
https://www.facebook.com/muzykapolskapaulapolska/

Muzyka Polska twitter
https://twitter.com/Paula_muzyka

メールアドレス
muzykapolskamuzyka@gmail.com

ヒップホップグローバルVol.2
ヒップホップ東欧
西スラヴ語&マジャル語ラップ読本

2018年1月10日 初版第1刷発行
著者：平井ナタリア恵美
装幀＆デザイン：合同会社パブリブ
発行人：濱崎誉史朗
発行所：合同会社パブリブ
〒140-0001
東京都品川区北品川1-9-7 トップルーム品川1015
03-6383-1810
office@publibjp.com
印刷＆製本：シナノ印刷株式会社